鎌倉幕府訴訟制度の研究

鎌倉幕府訴訟制度の研究

佐藤進一著

岩波書店

例　言

一、本書(但し、附録を除く)は、昭和十八年四月、畝傍史学叢書の一冊として畝傍書房より刊行された同名書の復刊である。

一、復刊に当って、左記の要領で補訂を加えた。

1　(イ)誤記・誤植・重複・脱落を訂正し、(ロ)漢字、仮名遣いを今日通行の形に改め、(ハ)略々(ほぼ)、抑々(そもそも)、態々(わざわざ)、筈(はず)、儘(まま)、盡く(ことごとく)などの語を仮名書きに改めたほか、(ニ)文意を変えない限度において、若干箇所の表現を改めた。

2　引用した雑誌論文のうち、のち著書に収められたものについては、その書名を加記した。

3　内容の誤りについては、各章末の補註において、これを明らかにした。

一、附録「鎌倉幕府職員表復原の試み」の、元亨二年までの分は、もと中央大学文学部紀要、史学科第28・29・30・32号(昭和五十八―六十二年)に連載されたもの、また元亨三年以降の分は、本書に収めるための新稿である。右の既発表分を本書に収めるに当り、いくつかの補訂を加えた。

鎌倉幕府訴訟制度の研究　目次

緒言

本書は鎌倉幕府訴訟制度発展の過程を究明するを以て目的とする。然し本書は幕府訴訟制度諸般の事象を取り上げて、これが変遷の過程を跡づけようとするものではなく、訴訟機関分化の過程を主要対象とする。換言すれば、本書は訴訟機関を通して見たる幕府訴訟制度発展史たらんことを期するものである。一般に或る制度の歴史が研究の対象となる時、先ずその制度成立の経過、制度の実態及び変遷(変貌)が出来うる限り精確に闡明されねばならぬ。然し制度史の研究はそこに留まってはならぬ。その制度を成立せしめた根本動因は何であるか、その制度は当時の社会と如何に密接に結びついたか、その制度を変化発展せしめた因子は何であるか、又その制度は社会諸般の事象に如何なる影響を与えたか、一言にして蔽えば、制度の意義づけこそ制度史窮極の目的ではないか。いま、論を国家公権の発動形態たる諸般の公的制度に限るならば、かかる制度を根本的に規制するものは(広義の)政治に外ならぬ。即ちかかる制度を対象とする限り、ただその制度をあるがままに直叙するだけでは制度史として全きをえない。制度史は常に政治史との連関の下に考究されねばならぬ。このような見解に基づいて、私は鎌倉幕府制度(政治組織)の一部門たる訴訟制度を、幕府政治史との関連において考究しようとする。一体訴訟制度は訴訟機関と訴訟手続との二部門に大別しうるであろうが、上記の如く、政治史との関連において訴訟制度を考察せんとするならば、我々の注意は先ず訴訟機関の面に向けられる。けだし訴訟機関の変化発展は多くの場合何等かの政治史的意義を有するのに比して、単なる手続法のそれは、まま純粋に技術上の問題として行われうるからである。勿論私は訴訟手続の発達が政治史と没交渉に、時代の動向と全く絶縁して行われると主張するのでは決してない。全手続を支配する根本理念が訴訟制度一般、政治全般と相通ずるものであることは疑いを容れず、その限りにおいて、手続法の変遷より訴訟制度一般及び政治史の転換を窺いうる場合がある。即ち我々は手続法変遷の面にも充分の注意を払わねばならない。

以上、本書が訴訟機関分化の過程を主要対象とする理由はほぼ説明した。次に然らば本書はその意図目的に照らして、如何なる構成をもつべきであろうか。そもそも訴訟機関の問題とは、今日の裁判所構成の問題であるが、それは更に(一)構成、(二)管轄の二つの部分に分けて考えられる。即ち(一)は幕府のもつ幾つかの訴訟機関の個々についてその構造を考察するものであり、(二)は各訴訟機関は如何なる訴訟を管轄したか、換言すれば幕府は数箇の訴訟機関に対して、訴訟管轄権を如何に分配したかの問題である。この後者は同時に各訴訟機関の機能・性質の問題であるが、そこで最も重要な点は、訴訟管轄権分配の基準如何ということである。これこそ幕府訴訟制度、ひいては幕府政治一般の根底に横たわる問題である。私は訴訟管轄を考察するに当って、特にこの点を明らかにしようと思う。このような構想に基づいて、私は幕府訴訟機関分化発展の過程を、その過程における管轄権分配基準の闡明という一点に焦点を置いて考察しよう。

しかるに一方、幕府訴訟機関の分化は、分化過程そのものに二つの系列がある。一は質的、種別的分化であって、幕府の本拠鎌倉において、幕府成立当時設置された訴訟機関問注所・政所に対して、後年引付が新設され、侍所が訴訟機関として登場し、それぞれ各別種類の訴訟を管轄する過程であり、他は地域上の分化であって、鎌倉の訴訟機関に対して、西国訴訟を管轄すべき六波羅探題、更に降って鎮西訴訟のための鎮西探題の設置される過程である。更に六波羅・鎮西においても、それぞれ内部の質的分化が考えられるわけであるが、然し本来六波羅探題、鎮西探題そのものが、幕府の出張職員として、幕府の強力なる規制を免れえない以上、両者の下に見られる訴訟機関の分化は、六波羅・鎮西各自の意思を体現するものではない。それは常に鎌倉における質的分化を反映するものであるに相違ない。六勿論鎌倉に見られる分化過程そのままではないかもしれないが、その相違点はまた別の因子の所産として、その因子の何たるかを考えねばならないであろう。
以上の説明によって、本書のとるべき構成はおのずから明らかとなる。即ち私は先ず、鎌倉における訴訟機関分化の過程を、管轄権分配基準の闡明という一点に焦点を置いて考察しよう。次に地域上の分化過程に移って、六波羅・鎮西両探題がそれぞれ特殊な事情の下に設置せられ、幕府裁判権の一部を賦与される事情、及び各探題下に小訴訟機関が設置される過程を、特に鎌倉における分化過程との異同に注目しつつ、論究しようと思う。

付記　諸国守護は一般に或る種の刑事訴訟裁判権を有する外に、民事訴訟において、個々の事件に当って、幕府の命を受けて訴訟当事者に対する出頭催促や、判決の執行等を行った。私は将来鎌倉幕府の守護制度だけをまとめて研究の対象としたいと思っているので、本書ではわずかに刑事訴訟機関侍所の項において、守護の刑事裁判権に論及するにとどめる。また長門探題も私見によれば周防・長門守護に外ならぬ故(但し一般守護よりも大きな特異な権限を与えられてはいる)、これもしばらく論外に措く(所謂長門探題については史学雑誌四七ノ十、久保田収学士「蒙古襲来と武家社会」参照)。ただ鎮西諸国の守護のみは、初期以来特殊な裁判権を認められており、のち鎮西探題設置を見るに及んでなお或る種の管轄権を与えられた。よって最末鎮西探題の章において、鎮西訴訟機関の一として取扱うこととする。

第一章　幕府の成立

第一節　幕府裁判権の確立

そもそも鎌倉幕府裁判権存在の前提として、当然鎌倉幕府の成立が考えられる。以下、同幕府成立の過程を考察しようと思うのであるが、それに先立って、一応鎌倉幕府の性格及び成立事情に関する一、二先学の所説を紹介してみよう。

先ず龍粛氏は、専ら幕府政治機関の発生過程に注目せられて、「鎌倉幕府は頼朝が源氏の家人統御の為に私権を行使する機関として先づ組織されたものである」と論ぜられる（岩波講座日本歴史、「鎌倉幕府の政治」八ページ、のち『鎌倉時代』下に収録）。なるほど公文所も侍所も問注所も初め頼朝の私権行使上の一機関であり、それが後に頼朝及びその後継者による武家政治運営上の機関に発展したのであるといえよう。ただ問題はかかる私権行使機関の綜合（頼朝における）としての或る存在を幕府というべきか否かである。我々は通常鎌倉幕府、足利幕府、徳川幕府の名を、一の武家政治機構、一の国家的、公法的存在の意味に用いる。また私はそのことの妥当なるを信じて疑わない。斯く国家的、公法的存在なる武家政治機構という点に幕府の本質を認むべしと言いうるならば、たとえ将来或る時期に及んで公法的存在と化するような機関があったとしても、これをその初めにおいて、即ち公法的性格を賦与される以前に溯って幕府と称することは如何であろうか。斯る機関は未だ幕府たるの本質を有しないのであり、勿論幕府と称せらるべきではない。ただ将来幕府にまで発展する機関として説明されるにとどまる。

次に『日本封建制度成立史』の著者牧健二博士は、わが封建制度が「統治権に接触し、国家及び社会の基礎制度」となった機縁を、文治元年頼朝に対する守護地頭設置の勅許に求められる(同書二五ページ)。私は前に公法的存在たる武家政治機構の成立を以て幕府の成立と考えたのであるが、このことは、武家政治の首長と被支配者との関係を主として考えた場合、まさしく右の封建制度と国家統治権との接触と言い換えられるであろう。即ち私の規定した幕府の意義に従う限り、牧博士の説は文治元年幕府成立説ということになる。因みに前引龍氏の説もまた、氏の所謂幕府と国家公権との接触を文治元年の勅許に求められる。

然らば一体、公法的存在たる武家政治機構の成立、換言すれば封建制度と国家統治権との接触は、これを文治元年の勅許に求むべきであろうか。私はこれを採らない。

鎌倉時代の中期から後期に亙って、二つの西国本所領間の境相論が幕府に提起された時、幕府はその度ごとに、「西国堺の事は聖断たるべし」との原則を表明して、それら相論の受理を拒んだ。この原則は「畿内近国幷西国境相論事(中略)可為聖断」(吾妻鏡貞永元・九・一条)とか、「西国堺相論事(中略)一向可為本所御成敗」(同上建長六・十・二条)とか「准西国堺可仰聖断」(天龍寺文書一、貞和二・閏九・十九直義下知状)とか、種々の文言を以て表現せられているが、要するに、所謂西国に属する土地に関して、或る本所と本所との間に境界相論が起った場合、幕府はこれに対して裁判権を有しない。当事者たる両本所は宜しく朝廷に出訴して聖断を仰ぐべきであるという意味である。(註一)而してこの所謂堺事が文字通りの境界相論のみならず、本所と本所との一般相論をも含んでいることは、「至国領与社領相論事者不及関東御口入、可為京都成敗」(石清水文書之一、田中家文書一六四号)という主張からほぼ推定せられる。かくして西国の二(及び二以上)本所間の訴訟に対しては裁判権を有しないという幕府の根本原則が明らかにせられた。然らば我々はこの原則の反対解釈として、「東国の二本所間の訴訟に対しては、幕府は裁判権を有する」という原則を導き出しえないであろうか。何となれば西国堺事に関する上掲の原則文言は、何れも一般論の形式をとっており、そこから我々は「東国は然らず」との主張を摘出しうるからである。当時の本所が己れの本所領に関して、国家から不輸不入の特権を与えられ、この不入特権の具体的表現として国家の裁判権を拒否しえた以上、二箇の本所間の訴訟を裁判しうる者は、当然彼等に対して国家公権を行使しうる者でなければならぬ。茲に幕府は東国に関する限り、或る時期において国家公権と結びついたであろうことが推定される。かかる接触、換言すれば東国に関する公権行使の権能を賦与せられたことは、文治元年守護地頭設置の勅許による全国警備権の賦与とは別個の意義を有するものというべく、我々は一応前者を後者と切り離して考えなければならぬ。次に少しく幕府の東国に関する公権賦与の過程を考察しよう。

治承四年八月頼朝は兵を挙げて先ず伊豆の目代山木判官兼隆を誅した。その直後同国蒲屋御厨に対して兼隆の親戚知親の非法を停止する旨の下文を発した。吾妻鏡はこれを以て頼朝の関東の事施行の始めと伝えているのであるが、その文面には、

至于東国者、諸国一同庄公皆可為御沙汰之旨、親王宣旨明鏡也(上下略)

と記されていた(以上吾妻鏡)。即ち頼朝は以仁王の令旨によって東国の公的支配権を賦与されたと主張したのである。この後彼は一度石橋山に敗れて安房に渡り、そこで勢力を回復して相模に帰り、爾後相模伊豆を中心として急速に勢力圏を拡大したのであるが、その間上記の主張が毫も変更されなかったことは、安房よりの帰途、武蔵の豪族を招撫して同国の武力支配が実現されるや、直ちに同国の在庁官人ならびに諸郡司等に命令を発して、彼等を(即ち武蔵国を)己れの支配下に置くことを宣言している一事によっても明らかである(同上治承四・九・五条)。彼の勢力圏拡張はいわばこの主張実現の過程であったわけである。斯くて頼朝の勢力が東方において東海東山両道に伸びたのに対して、やや後れて起った木曾義仲は、北陸を地盤として西に進み、ついに頼朝軍に先んじて入洛、平家を西走せしめるに至った。その結果は、

四国・山陽道安芸以西・鎮西　平氏
北陸道・山陰道　義仲
東海道・東山道　頼朝

それぞれの押領するところとなり、諸国庄公の運上の道途絶し、院宮社寺権門の困窮を見るに至った(玉葉寿永二・九・三条)。頼朝はこの情勢を察して、恐らくは一の政治的効果を狙って、東海東山北陸三道の庄園国領元の如く領知すべき旨宣下あらんことを奏請した。朝廷は義仲に憚られて、先ず北陸道を除く東海東山両道の分を宣下せられた(百練抄寿永二・十・十四条、玉葉寿永二・閏十・十三条)。そしてその宣旨には、

東海東山道等庄土《(公カ)》、有不服之輩者、触頼朝可致沙汰云々、

と記されており、頼朝はこの宣旨施行のために使者を東海道の西端ともいうべき伊勢に派遣したのである。これこそまさに、頼朝の東海東山両道の実力支配を朝廷が承認せられたことを端的に物語るものに外ならぬ。即ち頼朝はここに国家公権と結びついたのである。東海東山両道の諸国に対する行政権を与えられたのである。一私人頼朝の家政機関はここに初めて国家の行政機関となった。幕府を国家的意義において理解する限り、鎌倉幕府の成立はまさにここに置かるべきである。頼朝の公権接触の時期は或いはこの寿永二年の宣旨よりも更に溯るものであるかもしれない。然しそれは現在我々の利用しうる範囲の史料では知りえないところであり、かつ又、当時の政情に鑑みて、それは右の宣旨と幾何のへだたりも有しないものであろうことは疑いない。よって私は、この宣旨を基点として、鎌倉幕府は先ず寿永二年十月、東国行政機関として成立したと断ずる。上記の頼朝の使者伊勢発遣の事実に見られる如く、朝廷よりの命令が直接この東国に通達されることなく、頼朝の施行を経ることとなったのもこの権限賦与の当然の結果である。

この後義仲誅滅の結果、彼の地盤であった北陸道も頼朝の権限内に入ったらしく、文治元年十一月頼朝の内意を受

けて上洛した代官時政が、「五幾(畿)山陰山陽南海西海諸国」に守護地頭を設置せん事を奏請し、東海・東山・北陸の三道に関しては、格別触れるところのなかったのは(玉葉文治元・十一・廿八条)、これら三道においては既に与えられた権限において、守護・地頭設置の事を行いえたからであると解すべきであろう。

かくして頼朝に与えられた東国行政権は、やや後れて与えられた全国に守護地頭を設置する権限、換言すれば全国警備権とは一応別個に、長く保持せられ、彼の後継者に伝えられた。幕府が文治四年三月十日東大寺の俊乗坊重源の勧進依頼に接して、朝廷よりの別命をまたず「所詮於東国分者、仰地頭等可令致沙汰」と決定したこと、同月二十六日諸国四天王像造立の宣旨を奉じて、これを東国に施行したこと、同年六月十九日二季彼岸放生会の際の殺生禁断を東国に令したこと(しかる後この禁令を諸国に宣下あるべき旨を奏聞していることに注意すべし)、建久五年八月一日放生会殺生禁断の令を東国に施行したこと、降って建保四年二月十九日東寺宝蔵盗人追捕の宣旨が諸国に発せられるや、幕府は同前これを東国に施行していること等(以上吾妻鏡)いずれも上記東国行政権の発動を伝える事実に外ならぬ。

次に然らば所謂東国とは、どの国々を含むのであろうか。上述の如く頼朝に対する東国行政権賦与が、頼朝の武力による東国支配という事実を背景にして行われたものである以上、所謂東国とは頼朝の実力支配の及んだ国々でなければならぬ。それだけにまた幕府の基礎が確立し、幕府の朝廷に対する地位が安固となる迄は、所謂東国の西界即ち東国と西国との界は制度的に確定しなかったであろう。初めの寿永二年十月の宣旨では東海東山二道所属の国々がすべて頼朝の行政権内に委附された如くであるけれども、これより二年を経た文治元年四月十五日頼朝が、東国侍の内自由任官の輩に対して、本国に下向する事を禁じて、各〻在京して陣直公役を勤仕すべく、「若違令下向墨俣以東者、且各改《被ィ》召本領、且又可令申行斬罪」と令していることよりすれば、当時の東国と西国との境は、墨俣川即ち尾張・美濃の境であったと考えられる。更に翌文治二年六月頼朝は、天下澄清のため、左の国々に院宣を下され、非道を糺断し、武士の濫行を停止して頂きたいと述べて、畿内・山陰・山陽・南海諸道の大半、及び東海道の伊賀・伊勢・尾張、東山道の近江・美濃・飛驒、北陸道の若狭・越前・加賀・能登・越中等三十七国を列挙した(以上吾妻鏡)。即ちここでは、五畿七道諸国の中東海道において三河以東、東山道の信濃以東、北陸道の越後及び鎮西の九国二島が除かれている。而して鎮西に関しては、頼朝は特に「その国々は帥中納言の支配系統に属するが故に、同人の命令を以て、武士の濫行を鎮めて頂きたい」という断り書きを付している。然らば三河信濃以東及び越後が院宣奏請の国々から除かれたのは何故であろうか。私は鎮西諸国が除かれたとほぼ同様の理由によると思う。即ちこれらの諸国こそ所謂東国であって、頼朝はさきに与えられた東国行政権によって、これら諸国は自己の支配系統に属するものと為して院宣をまたずして、武士濫行停止の事を行いえたからであると考える。

上述の如く、初め東海・東山二道の諸国を包含したと考えられる頼朝の行政権範域、即ち所謂東国が後に尾張以東と改まり、更に三河・信濃以東及び越後となったことについては、朝幕の間何等かの政治的折衝の伏在を思わしめるものがある。それら事情の究明は姑らく措いて、これを後考に俟つこととして、ただここに注意すべき一事がある。幕府創立より三十年の後勃発した承久役の善後策として、京都に設置せられた六波羅探題の関東に対する管轄地の境界が東海・東山両道において、上記文治二年の史料より導かれた東国西国の境界と一致する事これである。即ち後述の如く六波羅の管轄地域は尾張・飛驒・加賀以西と定められたのである(第四章第二節参照)。承久以前京都には幕府の出先職員として、いわば六波羅探題の前身たる京都守護があった。されば六波羅探題の管轄地域は、京都守護時代の制度の継受かとも想像せられるけれども、京都守護の西国事務(幕府関係内での)執掌の事は未詳であり、況んやその管轄地域などは徴しうるものがない。されば六波羅探題管轄地域の制度上の由来をたずねることは困難といわねばならぬ。然し上記の一致即ち文治当時の幕府行政権範域と、三十余年後の関東の六波羅に対する管轄地域との一致(東海東山二道における)から我々は次の推測を導きうるであろう。幕府行政権範域たる東国の境界線は、東海東山両道において文治以後、承久及びその後に亙って長く変更せられず、六波羅探題設置せられて、その管轄地域設定の必要が生ずるや、上記の境界線を以てそのまま関東六波羅間の管轄境界線としたものであろうと。この推測にして妥当なりとすれば、逆に北陸道における両境界線の不一致は文治より承久に至る間の東国北西限の変更を以て説明することができる。即ち文治二年当時の所謂東国は北陸道において越後一国に限られたものが、後越中・能登二国を加えるに至ったと考えるのである。

上来私は「西国堺の事聖断たるべし」なる原則より推定せられる幕府の東国行政権の源流を尋ねて、寿永二年の宣旨に溯り、次いで所謂東国の内容を究明してここに及んだ。所詮幕府は先ず東国行政機関として成立したというべきである。されば東国においては、国衙本所の上に立つ裁判権を具有することとなったのである。さきに述べたところであるが、この裁判権行使の対象は二(もしくはそれ以上)本所間の訴訟であって、一本所内での訴訟をいうのではない。両者を混同してはならぬということを、ここに繰り返して注意しておこう。当時本所はいずれも己れの進止に属する本所領に対して裁判権を有したから、一本所内での訴訟は当該本所の裁判すべきところであり、幕府ではこれに対して裁判権を有しないのである。御成敗式目第六条、

一国司領家成敗不及関東御口入事

右国衙庄園神社仏寺領、為本所進止於沙汰出来者、今更不及御口入、若雖有申旨、聊不及叙用焉（一三ページ付説一参照）

とは、まさしく右の原則を成文化したものである(註二)。

文治元年十一月の守護地頭設置の勅許は、上述東国行政権とは別個にまた一種の国家公権を頼朝に与えた。即ち全国に及ぶ警備権これである。従って幕府はこの権限内に属する特殊裁判権(或る種の刑事裁判権)を行使することとなり、又この警備権には当然守護地頭両職進止権が包含せられる故、両職に関する訴訟の裁判権もまた幕府の行使するところとなった。

頼朝はまた文治の初め伊豆・相模以下九ケ国を知行国として賜わったので、己れの家人をこれら諸国の国司に奏薦し、各〻をして国務を執行せしめた(吾妻鏡文治元・八・廿九条、同二・三・十三条、建久元・二・十一条)。これ所謂関東御分国であって(その国名及び国数は時によって一定しなかった)、その国々の国衙裁判権は当然に幕府の権限内に入ったわけである。当時の国衙裁判権が不入特権を享有する本所領を除いた比較的狭小な国衙領に対して有効である以上に多く出でないであろうこと、そしてその内容は本所領に対する本所裁判権とほぼ同様のものであろうことは想像に難くない。然しながら上代以来の国司制度が知行国制度に変質はしながらも、なお国家統治組織の一部としての実質的意義を全然失うには至っていないこの当時に在って、頼朝知行国の国衙裁判権が幕府に帰したことは、幕府と国家公権との接触の様相を論ずる我々にとって、見逃しえない事実であると思う。

更に頼朝には主として平家没収地に由来する所謂関東御領があった。頼朝はこれに対して本所として、或いは庄園領主としての裁判権を有した。

上来私は鎌倉幕府の成立を、主として幕府裁判権確立の面に局限して考察した。幕府裁判権の内容、従ってまた幕府裁判の客体、当事者の性格等々は、幕府に与えられた権限の多様性に相応じて複雑であった。然しながら我々は幕府が裁判の対象として最も重要なりと見なしたもの、いわば幕府訴訟制度運営上の主要対象が何であるかを見誤ってはならない。幕府の成立が朝廷の一方的意思による地方行政機関の設立としてではなく、頼朝勢力による東国の事実的支配を朝廷が承認せられ、次いで守護地頭設置の奏請を勅許せられるという過程をとった以上、幕府存続の最大要因は実力の保持を措いて外にない。実力の保持とは要するに鎌倉殿と地頭御家人との封建関係の維持というにつきよう。即ち幕府訴訟制度運営の対象は先ず地頭御家人間の訴訟、特に所領に関する訴訟であった。次に地頭御家人の実力伸張の過程に発生する本所領家と彼等との間の訴訟もまた重要視せられた。畢竟、幕府訴訟制度の発展は地頭御家人間、及び彼等と本所領家との間の所領相論に焦点を置くものであることが予見せられる。

註一　この根本原則は、初めは単に本所領国領のみならず、地頭御家人領に対しても適用せられた。即ち西国地頭御家人所領と本所領家領との堺相論もやはり幕府裁判権外に在りとせられた。然し地頭御家人及びその所領に基礎を置き、従って地頭御家人保護を根本方針とせねばならぬ幕府が永くこの態度を持続しえないことは自明の理であろう。けだしかかる相論を幕府裁判権外事項なりとする結果は、屢〻地頭御家人の敗訴、彼等所領の収公を齎らすであろうからである。ここにおいてか幕府は種々の理由を設けて、これらを己が裁判権内に取り入れるようになる。正嘉二年以後(恐らくは文永八年以前)の発布にかかる左記法令はこの過程を物語るものと解せられる(近衛家本追加)。

一　西国堺事

於仁治以往成敗之地者、今更難被没収之由、地頭御家人訴申之条、非無子細、仍可有沙汰

右法令の発布年代は正嘉二年不易令以後、而して恐らくは文永八年不易令以前と推定せられる(第三章第四節一一五ページ参照)。なお近衛家本追加については、最近牧健二博士の紹介がある。法学論叢四六ノ一「近衛家本式目追加について」参照。

註二　以上、石井良助先生「鎌倉時代の裁判管轄——主として武家裁判所の管轄」(法学協会雑誌五七ノ九・十)、及び牧博士『日本封建制度成立史』第五章第一節によるところ多し。

付説一　御成敗式目第六条「出」字の有無について

嘗て植木直一郎博士は『御成敗式目研究』において、式目諸伝本には、武家系統と清原氏系統との両系統が存することを論じ、この二者を区別すべき「標基点」として、第四条「贓物」と「財物」との相違、第十八条「忠孝」と「志孝」との相違の二点を挙げ、「贓物」「忠孝」が式目本来の文字であって、これが清原家の学者の手によって、「財物」「志孝」に改められたものであろうと推定せられた(上掲書四三一—四四二ページ参照)。私は更に第三の「標基点」として、第六条「為本所進止於沙汰出来者」における「出」字の有無を挙げたい(尤も、書写年代を明記した最古の伝本である康永二年本に「出」字があることについては、三浦周行博士『続法制史の研究』所収「貞永式目」八七三ペ

ージを参照)。次に私の調査しえた伝本について、「出」字の有無を前記二「標基点」と併せて掲げよう(*符は植木博士の利用せられなかったもの。後の註釈書の場合亦同じ)。

	伝本	第四条	第六条	第十八条
1	菅本	贓物	出来	忠孝
2	鶴岡本	贓物	出来	忠孝
3	世尊寺本	贓物	出来	忠孝
4	康永二年本	贓物	出来	忠孝
5	鳳来寺本	贓物	出来	忠孝
6	明応五年本	贓物	出来	忠孝
7	明応七年本	贓物	来	忠孝
*8	元亀三年本	贓物	出来	忠孝
9	天正十年本	贓物	来	忠孝
10	伝素眼自筆本	贓物	出来	忠孝
11	運長本	贓物	出来	忠孝
12	蘇峰本	贓物	出来	忠孝
13	慶長五年二月本	贓物	出来	忠孝
14	慶長五年梅雨月本	贓物	出来	忠孝
15	座田本	贓物	来	忠孝
*16	青山堂旧蔵本	贓物	出来	忠孝
17	永正十七年本	財物	来	志孝
18	享禄版本	財物	来	志孝
19	清原家本	財物	来	志孝

20 舟橋枝賢自筆本	財物	来	志孝
21 永禄八年本	財物	来	志孝
22 天正八年（尊朝法親王御自筆本）	財物	来	志孝
23 天正十一年（尊朝法親王御自筆本）	財物	来	志孝
24 天正十三年（尊朝法親王御自筆本）	財物	来	志孝
25 文禄二年梵舜自筆本	財物	来	志孝
26 伝楠木長諳自筆本	財物	来	志孝
27 宇津江友清筆本	財物	出来	志孝
28 慶長三年一件筆本	財物	来	志孝

右の如く「贓物」・「忠孝」に作る武家系統の本が殆ど一致して「沙汰出来」に作り、「財物」「志孝」に作る清原氏系統の本が亦「沙汰来」に作ること（7、9、15、27については後述）、ことに1→6の古写本が一致して「沙汰出来」に作る点より考えると、「沙汰出来」が式目本来の形であり、後、清原家改竄の結果、「出」字を脱するに至ったと察せられる。ただ、7、9、15、27の諸本においては上の三「標基点」が一致しないのは不審であるが、このうち7即ち明応七年本は、既に式目起請文の連署に改竄の跡を見るのであって（植木博士上掲書八三—八七ページ）、この本が「贓物」「忠孝」に作りながら「出」字を欠いていることは、却って清原家説形成の過程において、「出」字の逸脱が「贓物」「忠孝」の改竄より先に行われたことを示すものではあるまいかと思われる。然らば9、15も一応この明応七年本の系統に属せしめうるであろう。27宇津江友清筆写本は、本文の間に式目追加を二ケ条挿入している点（植木博士が一ケ条とせられたのは誤り——上掲書四五一ページ）において、他の伝本と全く体裁を異にしており、その系統の特異なるを思わしめるものがあるが、未だ適当なる解釈を得ない。後考を俟つ。

因みに8は石井良助先生御所蔵にかかり「元亀三壬申年七月十二日」という本文同筆の奥書あり（法律時報十三ノ一に

紹介あり）。また16は東京帝国大学附属図書館架蔵、題簽「貞永式目」は蜀山人の筆という。故穂積陳重博士蒐集本の一つである。

次に、式目註釈書について調査した結果左の如し。（註釈書には一々式目本文を引用して、それに註釈を加えるものと、ただ註釈のみのものとがある。後者の場合にはその註釈の文章から、同書が拠ったと思われる式目の原形を推定して掲げた。括弧を附した分がそれである。）

	諸伝本	第四条	第六条	第十八条
1	蘆雪本式目抄	贓物	出来	忠孝
2	敦賀屋版式目注	贓物	出来	忠孝
3	続々類従本御成敗式目注	贓物	出来	忠孝
4	池辺本御成敗式目注	贓物	（出来）	忠孝
5	続類従本式目聞書	贓物	出来	忠孝
6	明王院本式目聞書	贓物	（出来）	忠孝
7	岩崎本式目	贓物	出来	忠孝
8	江藤本式目抄	財物	（出来）	忠孝
9	近衛家本貞永式目抄	財物	来	志孝
10	舟橋枝賢奥書式目抄	財物	来	志孝
11	栗田本式目抄	贓物	出来	志孝
12	久原本式目	財物	出来	志孝
13	平仮名式目抄	財物	来	志孝

植木博士によれば、12久原本式目は清原家説、武家註釈家説を参酌併取したものであるという（上掲書五六六ページ）。

8、11もこれに類するものであろうか。

なお8は福岡市江藤正澄氏蔵本であって、左の奥書がある（史料編纂所架蔵影写本による）。

天正弐年七月四日書之、江州弥高寺右京公

次に9は左の奥書を載せる（同上架蔵影写本による）。

右秘抄者一子相伝之奥義也、勧善懲悪之法如指掌乎、天下鴻宝国家亀鏡也、不出巻而知賢哲之遺法、豈式制哉、于兹丹州太守蓬雲宗勝於予被索之、不能固辞、染禿筆備幕下、為他人勿令容易矣、

永禄己未（二年）春三月庚子　大外記清原朝臣（舟橋枝賢）（花押）

右貞永式目抄、累代家門所蔵之本也、去春有子細、令進呈大樹（家宣）、然而更被摸写還恵之、再鎮庫蔵、後孫不可存容易也、

正徳改元初冬日　摂政（近衛家熙）（花押）

永禄奥書の蓬雲宗勝は蓬雲軒宗勝（松永長頼）であろう（奥野高広氏の教示に負う）。本書の内容は宣賢式目抄を補訂したものと認められる。

付記　以上式目及び同註釈書諸伝本の調査に当って、私は故穂積陳重博士蒐集にかかる東京帝国大学附属図書館現蔵の多数の原本或いは影写本、史料編纂所架蔵写本、東洋文庫所蔵世尊寺本、石井先生御所蔵本等を利用することができた。ここに右所蔵者各位及び長年月に亙る非常な努力を以て、或いは古写本・古刊本を蒐集し、或いは影写本を作ってこれを後学に残された故穂積博士、博士の蒐集を基礎として式目を研究せられ、その業績『御成敗式目研究』を以て我等を導かれた植木直一郎博士に対して深謝の意を表したい。

第二節　幕府初期の訴訟制度

頼朝が鎌倉の主となってから満四年後、元暦元年十月二十日、幕府の訴訟機関として問注所が設立された(吾妻鏡)。当時西方においてはなお、源平両軍は近畿・山陽・南海の間に対峙しておったけれども、頼朝の地盤とする東国においては経営着々効を奏し、且つその範域は拡大の一途を辿っていた。強力な政権の出現によって、戦乱状態が鎮静せられた時、その政権の政治力によって紛争を解決してもらおうとする訴訟の続出したことは想像に余りある。況んや社寺或いは個人に対する所領安堵及び恩給の盛行は、新旧権利主体(事実上或いは自称の)間の相論を一層増大せしめる結果となった。問注所の設立はかかる情勢の要求に応ずるものであった。

さて問注所の創設を伝える吾妻鏡の記載によれば、問注所の職掌は、諸人訴訟について、当事者を召喚して、口頭弁論を行わしめ、その詞《ことば》を注記して、これを鎌倉殿に報告することであった。職員としては三善康信(法名善信)をその長に任じ、藤原俊兼、平盛時等を補助員とした。問注所主任職員の職名は建久二年以後の史料には執事の名を以て表われる(吾妻鏡建久二・正・十五条)。職務執行の場所は頼朝の亭内東面廂二ケ間を点定して、「問注所」の額を掲げた。のち幕府埒内の喧騒を顧慮して、一時執事善信の私宅に移され、更に正治に至って、埒外に新造せられることとなった(同上正治元・四・一条)。

幕府創立当初の訴訟手続は遺憾ながら未詳な点が多い。前述の問注所設立に関する吾妻鏡の記事によれば、問注所職掌の主要部分が訴訟当事者の口頭弁論を執行して、これを記述する点にあったことは疑いない(なお吾妻鏡建久五・十・一条参照)。而してその結果を頼朝に上申するというのであってみれば、問注所自身は、両訴訟当事者の主張に理非の判断を加える権限はなかったものと考えられる。理非の判断を加える権限とは、具体的には両当事者主張の理非に対する意見文を作製するとか、或いは更に進んで判決草案を作製する等の権限である。尤も口頭弁論に先立って行わるべき書面審理（所謂訴陳に番えること）及び証拠文書の審理等は、やはり問注所の職掌に属したことであろう。要するに問注所は訴訟審理上の補助機関たるにとどまり、判決機関ではなかったというべきである。

然るに頼朝より頼家を経て、三代実朝の時代になると、問注所勘状なるものが史料にあらわれる。即ち、

（一）　安貞二年三月十三日峯源藤二持と山代三郎固との肥前小値賀島相論を裁した関東下知状に（青方文書）、

如建永二年五月三日問注所勘状者、是包（論所の本領主）前妻藤原氏号後家之条頗無其謂、又囲（固の父）雖有申旨、尋覚給故大将殿（頼朝）政所下文之上、給鎌倉中将殿（実朝）御下文畢、尋覚所申聊有其謂歟云々（上下略）

（二）　建暦二年十二月十三日将軍家政所下文（二ケ条よりなる判決文）に（上妻文書、大日本史料四ノ十二、五七ページに載す）、

一可（中略）以家宗為北田村地頭職事、

右如問注所重勘状者（中略）彼北田村地頭職事、家宗猶可謂有知行之理者歟云々者、早（中略）可令家宗為地頭職者也、

□（一カ）可（中略）以家宗為白木山地頭職事、

□（右）如同勘状者（中略）件白木山事、不可及異論者歟云々者、任此状彼山事、□（可）令家宗為地頭職矣、

（三）　貞応二年四月日関東裁許状の事実書冒頭に（薩藩旧記前集二）、

右如承久二年五月日問注所勘状者（下略）

等の数例が挙げられる（なお吾妻鏡建暦元・四・二条参照）。これら問注所勘状は右に見る如く、「頗無其謂」「聊有其謂」「可謂有知行之理者歟」「不可及異論者歟」等と、訴論人主張の何れが理、何れが非なりやに明確な判断を与えている。即ちそれは一の判決草案とも言いうるものであって、鎌倉殿はこの勘状の内容たる判断の当否を検討して、も

し誤りなしと認めれば、該勘状を採用する旨を記した判決文を作製下付する事、まさに上掲第二例の如くであった。またもし、勘状に非勘ありと認めた場合には、これを問注所に却下して再度の勘進を求めたであろう。第二例に所謂「問注所重勘状」とは、恐らく斯る場合の再度の勘状をいうのであろう。

要するに、遅くも実朝の時代には、問注所の職掌は単なる訴論人の召喚、口頭弁論の指揮、注記及び上申にとどまらず、判決手続への干与に迄拡張せられていたと考えられる。かくのごとき職掌、従ってまた権限の拡張の動機が何であったかは今詳かにしえないけれども、強いて臆測すれば頼家時代、彼の独断を封ずる目的をもった老臣の合議政治の発生に求められるのではあるまいか。

終りに、頼朝時代以来屢〻見られる所謂御前対決について一言しよう。先ず最も著名な一例、熊谷直実出家の動機となった彼と久下直光との境相論対決において、直実の主張・陳弁に不審な点が多かったので、頼朝屢〻これを尋間した云々という所伝から(吾妻鏡建久三・十一・廿五条)、所謂御前対決の意味が導き出される。即ちそれは単なる鎌倉殿の面前での対決(口頭弁論)ではなく、鎌倉殿自身の訴訟指揮による対決である。従ってそれはひとたび問注所の対決を経た第二段のものであろうと考えられる。次ぎに吾妻鏡が建久二年四月二十七日相模生沢下社神主と地頭との相論御前対決の記事の後に、「於御前対決事雖不輙、依為神社事如此」とあるによって、御前対決の行われるのは全訴訟中の極く一部分、重要な訴訟に限られたことが知られる。然し御前対決に上程さるべき訴訟の種類が明確に規定されていたか否か(法定要件の存否)、もし規定があったとすれば、それは如何なるものであったか等の問題は、遺憾ながら後日の究明に俟たねばならない。吾妻鏡に散見する御前対決の数例について、その当事者が或いは御家人同士(文治四・八・廿三条及び上掲熊谷久下の例)、或いは神主と地頭御家人(文治元・八・廿一条及び上掲生沢下社神主の例)、或いは高野山領備後大田庄雑掌と地頭代(承元三・二・一条)、等である点に着目し、これと幕府訴訟制度運営の主要対象が、地頭御家人間及び彼等と本所領家間の訴訟であったとする推論(前節)と、更に続いて来るべき北条執権政治時代の訴訟管轄の原則が、当事者身分の上に在ったこととを相つらねて、源家将軍時代の御前対決の要件を、専ら当事者身分の上に求めることも一の試論として許されるであろう。然しそれも、当時における訴訟制度の備定を、いや少なくともかかる法定要件を前提とするものであり、この前提にして確たる論証を経ない限り、依然として試論、臆見たるにとどまらねばならぬ。

以上が幕府の創立より源家将軍の終末に至る間の、いわば揺籃期の幕府訴訟制度の概観である。制度上未詳に属する部分、即ち記述を欠いた部分が甚だ多く、この点制度の概観とは言いえないかもしれない。然しながらこの時期の訴訟制度が、鎌倉殿の裁断力と問注所の権限との相関関係をめぐって発展しつつあったこと、これを問注所を中心にして言えば、判決前準備手続専掌より一部判決手続への参与に転じたこと、約言すれば訴訟制度発展の中心点はほぼ以上の論述によって了解されたと思う。

第二章　身分制に立脚する訴訟制度の成立

第一節　問注所と政所

執権・連署・評定衆を根幹とする幕府合議体制の下において、訴訟は如何なる機関によって、如何ように審理裁判せられたであろうか。吾妻鏡によれば、宝治二年十一月二十三日、幕府は問注奉行人等が訴訟事務の調査を怠り、ひたすら酒宴放遊を事とし、訴訟当事者の直接審理も、証文の審理もすべて放擲して顧みず、その結果評定の座に召されて、種々の下問に接しても、何等明快な答弁をなしえないという有様である。今後かかる徒輩は召し仕うべからずと規定した。吾妻鏡は以上の記事に続けて、この規定を、彼等奉行人に「普可相触之趣、今日被仰付太田民部大夫(康連)、信濃民部大夫行然等云々」と記している。命令伝達の経路を伝えるこの引文の解釈は、康連・行然がそれぞれ問注所・政所の執事であることより導かれる(吾妻鏡元仁元・閏七・廿九条、寛元四・八・一条、関東評定伝)。即ち問注所・政所の各管下に訴訟審理の奉行人が属していたのである。なお、この規定の文面より、当時の訴訟手続の概要も知られる。先ず問注所或いは政所に繋属した訴訟は、そこに配属する問注奉行人によって審理される(書面審理、当事者尋問)。その結果は評定の席に上程され、その会議にかけられるのであるが、その際当該事案を担当した奉行人も評定の席に召されて、種々の質問を受けるのである。判決は恐らくこの評定の結果確定したことであろう。

以上述べたところによって、訴訟機関の大体及び訴訟手続の概要は明らかになった。然らば次に、上記二箇の訴訟審理機関問注所・政所に対して管轄権は如何に分配せられたか。延応元年五月六日幕府は人倫売買の禁令を発した。

今日伝存するその禁令は政所執事信濃民部入道行然に充てられたものであり(新編追加九二条)、当時政所が人倫売買を取扱っていたことが知られる。然るに降って建長七年当時、人倫売買銭に関する法令は問注所執事太田民部大夫康連に充てられている(新編追加八四条)。以上二箇の事実より、我々は一応延応より建長に至る間の管轄権移転を推論しうるが如くであるけれども、同じ建長年代、人倫売買と密接不可離の事項たる人質の事に関する一改正法規が、政所・問注所両執事宛に発せられている事実は、明らかにこの推論の成立を拒否する(新編追加八七条)。このように同一事項が或る場合には問注所に、また或る場合には政所に取扱われていることは一体何を意味するであろうか。いま、問題を管轄権分配に限定して考えるならば、問注所・政所間の管轄権分配が訴訟の対象(客体)を基準としたものでないことがそこに推定せられるであろう。

建長二年四月二十九日幕府は雑人の直訴を禁止して、諸国に在っては在所地頭の挙状を、また鎌倉中においては地主の挙状を要する事と定め、この旨を問注所と政所に指令した(吾妻鏡其条)。この事実は我々の当面する訴訟管轄権分配の問題に多大の示唆を与える。即ち問注所・政所間の管轄権分配は、諸国・鎌倉という地域の別に関係あるらしく考えられる。この推測は吾妻鏡建長六年四月二十七日の記事を得て、一層明白かつ確実となる。

鎌倉中雑人幷非御家人之輩、不従奉行人成敗事、殊可有誡沙汰事、被定其法、被仰政所云々、

鎌倉中の雑人及び非御家人を当事者とする訴訟が挙げて政所管轄に属したこと、これによって明らかであり、また前掲建長二年の雑人直訴禁止令に所謂諸国・鎌倉中がともに訴訟当事者の居住地を意味することも亦これによって疑いなしとせられよう。そこに当然、訴訟管轄権は問注所・政所に対して訴訟当事者の居住地を規準として分配せられた、即ち鎌倉中雑人ならびに非御家人の訴訟は政所の、諸国の雑人・非御家人訴訟は問注所の管轄であった、との結論が得られる。ただ我々の最大関心事たる御家人訴訟に関しては、非御家人・雑人の如く、その居住地によって管轄機関を異にしたかどうか、遺憾ながら確証を見出し難いけれども(註二)、私は上掲吾妻鏡建長六年の記載を消極的論拠とし

て、御家人訴訟は一律に問注所所管であったであろうと推測したい。

なお、吾妻鏡正治元年四月廿日の条、

為梶原平三景時・右京進仲業等奉行、書下政所云、小笠原弥太郎・比企三郎・同弥四郎・中野五郎等従類者、於鎌倉中縦雖致狼藉、甲乙人敢不可令敵対、若於有違犯聞之輩者、為罪科慥可尋注進交名之旨、可触廻村里之由(中略)云々、

によれば、正治の当時既に政所は鎌倉市内行政権を掌握していたことは明らかである。後年の鎌倉住人訴訟管轄の制を正治にまで溯らしめうるかは姑らく疑問であるとしても、かかる制規発生の源流を正治以降の鎌倉市内行政権の中に求めることは認めてよいと思う。又この政所は鎌倉市内行政権と共に、或る種の同市内警察権を与えられていた。それは新編追加一二七条所載の左記法令によって窺われる。

一 侍所政所勾引人々売事、

件族任本条可処罪科也、而鎌倉中幷諸国市鄽間多有専此業之輩云々、至諸国者、仰守護地頭等、慥可断罪、於鎌倉中者、可被捺火印於其面、

この法令の発布年代は、所謂本条が貞永式目を指すことを論拠として、貞永以後と推定する以外に、局限の途がない。事書の侍所政所四字は恐らく元、本文ではなく、この法令を送達すべきあて先、即ちこの法令を施行せしむべき機関として事書の肩に記された註文が、伝写の間に誤って本文に竄入したものであろう。即ち事書の原形は左の如くであったろう。

侍所政所
一 勾引人々売事、

斯く考えて法文を一読すると、この法令がその対象とする人商人を諸国と鎌倉中とに分けて、各〻の科罪手続を異にし、諸国の分は特に守護地頭に命ずべしとしていることが注目され、そこに侍所・政所と諸国・鎌倉中とは管轄系

統上、或る種の関係を以て結ばれるものであろうとの臆測が生ずる。而してこの臆測は、侍所が御家人統制の中枢機関として、各国守護を通じて、諸国地頭御家人を支配するの制であった、即ち諸国地頭御家人に対する指揮命令は、侍所より諸国守護を経由して、伝えられたという事実によって決定的となる(第三章三節参照)。即ちこの法令の事書の註文と考えられる侍所・政所は、それぞれ諸国・鎌倉中に対して人勾引・人売科断の命を発すべき機関であったのである。かくして政所のもつ鎌倉市内警察権の内容を部分的ながら推定したのであるが(註二)、一方侍所もまた鎌倉市内警察の事に与かり、検断を行った例証がある(八四ページ参照)。然らば同じ鎌倉市内警察権に関して、侍所と政所とは、相互に如何なる管轄関係に在ったのであるか。詳言すれば、政所の警察権は人売等の軽犯に限られ、重大犯罪は侍所の所轄であったのであるか(その場合でも軽重の度如何が当然問題となる)、或いはまた侍所と政所とは、侍と庶民というが如き犯罪者の身分によって管轄を別ったのであるか、或いはまた侍所の警察権を立証する史料が承久以前に徴せられるのに対して(八四ページ参照)、政所のそれが前述のごとく貞永以後に属するという典拠史料の年代懸隔を論拠として、侍所より政所への管轄移転を推測すべきであろうか。今はただ考えうる場合を列記して後考に資しようと思う。

【付、雑人奉行】 前段において、私は諸国雑人訴訟は問注所の所管である旨を述べたのであるが、吾妻鏡仁治二年六月十一日の条に次のような記事がある。

雑人訴訟事、相分国々、被付奉行人、而度々雖被相触不事行之時、申御教書之間、尫弱訴訟人、数反往還、経日月事不便、自今以後不可申成御教書、以奉行人奉書可加下知之旨被仰出云々、

この記事から我々は、仁治の当時、諸国雑人訴訟の専門奉行人が国別に設けられていた事を知る。降って宝治二年七月十日幕府は盗人罪科事に関する追加法を制定し、「以此趣雑人奉行等可存知」と令したのであるが(吾妻鏡其条)、ここに見える雑人奉行こそ、上述した雑人訴訟専任奉行人の正式職名であろう。ここに所謂雑人とは、宝治元年十二

月十二日制定にかかる訴訟人参候座籍規定(吾妻鏡其条)、

侍　客人座
郎等　広庇
雑人　大庭

における雑人と同じく、また前節に明らかにした政所管轄訴訟の当事者として、鎌倉中非御家人と並んで挙げられる雑人とも同じく、幕府身分制上の一階級をさす語である。即ち幕府法は御家人及び非御家人を包括して、これに「侍」という階級的名称を与えたのに対して、その下に位する一般庶民階級を指称するに「雑人」の名を以てしたのであり、その限りにおいて、幕府法令に一層頻繁に見られる凡下・甲乙人の語と同意義であると考えられる。雑人の意義にして以上の如しとすれば、雑人奉行の職掌はおのずから明らかであって、早く建暦二年の当時、幕府が関東分国たる諸国に派遣して、民庶の愁訴を聴裁せしめんとした奉行人(吾妻鏡建暦二・十・廿二条)は、まさしくこの雑人奉行の先蹤と言うべきであろう。(註三)尤も、この時の奉行分遣の議は、人数不定のため暫らく沙汰やみとなったと伝えられている(同上建暦二・十一・廿七条)。その後の雑人奉行に関しては、史料極めて少なく、前掲吾妻鏡仁治・宝治代の記事の外には、僅かに建治三年記に常陸国雑人奉行・上野国雑人奉行の名が見えて、当時の存続を確かめうるにすぎない。

次に雑人奉行の訴訟制上の地位を考えてみよう。先に私は、建長二年四月二十九日幕府が雑人直訴禁止令を発して、諸国は在所地頭の挙状を、鎌倉中は地主の挙状を要すると規定し、この旨を問注所及び政所に指令したことを述べた(二四ページ参照)。而してその際私はこの法令に対して、「ここに所謂諸国・鎌倉中が、ともに訴訟当事者(即ち雑人)の居住地を意味し、この法令を問注所及び政所をして施行せしめた所以が、両者がそれぞれ諸国・鎌倉中訴訟管轄権を有していたことにある」との解釈を与えたのであるが、この私見にして認められるならば、諸国雑人訴訟を分掌する雑人奉行は当然、諸国雑人訴訟を管轄する問注所の支配下に属していたと推定せられる。然るに後年この関係は変じて、雑人奉行は問注所の支配系統外に立つに至った。建治三年八月五日の幕府評定記録に(建治三年記其条)、

上野国雑人奉行事、可被仰付駿州、

と見える。駿州は前六波羅探題(北方)、時の評定衆義宗であり(鎌倉年代記、関東評定伝)、その地位より考えて問注所の配下に属すべくもないことは容易に察せられるのであるが、このことは更に次の事実によって決定的となる。即ち八月五日上野国雑人奉行に補せられた義宗は間もなく同月十七日卒去してしまったので(関東評定伝)、幕府はその補闕の処置として翌九月十六日、

上野国雑人事、問注所可申沙汰、

と決定した(建治三年記其条)。即ちそれは、上野雑人訴訟が一時的処置として問注所の管下に入れられたことを語り、その反面、当時の一般雑人奉行が原則上問注所の管外に在ったことを語るものである。

終りに雑人奉行の審理手続について一言する。武家名目抄に従って元久二年の上総国奉行を雑人奉行と認め、建暦二年の奉行人分遣の議を単なる制規改正と解するならば、雑人奉行は元、鎌倉に在って審理の事に当るを原則とした と見るべきである。彼が判決権を賦与せられていたか否かについては確証がないけれども、彼の地位が問注所の属員たるにすぎないことに鑑み、また次に述べる仁治二年の改正令以前には、奉行人が現地に出張してすらなお、その職権は審理手続に限られていたことに照らして、判決権なしと見るのが妥当であろう。建暦の改正案では、奉行を分遣して、「可成敗民庶愁訴」と内定し、判決権を与えることとなったのであるが、その案は実現しなかった。降って仁治二年の改正令を見るに(二六ページ引用史料参照)、本令は従来訴訟当事者の一方が応訴(訴陳状の提出)出頭(出対)を拒んだ場合、これに対する強制命令として一々将軍家御教書が発せられる制であり、この下付を受けて、これを難渋者に手交するために相手方が鎌倉と本国との間を往復して、自然訴訟の進行遅延に及ぶ事情に鑑み、今後御教書の下

付を要せず、奉行人の奉書を以て「可加下知」としたものであった。即ち今後は奉行人奉書を以て下知することにより、従来の鎌倉往反による日数徒過の弊が除かれるはずであり、当時の雑人奉行が現地に出張していたことは顕然疑いない。又この改正によって彼に与えられた「下知」の権は、判決権を含むものと解して誤りないであろうが、然らば従来単なる審理手続のみを事とした雑人奉行は、ここに判決権を取得したこととなる。然るに七年後の宝治二年五月二十日の雑人訴訟手続改正令によれば、今後論人が召文奉書(召喚状)三ケ度に及ぶもなお応じない場合には、「今度令違背者、可有後悔之由、差日数以国雑色可被下遣召文也」と規定した(吾妻鏡其条)。ここに所謂国雑色は、政所の管下に属して、鎌倉に在勤したと考えられる故(吾妻鏡弘長三・八・九条)、彼等をして召文を論人に送達せしむる雑人奉行もまた鎌倉にいたと考えられる。即ち当時はまた元の如く、雑人奉行は鎌倉に在って審理に当ったと解せられるのである。

雑人奉行に関しては未詳な点、不確実な点が甚だ多い。然し幕府訴訟制度が、身分制上の特定階級を取り上げ、彼らの訴訟のみを担当する専門職員を設置して、他の訴訟と別箇の手続に依らしめたことは、当時の幕府訴訟制度の立脚点が何であったかを窺わしめるものとして、興味深く感ぜられる。

註一　寛元元年四月二十日幕府は越堺下人相論に関して、地頭の所従と、百姓の下人とで取扱いを異にすべしと定め(吾妻鏡其条、新編追加三五六条)、同年閏七月七日再度法令を発してこの区別を撤回した(吾妻鏡其条。なお新編追加三五四条日付・充所は吾妻鏡によって訂すべし)。この両度の法令はともに問注所執事三善康持あてに発せられている。従って問注所が、百姓の訴訟と共に地頭の訴訟(従って御家人訴訟も包含して考えられる)を管轄したことは疑いない。ただこの場合には、諸国の地頭と百姓とに対する差別的取扱の可否のみが問題となっており、鎌倉在住の御家人(二四ページ所引雑人直訴禁止令にいう地主がそれに当ると私考する)・百姓の事は論議の対象となっていない。従って鎌倉在住御家人訴訟の管轄機関が何であるかを積極的に証明すべき史料の見出しえない限り、御家人訴訟管轄機関については確論を立て難いわけである。

註二　新編追加一二四条は趣旨において、本文所掲の一二七条と全く同意の法令であり、それには保奉行人に仰せて、鎌倉中の人商人の交名を注進せしめよ云々と令せられている。これによって或る程度保奉行人と政所との関係が臆測される。ここに吾妻鏡寛元三年四月廿二日条によれば、幕府はこの日鎌倉中保々奉行人可存知条々を制して、これを後藤基綱に通達した。即ち基綱は当時鎌倉中保々奉行人の統轄者であったわけであるが、この基綱はこれより五年前迄は政所令の重職に在り（宗像神社文書一、仁治二・九・十将軍家政所下文）、寛元の当時は令の職こそ辞したけれども、なお政所の高級職員であったであろうと考えられる。更に同年六月七日鎌倉中住民続松を用意すべしとの令が保々に布告せられた時（命令伝達上、保々奉行人の介在が考えられる）、この事を主裁奉行した人は清左衛門尉満定であるが（吾妻鏡其条）、彼もまた仁治三年より寛元元年にかけて政所令たる確証あり（毛利元雄氏所蔵文書、仁治三・十・廿三将軍家政所下文、寛元元・七・廿八同上下文）、恐らく寛元三年代にもなお同職に在ったか、然らずとも政所職員に留まったと推定して大過ないと思う。以上によって我々は、保奉行人の所属について一の推論を立てることができる。即ち保奉行人は鎌倉市政の直接担当者であって、その身分は鎌倉市政機関たる政所に所属する。恐らく政所の高級職員の一人が保奉行人の直接統轄者に任ぜられたことであろう。なお付言すれば、「扨鎌倉殿の中頃より政所寄人の内さるべき輩を以て保検断奉行と地奉行との両職に補せられ（中略）常の辞に保々の奉行人などいひしは、即ち此両奉行の事をつかねよべるなり」という武家名目抄の説（同書職名部十五）は、保々奉行人と政所との関係を指摘した見解として注目に値すると思う。嘗て川上多助学士は、「都市としての鎌倉」（日本歴史地理学会編『鎌倉時代史論』三八四ページ）において、鎌倉の市制を考察せられて、右の「地奉行或は保検断奉行と保々奉行人とを混同する」武家名目抄の説を反駁せられたが、学士の引証説明せられたかぎりでは、地奉行人と保々奉行人とを区別せられる論旨は了解できるけれども、保検断奉行に関しては充分読者を納得させえないようである。私は未だ確論に到達しないけれども、何れかと言えば武家名目抄の説に傾いている（吾妻鏡寛元三年六月七日条と同書宝治二年四月七日条とを対照すべし）。

註三　この関東分国は将軍の知行国ではなくして、第一章に推定した幕府本来の行政権範域たる東国の意と解する。関東分国をこの意味に用いた例は、沙汰未練書「雑務沙汰」の説明において、六波羅雑務沙汰事に対立せしめて「関東御分国雑務事者、於問注所有其沙汰」と述べてあることが挙げられる。第三章第二節（問注所）参照。

第二節　引付の新設

建長元年十二月九日引付が新設せられた。その間の事情に関しては、関東評定伝に「諸人訴訟不事行之故也」と記されているが、確かにこの裁判の迅速化こそ、引付新設の最大の理由であったであろう。建長元年に先だつこと七年、寛元元年二月二十六日幕府が「訴論沙汰日結番」の制を発表して、十三名の評定衆を三番に分ち、各番毎月五日宛出仕せしむることとしたのも、諸人の訴論成敗に懈緩なきを期する趣旨であり(吾妻鏡其条)、それは恐らく従来の評定沙汰における評定衆全員出仕の制が多く遵奉されず、欠席者の多かった事情に鑑みてのことと考えられ、訴訟制度改革の一の試みとして理解せられる。また直接訴論人の口頭弁論に立ち会って、これを記録すべき奉行人のややもすれば欠席して職を懈るを戒飭し(同上寛元三・五・三条)、奉行人失勘の罪を問責し(同上仁治二・五・十条)ているのも、裁判の迅速、正確を宗とする根本方策より出でたものに外ならぬ。私は引付設置の根本原因がここにあることを認めると同時に、また当時の幕府内部の政治的情勢の大なる関係あることを指摘したい。けだし関東御家人の信望を一身にあつめた執権泰時が、仁治三年病歿して以来、幕府内部の人心は漸く動揺し、北条氏内部に相剋あり、かかる不安動揺は寛元四年執権経時の卒去、弱冠時頼の登場に及んでついに爆発して、一度は名越光時、千葉秀胤等の配流追却、前将軍頼経の帰洛となり、更には翌々宝治元年六月雄族三浦氏の滅亡となった。かかる重大事件の善後処置として、幕府は先ず人心を安定せしめ、殊には関東御家人の不安動揺を防ぎ、新執権時頼への心服を得る必要があった。その方策の一として、鎌倉幕府が施政の要道として標榜する裁判の敏活、正確を齎すべき訴訟制度の改革が企てられたと私は考えたい。宝治元年十一月評定所、訴論人の屋舎を増築し、翌十二月訴訟人の座次及び対問の日限を定め、翌二年閏十二月雑人と地頭との訴訟書式を制定し(以上吾妻鏡)、或いは評定衆、奉行人の問注怠慢を譴責(同上宝治二・二・

十八条、同十一・廿三条）する等、一として訴訟制度改革の意図の発現ならざるはない。建長元年十二月の引付新設はかかる事情の裡に行われたのである。次に新設の引付制度を、構成・管轄の二方面より考察しよう。

【構成】　関東評定伝建長元年条によれば、幕府は同年十二月九日北条政村・同朝直・同資時（法名真昭）をそれぞれ一番・二番・三番の引付頭に任じ、同月十三日には二階堂行方ほか四名を引付衆に任じた。即ちここに三方引付の開設を見たのである。我々はこれ以上詳しく開設当時の引付の構成内容を伝える記録を有しないのであるが、これより二年後建長三年当時の全構成員が吾妻鏡によって伝えられている故、開設当時の制規もほぼこれから類推できると思う。即ち建長三年六月五日引付結番の改正があって、引付番数は六方となったが、同月二十日また改められて元の三方に戻った。時の引付全員は左の如くであった（吾妻鏡。但し肩書は関東評定伝によって著者の註せるもの）。

一　番

引付頭・評定衆　前右馬権頭（北条政村）	評定衆　摂津入道（中原師員）	引付衆　和泉前司（二階堂行方）
引付衆　筑前々司（二階堂行泰）	引付衆　大曾禰左衛門尉（長泰）	評定衆　清左衛門尉（満定）
中山城前司（盛時）	明石左近将監（兼綱）	対馬左衛門尉
越前四郎（経成）		

二　番

引付頭・評定衆　武蔵守（北条朝直）	評定衆　出羽前司（二階堂行義）	評定衆　伊賀式部大夫入道（光宗）
評定衆　大田民部大夫（康連）	評定衆　対馬守（三善倫長）	引付衆　武藤左衛門尉（景頼）
山城前司（深沢俊平）	越前兵庫助（政宗）	皆吉大炊助（文幸）
進士次郎蔵人	山名進次郎（行直）	

三　番

引付頭・評定衆　尾張前司(北条時章)　評定衆　常陸入道(二階堂行久)　伯耆右衛門尉

評定衆　信濃民部大夫入道(二階堂行盛)　引付衆　伊勢前司(二階堂行綱)　内記兵庫允(祐村)

評定衆　秋田城介(安達義景)　山名中務丞(俊行)　長田兵衛太郎(広雅)

これによれば、各番最初の一名が頭人、続く四、五名が評定衆・引付衆であって、この引付記はほぼ位次の順に録製せられたと推せられる。肩書のない下輩十三名は個々の訴訟を分掌審理する引付奉行人と断じて誤りあるまい。何となれば、建長二年四月二日引付に対して審理事務の精勤を督励した際、「云頭人云奉行人莫及遅参」と令していること(吾妻鏡同日条)によって、引付奉行人の存在が知られ、更に上記十三名中の一人明石兼綱は翌建長四年六月三十日の関東裁許状に「奉行人明石左近将監兼綱」と記され(薩藩旧記前集)、越前兵庫助政宗は更に四年後の卒去の記録に二番引付右筆(奉行人)と見え(吾妻鏡康元元・正・十六条)、又この後幕府終末に至る間、上掲諸氏と同姓の引付奉行人が少なからず史料より検出され、彼等は一族累葉かかる文筆の業を以て世職としたと解せられるからである。(註一)然らば引付各番には四名乃至五名の奉行人が配属したわけであるが、恐らくその内の上﨟三乃至四名が訴訟進行上の諸事務を主掌する右筆(執筆、また主任奉行たるところより本奉行とも称す)、最下の一名が「訴訟手続に非違なからんが為、これを監査する」合奉行(また聞奉行とも)、而して右筆中の上首一名が「一方引付の事務長」たる開闔であろう。(註二)かくの如く引付設置当時三方引付奉行の総員数は僅か十三名であるが、十余年後の弘長元年三月二十日改正の新番文では、引付番数は五方、各方配属の奉行二乃至四名、総数十五名を数える(吾妻鏡其条、関東評定伝弘長元年条)。即ち引付番数増加の関係上、各方配属数は多少減少しているが、総数は増加の傾向にある。これは引付制度の発展、訴訟件数の増加の勢いよりみて当然のことであり、恐らくは奉行員数は今後増加の一途を辿ったらしく、遂に当代末期には、五方引付の右筆は各方六名以上、総計三十名以上を算するに至った。即ち金沢貞顕書状に(金沢文庫所蔵古文書)(註三)、

（上略）右筆奉行五人つゝにて候しか、刑部権大輔入道（摂津親鑒法名道準）奉行にて、近年六人になされ候事、不可然覚候、時に闕出来もくるしからす（下欠）

とあるものこれである。右の引文は卒然これに接すれば、或いは文意把捉に苦しむところなしとしない。いったいこの書状は書き出しに「今月十二日御札同廿三日到来候了」とあり、次に一つ書に四ケ条の記事あり、右引文は第四条の後半部に当り、しかも終りを欠いている。その前半には神津秀政なる者が播磨の所領で他界したとの報知を諒承したと記され、第三条には聞書（除目聞書なるべし）一通同じく二十三日に受領したと記されている。以上の補足説明によって、この書状が京都よりの来信に対する返書であることは直ちに察知せられる。然らば引文の引付奉行云々も同来信に対する応答の一部と考えられる。凡そ京都に在って斯る幕府職制上の事項を貞顕に照会し、或いは聞書を貞顕に送致する程の者を求めるならば、貞顕の嫡子六波羅探題（南方）貞将こそその人に当るというべきであろう。即ち私は問題の引文を、探題貞将の六波羅引付右筆定員数に関する照会に対して、父貞顕の与えた回答であると解する。貞将の探題在職は正中元年十一月より（花園天皇宸記）元徳二年閏六月に至る（将軍執権次第）五ケ年余である故、この書状も亦その間を出でない。相田二郎先生御教示による貞顕筆蹟の変遷も消極的ながらこの年代推定を支持する。しかして貞顕自身の活動年代は永仁末年以降に属する故（北条時政以来後見次第、鎌倉年代記）、彼の記述するところの五名定員制の年代も永仁以降に置くを穏当とする。更に臆測すれば、この五名定員制は彼自身探題として在洛した乾元正和の間のものではあるまいか。然りとすれば、遅くも正和の頃には、六波羅引付の右筆は各一方五名、総数二十五名（引付番数の五方制なること一二八ページ参照）に達していたはずであり、更にその後の改正（元徳以前）によって各方一名を増し、結果総数は三十名となったわけである。貞顕はこの近年の改正に反対して、必ずしもこれに格遵するに及ばずと述べている。なおここにいう右筆奉行は、合奉行を含まぬものと考えられるが、然らば、引付各一方の奉行は六名（後七名）、総数は三十名（後三十五名）ということになる。六波羅引付奉行の定員数にして右の如しとすれば、六波羅引付に対して制度上母子の関係にあり、且つ六波羅引付に比して格別その活動閑散なるべき理由の見出し難い関東引付の奉行員数が、これより少ないとは考えられない。即ち六波羅と同数若しくはそれ以上であったであろう。かくして引付設置の当時には僅か十余名にすぎなかった引付奉行は、当代末期には三十五名(貞顕書状の右筆奉行が合奉行を含むとすれば三十名)以上に達したのである。

【管轄権】　然らばこの引付は、従来の訴訟機関たる評定衆、問注所、政所、雑人奉行等に対して如何なる地位を占め、訴訟管轄権はこれに如何に分配せられたであろうか。一体鎌倉幕府の訴訟制度はその発達分化の点において、従来過大の評価を受けてきたと考えられる。沙汰未練書はこの幕府の訴訟制度概説書として唯一ともいうべき根本史料ではあるが、本書の作製年代が建長に後ること七十年、幕府滅亡に先だつこと僅か十余年の元応元亨年間である以上、(註四)直接本書より知りうるところは鎌倉時代末期の制度に過ぎないことを銘記すべきである。未練書作製当時の根本制度たる所務・雑務・検断三沙汰の分化が、遂に建長以前に見出しえないことは前章に述べた。石井良助先生は「少くとも建長元年引付衆設置以後の完成時代に於ては」と、注意深い但書を付せられて、この三沙汰分化を認めておられるが、果してそうであろうか(『中世武家不動産訴訟法の研究』五ページ)。

そもそも引付は開設以来、訴訟文書の審理、訴論人の召喚及び対決、訴訟記録の作製等、従来の問注所・政所と同様の訴訟審理事務を行っているのであるが(吾妻鏡建長二・四・二条、康元元・六・五条)、一体従来の二大訴訟機関たる問注所・政所に対して、わが引付は如何なる種類の訴訟を管轄したのであろうか。先ず注目すべきは、問注所・政所間の管轄権分配の基準が、建長元年の引付新設によって、何等かの根本的変化を蒙った徴証が全く見出されず、却って従来のままであったと推すべき有力な証拠の存することである。即ち前章に引用した、諸国雑人が問注所の管下に属し、鎌倉中雑人が政所に属したこと(建長二年)や、鎌倉中雑人及び非御家人が挙げて政所に属した事実(建長六年)等がそれである。而して引付に対する管轄権分配と雖も、また上記二者の場合と基準を異にするものでなかったことは、引付設置十年後の正嘉二年五月、鎌倉中ならびに国々雑人訴訟の手続に関して発せられた一の改正法規が、訴訟当事者の身分による訴訟分類の範疇に属する雑人訴訟を取り上げ、左の如く特定の場合にその管轄権を引付に移転すべしと述べていることより推察せられる(吾妻鏡正嘉二・五・十条、同十四条)。

(イ) 問注所若しくは政所奉行人の奉書を遣すこと三ヶ度に及ぶも、なお当事者が命に応ぜざる時は、御教書を遣すべし。

(ロ) 更に御教書三ヶ度に及んで応ぜざれば、事案を問注所若しくは政所より引付に移転して、引付の審理に委ねよ。

(ハ) 問注所・政所において裁許困難なる事案は、同前引付に移転すべし。

更にここで注意すべきは、本来問注所・政所の管轄に属する雑人訴訟のうち、特に両者による審理の進行或いは決裁の困難なる事案を引付に移転すべしと定めている点より考えて、引付は本来、問注所・政所よりも一段重要な訴訟を管轄するの制であったであろうということである。訴訟当事者の身分上の差異を基準とする管轄権分配の制度において、問注所・政所よりも重要なる訴訟といえば、先ず御家人訴訟が挙げられるであろう。次に御家人の下に位する非御家人については如何というに、鎌倉中非御家人が雑人とともに政所の管轄に属したことは明証があるけれども(一四ページ参照)、諸国非御家人の管轄規定には、何等積極的徴証がない。建長以後においても依然として問注所の管轄に残されたか、或いは新設引付に移されたか、何れであろうか。遽かに確言しえない問題であるけれども、問注所構成員中に雑人訴訟を特に専掌する雑人奉行があった事情より考えるならば、従来の最大訴訟機関であった問注所が、引付新設と同時に一転して諸国雑人訴訟の専門機関となり、しかもその雑人訴訟も直接には諸国を分担する雑人奉行によって取扱われたと見るよりも、問注所は引付に対して、諸国非御家人及び雑人訴訟の管轄権を留保せられ、その中の雑人訴訟のためには特に雑人奉行が一の別局員として問注所に付属した、と臆測する方がより自然ではあるまいか。

以上私は新設引付に対する管轄権分配を考えて、従来の問注所管轄権中より、御家人訴訟管轄権が分離して、引付に移された所以を推考したのであるが、この私見を支持すると思われるものに次の法令がある(吾妻鏡建長三・六・十条)。

百姓与地頭相論之事、別差奉行人定、委細尋可被聞食、

かかる相論は恐らく建長以前には、訴訟当事者の身分上、問注所に管轄せられたはずであるが、今や引付の新設によって、百姓間の訴訟は問注所の所管に、また地頭間の訴訟は御家人訴訟と同格に、引付の所管となったにも拘らず、百姓が地頭を訴える場合には、論人の身分上引付に繋属することとなる。かくの如き制度的欠陥を補う一時的処置として発せられたのが、即ちこの法令であると解せられる。なお一言つけ加えるならば、本所領家の地頭御家人に対する訴訟も、その論人の身分よりして、はた又その訴訟の重要性よりして、御家人訴訟に準じて引付の管轄に入ったことであろう。

以上の所論にして大過なくんば、引付は幕府訴訟制度の主要対象たる御家人訴訟、及び地頭御家人を相手どった本所領家の訴訟の審理を使命として成立したと言いうる。勿論本所領家よりの訴訟は殆ど全て所務関係であったであろうし、御家人相互間の訴訟においても、所務相論が特に重視せられたであろうことは容易に推測せられる。又その点が訴訟当事者より訴訟対象へと訴訟分類の基準を変化せしめる重要なる機縁を為したであろうことも後考の如くである。然し引付が設置せられ、これに一部の訴訟管轄権が分与せられた場合、その基準を為したものは依然として従来の訴訟当事者であったことを忘れてはならない。

註一　熊谷家文書二二号、建治元年七月五日関東裁許状に、「明石孫次郎行景奉行之時、熊谷尼訴申」と見え、高野山文書之一、宝簡集一一二号、正応五年文書目録の裏書に、「正応三年(中略)八月七日関東下着、於二番引付(中略)為明石民部大夫行宗奉

行、被経御沙汰」と見え、降って正和二年神領興行のために関東より九州に派遣された三名の奉行(黒水文書・宇佐郡諸氏古文書二)の中に、明石長門介盛行の名が見える(益永文書一所収元亨二年十二月十六日鎮西裁許状)。また建治三年八月二十九日山名二郎太郎直康なる者が合奉行に補せられており(建治三年記)、市河文書二所収正安二年三月三日関東裁許状に、「去年(中略)十一月以奉行人(中略)山名下野権守盛康使者、重下御教書之処」と見える。なお建治三年九月四日、元政所公人で当日引付衆に編入されたと伝えられる長田新左衛門尉も(建治三年記其条)、関東評定伝建治三年条引付衆の部にその名の見えないところよりすれば、建治三年記にいわゆる引付衆は引付構成員の意であって、これまた引付奉行人であろう。また同書八月廿九日条に、「山名弥太郎行佐(中略)皆吉四郎文盛可召加(問注所)寄人」とあるも注目される。

註二　右筆、合奉行、開闔の職掌については、石井良助先生『中世武家不動産訴訟法の研究』七五—八〇ページ参照。

註三　相田二郎先生の御手記による。以下本書中、この金沢文庫所蔵古文書の名を以て引用するもの皆同様である。貴重なる御手記を貸与せられ、且つその利用を許された先生に対して深謝の意を表する。

註四　沙汰未練書の作製年代は、石井良助先生によって、元応元年五月五日以後、元亨二年以前と考定された(法学協会雑誌四九ノ八「中世の訴訟法史料二種に就て」、のち『大化改新と鎌倉幕府の成立』に収録)。なお先生によれば「本書の刊本には続史籍集覧本及び続群書類従本あり、写本には伊勢神宮文庫本及び図書寮蔵本がある。この内、後の三者は同一系統に属し、文禄の写本が各所に写し伝へられたもので、図書寮本最も善く、神宮文庫本之に次ぎ、続群書類従本は最も悪い。続史籍集覧本はこの三伝本に対して別系統をなすものであつて、可成善本であるが惜しい事に抄録であつて、その含む所は武家沙汰の部並に公家沙汰の部の一部に過ぎない」と(上掲論文一〇〇ページ)。私は本書では主として続史籍集覧本の原本たる井上頼圀氏所蔵本の写本(史料編纂所架蔵)を用い、不足分は続群書類従本により、随時先生の研究を参酌する。

第三章　訴訟対象を基準とする訴訟制度の分化

建長元年引付が新設せられた当時、諸訴訟機関間の管轄権分配の原則は訴訟当事者の身分上及び居住地の相違であり、引付もこの原則の下に御家人訴訟機関として成立したのであった。然るにこれより七十年降って、鎌倉時代も末期に近い元応元亨の頃には、訴訟管轄上の原則はまったく一変し、諸訴訟機関の管轄内容は建長当時とは全く面目を異にしていた。その状態は元応元亨年間の著作と推定せられる幕府訴訟手続解説書「沙汰未練書」に極めて明確に述べられている。即ち当時の訴訟制度においては、訴訟は大体所務沙汰・雑務沙汰・検断沙汰の三種に分類され、それぞれ管轄機関を異にした。各沙汰が如何なる内容をもち、如何なる機関の管轄するところであったかは沙汰未練書の左の記事につくされる。

一所務沙汰者　所領之田畠下地相論事也、
　於関東六波羅ノ引付、有其沙汰(中略)、
一雑務沙汰者
　利銭　出挙　替銭　替米　年記　諸負物　諸備(借)物　諸預物　放券　沽却田畠　奴婢雑人勾引以下事也、
以是等相論名雑務沙汰、関東御分国雑務事者、於問注所有其沙汰(中略)、
一検断沙汰者
　謀叛　夜討　強盗　窃盗　山賊　海賊　殺害　刃傷　放火　打擲　蹂躙　大袋　昼強盗但追捕狼藉者所務也　追落
　路次狼藉於路次奪人物事也　女捕　刈田　刈畠以下事也、

以是等相論名検断之沙汰、関東者於侍所有其沙汰(下略)、(註一)

すなわちここに見られる訴訟分類の基準、従ってまた管轄権分配の基準は明らかに訴訟の対象の性質であって、訴訟当事者が御家人であるか否か等は問題ではない。検断沙汰はほぼ刑事訴訟というべく、これに対して他の二者は民事訴訟といいうるであろう。ところで所務沙汰と雑務沙汰とは何によって区別されるか。雑務沙汰中の一項である沽却田畠は一見、「所領田畠下地相論事」と定義せられる所務沙汰の中に入るべきかに考えられるけれども、雑務沙汰に含まれる諸項目の性質と比較して考えれば、恐らく沽却せる田畠そのものを訴訟の対象とするに非ずして、田畠を沽却せる事実(具体的には買券の真偽について争うことが主要部分であろう)を対象とするものと解せられる。恐らく一般民事訴訟の中より、所領所職に関する訴訟だけが特に重要なる意味を有するものとして、他と区別され、これに所務沙汰の名称が与えられたのであろう。石井先生は厳密に「所務沙汰とは所領の上に行使される不動産物権(中世の意味の)の存在、不存在及び効力に関し、或は不動産物権の外的表規である知行の保持、又は回収を目的として提起される訴訟である」と定義せられ(『中世武家不動産訴訟法の研究』六ページ)、また所務沙汰と雑務沙汰との別を、一は不動産訴訟、他は債権及び動産訴訟なりとせられた(一三ページ註二所引論文(二)、六八ページ)。私は先生の所謂所領の上に行使される不動産物権(中世の意味の)、及び不動産物権の外的表現を土地財産権の語を以て概称し、所務沙汰を次の如く規定したい。所務沙汰とは土地財産権の存在・不存在及び果実(例、年貢等)に関し、或いは土地財産権の侵害排除を目的として提起される訴訟であると。これに対し、雑務沙汰は土地財産権移転の事実の認定を目的として、或いは土地以外の一般財産権に関して提起される訴訟なりといえる。然らば如上の訴訟分類基準の変化は何時、如何なる経過を以て行われたであろうか。以下主としてこの問題を所務沙汰機関たる引付について考察しよう。但しこの問題の解明に資しうる史料は極めて少なく、且つ間接的のもののみである。勢い私は多くの臆測をまじえねばならず、自然結論は確たる実証性を欠くものとなるであろう。また引付以外の諸機関については史料は更に乏しく、僅かに三沙汰分化完成後に属する鎌倉時代末期の状態を、部分的に窺いうるにすぎない。

第一節　所務沙汰機関〔引付〕

初め御家人訴訟機関として成立した引付が、所謂「所務沙汰」機関に変質するのには、如何なる経路を取ったであろうか。引付の設置より三年後、建長三年九月十七日発令にかかる幕府訴訟法上の一改正法規はこの問題に多大の示唆を与える(吾妻鏡同日条)。

出挙利銭之事、所領於入流者、被下御教書之由、其外相論者、可為一向問注所之沙汰之由被定云々、

右は出挙利銭相論を(一)所領入流の場合と、(二)その他との二種に分ち、後者を全く問注所の管轄、換言すれば問注所執事の責任においての審理、判決と定め、前者の審理は執権連署加判のいわゆる関東御教書によることとした。従ってまた判決も恐らく執権連署加判の関東下知状を以てすることとしたと推測せられる。かく所領の得喪に関する訴訟、更に拡張解釈を行えば所領関係訴訟を他と分って、特別な手続に拠らしめることは、この種の訴訟のみを別箇に取扱う一の専門機関を設置せんとする準備段階であると解せられる。より一般的にいえば、訴訟対象の種類によって、訴訟手続に軽重差等を設けることは、訴訟対象を基準として管轄権を諸機関に分配する制度の萌芽であると考えられる。かかる管轄権分配基準遷移の過程において、従来の基準で最も重要なりとせられた御家人訴訟の管轄機関たる引付が、新たなる意味での最重要訴訟——所領関係訴訟の管轄機関に変ずると見ることには、推論上大きな無理は存しないと思う。然らば引付がこの段階に到達するのは何時であるか。いま明証を挙げえないけれども、文永七年五月九日幕府が、

一　以所領入質令売買事

一　以所領和与他人事

右二ケ条禁止令の廃棄を五方引付の各頭人に通告している事実は（新編追加六八・六九条）、所領の質入・売買・和与（贈与）が引付管轄なることの反映と解すべく、然らばかの時期は遅くも文永以前となしうるであろう。

然しながら、引付はこの後長く所領一般の訴訟機関に留まったのではない。即ち所領訴訟の中でも、売買・質入等の財産権移転の事実に関する相論は引付の手を離れて、問注所管轄に移され、引付の管轄内容は所謂「所務」相論に局限される。これ即ち沙汰未練書にいう「所務沙汰」機関引付の成立を意味する。引付はここに至ってその発展過程の最後の段階に到達したのであり、以後幕府倒壊に至る迄、管轄権分配上の根本的変化は見られないのである。但しこの過程を直截に解明しうるような史料は殆ど存しない。私はただ、間接的方法を以て、一の臆説を提示することに満足せねばならない。

およそ訴訟機関の問題が、ただそれ一箇としてではなく、訴訟制度一般の一支節として理解せられる限り、訴訟機関の分化発展は、当然訴訟制度一般の発展史の裡に、換言すれば訴訟制度発展史上の一部門として、他の諸部門との関連において考えらるべきであろう。更にいえば訴訟制度発展の根底をなすもの、制度の基礎的理念の発展変化（勿論それは訴訟制のみの問題ではない、時代全般の流れと一致するはずである）は、必ずや同制度の諸部門に種々の形をとって具現されるであろう。以上の前提にして許されるならば、いま我々の問題とする訴訟機関の分化も、訴訟制度上の他の部門の発展段階を明らめ、それによって訴訟制度上の根底理念の変遷段階を究めることから、或る程度の解答が与えられるのではあるまいか。かかる見解のもとに私は、当代訴訟制度一般の中、特に史料豊富な訴訟手続（但し所務沙汰手続に局限されるけれども）の部門を取り上げ、訴訟手続の発展段階を考察しよう。恐らく我々はそこに、当代訴訟制度の発展をその根本において把握するの緒を見出し、よって以て「所務沙汰機関としての引付成立の時期如何」に対する何等かの解答を導きうるであろう。たとえそれは確定論ではありえないにしても。

所務沙汰手続を雑務沙汰及び検断沙汰の手続に対比して、直ちに看取される顕著な相違点は、所務沙汰手続が他の二者よりも格段に複雑であり、且つ重視せられていたことである。先ずこれら手続の成果として下付せられる判決(裁許状)を比較するに、所務沙汰では常に執権・連署の加判せる関東下知状であるのに対して、雑務沙汰の場合には問注所執事と同所職員一両名の連署に成る下知状であり(七八ページ参照)、検断沙汰の場合も少なくとも執権連署或いは侍所別当の加判を経なかったと考うべき理由がある(一〇〇ページ参照)。即ち判決内容の権威性・拘束力の象徴であり、訴訟対象に関して爾後最も有力なる証拠文書たるべき裁許状に、形式上これ程の相違が見出されることは、所務沙汰と他の二者に対する幕府の関心に、否更に一歩進んでこれら訴訟の対象そのものに対する関心に非常な懸隔のあったことを物語る。雑務沙汰・検断沙汰各裁許状の形式が既に上記の如しとすれば、これらは判決手続上、所務沙汰手続にみられる評定沙汰(執権連署・五方引付頭人・評定衆による合議判決)を欠いたであろうと推せられ、三問三答の如き慎重を極めた審理手続や、越訴・庭中・奏事といったような諸種の過誤救済手続の存在も疑われる。所詮この二者の手続は所務沙汰に比して遥かに簡単であったとみて誤りない。

私は先に所務沙汰を「土地財産権の存在・不存在及び果実に関し、或いは土地財産権の侵害排除を目的として提起される訴訟」と規定した。従って所務沙汰手続の特別の複雑さ慎重さに具現される所務沙汰対象の重視ということは、土地財産権保護の重視と言い換えることができる。土地財産権に関する訴訟のうち、単なる権利移転の事実の有無を対象とする訴訟が雑務沙汰に入れられたこと、また一見検断沙汰に属するかに思われる追捕狼藉が(註二)、昼強盗と区別されて所務沙汰の篇なりとせられた理由が、奪取すべき権利ありと称する点に在ると考えられること等は、何れも土地財産権の保護においていやしくも欠くるなく、この種の訴訟を慎重審理して正確なる判決を与えんと期した当局の根本態度の具体化である。然しながらかく権利保護を第一義とし、あくまで裁判の慎重正確を期せんとする結果は、裁判事務渋滞の弊を発するに至ることは数の免れぬところである。権利保護に基調を置き、而も裁判の敏活をも併せ得んとするところに、裁判所側の苦心が存するのであり、裁判機関の改革は多くここに起因する。然し苟くも権利保護を第一義とする限り、かかる改革は徹底的なるをえず、裁判の敏活は自ら或る限度内に止まらねばならない。この限度を越えて裁判の迅速を計らんとすれば、権利保護精神は退潮し、裁判所側の一方的意思によって訴訟を速かに終結せしめんとする職権主義の擡頭を見るに至る。かく考えて所務沙汰手続、否広く幕府訴訟制変遷の跡を見るとき、まさしく以上二つの主義の消長を見出しうるのである。然りとすれば所務沙汰手続の完成、及びこれと相い照応する所務沙汰機関としての引付の成立・完成は、土地財産権保護を基調として、裁判の慎重正確が制度の上に最も強く具現された時代を以てその時代と見るべく、権利保護の精神の褪色、職権主義の擡頭を以て、引付制度の衰頽をトすべきである。

【権利保護精神の昂揚】 幕府が裁判の正確を以て伝統的方針としたとは屢〻説かれるところであり、嘉禄元年評定衆を設けて、これを問注所・政所審理の訴訟の或るものを合議して、判決を与える機関としたこと、その評定沙汰(執権連署評定衆等の会議)においては多数決主義が採用されたこと、当局が屢〻評定衆に起請文を徴したこと等幾多の証拠が挙げられる。建長元年御家人訴訟機関として引付を創設し、引付審理の案件を評定沙汰に上程する事としたこともまた裁判の正確と敏活とを併せ収めんとするに出でたものであった。また引付訴訟の裁許状が執権連署の加判せる関東下知状であったこと、訴訟手続進行上、訴訟当事者或いは関係人に対して発せられる問状・召文が同じく執権・連署の加判に成る関東御教書であったことも、引付訴訟を特に重視して、その手続を慎重ならしめようと期した結果であった。いま引付訴訟手続における引付の地位を明確にするため、この手続を概説しておこう。訴状は先ず問注所内所務賦(局)に提出される。所務賦には賦奉行があって、訴状に銘を加え、一定の順序に従ってこれを五方引付の一に配賦する。これを受取った引付では改めて当該引付の担当奉行を選定し、これより漸く訴訟審理が開始される。即ち先ず所謂三問三答なる訴状・陳状の交換があり(書面審理)、次いで訴人論人(訴訟当事者)を引付の座に召し出して、対決を行う(口頭弁論)。しかる後、頭人・引付衆・奉行人の評議あり、その結果、引付勘録事書(判決草案)が作製されて、評定沙汰(執権連署評定衆の会議)に上程される。評定沙汰の確定をまって初めて正式の判決文が作製され、引付頭人の手から勝訴人に下付される。以上が引付訴訟手続の梗概である[註三]。然らば即ち引付は本訴訟手続の大部分に関与するというべきであって、全手続上に占める引付の地位の重大性は否定すべくもない。而して我々が裁判の正確を問題にする場合、如上の広範囲に亘る引付手続中、決定的重要事項として特に取り上ぐべきは、引付が口頭弁論を指揮して、当事者に対して直接審理を行うという一点である。確かに評定沙汰は、引付審理の結果たる判決案をして真の判決たらしめ、或いは引付審理の内容を吟味して、不当なる判決案を撤回せしめる機能を有するけれども、結局その審議の対象は引付より上程された書面に限られ、いわば間接審理を行うにすぎない。従って裁判の正確を期する第一の要件は引付審理の正確に在るといいうる。しからば引付審理の正確は如何にして期せられるか。曰く、引付をしてその審理の結果たる判決草案に対して徹底的責任を負わしめる事これであり、そのためには引付に訴訟手続上充分の権限を与え、且つこれに相応する責任を課さねばならぬ。そしてこの要望のほぼ充たされたのが建長を降る三十余年後の弘安年代であった。

弘安七年八月十七日、幕府訴訟制度発達史上劃期的意義を有する新制十一条が発布せられた(貞応弘安式目)。いま各条の本文を省略して、事書のみを掲記すれば左の如くである。

(1) 一 評定引付評議漏脱事

(2) 一 引付(衆脱カ)并奉行人引汲訴人事

(3) 一 引付勘録事

(4) 一 付内外致沙汰口入事

(5) 一 当参訴訟人事

(6)一頭人幷奉行人相互讓子細申沙汰事
(7)一憚権門不事切事
(8)一安堵奉行人事
(9)一表裏証文事
(10)一頭人退座事
(11)一六波羅幷鎮西守護人注進状事

以上十一ケ条のうち、(2)(5)(6)(11)の諸条は頭人以下の引付職員、特に奉行人の訴訟審理上の不正・緩怠を誡めたものであり、その限りでは特に目新しい法令ではない。ただこれらの諸条では、頭人をして引付衆及び奉行人の勤惰曲直を監督せしめ、且つその成績を申告せしめていることが少しく注目される(この意味のことは全十一ケ条の奥にも「今条々令違犯之輩事、不注申者、頭人可被処緩怠」と総括的に述べられており、早く文永十年七月十二日評定の条々中にも、同趣旨の規定がある)。(註四) 然しこの新制十一条に訴訟制度史上劃期的法令たるの意義を与えるものは、(3)(10)の二ケ条を措いて他にない。先ず(3)は、引付が訴訟審理、評議の結果作製して、評定沙汰に上程する引付勘録(判決草案)は「止二途三途、可勘申一途」と規定した。いうところの意味は、引付勘録が一箇の事案について二種以上の判断を掲げることを禁じたのである。まことにこの規定は引付勘録の意義に、従ってまた引付そのものの地位に重大なる変化を与えた。何となれば、従来の訴訟手続上、引付勘録が二途三途たりえたということ、換言すれば決定的判断の採択は一に評定沙汰の任であったということは、判決手続は評定沙汰に限られ、そこに上程される引付勘録は、いわばこの判決手続に資すべき参考資料、準備資料たる以上に出でず、引付は自己の作製せる勘録の内容についで責任を追及されなかったことを物語る。然るに今この規定によって、一事案についてただ一箇の判断を要求せられることとなった。評定沙汰はただ勘録内容の是非を決定すればよい。もし是ならばそれはそのまま裁許状(判決文）に盛りこまれる。もしまた非ならば勘録は引付に戻されて再審理が命ぜられる。ここにおいてか引付は自己の作製せる勘録即ち己れの与えた是非の判断に対して完全な責任を負わされる。従来いわば判決前準備手続機関にすぎなかった引付は、この規定によって、一の判決手続（部分的にではあるが）機関たるの性格を与えられたのである。(註五)ほぼ同じ頃、引付会議における二方引付の聯合を禁止したことの意義も同様の見地から理解される。即ち新式目所収の法令、

一　引付評定事

二方止寄合之儀、一方一日廿ケ条可申沙汰（近衛家本追加を以て対校す）

が即ちそれである。尤もこの法令には制定発布の日付が見えないが、私はこれを弘安七年代と推定する。一体この鎌倉幕府追加法令集である新式目は、弘安七年五月二十日の三十八ケ条に始まり、全体で百四十三ケ条に及んでいるのであるが、いま全法令のうち、後の書入れと見るべき最末十五条を除いて、日付明記あるもののみについていえば、諸法令制定発布の年代は、弘安七年より正安二年に及んでおり、また日付を欠く法令のうち、新編追加、貞応弘安式目、鎌倉年代記等諸書によって、その日付を復しうるもの九ケ条に上るのであるが、それらもまた上記弘安七―正安二の間を出でない。更に紀年の知られるものについていえば、本書の前半百ケ条の法令はほぼ年代順に配列されており、或いはこの部分が本書の原形ではないかと考えられる。又この法令の前後を見るに、

前三ケ条

一　寺社御寄進所領事

一　訴訟人代官事

一　召文問状事

後二ケ条

一　訴訟人軽服事
一　引付衆幷奉行事

及び本条都合六ケ条は何れも訴訟法関係法規であって、もともと同時の制定にかかる一連の法令ではないかと察せられる。然りとすれば、この中の第六条「引付衆幷奉行事」が「弘安七八三」の日付を付して貞応弘安式目に収められていることによって、いま我々の問題とする「引付評定事」を含めた五ケ条の紀年を弘安七年八月三日と復原しうるわけである。かくして幕府は引付勘録の二途三途に亙るを禁止したのと殆ど時を同じうして、二方引付の聯合をも禁じたのであるが、これ即ち引付会議の結果(その具体的なものが即ち勘録)に対する責任の所在を明らかならしめようとする精神の表れである。この規定によって、五方引付は各〻別箇に引付会議を行い、その結果に対して充分の責任を負わされることとなったのである。即ち明らかにこの規定も、引付勘録の二途三途に亙るを禁ずるのと全く同一の趣旨に出でたものであった。換言すれば以上の二令によって、或る一の引付勘録に対しては、必ずこれを作製した一方引付が完全な責任を負わされることになったのである。このように五方引付各〻が大なる責任を要求される以上、一方引付の最高責任者であり、当該引付に繋属する全訴訟の進行を指揮する頭人、及び個々の訴訟審理を担当する奉行人の責任が、特に重大視されるのはまことに当然のことといわねばならない。頭人自身の訴訟及び頭人退座の事由ある訴訟を該頭人下の引付に繋属せしむるを禁じたこと(前掲新制十一ケ条の(10))、引付衆及び奉行人の監督弾劾を頭人の責任となしたこと(上述及び貞応弘安式目所収弘安七・八・三事書「引付衆幷奉行人事」)は何れもその表れに外ならぬ。また裁許状の紙継目に頭人一人の裏判を加えるという制規も、この見地から解釈せられる。即ち私の集めえた僅かばかりの史料よりの結論ではあるが、従来当該事案繋属引付の頭人及び担当主任奉行の二人が、継目裏に加判する制規であったものが、弘安十年の中頃を境として、頭人のみの加判に改められたのである。(註六)而して私はこの改正の中心的意義は引付における頭人の地位を特に重視し、判決に対する頭人の責任を明確ならしめんとする点に在りと考えるのである。

責任の賦課はこれに対応する権限の賦与を暗示する。事実引付頭人は如上の重大なる責任を負わされた一方において、従来よりも一段と大なる権限を与えられたのである。前に二方引付の聯合を禁じた事書の年代推定に当って引合いに出した訴訟法法規五ケ条の中に左の一条がある(新式目)。

一　召文問状事

　　引付頭人可下奉書、

本条の制定年代は、二方引付聯合禁止令の場合と同じ理由によって、弘安七年八月三日と推定する。即ち引付訴訟手続上に重要な位置を有する召文(召喚状)、問状(陳状・重訴状・重陳状等提出命令—催促)は弘安七年を境として、執権連署加判の関東御教書より引付頭人の奉書に改められたのであるが、この事実は、訴論人の召喚、訴陳状の催促等の判決前準備手続に、たとえ形式的にせよ、執権連署の関与する機会を全く消滅せしめ、この手続を全然引付内において完結せしめ、もって責任の明確と訴訟の敏活とを併せ得んとする意義を有すると同時に、引付頭人に対する強権の賦与を語るものとせねばならない。かくして頭人は引付訴訟の指揮者として、引付運営の中軸たる地位を確立したのであって、やや降って永仁の初年、漸く幕府訴訟制の根本精神に重大なる変化が起り(註七)、引付制が衰頽の段階に入りかけた当時においてすら、頭人の出席なくしては引付内談(会議)を開催しえなかった一事は、これを証して余りありといえよう。

叙上の如く、引付頭人を強力なる訴訟指揮主体とする所務沙汰手続——私はこれを引付責任制と称したい——は弘安年代に至って確立した。そしてかくの如き引付責任制の確立を以て、権利保護において欠くるところなく、裁判をして正確ならしめんとする精神昂揚の発露と解する私見にして認められるならば、所務沙汰機関としての引付の確立は弘安前後に在りと推定しうるのではあるまいか。然りとすれば、建長以降発展の路を辿り来った引付は、弘安の頃に至って遂に完成期に達したといいうるであろう。弘安より正応を経て永仁に入るや、幕府訴訟制度の精神的基調は漸く変化し、引付にも重大なる改革が行われ、ついにはひとたび引付の廃止を見ることとなる。引付の発展過程に関する上記の私見は消極的にではあるが、この点からも支持される。然らばいうところの精神的基調の変化とは何であるか。権利保護精神の後退、これに代る職権主義の擡頭がそれである。次に項を改めてその間の情勢を考察しよう。

【職権主義の擡頭】弘安年代においてほぼ完成の域に達した引付訴訟制度は、正応を経て永仁に入るに及んで重大なる変革を蒙り、遂に一時引付は廃止されるに至った。この改革の経緯を述べて、その由って来る所、その意味するところを考察するに先だち、少しく幕府政情の変遷を顧みる必要がある。

土地財産権の保護、裁判の正確という観点において、引付訴訟制度がほぼ完成の域に達したと推定せられる弘安の頃、幕府政局を担当し、権を一世に振うた者は、執権時宗の外戚安達泰盛(覚真)であった。彼の権勢は曾祖父に当る幕府創業の臣藤九郎盛長以来、景盛・義景と四代に亙って築き上げられたものであり、泰盛自身文永九年以来弘安七年に至るまで引付頭人の重職に任じ(関東評定伝)、幕府政治の枢機に参画し(建治三年記)、現在知られる限りでも上野・肥後両国の守護職を兼ね、三河守護職も亦その掌裡にあったかと推定せられる。(註八)(補註一)然しながら彼に対抗する勢力が全くなかったわけではない。鎌倉幕府政治上、将軍の地位は既に早く形骸化し去っていたけれども、泰時時代に確立した合議制が充分の機能を発揮し、幕府政務の主要部分が執権連署(両執権とも称せらる)評定衆の議決によって行われた時代においては、確かに彼等両執権は将軍家「政務之御代官」(沙汰未練書)と称せられて然るべきであった。然るにひとたび幕府政治の実権が泰時—(経時)—時頼—時宗と継承せられた北条氏の宗家所謂得宗の掌裡に帰し(それは時頼・時宗の間に完成する)、重要政務決定の中枢機関が評定衆会議より、北条氏の宗家所謂得宗私邸の寄合に移るに及んで、幕府政治は得宗一家の個人政治と化する(建治三年記)。私はかくの如き政治形態の変化を執権政治より得宗政治への移行と称したい。得宗政治の強化に伴って、得宗家の執事が幕政に干与する機会が多くなり、幕府倒壊直前の内管領長崎氏専権時代が早くもここに約束される。安達泰盛が威福を専らにした弘安年間は得宗政治の発生期に当り、得宗家執事を中心とする得宗被官が陰然たる勢力として彼に対抗していた時代である。これら得宗の被官は当時「御内の人々」と称せられ、その代表は執事平頼綱(杲円)であった(付説一参照)。御内の人々に対して、一般御家人は「外様」とよばれたのであり、泰盛はまさにこの外様勢力の代表者であった。これは単なる抽象論ではない。次に述べる泰盛滅亡の際、彼に与みして討たれた者、上野・武蔵の間の有力御家人五百余人に及んだと伝えられることは(註九所引多賀学士論文所引熊谷直之氏所蔵文書)、泰盛の権勢が如何なる支持の上に保有せられていたかを明瞭に示すものである。

叙上両勢力の対立は時宗の卒去、幼年貞時の継承を機として表面化し、遂に弘安八年十一月泰盛一族幷に与党の覆滅となった。(註九) 泰盛を殪し、之に代って実権を掌握した者は平頼綱である(保暦間記)。即ちこの後七年有余は、

城入道(泰盛)被誅之後、彼仁(頼綱)一向執政、諸人恐懼外無他事之処、(実躬卿記正応六・四・廿六条)

と描写せられた頼綱専権の時代であり、その間彼を囲繞する御内人々が公然政局の表面に進出するを見るのである。正応四年鎮西の訴訟機関「談議所」の奉行人等に偏頗私曲ありと愁訴する者多数に上り、幕府はその実状調査のため、尾藤内左衛門入道・小野沢亮次郎入道の両名を鎮西に下向せしめた。(註一〇) また同年少しく後れて発せられた寺社ならびに京下訴訟の事書は、訴訟審理の疾速を期して左の如く規定した(新編追加一七七条)。

急可申沙汰之由、可被仰奉行人幷五方引付、此上令延引者、可触訴飯沼大夫判官助宗・大瀬左衛門尉惟忠・長崎左衛門尉光綱・工藤右衛門入道杲禅・平衛門尉宗綱歟、

以上二箇の規定において、奉行人や引付方の私曲緩怠を弾劾するの権を与えられた尾藤・小野沢・飯沼以下の諸氏は一体如何なる身分の人々であったか。尾藤・長崎・工藤の諸氏が得宗譜代の被官であったこと、小野沢・大瀬の二氏も亦得宗被官の交名中に見出されることは別に述べた如くである(付説一、六七ページ以下参照)。殊に平宗綱、飯沼

助宗はともに執事頼綱の子であり、長崎光綱また頼綱の弟に当る。(註一一)従ってこれらの人々は当時における御内人の錚々と見て誤りなしというべく、彼等に前述の如き強権を与えたという事実は、彼等の政界表面への進出を何よりも雄弁に語るものでなければならない。

然し頼綱の驕りもまた十年とは続かなかった。永仁元年四月二十二日彼は主家貞時の討手を蒙り、鎌倉経師谷の邸において、一族親縁九十余人とともに一朝にして滅び終った。(註一二)この原因については、一般には「余ニ驕過之故歟」と噂せられ(実躬卿記正応六・四・廿六条)、或いは「逆意」の故と伝えられる(親玄僧正日記、なお註一一参照)。保暦間記は更に立ち入って、頼綱が貞時をなみして、己れの子を将軍にしようと企てたがためであると伝えており、何等か貞時の地位を脅かすような陰謀のあったことは恐らく事実であろう。然し我々がより注目すべきは、頼綱誅害の背後に、ひとたび彼の下に慴伏した外様勢力反撃の形跡を見出し難いことである。このことはまた、右の誅害一件後の幕府政界に、頼綱専権時代の秕政改革、彼の近親縁故の一掃、霜月騒動の際の失脚者の復活等、(註一三)単に一時的な反動現象が見られたにとどまり、情勢は愈〻得宗政治の強化及びこれと表裏する得宗被官の勢力増大へと進んだことによって裏書される。即ち頼綱誅戮の直後、引付の改革が行われて、番数は三方となった(鎌倉年代記)が、僅か数ケ月後には、遂に引付は廃止となり、新たに執奏の職が置かれた。鎌倉年代記はその新任執奏の名を「時村・道鑒・師時・恵日・宗宣・蓮瑜・宗秀等也」と伝えている。当時あたかも鎌倉に下向滞在して訴訟中であった東寺領伊予弓削島雑掌は、頼綱誅戮後の幕府訴訟制改革の概況を寺家に報じて左の如く述べた。(註一四)

昨日、十五日弓削雑掌以専使申上候、此御沙汰事、日来奉行依平禅門事被改由事者、先度令申了、惣御沙汰徳政之儀とて、三番ニ被編候て、可為急速御沙汰之由、風聞候し程ニ、其儀又被改候て、当時者六番ニ被成候、如此変々罷成て□ニ、于今此沙汰令延引候之間歎入候、然而当時之御沙汰以外きひしく候へハ、さりともニ待入候、仍日々奉行之許へ罷向、致沙汰候者、能々可有御祈誠候由ヲ申送候、今年中ニ御評定ニ可合由ヲハ奉行申候、訴

人者如雲霞候、いかゝ候ハんすらんと存候へハ、当時者御徳政之最中ヲ憑入候由申候也、(下略)

この文中、引付が種々改革の末六番となったとあるのは、恐らく上記の時村等七名の執奏就任の事実を誤り伝えたものであろう。また頼綱の事に坐して職を免ぜられた奉行人のあったこと、当局が前代秕政の改革、善政の施行を標榜したのを絶好の機会として、頼綱時代の敗訴人が雲霞の如く押しかけたありさま等、何れも当時の反動的現象として興味深く感ぜられるのであるが、それにもまして我々の注目を惹く一事は、これらの改革がすべて「徳政之儀とて」「可為急速御沙汰」との趣旨に出でている点である。即ち当局は幾多の訴訟案件を速かに処理することを以て、善政を施す所以なりと信じたのであり、引付の廃止、執奏の設置もこの信念に出でたものであった。勿論執奏制となっても、訴訟は先ず執奏・奉行人によって審理されたであろうし、旧制度下の引付内談、評定沙汰に類する会議もなお存在し、従って訴訟当事者に関する限り、旧制度より新制度への変化は、単に「引付頭人」の名称を「執奏」に改めたにすぎぬものであったろう(上記弓削島雑掌書状中の誤謬もここに基因すると思われる)。然しながら執奏の権限は断じて引付責任制下の引付頭人の比ではない。一切の終局決定権は貞時(時の執権)の掌中にあり、執奏のなしうることはただ、訴訟判決上必要なる参考資料の提出及び意見の具申にすぎなかった。永仁二年初頭頃、一時のことではあったろうけれど、関東管轄内の訴訟は更なり、六波羅より移送された西国訴訟迄も、貞時自身それらの口頭弁論手続を指揮したという事実は(註一五)、上記の所論に一段強い支持を与えるものである。

永仁三年十月引付は満二年にして復活し、旧の如く五方と定まったけれども、重要事項はなお貞時の直断に残された。降って正安二年には越訴方が廃せられ、貞時の被官五名がその機能を代行することとなった(以上鎌倉年代記)。

叙上の永仁以降の諸改革を通じて見られる顕著な傾向は、幕府の伝統精神たる合議精神の衰頽、独裁権の出現である。引付責任制の確立が権利保護精神に立脚する所務沙汰機関の完成を意味するとすれば、引付の廃止、貞時の直断は職権主義擡頭の徴証と解せらるべきではないか。

さて、ひとたび永仁元年廃止となった引付は久しからずして復活し、その後番数に数度の変更が加えられたけれども(鎌倉年代記)、結局根本的改革を見ることなくして幕府の終末に及んだ。このことは一つは引付制度自体のもつ優秀さ、及びひとたび引付の制に代って出現した最高権力者独断の制が、その権力者自身の執法裁断の資質に俟つところ多大であるにもかかわらず、彼がよくこの期待にそいえなかったことによるものであろうけれども、より根本的には、当時武家社会の根底勢力がなお依然として、引付制度の支持者たる御家人階級であったことに基づくものである。およそ数代に亙って推し進められた得宗権力集中の趨勢は、永仁元年権臣平頼綱の誅戮、それに続く貞時政務直断の制において、まさに頂点に達した観がある。得宗の独断はこれより以前に成立していたけれども、それはなお事実上のものたるに止まった。それが今や一歩進んで表面的制度的なものとなったのである。この趨勢が更に進むならばどうなるであろうか。既に久しい以前から単なる傀儡にすぎない鎌倉の主を全然制度的にも否定することに迄ならないであろうか。然し遂にかかる事態は将来せられず、逆に貞時は正安三年八月僅か三十一歳を以て執権を辞して出家してしまった(鎌倉年代記)。即ち得宗貞時直断の制は、得宗権力伸張の制度上の到達点であった。然らば得宗をして敢て更に一歩を進めしめず、またこの制を永く持続せしめなかった所以のものは何であるか。私はこれを得宗に対抗する御家人団の潜在勢力に他ならぬと見る。換言すれば得宗は政局の表面においてこそ完全に御家人勢力を圧倒しえたけれども、遂にこれを吸収して己れを支持する真の与党となしえなかったのである。御家人団は依然当時武家社会の根幹として、隠然得宗勢力に拮抗していたのである。されば引付の復活は確かに制度的に考えて、得宗勢力の御家人勢力に対する一の妥協であるといえる。然しそれは直ちに訴訟制度における職権主義の後退、権利保護精神の復活を意味するものではない。それは貞時が執権を辞して出家して後もなお、傀儡的な執権を表面に置いて、実権を振った事情と一般である。即ち得宗直断制の廃止によって一応後退した如く見える職権主義は、この後管轄権移転の面に、また判決態度そのものに発現するを見るのである。

先ず管轄権の点についていえば、この時代の末期、二、三の訴訟事項が、所務沙汰より検断沙汰に移されていることが注目される。即ち延慶三年には刈田狼藉が、また正和四年には路次狼藉が、ともに検断沙汰たるべしとせられたのであるが(武家年代記)、これらは石井先生の説かれる如く、それ以前所務沙汰に属していたものと考えられる。(註一六)而して私はこれらの相論が主として所務相論における実力行使——差押として認識せられたこと、いわば発生的にみて所務相論の付帯訴訟たる場合が多かったこと、及びその場合の狼藉人(実力行使者)の主張する権利を一応(未断の間)認めようとする方針が、これらを従来所務沙汰に属せしめた理由であり、狼藉人主張の如何を度外において、狼藉という事実の反秩序性に注目して、これが鎮圧を第一義とするに至ったことが、それらを検断沙汰に移した主たる理由であると考える(検断沙汰機関侍所が殆ど得宗の私的支配下に置かれていたことも併せ考うべし。九六ページ以下参照)。そこに幕府の基調的精神が権利保護より職権による秩序の維持に移った跡を指摘しうると思う。

次に後期幕府の判決態度に見られる著しい傾向は、訴訟を速かに終結せしめようとする意図である。幕府訴訟制の基調が権利保護の精神に置かれる限り、当事者をして充分その主張をつくさしめ、慎重なる審理の上に是非曲直の判断を下し、所謂淵底をつくして、争訟の根本的解決を期することが理想であったはずである。ただその結果、ややもすれば訴訟繫属が長年月に亙り、一般諸人に健訟の風を助長する等の弊も現れるけれども。然るに当代末期に入るや、理をつくして当事者の勝敗を根本的に裁決することなく、一の妥協によって、訴訟を速かに終結に導こうとする傾向が顕著になる。先ず挙げられるのは和与の奨励である。この点については既に平山行三学士、石井先生等先人の研究があり、特に詳論するを要しない。(註一七)一体訴訟制度上の和与は形式上、両当事者の合意による和解を幕府が公認することによって成立し、その結果当事者の提出した和与状には担当奉行の裏封が加えられ、幕府からは和解公認の判決(所謂和与下知状)が下付されたのであるが、かかる和与の成立しない場合には、如何なる処置が採られたか。かかる場合の処理法の発達、これが第二に挙げられる点である。即ち石井先生によって明らかにされた如く、領家地頭の所務相論において、領家側の一方的申請に基づき、地頭の承諾なしに幕府が下地中分の判決を行うという規定が、従来新補地頭の場合にのみ認められていた。それが本補地頭にも認められるようになったのは実に永仁元年五月であった(『中世武家不動産訴訟法の研究』二五六ページ)。即ち幕府側の意思を強行して、論所を分割することによって訴訟を終結に導こうという規定の適用範囲が急に拡大されたわけである。

後期幕府の裁判方針を特徴づけるものとして、上述した訴訟の速疾終結と相関連して考えられることは、訴訟件数を減少させようとする態度である。当代の所務沙汰は証拠文書によって自己の権利を主張するを原則とした。即ち相手方を屈伏せしめるには、相手方主張の論拠たる権原文書を、やはり自己の権原文書によって破砕せねばならなかった。勢い遥か往古の文書が証拠文書として提出され、権原は益〻古きに溯って争われる結果となった。それだけにまた証拠文書の調査は困難となり、訴訟の解決は長期を要するようになった。かかる情勢に対する解決策として採用されたのが、訴訟関係文書に公信力を賦与する制度であった。前述の如く後期の所務相論和与に際して当事者から幕府に提出する和与状には、担当奉行二名が「為後証」加判して下付するという制が発達した。これ即ち当該和与が、所謂私和与に非ずして、幕府の公認を経たものであることを明らかにして、以て将来の訴訟に備えさせる意図に出でるものであった。また幕府の下付する和与下知状の形式には永仁二、三年を境として著しい変化が見られる。即ち前期では単に「当事者は和解して、和与状を提出した。よってこれを認める」という趣旨の記載に止まっていたのに、後期の下知状は和与状の内容をそのまま盛りこむようになった。而もその場合和与状の文章を節略した取意文として取り入れることもあるが、多くは、また後になれば益〻、和与状の文章そのままを引載するのである。前期には稀にかかる後期下知状の原形と認むべき事例もあるが、後期には前期下知状の形式を見出すことはできない(管見の及ぶ限り)。(註一八)このような制規の変化は何を意味するか。私は幕府が和与の裁許に当って、少なくとも当該相論の対象に関する限り、和与下知状を以て独立した公信力ある証拠文書として、将来の訴訟に備え、更に実質的には該対象に対する当事者の法律関係をこの下知状(即ち和与内容)を基点として規律しようという意図こそ、後期の下知状形式を生み出し、かつ発達させた所以であると思う。即ちそこに訴訟の錯雑を防ぎ、訴訟を起しうる機縁を少なくしようという意図が看取されるのである。

上述の如く、私は所務沙汰手続変遷の段階を、弘安代を頂上とする権利保護精神昂揚期、永仁以降の職権主義擡頭期として把握した。而して所務沙汰の本質が権利保護精神に存する限り、我々は同制度発達の頂点を弘安代に置き、永仁以降の所謂鎌倉末期を以て同制度の衰頽期ということができるであろう。ここに至って初めに掲げた問題「所務沙汰機関として引付成立の時期如何」に対して一の臆見が提示せられる。曰く、それは遅くも弘安末年には降らず、既引文永七年の法令(四一ページ)に参照して、文永建治弘安の間に在るべしと。

註一　石井良助先生は一三ページ註二所引論文(二ノ六三―七〇ページ)において、これら三沙汰所属相論個々の性質について詳説せられた。

註二　追捕狼藉に対するこの解釈は石井先生の説である。前註所引論文七〇ページ参照。

註三　引付訴訟手続の概説は石井先生『中世武家不動産訴訟法の研究』五三―二二〇ページによる。

先生はこの手続を進行の順序を追うて、豊富な史料を以て詳説せられた。私はここで先生と些か見を異にする一事について述べるにとどめる。その一事とは、訴状が問注所内所務賦に提出された時、賦奉行がこれに銘を加えて、引付方に配賦するのであるが、この「訴状ニ加銘」えることとの意味である。先生はこれを「賦奉行が訴状に賦の年月日と自己の姓名とを書き加へる事であらう」とされ、その実例と(推定)して左の二例を挙げられた。一は金沢文庫所蔵文書、年月日不詳上野国村上住人某申状の端に見える「銘云常□」であり、他は相馬文書一、元亨元年十二月十七日相馬重胤訴状の奥書、

元亨元十二十七賦上之　被賦一番　奉行人壱岐前司政有　五大堂

頭人赤橋武蔵守殿

である(以上高著七六ページ註一一七)。

さて前者は先生も認められた如く破損多くして銘の全文を窺いえず、且つ「銘云」とあるによっても知られる如く、この文

書自身が案文であり、その端書も正確には銘の案であるにすぎない(なお金沢文庫古文書第一輯七六号参照)。次に後者の方は如何というに、「被賦一番」の文言に不審がかけられる。沙汰未練書によれば、訴状は賦奉行が銘を加え、更にこれを引付に賦るのである。自分の担当する配賦手続を、自ら銘文に表現するのに「被賦」というのは異様に思われる。所詮この奥書文言は訴訟当事者の備忘のための注記と認むべきであろう。

私も遺憾ながら賦奉行の加えた銘の実例を知らないけれども、多少推測の方途がないわけではない。訴状はひとたび引付に賦られるや、その後の訴訟手続は引付頭人指揮の下に進行し、当事者間に訴陳状が交換されるのであるが、それら訴陳状には担当引付によって或る種の端裏文言が記入された。これより推して、賦奉行の銘というものもほぼ同様の記載ではなかったかと思うのである。引付繫属後の訴訟文書端裏書の実例として、台明寺文書、元応元年閏七月日大隅台明寺雑掌澄海重申状の端裏書、「台明寺雑掌□(重)申状、元応元後七廿九」や、内閣記録課所蔵朽木古文書甲十八号、佐々木出羽四郎兵衛尉時経代明祐重申状(折紙、日付なし、越中国名田畠相論)の端裏書、

「　正慶元十二廿七
　出羽四郎兵衛尉代重申状」

を挙げることができる。この二通の重訴状本文は謹直な書体を以て記されており、後者には恐らく同訴訟担当引付(関東)の頭人と推定される大仏範貞の裏判あり(この前年元弘元年三番引付頭人たることに注意すべし――鎌倉年代記)、前者(鎮西引付に繫属せる訴訟)にも一箇の裏判あり、恐らく引付奉行の花押と想像される。即ち、これらの重訴状は何れも引付方に提出された原本であることは疑いないと思う。然るに上掲の外題及び日付は本文とは全く別筆であるから、それは引付方の記すところ、従って日付は引付方受理の日付と見るべきであろう(この外題・日付は一括して銘というにふさわしい)。ここに私は重訴状端裏文言の形式を、訴状の銘に推し及ぼして「賦奉行が訴状に銘を加える」とは、訴状の端裏にその訴状の題名及び受理日付を記すことであろうと推定する。(補註二)

佐々木時経代重申状裏判
(朽木古文書甲18号)

大仏範貞花押
(松尾寺文書元徳2年8月12日召状)

註四　近衛家本追加所収「条々(五ヶ条)文永十年七十二評時(宗)―義政―御代」の第一条に、

一　奉行人等清撰事

　　引付中事、引付衆奉行人之曲直、頭人加廉察可令申沙汰、

と見える。近衛家本追加のこと第一章註一参照。

註五　石井先生は完成時代の所務沙汰手続を研究され、引付沙汰・評定沙汰の意義について、次の結論に到達しておられる。即ち「引付沙汰の機能は是非の勘録(即ち両当事者主張の是非の判定)であったが、評定沙汰の機能はこの勘録への拘束力附与であったのである」と(『中世武家不動産訴訟法の研究』二一六ページ)。

註六　沙汰未練書「御下知被成事」の条に「其手頭人封御下知裏」と見え、溯って正安二年七月五日、幕府が、当時新設後日浅く、着々訴訟制度整備の途上に在った鎮西探題にあてて申し送った訴訟手続条々の中に「清書仁令書上御下知者、頭人封裏、直書下訴人事」なる一条がある(新式目。なお『中世武家不動産訴訟法の研究』二二一ページ註三五九参照)。従って幕府のこの制規採用の時期が正安二年以前に溯ること明らかであるが、更にこれを局限すべく、少しく実例について調査したところ、結果は次の如くである。熊谷直時と弟祐直の相論を裁許した文永元年五月二十七日の関東下知状には、継目裏ごとに(イ)(ロ)(ハ)三箇の花押が縦にこの順序で据えられている(大日本古文書熊谷家文書一九号、花押縮刻あり)。これら花押の主は、本相論の直接担当者に擬することが最も自然であろうが、然りとすれば、最上位の(イ)は引付頭人、(ロ)は主任奉行、(ハ)は合奉行となろう。然るに同年十月十日又別の相論を裁許した関東下知状に、まさしく右の(イ)(ロ)と同形の継目裏判(即ちほぼ同一人)が見られる(結城文書)。即ち恐らくはこの年五月より十月に至る間に制規改正あり、合奉行は加判を要せぬこととなったのであろう。この後建治より弘安に至る関東下知状の継目裏には、毎に二箇の花押が見られるのであるが、それらは何れも右の制規に照らして、その時々の頭人及び主任奉行に擬せらるべきであろう(熊谷家文書二二号、高野山文書一宝簡集三〇七号、鹿島大禰宜家文書)。而して弘安十年四月十九日関東下知状(神田孝平氏所蔵文書一)を最後として、二箇の裏判は姿を消し、同年十月三日を初見として(薩藩旧記前集)、同年十二月十日(東寺百合文書京一至十五)、正応四年六月八日(田代文書二)各関東下知状以下、その後に亘ってただ一箇の継目裏判が検出される。この一箇の継目裏判が頭人のそれであることは、前掲沙汰未練書、新式目所見の制規に照らし、また正安三年正月十一日薬勝寺沙汰次第注文に「(正安元年四月十九日)於御引付頭

人長井宮内権大輔被封彼御下知之継目裏」とあることからも(紀伊続風土記第三輯古文書、なお『中世武家不動産訴訟法の研究』二二二ページ註三六二参照)、また実際集めえた花押の或る部分が、当時の引付頭人の花押中、既に明らかとなっている部分と一致することからしても疑いないといえる。以上によって私は弘安十年四月より十月に至る間に、頭人・主任奉行両名加判より頭人一名加判に改められたと推定する。ただ管見の範囲内で弘安十年以後、二名加判の実例がただ一つある。永仁五年九月十三日関東下知状これである(伊達家文書二一号)。これに対してはいま正解を得ないけれども、上述の推論を打ち破るだけの力あるものとは考え難い。

但し上述弘安十年の制規改正は関東だけであって、六波羅には及ばなかった。六波羅がこの改正に倣うのはやや後れて正安以後のことに属する。それはまた別の事情によることであって、その間の経緯は本文一三二ページに論述した。

なおここで私は幕府裁許状(関東・六波羅・鎮西)の継目裏判を蒐集研究することのもつ一つの重要なる意義を指摘したい。それはこの継目裏判の蒐集考証によって、或る程度の引付頭人及び奉行の任免表を作製しうることである。関東評定伝は関東引付の頭人・引付衆の任免を詳細に記しているが、それも弘安七年までであり、また奉行人に関しては全く記すところがない。鎌倉年代記所掲の頭人表は多少評定伝の欠を補いうるけれども、それも弘安九・十、永仁元・二・四・五といったように断続的である。鎮西には鎮西引付記が伝わっており(二〇〇ページ参照)、頭人以下全員の交名は詳記してあるけれども、これも或る時々の職員録であって、各員の異同を辿りうるものではない。更に六波羅に至っては、かかる不完全な補任表の一片すら残されていない。かくの如き史欠を多少なりとも補うべき一の方法として、裁許状継目裏判の研究が挙げられるわけである。即ち或る裁許状の継目裏判の主が何人であるかを明らかにすることによって、該裁許状日付当時のその人の在任(頭人として、或いは奉行として)が確かめられる。この方法は特に弘安八年以後の関東引付頭人の部分において顕著な成績を挙げうるであろう。奉行人に関してはむしろ和与状裏封の方が遥かに有力な史料である。私は以上の如く考えて、関係史料の蒐集に心がけてきたが、未だ纏まった記述をなしうる程度に至っていない。いま試みに私の知りえた関東引付頭人任免事実の一、二を記すならば、

(イ)正和二年五月二日裁許状継目裏に大仏維貞の花押あり(加賀前田天野文書)、これを鎌倉年代記所掲引付頭人表と参照することによって、維貞の徳治二年十二月六日—正和二年五月二日在職、同年七月二十六日までの間に罷職を推定しえ、

（ロ）正中二年六月十二日裁許状継目裏に赤橋守時の花押あり（山内首藤家文書四九三号）、即ち守時の正和二年七月二十六日―正中二年六月十二日在職、翌嘉暦元年五月十三日までの間に罷職を推定しうる（鎌倉年代記参照）が如きである。

註七　（永仁二年）二月一日、東寺領伊予弓削島庄雑掌加治木頼平より寺家弓削島庄奉行にあてて、鎌倉における訴訟の経過を報告した書状に（東寺百合文書チ七至十七、この文書の年代推定は東寺文書三東寺百合文書六七号による）「当頭人所労けの人にてをはしまし候之間、ふとのふる事のみ候、年中《マヽ》も内談にはあるへく候しに、労の事にうちのひて候」とあるによる。

註八　肥後守護職のことは、相田二郎先生「異国警固番役の研究」（下）（歴史地理五八之五）三〇ページ以下（のち『蒙古襲来の研究増補版』に収録）を参照。上野守護職については、吾妻鏡建暦二年八月廿七日条「安達《景盛》左衛門尉申上野国奉行辞退事、今日有其沙汰、無恩許、殊可行検断之由云々」における上野国奉行を同国守護と解し（島津家文書之一、一一号参照）、同書寛元二年六月十七日条「新田太郎為令勤仕大番在京、是為上野国役之故也（中略）番頭城九郎泰盛」の番頭泰盛を職掌上当然上野守護と推断し（御成敗式目第七条）、以て安達氏の同国守護職相伝を推定する。三河については吾妻鏡正治元年十月廿四日条に、同国「守護人藤九郎入道蓮西」（盛長）とあり、諸国守護任免の例よりすれば、よほど重大な政治的理由なき限り、守護職は子孫相伝を許される例であった。然らば格別の一門失脚の事実の見出しえないのみならず、年を追うて北条氏との関係愈〻緊密さを加えていった安達氏のことであるから、恐らくこの国の守護職も盛長より景盛・義景を経て泰盛に伝えられたであろう。

註九　この事件については、最近先輩多賀宗隼学士が関係史料を渉猟して論ぜられるところがあった。即ち歴史地理七八之六所載『弘安八年「霜月騒動」とその波紋』（のち『論集中世文化史』上に収録）がそれである。但しこの事件に対する意義づけに関しては、私は必ずしも学士に左袒しない。けだし学士はこの事件を以て、「幕府当局と諸大名及大名相互間の対立暗闘」の一のあらわれとなし、結局、それは「執権政治の本質の生んだ必然的産物なり」と断ぜられる（上掲論文一一ページ）。かくては然しこの事件は本質的に、和田義盛の乱、三浦の乱と相異なるところなきものと把握されるにすぎない。然し私はこの事件が御家人と得宗被官との勢力争いである点において、和田・三浦の乱とは本質的に相違するものあるを見る。学士も上掲論文（七ページ）において「なほ、泰盛を僵したものを貞時なりとすることにはなほ一考の余地が残さるべきではあるまいか、当時貞時年齢わづかに十四歳にすぎなかつた事を思へば、泰盛打倒の中心勢力がどこにあり何人であつたかは或は別の眼を要するであろう」と述べて、泰盛の対抗勢力に多少の注意を払われた如くであるが、それ以上の追及は見られない。私はこの勢力の擡頭にこそ重大意義ありと見るのである。要するに学士と私との見解の相違は幕府政治の把握如何に発する。即ち氏が幕府政治を直ちに執権政治として理解されるのに対して、私は執権政治から得宗政治への移行を考えるのである。

註一〇　新編追加二五八条。また鎮西における両奉行人の活動については左の史料がある。河上山古文書六に、

□(肥)前国一宮河上神官講衆等申、造営幷神事退転事、注進□(状)披露了、於造営者、可為一国平□(均)役之上者、任先規可致沙汰之由可令相触、次神役事、勤仕輩□(承)伏分不及子細、至自由対捍者、□(可)令催勤之状、依仰執達如件、

正応五年六月十六日　　陸奥守(宣時)(花押)

相模守(貞時)(花押)

尾藤内左衛門入道殿

小野沢次郎入道殿（欠字は別冊所収案文によって注す）

この御教書に対応する両人連署の施行状あり、正応五年八月廿日目代沙汰人あて（同古文書七）。以上によれば両人の活動は談議所実状の調査のみではなかったようである。

註一一　保暦間記に、「其後平左衛門入道果円(杲、下同)憍ノ余ニ、子息庭(延)尉ニ成タリシカ、安房守ニ成テ、飯沼殿トソ申ケル、今ハ更ニ貞時ハ代ニ無キカ如クニ成テ、果円父子天下ノ事ハ安房守ヲ将軍ニセント議シケリ、彼入道嫡子平左衛門宗綱ハ忠アル仁ニテ、父カ悪行ヲ歎テ、此事ヲ貞時ニ忍ヤカニ申タリ、此上ハトテ平左衛門入道果円父子ヲハ、正応六年(永仁元年)四月廿二日被誅畢、（中略）宗綱ハ一旦佐渡ノ国ヘ流罪セラレケレトモ、召帰サレテ、後ニハ管領ニ成ニケリ」云々と見え、親玄僧正日記正応六年四月廿二日条に、頼綱一類の誅滅を叙して「寅初殿中以外騒動、可被打平禅門之故也、寅刻打手武蔵七郎等押寄、懸火及合戦、合戦以前平左衛門宗綱令参云々、父子違逆意上者、不可蒙御不審之由、種々申之間、以安東新左衛門尉重綱問答、其後宇津宮入道預了、杲然(円)幷飯沼左野左衛門入道於一所自害之由風聞了、経師谷其次小野放火了、其次笠井屋形放火了、於経師谷火中死去之輩九十三人云々、太守(貞時)女子二人同死去了」と記し、実躬卿記正応六年四月廿六日条に、この事件を伝聞して「去廿二日卯刻平左衛門尉頼綱法師幷子息資宗等以下被誅之由」云々と記す。平宗綱が頼綱の子なることは保暦間記・親玄僧正日記の記すところであり、実躬卿記にいう「子息資宗」が、保暦間記にいう杲円次男飯沼殿に当り、新編追加記すところの飯沼大夫判

官助宗は、まさしくこの人を指すものであることも断定に難くない。付説二、六九ページ所引系図纂要には頼綱の次男、宗綱の弟として「頼盛飯沼判官安木守与父所殺」と記されている。頼盛は恐らく助宗の誤伝、安木守と保暦間記のあはの守とは何れかが正しいのであろう。また上掲親玄僧正日記に飯沼左野左衛門入道の名が見える。助宗との親縁関係が想像せられるが、詳細は知り難い。

次に長崎光綱と頼綱との関係については、保暦間記に「彼ノ内官領長崎入道円喜ト申スハ正応ニ打レシ平左衛門(頼綱)入道カ甥子〔光綱〕」とあって、光綱は頼綱の弟となっているが、系図纂要には伯父甥の関係になっている(六九ページ参照)。史料の性質上、保暦間記に従うべきであろう。

註一二　この事件に関する重要史料としては、前註所引親玄僧正日記・実躬卿記・保暦間記の外に、鎌倉年代記裏書と仁和寺所蔵梵記抄裏文書とがある。前者は特に本文を引用する迄もない故省略する。後者は永仁年中経深の筆にかかる梵記抄(七巻あり)第四巻の裏文書の一であって、私は先輩文学士川崎庸之氏を煩わして、原本について全文を筆写して頂くことができた。梵記抄ならびに本文書の性質に関する如上の記述もまた学士の教示によるもの。ここに特記して学士の高情を謝す。その全文左の如し。

関東以外騒動之由承及候、〔壱舎人屋一字不全〕云〔大〕地震、又平禅門被誅害之由風聞候、〔岡谷顛倒御局火災叛逆不可説□□□〕必定候歟、然者以外事候歟、〔勿論く〕禅空於今者思きりたる事有にや、〔事々みくるしく候〕驕不久候、既人口に落ぬる、不便事候、以此旨可令披露給候、弁秀〔□〕恐惶謹言、

四月廿七日〇充所なし。　　弁　秀上

註一三　先ず挙げられるのは金沢顕時である。彼は弘安四年以来引付頭の要職に在ったが、霜月騒動に際して捕えられて、下総埴生庄に蟄居せしめられた(前註九、多賀氏論文所引熊谷直之氏所蔵文書、鎌倉年代記裏書)、然るに永仁元年頼綱滅亡直後、設置された七名の執奏の中に恵日の名が見え(鎌倉年代記、恵日が顕時の法名なること拾珠抄参照)、早くも彼が政局に復活したことを知る(鎌倉年代記裏書に永仁四年被召返と見えるは訛伝なるべし)。次に宇都宮景綱(法名蓮瑜)が挙げられる。彼も亦霜月騒動の当時評定衆の職に列していたと考えられる(関東評定伝)。殊に泰盛の妹聟であったことは、彼の政局における地位の変動を考える上に無視すべからざる点である。多賀氏の引用せられた熊谷直之氏所蔵文書所収の一断簡(霜月騒動に関する

消息)に、

越後守(顕時)殿被召籠

宇□宮　対島入道□ヨセテ

と見える。前半は上述金沢顕時の幽閉を伝えるもの。後半宇□宮は恐らく宇都(或津)宮なるべく、或いは泰盛党の有力者宇都宮景綱捕縛のため、対島入道某が発向したことを伝えるものではあるまいか。たとえこの臆断にして中らずとしても、景綱と泰盛との縁戚関係に考えれば、景綱が泰盛滅亡後、政局の要職に留まりえなかったことは想像に難くない。然るにその景綱もまた永仁元年執奏の職に復活している。前註所引親玄僧正日記に、哀を乞うて貞時に投じ来った頼綱の子宗綱を、宇都宮入道に召し預けたと見えることも注意される。景綱と同様の縁戚関係によって弘安八年の失脚を想像し、永仁元年執奏補任による復活を推定しうる者に長井宗秀がある(尊卑分脈)。

註一四　東寺百合文書ル三十至三十七所収(永仁元年)十二月十六日定厳(ママ)書状。この文書の解読に当って、先輩今井林太郎学士の助力を得た。記して謝意を表わす。

註一五　註七所引(永仁二年)二月一日加治木頼平書状の前半に「当時は御注進者をも、守殿御前にて、被対決候はんするにさたまりて候へハ」云々とあるによる。

註一六　一三ページ註二所引論文(二)、六三ページ参照。

註一七　平山行三学士「所務沙汰に於ける和与の考察」(社会経済史学四ノ十二)、同学士「地頭領家の下地分割」(歴史地理六二之二)(なお同氏著『和与の研究』参照)、石井先生『中世武家不動産訴訟法の研究』二四七—二八〇ページ、六二八ページ。

註一八　このような所論は、史料の伝存状態及び研究者の史料蒐集範囲の広狭、ならびに態度の如何によって、かなり変じうる性質をもつ。即ち充分の客観性を期しえないとせられるかもしれない。私はここで蒐集しえた史料の目録を掲げて、後日の考拠とし、併せて識者の叱正をまちたい。

(年月日)	(形式)	(出典)
嘉禎二・九・四	前期	山内首藤家文書
建長五・二・十一	前期	秋田藩採集文書一、岡本

建長六・三・八	過渡的	忽那文書乾
文永九・正・廿	前　期	高野山文書之一、宝簡集九二号
建治二・八・廿五	過渡的	田代文書一
正応四・八・廿八	前　期	入来文書四六号
正応六・五・廿四	前　期	薩藩旧記七
永仁二・十二・二	後　期	小早川家文書之二、小早川証文五五六号
永仁三・五・二	後　期	極楽寺文書
永仁三・五・七	前　期	東寺百合文書ヱ一至九
永仁六・六・十二	後　期	東大寺文書一回採訪四三
永仁七・四・七	後　期	田代文書二
正安二・四・廿二	後　期	相馬文書一
正安四・六・廿三	後　期	高野山文書之一、宝簡集九四号
正安四・十二・一	後　期	市河文書二
乾元二・閏四・廿三	後　期	東寺百合文書ヒ一至三十一
徳治三・二・七	後　期	東京帝室博物館所蔵文書
延慶元・十一・廿三	後　期	三宝院文書一
延慶三・六・十八	後　期	安田文書
応長二・三・二	後　期	三浦家文書八号

正和以降私の集めえた史料十四例はすべて後期の形式である。一々の日付を略して、典拠のみを挙げれば、加賀前田家蔵天野文書（二点）・根津嘉一郎氏所蔵文書三・中条文書・詫磨文書六之七・山内首藤家文書・高野山文書（二）金剛三昧院文書・若王子神社文書・宮内省図書寮所蔵文書・五十川清氏所蔵文書・延岡内藤子爵家文書・集古文書廿七・高野山文書之一宝簡集六二号・東寺文書射一之十二。

以上はすべて関東下知状（和与）の例である。この和与下知状の形式上の変化は、六波羅・鎮西ではやや降って正安頃と認められる。石清水文書之二田中家文書一九九号・二一七号・東大寺文書二回採訪十一・内閣記録課所蔵朽木古文書甲十七号（二点）・八坂神社文書下一八五一号・大友文書一・熊谷家文書二〇五号・大橋文書乾（以上六波羅）・禰寝文書四・志賀文書二・大川文書・薩藩旧記前集八・詫磨文書二・河上山古文書八（以上鎮西）等参照。

付説二　御内と外様

鎌倉幕府家臣団は少なくとも当代後期においては、御内・外様の二種に劃然区別されていた。両者の性質は一応次の沙汰未練書の記事によって説明される。

一　外　様　者　　将軍家奉公地頭御家人等事也、
一　御内方者　　相模守（高時）殿御内奉公人事也、

即ち外様とは将軍家直参の臣であり、御内方とは北条氏宗家の被官であったのである。そもそも北条義時・泰時・時頼と相続継承せられた北条氏の宗家が徳宗、また得宗と称せられたことは周知の如くである。従って一般にその所領は得宗領と称せられ、また鎌倉にはかかる得宗領関係の訴訟を管轄する特殊機関「得宗方」があった（多賀神社文書一嘉暦元・十二・廿三関東下知状）。而して或る家の被官が主家を敬して御内と称することは別に異とするに足らぬところであり、当時の史料からも「令祗候武蔵入道（義政）殿御中」（入来文書三九号弘安元・平為重陳状）、「御うちにほうこうをいたす」（斎藤文書一正応五・三・廿六譲状）等の文言を見出すことができる（また「倉栖掃部助四郎（修理権大夫殿（貞顕）御内御祇候人）」（金沢文庫古文書第一輯、七六号）参照）。然るに幕府政治上の得宗の地位勢力が絶対的となるや、少なくとも鎌倉武家社会においては、単に「御内」とし言えば、それは得宗を指すものとなり（円覚寺文書永仁六・十・十七貞時袖判裁許状、武州文書十八徳治三・正・廿六文書目録)、得宗領は「御中御領」(東寺文書無号若狭太良庄条々事書案)、得宗給恩地は「御内御恩地」(円覚寺文書一正和四・六・廿一寄進状)、得宗被官は「御内人」(円覚寺文書五元亨三・十・廿六法堂供養記)「御内之仁」(金沢文庫所蔵古文書金沢貞顕書状)、得宗家宰は「内管領」(保暦間記、太平記)、所謂御内人の統裁機関は「御内侍所」(金沢文庫所蔵古文書金沢貞顕書状)等とよばれ、前掲沙汰未練書にいう御内方とはまさに得宗被官を概括して一階級と見た場合に生じた称呼であり、外様は将軍家奉公の地頭御家人を得宗被官に相対立するものと観じて、即ち御内方に対照して地頭御家人団に付せられた名称であった。換言すれば御内・外様という対立的名称発生の前提として、地頭御家人団に対する得宗被官勢力の擡頭拮抗が考えられる。ここに所謂御内方が幕府政治上に果した役割の大なるべきが想像せられ、幕府政治史解明の上に御内方に関する知識の必要が痛感せられる。私は本論第三章第一節において得宗政治の発展を考察し、第三節において御内人を頭人とする侍所の機構を研究して、特にその感を深うした。よって右二節の論述を補う意味で、ここに御内方に属する人々を家名別に列挙して、各家々の「譜代」性を考え、併せて彼等の幕府に対する関係に些か論及しよう。但し御内方に関して研究すべき事柄が以上で尽きるものでないことは改めていう迄もない。

〔尾藤氏〕　元仁元年閏七月二十九日泰時は始めて後見(家宰)を置き、尾藤左近将監景綱をこれに補して(吾妻鏡同日条)家務執行機関「公文所」の総轄を命じた(同上寛喜二・正・廿六条)。これこそまさしく得宗被官の代表と認むべきものであろう。事実景綱はこの以前より泰時要人(腹心)の一人に数えられ(同上元仁元・六・廿八条)、彼の家は泰時の亭の郭内に在り(同上同・同・廿七条)、彼の妻は泰時の息時実の乳母であって、その関係から時実が不慮の横死を遂げた時、彼も出家して道然と称するに至った(同上安貞元・六・十八条)。以て被官と主家との関係緊密なるを見るべきである。また彼が泰時の内命を奉じて御家人の騒動を鎮め(同上寛喜二・二・卅条)、内裏焼亡御見舞のため、将軍の使者と共に泰時の使として上洛している(同上安貞元・五・十条)事実も、泰時との間の主従関係を前提として初めて理解されよう。かく朝廷の重事に当って、将軍の使者の外に、得宗個人の使者が上洛することは、この時代を通じて見られるところであって、この時代の末、「御内」が得宗の同意語となった頃には、この得宗使者も「御内使」と称せられた(鎌倉年代記元弘元年条裏書)。而してかかる御内使に立てられる者が得宗腹心の被官であろうことは殆ど疑いを容れず、従って我々は御内使たる事実を以て、得宗被官の一標識となしうると思う。仁治元年三月七日泰時沙汰の侍所盃酌のことを、時の家令平盛綱と共に奉行した尾藤太景氏(同上其条)も得宗被官の一人と見るべく、恐らくは景綱の一族であろう。尊卑分脈は両者の関係を次のように示しているが、これ或いは真を伝えたものであろうか(同書五藤原秀郷流)。

尾藤太 知景 ─┬─ 左将監 景綱 母 ── 尾藤太 景氏 実者景信子云々、母 法名浄心
　　　　　　　└─ 中野三郎 景信 母

寛元四年恐らくは将軍頼経上洛のことに関して時頼の亭宅において密議が行われた時、これに参じた少数の人々の中にも景氏の名が見える(吾妻鏡寛元四・六・十条)。

〔平氏〕　尾藤景綱は文暦元年八月二十一日家令を辞し、平左衛門尉盛綱がこれに替った(同上其条また仁治二・四・十六条参照)。彼も亦早く元仁の当時より泰時腹心の一であり(同上元仁元・六・廿八条)、泰時の使者として諸処に発遣されたことも吾妻鏡に散見する(文暦元・三・五条、仁治元・七・九条、鳩嶺集にもその名見ゆ)。寛元三年得宗庫倉怪異のことについて卜筮の事を奉行し(吾妻鏡寛元三・五・廿二条)、仁治より建長にかけて、経時・時頼の安堵状・書下等を奉じている(同上宝治元・六・十五条、阿蘇家文書上三九号、南部家文書一九三号)平左衛門入道盛阿とは或いは彼盛綱の法名ではあるまいか。盛綱の一族と考えられる者に平盛時がある。彼は延応元年五月二十四日九条道家病気見舞のため、泰時の使者として将軍の使定員と共に上洛しており(吾妻鏡其条)、上述寛元四年時頼亭内の密議にも与かっている。更に同年十二月五日には時頼の私恩として陸奥糠戸五戸地頭代職を与えられた(宇都宮文書乾)。降って弘長の頃、時頼の私使となっている者に平左衛門尉蓮聖あり(感身学正記中、弘長元年)、俗名未詳。

平氏を称する得宗被官のうち、史上に最も著れる者は左衛門尉頼綱である。時宗・貞時二代の家宰として絶大の権勢を振ったのであるが、ついに終りを全うせず、永仁元年四月貞時に誅戮されてしまった。その間の事情は一応本論において考察した(五二ページ参照)。保暦間記によれば、頼綱の子宗綱は父誅滅のさい佐渡に流され、後一旦召し返されて、管領(家宰)となったが、再び上総に流されたという。

〔長崎氏〕　当代末期に当って、長崎高綱(法名円喜)が高時の内管領として権勢を専らにし、一族繁衍したことは著名な事実であるが、この高綱は保暦間記によれば前項平頼綱の弟光綱の子、即ち頼綱には甥であった。而して時頼時代の得宗被官の中に長崎左衛門尉(吾妻鏡弘長元・四・廿五条)、長崎次郎左衛門尉(同上弘長三・十一・廿条)の名が見える。恐らく頼綱・高綱等の同族であろう。

〔関氏〕　吾妻鏡元仁元年六月廿八日条に泰時の腹心として、尾藤景綱・平盛時等に並んで関左近将監実忠の名が記されている。彼の宅もまた景綱と同じく泰時亭の郭内に在った(同上元仁元・六・廿七条)。

さて系図纂要(四十七)所収平氏姓関一流系図によれば、上掲平盛綱・頼綱・宗綱・長崎高綱・関実忠等は、互いに左の如き血縁関係に結ばれていた。

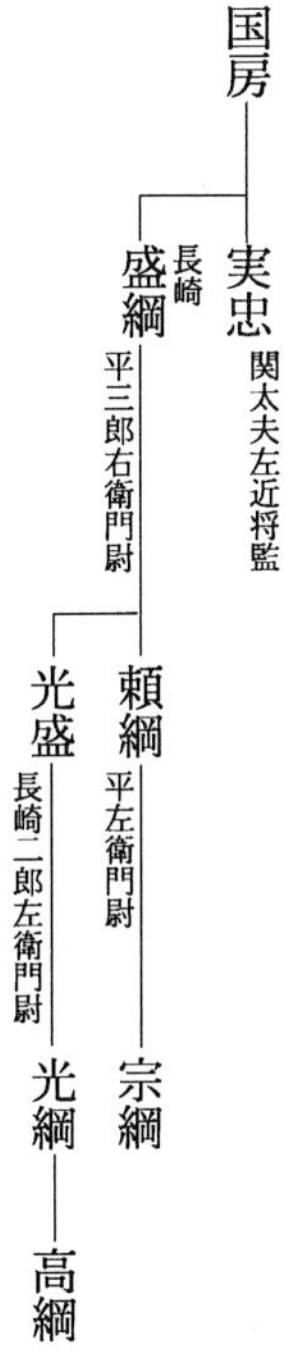

この系図を直ちに正しいとすることはなお躊躇せねばならぬけれども(既に頼綱と高綱との関係において保暦間記の所伝と相違あり)、関・平・長崎の諸氏が相互にこの系図と相隔ること遠からぬ血縁関係に在ったことはほぼ認め

うると思う。

〔金窪氏〕　建保元年二月十五日千葉介成胤進むるところの謀叛人安念を二階堂行村(侍所司なるべし)に下して糺問せしめた時、金窪行親なる者が特に義時の命を受けて行村に副として事に従っており(吾妻鏡其条)、そこに行親・義時間の特殊関係が推測されるのであるが、この推測は更に次の事実によって支持される。即ち同年四月二日義時は謀叛人和田胤長没収地を拝領するや、これを行親及び近侍の臣安東忠家(次項参照)に分給して、私恩を施しているのである(同上其条)。恐らく行親は以前より義時の被官であったのであろう。

〔安東氏〕　吾妻鏡承久元年正月廿二日条に三浦義村の臣長尾定景が、実朝を殺した公暁を討って、その首を義村に献ずる、義村即ちこれを義時の亭に持参する記事がある。それに義時の首実検に当って「安東次郎忠家取指燭」と見えて、忠家が義時の近臣であったことが窺われる。阿蘇家文書所収の義時袖判問状等に奉行平忠家と見える者もまた同じ人であろうか(同文書上二二・二三号)。彼は前項に述べた如く、義時拝領の地を給与されており、降って嘉禎年間泰時が亭宅を新造した時、その北土門西脇に忠家の宅が置かれた(吾妻鏡嘉禎二・十二・十九条)。この時南門東脇に尾藤太景氏、同西脇に左衛門尉(平盛綱カ)、同並西脇に大田次郎、南角に諏方兵衛入道、北土門東脇に万年右馬允、同西脇に忠家宅と並んで南条左衛門尉の宅がそれぞれ位置を占めた。景氏については前述したところであり、諏方・万年・南条の諸氏も後述の如く得宗被官であったと考えられる故、ここに記された者はすべて得宗被官であったと見てよく、これを前の関実忠・尾藤景綱の宅がやはり泰時亭の郭内にあったという事実と考え合せて、当時の主従関係がその生活態様にまで及んだことが窺われ、頗る興味あることと思われる。

次に挙げられるのは安東光成である。天福元年九月二十九日藻璧門院崩御につき、泰時は将軍家の使者に副えて光成を自分の使として上洛せしめた(吾妻鏡其条)。降って建長六年時頼の室平産の際に加持僧禄物の事を奉行したのも彼であり(同上建長六・十・六条また建長四・十・三条参照)、正嘉元年勝長寿院造営事始に当って諸方より発遣された諸堂雑掌の中に時頼方雑掌として彼の名が見出される（同上正嘉元・九・十八条）。また吾妻鏡宝治二年閏十二月廿日の条に、時頼の使者と記されている安東五郎太郎なる者も、忠家・光成等と同族であろう。最後に、保暦間記に「元亨二年ノ春、奥州ニ安藤五郎三郎《イナシ》、同又太郎ト云者アリ、彼等カ先祖安藤五郎ト云者、東夷ノ堅メニ義時カ代官トシテ、津軽ニ置タリケルカ末也」と見えることを付記しておく。

〔諏訪氏〕　寛喜二年二月三十日諏訪兵衛尉なる者が泰時の内命を奉じて、尾藤景綱・平盛綱と共に御家人の騒擾を鎮めている（吾妻鏡其条）。宝治元年六月三浦族党謀叛の形勢によって、御家人や得宗被官が鎌倉に群参した時、時頼の使者としてその退去を命じている諏訪兵衛入道蓮仏は恐らくこれと同一人であろうが、この蓮仏が時頼の腹心であったらしいことは、当時諸人の時頼への進言を申し次ぎ、或いは時頼亭の密議に参画していることから証せられる（吾妻鏡寛元四・六・六条、同十条）。また建長三年時頼の使者として上洛した諏訪三郎盛綱（同上同・十一・廿七条）も蓮仏の同族であろう。降って建治年間時宗の執事に諏訪入道あり（入来文書二六・二七号）。

〔万年氏〕　元仁年間の泰時の腹心に、上掲平盛綱・尾藤景綱等と並んで万年右馬允あり（吾妻鏡元仁元・六・廿八条）。その後長く得宗の被官の要人として時頼の代に及んだ（同上宝治元・六・四、同五条）。また同じく時頼の「伺候人」と吾妻鏡に明記された万年九郎兵衛（同書建長六・十・六条）もその同族であろう。

〔南条氏〕　泰時の腹心に万年右馬允等に並んで南条七郎あり（前項参照）、又その子かと想像される南条七郎次郎なる者が泰時の命で和琴伝授のため上洛したことが吾妻鏡に見えるが（同書寛喜元・九・九条）、彼は同書の他の条では明らかに泰時の「伺候人」と記されている（同上寛喜二・閏正・七条）。降って建治の頃に六波羅探題時輔（泰時の曾孫時宗の兄）の後見に南条新左衛門尉頼員がある（高野山文書之一宝簡集四三一号）。

〔工藤氏〕　建長三年正月時頼の催した仏像鋳造供養奉行の事を命ぜられたのは工藤光泰である（吾妻鏡）。彼はまた時頼の使者に立ち（同上建長三・五・廿七条、正嘉元・九・十八条）、時宗の供に候しており（同書弘長元・正・九条）、時頼臨終の際、その枕頭に侍することを許された少数の人々の中にも、尾藤・安東・長崎等に交って彼の名が見出される(同書弘長三・十一・廿条)。降って弘安以降得宗の分国若狭の守護代となった人々の中にも工藤氏が多く見える(若狭国守護職次第)。

〔宿屋氏〕 安貞寛喜年間、得宗分国若狭の守護代となった者に屋戸矢実永あり(若狭国守護職次第)、降って弘長の頃時頼の使者を役する者に宿屋《ヤトヤ》左衛門入道最信あり(関東往還記)、時頼臨終に侍した者に宿屋左衛門尉がある(前項参照)。

〔小野沢氏〕 暦仁当時泰時の被官に小野沢仲実あり(吾妻鏡暦仁元・十・四条)、建長年間時頼の被官に小野沢時仲がある(同上建長二・五・廿七条)。

〔その他諸氏〕 以上得宗被官の中特に主要と思われる数氏を列挙したのであるが、なお然く重要ならぬ被官諸氏を二、三追加するならば、曾我(南部家文書・斎藤文書・新渡戸文書)、渋谷(入来文書・若狭国守護職次第)、横溝(吾妻鏡仁治二・十一・廿七条、建長三・八・廿一条)、宇治(阿蘇家文書上一九・二三一・二四等諸号)等の諸氏がある。

以上主として吾妻鏡によってほぼ泰時・時頼・時宗三代の得宗被官の名を挙げた。次に降って貞時・高時代の御内人の名を挙げてみよう。時宗の代から貞時にかけて、平頼綱(杲円)が家令として権を専らにし、ついに永仁元年一族誅戮を受けたことは前に述べた(また本論五二ページ参照)。宛かもこの当時正応五年初から永仁二年末にかけて鎌倉の情勢、特に得宗貞時の動静を窺うべき史料がある。当時鎌倉に下向していた醍醐寺座主地蔵院親玄僧正の日記がこれである(註一)。この日記には殆ど毎日のように貞時依頼による修法の記事があり、そこから或いは貞時に命ぜられて親玄の許に使し、或いは貞時亭における修法の奉行を勤むる等、明らかに御内人と目すべき人々の名を拾いだすことができる(括弧内の数字は当人の日記に現われる回数)。

塩飽三郎兵衛(三)　塩飽宗遠　塩飽右近(四)　塩飽
安東平右衛門(一)　安東新左衛門尉重綱(三)

長崎木工左衛門尉(九)　長崎新左衛門　長崎
南条二郎左衛門尉(二)　南条八郎
粟飯原太郎右衛門尉(三)　大鷹中務允　本間四郎　平右衛門尉　萩野馬允　近間弥六　丹三郎　新右衛門
医師周防守長典　長光朝臣(二)　司儀令　前兵庫頭

ここに見える長典や司儀令(施薬院使の唐名)等は、その職の特殊性よりすれば、恐らく京都より下って医を以て得宗の扶持を受けていた人々であろう。或いは司儀令と長光とは同人かもしれない(尊卑分脈二十、丹波)。前兵庫頭も或いは同様京下りの一人であろうか。

次に挙げられるのは徳治二年五月「円覚寺毎月八日大斎結番」交名注文である(相州文書円覚寺亨)。この注文は袖に崇演(貞時)の花押が署せられていることが先ず注目され、結番は全十二番、毎番八名より成り、交名の後に「右守結番次第、無懈怠可致沙汰之状如件」と記す。然らばこの結番次第制定の主体は何人であるか。更に言えば、この交名の人々に対して規定の順序に従い、懈怠なく結番すべしと命令する主体は何人であるか。それはこの注文の袖判と書留文言とによって説明される。即ち崇演その人に外ならぬ。幕府政治当時の実情では、執権連署はただ員に備わるのみで、実権は崇演の掌中に在ったことは否定しえないけれども、幕府文書——即ち将軍家の仰せとして発せられる文書は、猶すべて執権連署加判の御教書の形式を採ったのであり、今の崇演袖判の注文は幕府発給にかかるものとは考え難いのである。然らば崇演の個人的命令を受けて、当時得宗の私的支配の下に在った(註二)円覚寺に斎会結番を勤務すべき人々は、まさしく御内人々であるに相違ない。その苗字の明らかな者は苗字のみを掲げ(イ)、然らざる者は名を掲げれば(ロ)、左の如くである(括弧内の数字は同苗字の者の人数)。

(イ)長　崎(七)　安　東(三)　諏　方(四)　合　田(二)　工　藤(十八)　粟飯原(三)　葛　山(二)
大　瀬(二)　本　間(二)　岡　村(二)　小笠原(二)　佐　介(二)　塩　飽(二)　武　田(三)

万　年(二)　渋　谷(二)　南　条(二)　五大院(二)　尾　藤(三)　内　島(二)　島　田
足　立　吉　岡　高　柳　大　蔵　大　森　広　沢　伊　具
土　肥　下　山　佐　野　亙　理　斎　藤　桑　原　萩　野
浅　羽　蛭　河　千　田　曾　我　千　竈　安　保　岡　田
渋　河　諸　岡　狩　野　矢　野　武　藤　中　三　佐　藤
矢　田　水　原

(ロ)周防前司　主税頭　権医博士　出雲守　尾張権守　神四郎入道　但馬新左衛門尉
妙鑒房　越中局　讃岐局

周防前司は恐らく前掲親玄僧正日記に見える医師周防守長典であろう。主税頭・出雲守・尾張権守等は如何なる人々か明らかでない。長崎以下苗字の明らかな人々のうち受領を帯する者は武田伊豆守・佐介越前守二人である。彼等が貞時と身分的な支配隷従の関係を結んでいたか否かは遽かに断言しえず、得宗と特殊な親近関係を保つ広義の御内人の一人と解するのが穏当であろう。この二人を除いた外の大部分は、尉・丞・允・将監等下級の官途を帯するか、或いは全く官途なき者であって、ここに御内人の公的地位の低さが窺われる。然し、この交名で、より一層注目すべきは、長崎・安東・諏方・工藤・粟飯原・南条・尾藤・塩飽等の数氏が全交名員数の約三分一を占めていること、而もこの諸氏が大半先に親玄僧正日記から検出した御内人に見出されることである。この事実は、これら長崎以下の数氏が当時御内人の中心として一族繁衍しておった事情を物語るものであろう。長崎氏一族が鎌倉末期、特に高時の代に威福を恣にしたことは保暦間記・太平記等によって周ねく知られており、安東氏については、応長元年の記録に「相州禅門使者安東平右衛門入道々常」の名が見え(碓井小三郎氏所蔵文書所収慈尊院権僧正日記)、工藤氏では嘉暦の末年に「御内侍所工藤右近将監」あり(金沢文庫所蔵古文書金沢貞顕書状)、得宗分国若狭の守護代に工藤杲禅・その子貞祐・その子祐景あり（若狭守護職次第）、嘉元の当時、得宗領若狭太良保代官に工藤貞景あり、同じく恒枝保代官に塩飽右近入道がある（東寺百合文書ミ六十三至八十）（但し何れも在鎌倉代官なるべし）。因みに若狭守護代の中に渋谷・工藤の諸氏に交って小馬政家・小馬三郎の名が見える（若狭国守護職次第）。親玄僧正日記の近間弥六はこれと同族であろうか。また正慶二（元弘三）年二月九日「相州高時禅門亭」修法の奉行五大院右衛門尉（華頂要略三二、門下伝、本覚院聖恵ノ条）は、当然御内人の一人であろうが、この苗字も上記円覚寺結番交名の中に見える。

以上列挙した貞時・高時代の御内人と、前に主として吾妻鏡より検出した泰時・時頼・時宗代の得宗被官諸氏とを対照するならば、前後に共通の苗字の多いことが看取される。而もそれが尾藤・安東・諏訪・南条・長崎・工藤等大体において前後を通じて得宗被官の中心勢力たる家柄であることは特に注目に値する。私はこれら前後両時代に共通する苗字の家々それぞれの間に族的な連繫結合を推測したい。換言すれば少なくとも泰時・時頼時代の得宗被官の主要なる者は、同族孫葉相い承けてその身分を保有し、以て貞時・高時代に及んだと考えたい。尤もそれら諸氏のそれぞれについて、充分信頼すべき系図が見出されず、或いはこれを全面的に復原しうるだけの史料も存しない以上、叙上の立言を完全に論証する方途はないと言わねばならぬ。然しながら吾妻鏡の如く長年月に亙る一貫した記録の存しない貞時・高時代において、雑多な文書・記録の中から断片的に拾い出される「御内人」の苗字が大半泰時・時頼代得宗被官のそれと一致するということは単なる偶然とは考ええない。その間に族的結合あるべしとの推論は充分成立の可能性を有すると思う。

次にこれら御内人と鎌倉殿との関係を考えてみよう。彼等が得宗の被官として身分的にその支配下に立つ以上、一応鎌倉殿に対して陪臣の関係に在ったといわねばならぬ。然しながら彼等のすべてが鎌倉殿と全然直接の関係をもたなかったわけではない。少なくとも彼等の一部は得宗被官たると同時に御家人でもあったのである。仁治二年、叡慮を奉じて当代名だたる関東射手の似絵を描いて進覧することになり、その人選を議したことが吾妻鏡に見えている。

その時多くの人々は人数の一部に泰時「祇候人」(即ち得宗被官)中の名射手を加えようという意見を主張した。これに対して、泰時は一度は難色を示したけれども、遂に衆議治定して横溝六郎・山内左衛門次郎等が選に入った。吾妻鏡はこの時の衆議を次の如く伝えている(同書仁治二・十一・廿七条)。

雖致彼家礼、為本御家人也、又勤公役之上、為堪能之族、依何憚可被除哉、

この記載はただに泰時辞退の理由が奈辺にあったかを知らしめるのみならず、得宗被官の性質を窺わしめる究竟な史料たるを失わない。即ち泰時は一に彼等が自己の被官であるという事実に立脚して、彼等を一般御家人に齢せしめることを憚ったのであり、これに対して他の意見者は、彼等と雖もともと「本御家人」と称せられる人々の一員であり(沙汰未練書「本秩者」条に、「縦近年申給安堵、雖令勤仕関東六波羅御公事、不帯将軍家本御下文者、紀明本秩之時者、皆以非御家人也」とあるを参照)、且つ御家人たる資格の一の外的標識というべき関東公事も負担している以上、これを他の御家人に列せしめて一向差支えないという形式論を主張したわけである。然らば得宗被官の一部は、本来御家人であった者が、得宗に身を入れて、その被官となり、その後も形式的には依然として御家人たる身分を保有していたといえよう。然し彼等の出自の如何に拘らず、また御家人たる外的標識の有無に拘らず、鎌倉殿に奉公を致そうという御家人意識が当時既に彼等になかったことは、泰時が彼等を以て御家人に非ずとした現実論の中に読みとることができる。実に彼等得宗被官と一般御家人とを根本的に分つところのものは、その本秩の如何ではなくして、己が奉公の対象が何人であるかという意識の差違に在ると思われる。得宗被官の政治的勢力は貞時代以後著しく増大したと考えられるのであるが、それは幕府政治の外的機構を変更することなく、即ち将軍及び一般御家人の政治的無力化において、実権を得宗一家に集中せしめんとする情勢の反映として理解せねばならぬ。何となれば、得宗一個の実権掌握及びその維持のためには、是非とも有力なる支持者が必要であり、この要求に応じて真の羽翼たりうる者は得宗被官の一団を措いて外になかったからである。御内人と外様との対立、その激化、これが必然的に将来された鎌

倉幕府後期政界の情勢であった。

このような情勢が単に幕府の政局に限られず、武家社会の諸部面にも見られたか否かはいま確言の限りではないが、或る程度の反映はあったのではあるまいか。確論は後考を期す。

註一　親玄僧正日記については、岩橋小弥太氏の紹介「親玄僧正と其の日記」(国史学第二号)がある。同日記の利用に当って多大の裨益を得た。

註二　当時の円覚寺は、時宗・貞時によって住持任命が行われ(仏光国師語録・一山国師行記、この点先輩玉村竹二学士の教示に負う)、貞時の命として寺内制規の制定があり(相州文書二十一、円覚寺亨)、得宗の家務執行機関「公文所」の禁制が掲げられている(円覚寺文書四)点より考えて、得宗の私的支配下に在ったと断ずる。

第二節　雑務沙汰機関(問注所・政所)

訴訟管轄権分配基準が訴訟当事者より訴訟対象に変ずる過程を、問注所・政所について克明に実証せんとすることは、引付におけるよりもなお一段と困難である。訴訟が所務・雑務・検断の三沙汰に分類された時、問注所・政所に与えられた管轄権は雑務沙汰のみに過ぎなかった。そして雑務沙汰の包含するところは土地以外の一般財産権訴訟、及び土地財産権移転事実を対象とする訴訟であって、その重要性は引付の管轄する所務沙汰に比すべくもない。雑務沙汰関係史料の極めて乏しいことの大半の理由は、雑務沙汰そのもののもつ意義の軽微さに由来する関係文書の散佚に帰せらるべきであろう。以下私は鎌倉時代末期の制度の一部分を断片的に記述しうるにすぎない。むしろ私の知りえた一、二の史料の紹介という方が適切かもしれない。

【問注所】　沙汰未練書「雑務沙汰」の条によれば、利銭・出挙等(三九ページ参照)の相論を雑務沙汰と称し、「関東御分国雑務事」は当問注所の管轄するところであった。但しここにいう関東御分国は少しく説明を要する。一般に関東御分国とは、鎌倉将軍が朝廷より賜わった特定の知行国を称するのであるが、ここではその意味ではない。何となれば、沙汰未練書は上掲雑務沙汰条の次に「六波羅雑務沙汰事」と題して、六波羅における雑務沙汰手続を略述している。そこには特に土地管轄に関する記述は見出されないけれど、雑務沙汰にのみ特殊な土地管轄規定が設けられたとは考えられず、所謂西国訴訟を管轄すること所務沙汰におけると一般であったと解すべく、然らばいま問注所の所管と記される「関東御分国雑務事」は、西国以外の雑務沙汰と解すべきであろうからである(第二章第一節註三参照)。関東と六波羅との土地管轄規定、即ち西国と東国との境界規定については第四章を参照されたい。但し鎌倉中雑務沙汰のみは、問注所所管外として政所において取扱われた。これについては次の政所の項で改めて述べよう。

さて問注所の雑務沙汰裁許状としては、左の下知状が私の知りえた唯一の例である(武沢文書)。

佐野安房弥太郎増綱申、下野国佐野庄中郷内、沽却田地五段名字坪付載于沽券事、

右田地者、鳥居戸五郎次郎法師法名性智、去正和□□(五年カ)二月廿一日、限五箇年沽却之間、買得之処、背沽券不及壱□(年カ)作、押領之由、増綱依訴申、(中略)雖下召符無音、(中略)者、性智難遁違背之咎、爰当郷為私領之条、前々沙汰訖、然則於彼田地者、任放券、以年紀五箇年、可令増綱領掌、次性智押領咎事、可被召過料之状、依仰下知如件、

元応元年五月廿三日

掃部允三善(花押)

兵庫允平

前信濃守三善朝臣(花押)

この文書が幕府の発給にかかることは、形式といい、文言といい、殆ど疑いの余地のないところであろう。よって

本文書発給機関の上首「前信濃守三善朝臣」を当時の幕府職員中に求めるならば、問注所執事太田時連が挙げられる(鎌倉年代記)。よってこの裁許状は問注所の発給と推すべく、裁許の対象たる「沽却田地五段事」はまさしく未練書に列挙された雑務沙汰諸項中の「沽却田畠」に当るというべきである。

なお訴訟機関としての問注所に訴訟受理の機能があったことを忘れてはならない。問注所に所務賦なる一部局があり、引付管轄の所務沙汰はここで受理せられ、所務賦所属の賦奉行がこれを特定引付に配賦する制であったことは前に述べた如くである(四四ページ参照)。恐らく問注所には、所務賦と相並んで、雑務沙汰受理機関が設けられ、ここで個々の訴訟を或る順序に従って特定奉行に配賦したことであろう。

また沙汰未練書「安堵事」条に「於沽却地安堵、於問注所有其沙汰」とあって、土地財産権売買確認の訴は問注所の管轄に属したことが知られる。沽却田畠が雑務沙汰所属の一項として問注所において取扱われたことはこれと密接な関係がある。恐らく問注所が沽却地安堵というような土地財産権移転の登記機関であり、関係券文を保存していたために、単に券文を調査することによって是非を判定しうるような訴訟(沽却田畠の類)は問注所の管轄とせられたのであろう。

【政所】　沙汰未練書によれば、「鎌倉中雑務事」は政所の管轄するところであった。幕府訴訟制度が、訴訟当事者の身分的差違に基礎をおいていた時代に、鎌倉中非御家人及び雑人の訴訟が、政所の所管に属したことは前に論述した如くである。然るに訴訟分類の基準が変って、訴訟が所務・雑務・検断の三沙汰に大別され、これに対応して諸訴訟機関間の管轄権が規定されるに及んで、政所は、土地管轄規定は旧の如く鎌倉に限られ、事物上は雑務沙汰に限定されてしまった。

政所の雑務沙汰裁許状と思われるものは左の一通にすぎない(新編追加七一条)。

石原左衛門五郎高家、与鎌倉住人慈心相論腹巻事、右訴陳之趣枝葉雖多、所詮以件腹巻、令入置無尽銭質物之処、慈心抑留之由、高家雖申之、一倍已後経訴訟之間、非沙汰之限矣者、依仰下知如件、

弘安二年十一月卅日

平　　　判

散位藤原朝臣判

沙　弥　判

この裁許状の形式が、当時完成の域に達しつつあった引付の管轄する所務沙汰の裁許状と異なることは改めていう迄もない。私は沙汰未練書に記された雑務沙汰機関問注所及び政所の成立を、この弘安年代に溯らせ、右裁許状の発給者を問注所・政所中の何れかであろうと推測する。然るに当時の問注所執事は勘解由判官太田康有であって(鎌倉年代記)、裁許状署判の上首「沙弥」に合わず、政所執事二階堂行綱入道(行願、鎌倉年代記)こそ沙弥と署するにふさわしいことを知る。この腹巻相論が政所所管となった所以は、恐らくそれが未練書にいう「鎌倉中雑務事」に属したからであろう。尤も、鎌倉中雑務沙汰管轄権が遅くも弘安二年以前に政所に与えられ、この制度は以後継続して幕府末期に及んだと見ることには一の障碍がある。それは弘安七年八月十七日の幕府法規(貞応弘安式目)に左の如くあるからである。

一　問注所中鎌倉住人利銭事

不可懸地主、以下部直可加催促、

これは恐らく、鎌倉住人利銭相論の際、訴論人催促を地主に命ず(即ち地主の責任とす)べきか否かという問注所の伺いに対して、議決した評定事書であろうが、この事書の前提として、問注所の、鎌倉住人利銭相論管轄が推定せられ、更に臆測すれば、利銭相論を包摂する雑務沙汰(鎌倉中)を管轄したのではあるまいか。斯く考えるならば鎌倉中雑務沙汰管轄権は弘安七年の前後において、一時政所より問注所に移されたことになる。或いはこれによって弘安当

時における訴訟対象による管轄権分配の徹底化を主張しうるかもしれない。今はしばらく一の試案として、後考に資するのみ。

然しながら政所の幕府政治組織上の地位を考えるとき、その本領は訴訟機関たるよりも寧ろ財政機関たる点に在った。この点については、「諸御領乃貢結解勘定事」が当所の管轄事項であり(吾妻鏡建久四・十・廿一条)、幕府財政運営の基礎帳簿たる諸国田文が当所に保管されていたこと(同上正治二・十二・廿八条)、を指摘する以外にくだくだしい説明を要しないであろう。尤も沙汰未練書(雑務沙汰者条)によれば「亦将軍家諸色御公事支配之事等、問注所政所在之」と記され、問注所もまた一の財政機関であったことが知られる。政所・問注所両者の財政機関としての管轄関係についてはいま明らかにし難いけれども、政所がいわば財政機関の本宗であったことは断言してほぼ誤りなしと信ずる。かく政所は幕府の主要財政機関であった関係上、財政関係訴訟もおのずから政所の所管とせられた。その実例として次の二箇の政所裁許状がある。

(一)　島津家文書之一、二〇〇号

大工宗仲、与嶋津下野三郎左衛門尉忠長代景光相論、御所造営用途事、

右訴陳之趣子細雖多、所詮(中略)者、(中略)宗仲之訴訟、旁非沙汰限之状、依仰下知如件、

永仁三年七月廿九日

前出羽守藤原朝臣　(花押)

散位藤原朝臣　(花押)

右近将監藤原　(花押)

(二)　結城文書(伊勢)一

陸奥介景綱代円阿、与那須肥前左衛門太郎高頼代敬念相論、陸奥国八幡庄召米以下公事間事、

右当庄者、景綱祖父景衡之所領也、高頼為女子跡令相伝蒲生村畢、而致公事相論之間、有其沙汰之処、去年正月廿八日両方出和与状畢、如状者、(中略)云々者、早守彼状、相互可致沙汰之状、依仰下知如件、

正安二年十二月廿日

右近将監藤原(花押)

散位藤原朝臣(花押)

前出羽守藤原朝臣(花押)

右の二通は、文書の形式、差出書全く相同じく、同一訴訟機関の手に成ることは一見明瞭である。而して(一)の末段に宗仲訴訟棄却の理由を述べて、「弘安四年之成敗難改替」とあるは、正応三年発布にかかる幕府の所謂不易法(一一五ページ参照)、

自康元元年、至弘安七年御成敗事、

右於自今以後者、不及改沙汰歟、

によったものであるから、この訴訟機関が幕府のそれであることも亦疑いない。然らばこの機関は一体何であるか。ここに連署した三名のうち上首前出羽守藤原朝臣は、その官途・花押ともに東寺百合文書(ホ一至廿)に収められた永仁三年七月二十九日寄進状の署判「前出羽守行藤(花押)」に符合して、二階堂行藤なることが確かめられる。行藤は当時政所執事の職にあり(鎌倉年代記)、以て上掲裁許状が幕府政所の発給にかかることが立証せられる。

第三節　検断沙汰機関(侍所付守護)

鎌倉幕府末期の訴訟制度において、訴訟は訴訟対象の性質を基準として、所務・雑務・検断の三沙汰に分類され、

それら三沙汰はまた管轄機関と訴訟手続とを異にしていた。そのうち第三の検断沙汰とは、前にも述べた如く、

謀叛　夜討　強盗　窃盗　山賊　海賊　殺害　刃傷　放火　打擲　蹂躙　大袋　昼強盗　路次狼藉　追落　女捕

苅田　苅畠以下事

に関する訴訟(沙汰未練書)、即ち一般に言われる如く刑事訴訟と概言すべきものであった。この刑事訴訟の管轄機関が即ち侍所である。私は本節において、侍所がかくの如き刑事訴訟機関として成立する過程について、更にこの機関の構成及び機能について考察を加えたいと思う。

そもそも鎌倉幕府の侍所は、治承四年十一月十七日頼朝が和田義盛を以て侍所別当(長官)に補した時に始まる(吾妻鏡同日条)。即ち侍所は新興鎌倉幕府が最初に設置した政治機関であった。侍所の活動をその後の史料に徴すれば、鎌倉殿出陣上洛のため、御家人が召集された時、その著到を司り(同上治承四・十二・十二、文治元・十・廿四、同五・六・廿七等条)、軍陣の軍目付に任じ(同上文治元・四・廿一条)、随兵供奉のことを奉行する(同上建久元・九・十五、同六・二・十条)等である。即ち一言以てすれば、御家人の統制を以て根本職務としたといいうるであろう。このことはやや降って建保六年七月二十二日侍所の別当以下最高職員五名を任命し、侍所の管轄事項を左の三種に分かって、それぞれの専掌者を定めたことに一層明瞭に示される(同上其条)。

一、可奉行御家人等

二、可申沙汰御出已下御所中雑事

三、可催促御家人供奉所役以下事

侍所はこの根本的職務の外に、なお少なくとも鎌倉中の保安警察、中世の用語に所謂検断の事にも執掌したのである。恐らくそれは御家人の統制監督に付随して、その非違の糺弾、決罰の事が委ねられ、鎌倉殿供奉を奉行する事より、警察事務にも与ることとなったのに由来するものであろう。侍所の検断権行使の徴証としては、諸人の捕縛せる

盗犯を受け取り(同上元久元・十一・十七条)、また自ら犯人追捕の事に当り(同上建久二・十一・十四条)、謀叛人の余党を鞠問し(同上正治二・二・二条)、犯人の科刑を執行し(同上養和元・七・廿一、建久二・十二・六、同三・二・廿四条)、御家人の騒擾を鎮圧し(同上承元二・七・十九条)、狼藉人の罪違を糺断する(同上建暦二・六・七条)等の事実があげられる(ちなみに鎌倉市中警察事務の一部が政所に管轄せられていたことについては第二章第一節に述べた(二五ページ参照)。然しながらこれらの事実から侍所の刑事訴訟指揮主体としての機能を見出すことはできない。たとえそれらは刑事訴訟手続における準備手続、付帯手続と目すべきものであっても、被害者の加害者に対する科刑請求という刑事訴訟上の本質的要素を、その中から把握することはできない。のみならず我々は、幕府の初期において、刑事訴訟事件が侍所の所管に属しなかった明証を示すことができる。建久四年曾我兄弟復讐の直後、八田知家によって提起された多気義幹「企反逆」との訴訟を審理し、知家・義幹対決の事を奉行した者は三善善信・藤原俊兼等であった(吾妻鏡建久四・六・廿二条)。而してこの善信は当時の問注所執事であり、俊兼が同じくその補助員であるから(同上元暦元・十・廿条)、この訴訟は問注所の管轄に属したものと断言してよい。更に降って寛元二年(引付設置五年前に当る)市村景家なる者が千田入道蓮性を以て「人勾引」なりとなしたことから、蓮性が景家を対手どって訴えを起こし、審理評定の結果、恐らくは事実無根であったのであろう、景家は敗訴して科罪せられたという事件がある(新編追加一二五条)。これもまた刑事訴訟事件とよぶにふさわしいものであって(同上宝治二・六・五条)、もし当時侍所が刑事訴訟機関であったならば、この事案も当然侍所で取扱われたであろう。然るにこの事案担当の奉行として伝えられる平内左衛門尉・鎌田三郎入道の二人が、侍所職員であることを証する積極的史料を見出しえないのみならず、前者は吾妻鏡正嘉二年八月十七日条・同年九月二日条に見える公人平内左衛門尉俊職と同一人であるらしく、然りとすれば、政所か問注所の職員ではあるまいかと思われる節がある(建治三年記八月廿九日、九月四日条)。要するに少なくとも幕府創設より寛元年間に至る迄、侍所は検断機関ではあっても、刑事訴訟機関ではなかった。この間に在って、問注所・政所両者間及び続いて設置された引付を合した三機関相互の訴訟管轄を規定した原則が、訴訟対象の性質ではなくして、訴訟当事者の種類であったことよりすれば、当時の訴訟制度は未だ訴訟を刑事と民事とに類別する段階に到達していなかったと考えられる。そして犯人の捜索・検挙・糺問・断罪等は、訴訟とは切り離して、「検断」事項として観念せられたのであろう。侍所が検断事項を管轄しながらも、刑事訴訟機関に発展しえなかった所以はまさしくそこに在りと考えられる。

然るに寛元より約六十年を経た正安元年十二月廿七日鹿島社権禰宜則朝と同大禰宜実則との所務相論裁許の関東下知状(鹿島大禰宜家文書)の一節に、

則朝令夜討実則否事、於侍所有其沙汰之上、不及引付勘録、

と見えて、当該所務相論と一具に提起した夜討実否の相論を分離して、現在侍所において訴訟進行中なりと言明している事実に照らせば、当時侍所が刑事訴訟機関であったことは顕然疑いなしといえる。ただ侍所の機能、特に刑事訴訟機関としての侍所のそれを窺いうるような史料は、右の一例を外にしては見出し難い状態である故、軽々の立言は許されないであろうが、幕府訴訟制度発達の過程において、所務沙汰機関「引付」の完成が弘安の前後であったと考えられること(四九ページ参照)、また六波羅における刑事訴訟機関「検断方」の独立が、この正安の後約十年の間であるらしいこと(一三六ページ参照)を併せ考えるならば、侍所が刑事訴訟機関となったのは比較的遅いのではないかと想像される。少なくとも訴訟管轄権分配上、訴訟当事者の性質を基準とした寛元建長代でないことは疑いあるまい。然しながら私は、現在この程度の漠然たる推定に留まらねばならない。更に立ち入った年代の限定は後考に譲りたいと思う。

次に侍所の刑事訴訟管轄権を考察せねばならぬ。一層明瞭に言えば、幕府訴訟制度において刑事訴訟を管轄する機関は侍所の外になかったかどうか、もしありとすれば、それと侍所との間の管轄関係如何という問題が考察の対象と

なる。然るに前述の如く、侍所に関する史料の極めて乏しい事情は、この問題の究明を著しく困難にする。勢い史料は他の方面に求めねばならぬ。そもそも侍所の根本的職務が、御家人の統率に在ったことは前に述べたところであるが、この点において、侍所と密接なる関係あるを思わしむる者は守護である。けだし守護の職権事項は謀叛・殺害人ならびに大番役催促、即ち所謂大犯三ケ条として規定されたのであるが、この大番役催促とは実は平時における管国御家人の統率を意味するものであり、かつて私が「光明寺残篇小考」(史学雑誌五十二ノ十、のち『鎌倉幕府守護制度の研究』に収録)において行った推考にして誤りなくんば、戦時状態の発生と同時に守護はそのまま管国御家人に将たるべき制規であった。守護はいわば平時戦時に亙る管国御家人の指揮統率者であった。ここに侍所との職権上の類似が見られる。否そればかりではない。前記大犯三ケ条中、大番催促を除く謀叛・殺害人(付夜討・強盗・山賊・海賊)(御成敗式目第三条)の追捕は、侍所の検断事項として本節冒頭に掲記したところの最主要部分と一致し、また当代後期ではあるが、守護が刑事訴訟の提起を受け、一部準備手続に与った例があり(本節九四ページ参照)、かかる点からも守護・侍所間の関係の愈〻密なることが推測される。よって私は先ず侍所と守護との一般的関係を考え、次に守護検断権の実質を明らめ、而る後に侍所・守護両者の検断権行使上の相互関係に及ぼう。侍所の刑事訴訟管轄権の問題も、恐らくこの方面より解明のいとぐちが見出されるであろう。

【侍所と守護との一般的関係】　新編追加一八三条に曰く、

一　鷹狩事、

度々厳制之処、普違犯之由有其聞、令露顕之輩者、可被召所領也、且不謂敵対之有無、地頭御家人相互就差申之、可有其沙汰、次供祭鷹事、雖為神領、社司之外固可停止之、(中略)次売買在所事、同前、且厳密可相触諸国守護人之旨、可被仰沙汰侍所、次鎌倉中繋鷹事、可停止之由同前、

この法令には発布年代の記載がない。いま新編追加の中より、発布年代を明記した二箇条の鷹狩禁止令、即ち一五

九条(寛元三年)、一六一条(文永三年)を求めて、比較検討するに、一六一条は一五九条に比して法条詳細である。およそ同一趣旨の禁令を重ねる場合、条文詳細となり罰則厳格に赴くは自然の傾向である。この傾向を前提として前掲一八三条を他の両条に対比すれば、違犯規定や除外例を設けることにおいて、一八三条が一六一条よりもさらに一段詳細であることは直ちに看取され、殊に地頭御家人相互間の告発を許可する等、禁制の厳重さにおいて、他とは比較にならぬといえよう。よって私は本条を一六一条(文永三年)の後に置く、而して新編追加所収の法令中、年代明記ある分の下限は乾元二年(一二二条)であり、紀年なくして他の史料によって補いうる分と雖も嘉元を下らず(三三八条)、本一八三条も恐らく文永以後乾元嘉元以前と推定してよい。さて当禁令において、我々の最も注目すべきは「且厳密」云々以下私が傍点を付した一節である。禁令布告の順序を説明したこの施行細則に、「この旨を侍所をして諸国守護人に通告せしめよ」とあるは、守護・侍所両者の関係を最も簡潔に示すものである。即ち両者は上下の関係に在る。この関係は時代を降ってもなお依然として変らない。正和四年正月廿七日関東事書(幕府法令)に曰く、(註一)

諸国悪党人事、於強窃二盗付、於路次奪取往反族所持物、押令乞取人物事、者、雖為風聞之説、以起請文可差申之由、相触地頭御家人、可注進之旨、可下知守護人之由、可被仰侍所、

また年代は不明であるが、諸国及び鎌倉中の勾引人・人売断罪の規定において、諸国の分は守護地頭に処断を命じ、鎌倉中の分は火印刑に処することとして、これを侍所・政所に布達している事実も、(註二)政所が鎌倉中非御家人凡下専掌機関である以上(第二章参照)、侍所をもって守護地頭を指揮統轄する機関なりとする見解の根拠となしうべく、また初代の別当和田義盛が、伊勢の守護所に夜討乱入の報告を(恐らく同国守護方より)受けて、これを幕府に披露していることや、(註三)早く武家名目抄が、吾妻鏡建暦二年二月十九日の条、

京都大番懈緩国々事、就被尋聞召之、今日有其沙汰、於向後者、一箇月無故令不参者、三箇月可勤加之由、被仰諸国守護等、義盛義村盛時奉行之、

を、侍所司の項に掲げ、恐らくは和田義盛の侍別当たることを論拠として、「按梶原景時伏誅の後三浦義村平盛時等義盛の佐職となりて侍所の事務を沙汰せしと見ゆ」云々と推定したこと(同書巻一職名部十上)等もここに援用しえよう。(註四)要するに幕府の政治組織においては、諸国地頭御家人は各国守護に統轄され、諸国守護は侍所の統轄下に置かれる。また鎌倉在住の地頭御家人は、恐らく鎌倉内での行動に限り、侍所の直接指揮下に入ったのではあるまいか。上掲新編追加一八三条鷹狩禁令の対象を諸国ならびに鎌倉中地頭御家人と解し、末尾の一節を「鎌倉中繋鷹事、可停止之由同(可被仰沙汰侍所)」と解して、敢てこの臆説を提出する。

一体鎌倉幕府存立の人的及び経済的基礎が御家人に在ったとすることには何人も異論ないであろうが、その御家人統轄の中枢が侍所であったとすれば、侍所の幕府組織の上に占める地位は極めて枢要なりというべく、執権北条氏が別当和田義盛を斃して自らこれに代り、爾来永くこの職を執権の家に伝えたことが如何に重大なる意義を含んでいたか、蓋し思い半ばに過ぐるものがある。なお侍所を中核とする守護制度、御家人制度に関しては、論ずべき問題少なしとしないけれども、ここでは侍所・守護両者の関係を規定することが目的である故、一応論述を以上にとどめる。

【守護の検断権】 上述の如く幕府職制上の一般的関係において、侍所の直接支配系統下にあった守護は、如何なる内容の検断権を与えられたであろうか。守護の検断権は大犯三箇条(その場合大番催促を除外して考える)の語を以て言い表わされるから、この問題も「守護が大犯三箇条を沙汰すとは一体如何なる意味であるか」と言い換えられる。

この問題について最近体系的に論証せられたものに、屢々引用する石井先生の「鎌倉時代の裁制管轄」(一三ページ註二参照)がある。先生は公家・本所及び武家(即ち幕府)裁判所間の裁判権の限界を不動産訴訟と刑事訴訟の二に分って論ぜられ、その後者においてこの問題を取り上げられた。先生によれば、いわゆる大犯三箇条とは、鎌倉時代守護の沙汰すべきものと定められた三箇の事項をいい、これに関する最古の史料は吾妻鏡正治元年十二月廿九日条小山朝政の播磨守護職補任の記事であって、朝政の沙汰すべきことは謀叛・殺害人及び大番催促であり、後にこれを大犯三箇条と呼んだ。但し正治の当時この三つが守護の職掌として一般的に定められていたか否かは疑問の余地あり。然しその後これを一般的職掌としたらしいとして、建仁より寛喜に至る豊富な史料を挙示せられる。更に貞永元年御成敗式目の制定に及んで、上記三ケ条の外になお夜討・強盗・山賊・海賊の数条が加えられたことを述べられ、大犯三箇条なる言葉は恐らく式目制定以後、世に行われるに至ったものであろうと推論せられる（以上取意）。更に先生は論を進められて、愈〻「守護が大犯三箇条（以下大番催促を除外した検断事項の意味に用いる。佐藤註）を沙汰す」とは一体如何なる意味であるかという根本的問題を究明せられる。その結論はこうである。「通常ならば、武士は公家領は勿論、本所領と雖も、守護警備の為には入部し得ぬのに、謀叛殺害人以下の大犯を追捕する場合に限り、守護（従って又守護使）は之に入部し得る事、こゝに守護の大犯三箇条制度の骨髄が存するのである」と。ここに私はおおけなくも師説を批判すべき順序となった。

そもそも先生が右の結論を導き出された主要論拠は、次の弘安五年東大寺衆徒等申状であった（東大寺文書第三回採訪十二）（先生の引用されたのは申状の一部分であるが、いま行論の便宜上全文を引く）。

東□□(大寺)衆徒等、誠惶誠恐謹言、

請忝蒙天裁、因准先例、任注進交名、不日可召取由、被仰下武家、当寺領伊賀国黒田庄住人清定康直以下輩、山賊・夜罰(討、下同)・強盗・放火・殺害等悪行露顕上、敵対本所、切塞路次、引逆木、構城墎上、於狼藉重畳罪科難遁子細状、

□(副カ)進

一通　院宣案、先直可被触訴武家由被載之、

一通　政康賦状案、

一通　六波羅家状案、当国中悪党人、可召取由事、

一通　当国守護代状案、
一通　六波羅家状案、当寺領当国玉滝庄強盗人事、
一通　悪党人交名注文、
右謹検案内、諸国山賊以下夜罸強盗等之大犯者、皆是武家成敗之限也、随而如弘安三年二月三日六波羅家状者、可召取国中悪党云々、全無被除本所一円地之所見、平均可有沙汰之条無子細歟、爰当庄住人之内注進交名人等、或大和国八峯山、并伊賀国黒田坂山賊、当国霧生之夜罸、黒田簗瀬両庄内放火殺害等之大犯重畳之間、依粟田口大納言家、并当国御家人武藤四郎友光等之訴訟、当時於武家沙汰之最中也、則自当寺任守護代状、雖可有其沙汰、直之問答無先例之上、依可為向後之疵、任先規経奏聞之処、先直可触訴武家之由就被仰下、付訴状於政康了、仍検断奉行令披露衆中之日、云寺領、云所犯輩、非武家被管者、不可口入云々、就之検先例、雖為本所一円之地、本所之沙汰難治之時、武家直可召取之由、被下院宣者、承前不易之例也、今度被成下院宣者不可及子細之由、奉行人返答云々、仍忩欲被成下院宣、当時則擬塞此沙汰、敵対本所、切塞路次、引逆木、構城槨、打止一庄年貢以下細々公事畢、凡所行之企弥招罪科者歟、於本所之沙汰者難及之条、仰高察、望請天裁、任申請被仰下者、匪啻令断絶寺領一庄之悪行、兼国中悪党削名字者歟、仍不堪鬱訴、衆徒等誠惶誠恐謹言、

弘安五年十月　日　東大寺衆徒等上（端裏書略す）

石井先生は右の傍点部分を引用せられて、これを守護の職掌を示したものと解しうるとして、「守護は山賊以下の大犯に就ては本所一円之地たりと雖も、入部して之を追捕し得たのである」と論ぜられる。しかして前に引用した先生の結論はまさにこの立言より当然に導き出されたものであった。然らばこの立言は正しいであろうか。六波羅状にいう「可召取国中悪党」とは「本所一円之地を除かず、入部して召取るべし」の意味であろうか。果して然らば、いま所領内悪党の横行に困却し、「於本所之沙汰者難及」と歎じて、守護の入部追捕を要求する論拠として六波羅状を

援用したはずの東大寺衆徒が、「先例なき上に、不名誉を将来に貽す事とならうから」との理由で、守護との直接交渉を避けているのは些か変ではないか。一体この申状は国中悪党追捕の院宣を武家に下されんことを請うた朝廷あてのものであるが、同一事件につき、恐らくこれと同時に、六波羅あてとして作製された今一通の申状がある（東大寺文書第一回採訪二）。

　東大寺衆徒等申、

　　欲早任傍例、就本所放状、不日被召取注進交名人等、寺領伊賀国黒田庄住人清定康直以下族、山賊・夜罸（討、下同）・強盗・放火・殺害等悪行露顕間、加沙汰処、為敵対本所、切塞路次、構城郭、蜂起嗷々無謂子細事、

副進

一通　院宣案 直可触訴申武家由被載之、

一通　備後民部大夫賦状案 可被申沙汰由載之、

一通　六波羅殿御教書案 当国中悪党人事、可召取由被載之、

一通　当国守護代状案

一通　六波羅殿御教書案 当寺花厳宗領当国玉滝庄強盗人、召具可上洛由、被仰守護代畢、

一通　悪党人交名注文

件悪党人等、或八峯山、南都以南 幷黒田坂山賊、当国霧生夜罸、黒田簗瀬両庄内放火等、併彼交名人等之所行也、仍依粟田口大納言家幷当国御家人武藤四郎友光等之訴訟、当時則於武家御沙汰之最中也、都本所為初、在々所々人之歎進退谷之間、訴申之処、云所領内、云悪党人、非武家所摂、為本所一円之上者、不可有御沙汰之由、自引付之中被仰出之旨、奉行人相原民部八郎申之、不及御沙汰之条、就是非、就傍例、未存得之間、重欲申達満寺群訴之趣、所詮国中悪党人等事、可有御沙汰之条、弘安三年二月三日御教書分明也、就之随聞及可搦渡之由、守護代

之状又以明鏡也、然者当庄内悪党人等事、尤雖可相触守護方、於当国寺領者、不寄付守護方沙汰之条、為先例之間、寺家直之問答可為向後之疵、仍所痛存也、依之、経奏聞自公家欲被仰下之処、先直可触訴武家之由、被仰下畢、子細見院宣、然間任傍例、以備後民部大夫訴申之処、可被申沙汰之由、去九月一日賦状分明也、如状者、可有御沙汰之条無不審歟、而不及御沙汰、不成賜御教書之条、弥悪党放光之源、無術之次第也、日来大犯難遁之上、為令敵対本所、切塞路次、構城郭、蜂起嗷々好合戦之企、悪行之至、自非武家御沙汰者争可鎮之哉、且雖為本所一円之地、於悪党事者、就本所放状有御沙汰之条、傍例惟多之内、当寺花厳宗領当国玉滝庄強盗人事、云領内、云強盗人、雖為本所進止、就放状及御沙汰畢、今当庄之沙汰以同前歟、訴訟之趣不背傍例者、早可申沙汰之由、欲被仰含検断奉行中、仍不堪鬱訴、満寺衆徒等粗言上如件、

弘安五年十月　日　　　　　　　東大寺衆徒等

彼此の申状を比較対照すれば、両者が同一事件に関して、一は公家に、他は武家に提出すべき意図を以て作製せられたものであることはおのずから明らかである。而して両者の間に記事の精粗、表現方法の相違の存することは、各〻その提出先を異にする当然の結果である。従って両者相い補って事実を詳密に、文意を明確にしている箇所が少なくないのであり、いま問題とする六波羅状の如き、まさしくその一である。なるほど弘安三年二月三日の六波羅御教書は、伊賀守護所に同国国中悪党人を「可召取由」を命じた。然しこの「召取」の語は必ずしも「入部追捕」を意味しない。六波羅の意を奉じて、本所一円地たる黒田庄庄家へ通告し来った伊賀守護代の状に「随聞及可搦渡」とあるのが何よりの証拠である。もし更に立ち入った推測が許されるならば、守護代は六波羅より、国中悪党人追捕の命を受けて、本所一円地に対しては現に見る黒田庄の場合の如く、悪党の追捕、引渡を当該庄家に要求し、然らざる地に対しては、或いは追捕引渡を地頭に命じ、或いは自ら追捕の事に当る等、当時の錯綜を極めた土地領有関係に相応ずる種々の処置を採ったことであろう(なお新編追加二三九条参照)。ここに我々の知りえたところを要約すれば次の如

くなろう。六波羅御教書にいう「召取」は当然に守護方の入部を予定するものではない。先生の御見解とは反対に、本所一円地においては、如何なる犯人と雖も守護は自ら入部してこれを追捕しえず、ただ特に重大なる犯罪として規定せられた大犯三箇条に限って、犯人の引渡を本所に要求しうるに過ぎないと。東大寺衆徒が本所一円地たる伊賀国内寺領は「不寄付守護方沙汰之条、為先例之間、寺家直之問答可為向後之疵」として、守護方との直接交渉を故らに避けた理由もここに明らかとなる。所詮守護が大犯三箇条を沙汰するの権は、公家本所領に対する入部権に非ずして、所定犯罪人の処分権を以てその核心とすると解すべきである。なお一言つけ加えるならば武家(幕府方)の本所一円地入部は、本所が放状、石井先生の所謂不入特権放棄状を武家に提出し、武家より検断方或は守護に下命することによって合法的に行われる。

【検断権行使上及び刑事訴訟管轄上における侍所と守護との関係】　守護検断権の実質については前段に述べ終った。然らば幕府の中枢機関の一として検断の事に任じた侍所は、検断権行使上この守護と如何なる関係に立つであろうか。先ず地域的に考えて、守護が各管国内検断権を有したのに対して、侍所は鎌倉中の検断を事としたであろうことは容易に想像される。然し両者は検断権行使の対象の上に何等かの区別がなかったであろうか。前に考察した如く当代後期に及び、侍所は刑事訴訟裁判権を与えられた。また守護も或る程度の刑事訴訟手続に関与した実例があり(次ページ参照)、やはり一の刑事訴訟裁判権を有していたことが推測せられる。然らば侍所・守護間の検断権行使上の諸関係を考定することは、両者間の刑事訴訟管轄関係を推定すべき絶好の鍵鑰となるであろう。一歩進めて言えば、両者間の検断権行使上の関係を考定しうる史料は、直ちにまた訴訟管轄関係を推定するに役立つであろう。

そもそも侍所・守護各〻の検断の対象に何等かの差違ありとすれば、それは両者の一般的関係たる上下統属関係に照応するものでなければならぬ。そこに考えられるものは対象たる事実(犯罪)の軽重か、対象たる人(犯人)の身分的差違かである。然しながら守護自身最も重大なる犯罪と考えられる大犯三箇条の検断権を掌握している以上、侍所が更に重大な犯罪を検断したとは考え難い。然らば両者の検断すべき犯人に何等かの差別があったであろうか。私はこの疑問を解決しうるような適確な史料を知らない。然し幸いにも六波羅検断方関係史料の中に、間接的ながら問題解決の手掛りを見出すことができる。けだし六波羅自体が西国方面の幕府政治代行機関であり、そこに設けられた検断方は六波羅検断事務に鞅掌し、当代末期には刑事訴訟をも管轄することとなり、宛然鎌倉の侍所に比すべき機能を有したのである。されば検断権行使上及び刑事訴訟管轄上の検断方・守護両者の関係は、移して以て侍所・守護間の関係となしうるのではあるまいか。

永仁元年十一月六波羅に提出した近衛家領丹波宮田庄雑掌円全の訴訟(案)(近衛家領丹波宮田庄訴訟文書)に次のような記事がある。去る建治二年十二月十二日宮田庄に隣接する同国大山庄の地頭中沢基員兄弟は、多勢を率いて宮田庄木乃部村に乱入し、古木を伐り取った。のみならずこれを知って事情を糺明すべく現地に出張した同村代官西善主従を殺害してしまった。即ち(恐らく庄家より)事情を守護方に訴えたところ、守護代は使者をして宮田庄官を伴い、大山庄に下向して、訴論人相互の問答を行わしめた。結果基員は遂に下手人を出すべきことを承伏した。然るに宮田庄官はこれに抗論して云く「基員兄弟直令殺害之上者、何可出他下手人」と。ここに至って守護代使者は(急に態度を変じて)「此事為大訴、為承実否也、無左右不可請取下手人、罪過之段者、可為上裁歟」と称して帰ってしまったと。ここに我々の最も注目すべきは、地頭自身の犯罪に対しては、所謂大犯の随一に数えられる殺害に対してすら、守護方は犯人の追捕・処罰を行いえず、単に犯罪事実の調査をなすに過ぎないこと、而して追捕・処罰は一に上裁(本訴状後段の文意によれば、上裁とは六波羅裁断を指すと解すべし)に仰ぐべしとなしていること、これである。また正応五年五月六日高野山年預が紀伊守護所にあてた書状に(高野山文書之五、又続宝簡集九五四号)、

(上略)彼等狼藉経日不絶之条、且有御見知事候歟、況為一寺之鬱訴、申入子細於武家候、(中略)所詮彼等之謀陳、無阿容之儀、急速被注進、於非御家人者、又任白状之旨、不日被召取候者、且息国中之煩、且相叶冥之知見候哉、

（下略）

この文書は遺憾ながら前欠であって事件の詳細を知りえないのであるが、いま年預が守護方に提出した二箇の要求、

一、「彼等」謀陳の実状を六波羅に報告すべき事、

一、非御家人（いわゆる「彼等」の与党と目すべき）を追捕すべき事、

を比較するならば、いわゆる「彼等」が御家人階級の者であろうことはほぼ想像される。然りとすれば、上記宮田庄雑掌訴状より考えたところと相俟って、守護の検断権は地頭御家人に及びえず、非御家人・凡下に限られたという推論が生まれる。弘安年間の発布と考えられる幕府事書、守護人幷御使可存知条々中に（新編追加二三五・二三六条）、

一　夜討・強盗・山賊・海賊・殺害罪科事、

於御家人者、召進其身於六波羅、可令注進所領、至非御家人凡下輩者、随所犯軽重、可有罪科浅深也、両人相議、可令計沙汰之、

一　悪党由有其聞輩事、

（中略）於御家人者、可令召進六波羅、至非御家人凡下輩者、同可令計沙汰、

と規定されたことも、守護をして御家人犯罪者を六波羅に送致せしむる点において上掲諸例とやや趣きを異にし、本令の特殊法令たるを思わしめるけれど、守護の専断を非御家人及び凡下の犯科に局限する点は上例と符合し、守護検断権の限界についての私見を裏書するというべきである。また正安の頃、伊賀国の一地頭が同国内簗瀬郷住人の打擲刃傷以下の悪行に対して、先ず疵実検を守護方に請い、而る後犯人の追捕処断を六波羅に出訴した事例に（註五）考えて、守護はただに地頭御家人犯罪者を検断しえないのみならず、地頭御家人を訴人とする刑事訴訟をも受理しえなかったと推測される。以上を要約すれば、守護検断の対象は非御家人・凡下に限られて、地頭御家人に及ばず、地頭御家人の検断は六波羅検断方の司るところであった。而して刑事訴訟管轄の上にも恐らく同様な関係が存在し、守護は非御家

人・凡下を当事者とする刑事訴訟を、検断方は地頭御家人を当事者とする刑事訴訟を管轄した。而してこの関係はそのまま移して侍所・守護間の関係となしうるのではあるまいか。

なお、幕府は屢〻悪党禁遏の必要に迫られて、その処断を守護に一任せず、犯人を鎌倉に送致せしめている。かかる場合、鎌倉において犯人の処断に当った者が侍所であろうことは想像に難くない。また守護の裁判困難な事案も恐らく侍所へ移送され、そこで裁判されたことであろう。幕府刑事訴訟制度において、民事訴訟同様に判決不服の訴が許されたか否かは全く不明であるが、もし許されたとすれば、守護判決不服の訴を管轄する所は侍所(及び六波羅検断方)であったであろう。然らば侍所は守護に対して上級審であったことになる。

【侍所の構成】 屢〻引用する沙汰未練書によれば、刑事訴訟機関としての侍所を構成する職員は、頭人と奉行人とである。そして、頭人は「守殿御代官御内人」を以てこれに任じ、奉行人はこれに対して「将軍家奉公地頭御家人」階級たる外様の人々であった。中田薫博士は頭人を以て「疑モナク侍所所司ヲ指スモノ」なりとせられた(註六)。即ち頭人は侍所の長官たる別当の次に位する所司(次官)に当るとの謂である。然しこの断定には少しく論証が必要であると思われる。何となれば右未練書には、頭人は同書作製当時の執権兼侍別当相模守高時の代官であり、身分的には、彼の被官人即ち所謂御内人に属する者であると説かれており(付説二、六六ページ参照)、侍所職制上の別当との関係が、幕府初代の別当和田義盛・所司梶原景時間に見られた関係と同一であるとは考え難いからである。そもそも和田義盛・梶原景時は共に頼朝創業の功臣であり、且つ有数の大名であり、彼等の任とする別当・所司はまさしく長官次官というにふさわしいものであった。然るに建保元年和田義盛の一党滅亡するや、別当の職は北条義時に移り、同六年には義時の子泰時がこれに任ぜられた(吾妻鏡)。爾後この職は執権北条氏の独占するところとなったと考えられる(吾妻鏡康元元・十一・廿二条)。然しこのこと、即ち執権という激職に在る者が当所の別当を兼ねるということは一体何を意味するであろうか。勿論彼は事実上侍所の事務に鞅掌しえなかったであろうし、さればとてそれが単なる名目上の兼職たるに留まるならば、北条氏が和田一党を殪して、自ら別当に任じ御家人統轄権を掌中に収めえたことの重大意義は全く没却されるわけである。そこに北条氏が自己の腹心をして侍所の実権を掌握せしめる制が考えられたであろう。侍所において別当につぐ職員は所司であるが（尤も吾妻鏡建保六年七月廿二日条等によれば、正確には侍所には数名の高級職員あって、これを所司と称し、その中最高位の一名を特に別当と称したというべきであるが）、和田氏一党族滅計画の進行過程、いわば侍別当獲得の過程において、早くも義時は己れの被官金窪行親・安東忠家（付説二、七〇ページ参照）を以て、当時の所司と考えられる二階堂行村(註七)に副たらしめて、謀叛人鞫問の事等に当らしめており（吾妻鏡建保元・二・十五、同・三・九条）、和田氏滅亡して義時別当となるや、直ちに行親を侍所司に任じた（同上建保元・五・六条）。降って建保六年泰時別当補任の際の五名の所司の中には行親の名は見出せないけれども、その後もなお彼が侍所の高級職員であったことは安貞・寛喜にかけて謀叛人拷問の事を奉行し、盗人警防の事を司っていることより容易に察せられる（吾妻鏡脱漏安貞元・三・九条、吾妻鏡寛喜二・五・五条）。或いは所司に還任したのかもしれない。然るに更に降って正嘉年間の侍所司と伝えられる平三郎左衛門尉盛時（同上正嘉二・三・一条）は、諸証の示すところ前執権時頼の被官であって（付説二、六八ページ）、時の執権兼侍別当長時の被官ではない。これ前年康元元年時頼が執権及び侍別当の職を長時に譲りながら、侍所の実権を握る所司の職は、依然として己れの被官をして保有せしめたと解すべく、かかる事例は今後も執権の地位と幕府政治の実権の所在とが一致せざる場合常に見られたことであろう。実権は時代を降れば降る程、北条氏宗家たる得宗に集中保持せられた故、かかる事態も末期ほど頻繁且つ長期間に亘って発生したことであろう。幕府倒壊の僅か五年前元徳元年の頃、六波羅よりの犯人拷問の白状が得宗被官の随一と目すべき長崎高資に注進せられており(註八)、元弘三年千劒破城攻撃に向った幕府軍勢の河内道・大和道・紀伊手三道の軍奉行（軍奉行の侍所高級職員なるべきこと八三ページ参照）がそれぞれ長崎高貞・工藤高景・安東入道円光と、何れも得宗被官の錚々であったこと（楠木合戦注文）も、かく考えて初めて納得されるであろう。要するに得宗被官の侍所司常任という事実は、御家人の統轄権という幕府政権の掌握と切り離し難い重要権限を、執権の地位を去って後もなお把持せんとする要求、即ち得宗の政権独占の欲望を満たすべく生れた現象である。このことはまた一方において、当時侍所の実権が別当(執権)の手を離れて所司に移っていたことを語る。さればこそ所司はかかる侍所の事実上の最高権力者として、殊には刑事訴訟機関の事実上の長官として、引付方・越訴方等の長官になぞらえて「頭人」とよばれたのである。以上の考察を経て後、初めて我々は確実に、頭人は「疑モナク侍所所司ヲ指スモノ」なりと断定することができる。かの沙汰未練書に、侍所頭人は「守殿御代官御内人」を以て任ずるとあるは、たまたま本書作製当時の執権が当代の得宗相模守高時であり、従って当時の侍所司には彼の被官(御内人)が任ぜられていた状態を直叙したものである、即ち当時はたまたま幕府政治の実権掌握者(得宗)自身が執権の地位に在ったために、侍所の別当と所司(頭人)とは主君被官の関係に在りえたわけである。もしこのような年代的条件を無視して、この記事を制度一般の叙述と解して、そこから直ちに所司は別当の被官を以て任ずる(従って執権交迭ごとに所司も替補される)という推論を導くならば、それは謬見たるを免れないであろう。

次に頭人指揮の下に、訴訟審理を担当する奉行人について考察しよう。彼等が御内人たる頭人に対して、外様であったということは如何なる意味であろうか。一体侍所が創設当初より刑事訴訟を管轄したのではなく、遥か降って建長以後、正安以前に、いわば鎌倉幕府中期より後期にかけて漸く該管轄権を付与されるに至ったであろうとは前に推論したところである。侍所がかく一箇独立の訴訟機関となった際、そこに繋属する幾多の訴訟を審理し、種々の文案を作製し、判決前のあらゆる準備手続を進行せしめる奉行人が直ちに必要となるわけであるが、従来の侍所にこのような要求に応えうる職員があったとは考え難い。恐らく従来の訴訟機関引付・問注所・政所等の奉行人、いわば訴訟事務に練達した文筆技術者の中より選補されたことであろう。但しこのことは従前の訴訟機関所属奉行人の一部を画然分離して、恒常的に侍所に専属せしめたという意味ではない。本来の所属をそのままとして、個々の事案審理に際し、或いは全般的に侍所奉行人を兼任することも考えうるからである。吾人はかかる過渡的な現象の一例を越訴方(後述)において見出すことができる。然しながら訴訟制度の発展は遂に過渡的現象の存続を許さない。そこに侍所専属常置の奉行人、即ち刑事訴訟専任の奉行人が出現する。以上の発展段階の年代考定は拠るべき史料乏しく、積極的推論を下しえないけれども、少なくとも弘安末年に至る迄、侍所専属の刑事訴訟奉行人の存しなかったことは左の法令より推測される(貞応弘安式目)。

一　引付衆幷奉行人事、弘安七八三

右引付衆殊専清潔、可励参仕、奉行人為廉直致忠勤者、尤可被賞翫、挿奸心現私曲者、永不可召仕、仍云引付衆忠否、云奉行人曲直、頭人不憚人、不存緩怠、連々可注申也、引付外奉行人事、政所、問注所執事、同可申沙汰矣、

この事書は主として執法の吏たる引付奉行人に、廉直以て事に当り、苟くも私曲を存すべからざるを令したものであるが、「引付外奉行人事」云々は、この法令の効力を引付奉行人同様、訴訟審理を任とする諸奉行人に及ばしめんとして付加した一の付帯条項と解すべく、然らばここにそれら奉行人を監督し、忠否勤怠を上申すべき者として、政所・問注所の両執事を挙げていることは、当時引付外の奉行人(訴訟審理職員)は政所・問注所の何れかに属していたことの証左となしうる。他面よりいえば、当時の侍所が刑事訴訟機関として既に成立していたか否かは確言しえないけれども、たとえ成立していたとしても、そこには専属の奉行人(訴訟審理職員)はなかったであろうということが、右の法令より推定しうるのである。

なお侍所には、刑事訴訟の準備手続、付帯手続ともいうべき犯罪者の捜索・捕縛・糺問・刑執行等に当る職員があったはずである。而してこれらの事柄は創設以来の侍所の職掌に属した検断の事項と事実上相等しいものであり、従ってこれが担当職員も、在来の検断の吏に外ならなかったであろう。而してこれら検断職員の性格は根本的には侍所

の主要任務たる御家人統制の事に当る職員と異なるところなかったであろうから、前に引用した千劒破攻めの軍奉行三名（そのうち一人は侍所頭人なるべきも）の身分を以て、検断職員の身分と考えうるであろう。

以上を要約していえば、侍所は初期以来ただに別当職のみならず、所司以下の職員も得宗被官によって独占され来ったのであるが、後期に入って、当所に刑事訴訟管轄権が分与せられるに及び、訴訟審理の奉行人を、従来の訴訟機関所属員の中より選補することとなったのであろう。これ即ち未練書に「奉行人ハ外様人ナリ」と記された所以であって、このことはまた偶々侍所の刑事訴訟管轄権獲得が比較的新しい時代に属することを暗示すると考えられるのである。

【訴訟手続】　侍所における刑事訴訟手続に関しては、拠るべき史料は皆無に近く、僅かに沙汰未練書「検断沙汰」条により大綱を窺いうるのみである。これによれば、訴状は侍所において直接これを受理し、そこで銘を加えて（加銘の意味、第一節註三参照）奉行人の許に賦《くば》る。その後の手続は「引付同」とある。この同じというのが如何なる程度に同じであるのか明らかではないが、問状・召文を発して三問三答に番えさせ、対決を行うという審理手続に限定して解すべきではあるまいか。何となれば、次掲侍所裁許状は、その形式所務沙汰裁許状と全く異なって、執権・連署の加判なく、この点より、侍所管轄の訴訟は、執権連署評定衆等の合議に上されることなく、侍所において判決手続が終了したと推定されるからである。

侍所管轄訴訟の裁許状（判決文）として、私は僅か左の一例を知るのみである（小早川家文書之一、九七号）。

　小早河太郎左衛門入道仏心、与小早河□□（一正）丸代頼弁相論、鎌倉番役事、

右番者、小早河次郎左衛門尉季平跡所役也、仏□（心）依為嫡流、雖相触庶子一正、無沙汰之間、所経入公用也、仍可糺返之由、仏心訴申之処、（中略）之旨、一正所陳申也、如仏心重申状者、（中略）云々、爰嫡庶西国居住之条勿論、然者警固役輩被免番役之事、無異儀之間、仏心不可勤仕矣、次所経入之公用、一正可弁之由、仏心雖申之、（中

略)非沙汰限之状、下知如件、

正安元年六月七日

中務丞藤原（花押）

左衛門尉金刺（花押）

左衛門尉藤原（花押）

この裁許状を、侍所管轄訴訟のそれと認める理由は左の如くである。御家人所役の事が初期侍所の主要職掌事項であったことは、前に一言したところであるが、この制規は御家人統制という侍所の根本的任務の具体的表現と解すべきである故、根本的任務にして変化なき限り、この制規もまた長く生命を保ったことであろう。殊に当代末期元応年間、侍所が鎌倉番役の事を司った明証がある故、(註九)正安代の制も推知するに難くない。鎌倉番役の事が侍所の所管であったとすれば、これに関する相論もまた同所の管轄に属したと推定される。更に消極的論拠ではあるが、この裁許状は連署の官途より考えて、当時の侍所以外の訴訟機関(引付・政所・問注所)管轄訴訟の裁許状に擬し難いことが挙げられる。以上の推論にして誤りなくんば、この裁許状は侍所の発給にかかると認むべく、左衛門尉藤原(花押)と署判した人こそ当時の侍所頭人であろう(他の二名はその下位の職員なるべし)。勿論この裁許状に取扱われた訴訟は鎌倉番役相論であって、我々の問題とする刑事訴訟ではないけれども、これを以て侍所管轄訴訟の裁許状を代表せしめ、刑事訴訟の裁許状もこれと同形式であろうと推定して恐らく誤りないであろう。

註一　近衛家文書七所収(尾欠、推定正和五年)丹波宮田庄預所重訴状案に左の如く見える。

近衛殿御領丹波国宮田□□□□□□□

欲急速被断罪、為同国大山庄地頭(中略)重科不可廻踵事、

副進

二通　関東御教書同御事書、

諸国悪党人以起請文可差申由、可被相触地頭御家人等事、

正和四年正月廿七日

二通(中略)

右(中略)如去年正月廿七日関東御教書同御事書者、諸国悪党人事、於強窃二盗付、於路次奪取往反族所持物、押令乞諸人物事、者、雖為風聞之説、以起請文可差申之由、相触地頭御家人、可注進之旨、可下知守護人之由、可被仰侍所云々、就之(下略、但尾欠)

この本文中に去年正月廿七日関東御教書同御事書と見えるものが、副進文書目録の正和四年正月廿七日関東御教書同御事書に当ることは明瞭である。而して副進文書目録はこれを二通と計上している。即ち御教書、御事書各一通の意味であろう。然らばこの関東御教書と御事書とは如何なる関係に立つのであろうか。ここに引用せられた「諸国悪党人事」以下「可被仰侍所」に至る注文は、関東御教書の一部なのか、それとも事書の文章であるのか。もし前者ならば、この御教書が六波羅あてである以上、末尾の侍所は六波羅の一機関と考えられるであろう。この疑問を解決するためには、先ず当時幕府の法令通達方式を明らかにする必要がある。ここに正和を溯ること約二十年、大体鎌倉時代後期の六波羅あて法令通達方式を代表すると認むべき史料がある。永仁五年制定の徳政令を六波羅に通達した時の史料がそれであって、全文左の如くである(東寺百合文書京一至十五、なお三浦周行博士『法制史の研究』所収「徳政の研究」七七四ページ参照)。

(端書)「自関東被送六波羅御事書法」

一 可停止越訴事、

右越訴之道逐年加増、棄置之輩多疲濫訴、得理之仁猶叵安堵、諸人侘傺職而此由、自今以後可停止之、但逢評議而未断事者、本奉行人可執申之、次本所領家訴訟者、難准御家人、仍云以前棄置之越訴、云向後成敗之条々事、於一箇度者、可有其沙汰矣、

一 質券売買地事

右以所領、或入流質券売買之条、御家人等侘傺之基也、於向後者可従停止、至以前沽却之分者、本主可令領掌、但或成給御下文下知状、知行過廿箇年者、不論公私之領、今更不可有相違、若背制符致濫妨之輩者、可被処罪科矣、

次非御家人凡下輩、質券買得地事、雖過年記売主可知行、

一　利銭出挙事、
右甲乙之輩、要用之時、不顧煩費、依令負累、富有之仁専其利潤、窮困之族弥及侘傺歟、自今以後不及成敗、縦帯下知状、不弁償之由、雖有訴申事、非沙汰之限矣、次入質物於庫倉事不能禁制、

(端書)「関東御教書、御使山城大学允 同八月十五日京著、」
越訴幷質券売買地、利銭出挙事、々書一通遣之、守此旨可被致沙汰之状、依仰執達如件、
永仁五年七月廿二日
陸奥守 在御判 宣時
相模守 在御判 貞時
上野前司殿 宗宣
相模右近大夫将監殿 宗方

右の例によれば、一つの法令を幕府が六波羅に通達するには二通の文書を作製する。一は法文そのもの(事書)であり、他は六波羅あて関東御教書である。後者はいわば法令施行命令書であって、かくかくの事に関する法令を一通送付する故これを施行すべしと言うに止まり、法令の内容を全く説明しない。これに対して前者即ち法文は、幕府において評議制定した法令原文のままであって、六波羅に施行せしめるために特に文章を変改した形跡はない。また新編追加(例三四三条)その他に見える事書には、まま評定の日付(即ち制定日付)が註記されているが、ここにはそのような註記がないところより見ると、或る法令を本部(鎌倉)より送付してこれを施行せしむるにすぎない支局(六波羅)に対しては、その法令の制定日が何日であるかは原則的に知らせる必要がないとせられたためであろう。

然らば我々の問題とする正和四年の法令「諸国悪党人事」は、如何なる形で六波羅に通達されたであろうか。前掲副進文書目録に「二通関東御教書同御事書」とあるのは、永仁徳政令の例が、六波羅あて関東御教書一通・事書一通、都合二通であるのに符合する。ここに私は正和の場合の通達様式も永仁の事例そのままであって、それが大体鎌倉時代後期の一般的通達様式であったと考えたい。即ち法令の内容は御教書に付して送られる一通の事書(幕府制定そのままの法令原文)につくされ、御教書はただ「これを送付する故施行すべし」という意味の文言のみであったであろう。従って我々の疑問とした「諸国悪党人事

(中略)可被仰侍所」は御教書の一部ではなく事書の文章である。即ち幕府制定の法令原文であり、六波羅に施行させるための文章の変改は全くないと断ずるのである。かくて末尾の侍所は関東の侍所と解すべきであり、これによって幕府侍所の職掌、特にそれと守護との関係が明確に把握されることとなる。それにしてもなお多少の疑問がのこる。この法令(事書)の引用者は何故、「如去年正月廿七日関東御教書、同御事書者」云々という、一見したところでは、その次の引用文が御教書・事書二者中何れの文章であるかを疑わしめるような曖昧な表現法をとったのであろうか。私はこれを六波羅に送付された事書そのものに、制定発布その他これを特定するに足る日付がなかったからであると解する。一般に特定の法令を指称する場合「某々年月日発布の法令」という表現法が最も普通であろうが、いま六波羅送付の法令の場合には、事書には何等制定発布の日付が記されていない。依って便宜この法令に付して送られた関東御教書(法令施行命令書)の日付を借り来って、「去年正月廿七日関東御教書、同御事書」と称したのであろう。即ちそれは厳密にいえば、「去年正月廿七日付の施行命令書(関東御教書)を付して、六波羅に送達せられた法令(事書)」という意味に解すべきであろう。

註二　新編追加一二七条。条文解釈につき第二章二五ページ以下参照。

註三　吾妻鏡建仁三年十二月廿五日条。大日本史料は和田義盛自身を伊勢守護と解して綱文をなしている(第四編之八、四二ページ)。この見解の成立しえないことは、吾妻鏡文治元年十月廿三日条と、元久元年三月三日条とを挙げて、山内首藤経俊が文治より元久にわたって当国守護職を知行していたことを言えば足りる。

註四　新編追加二一八条

一　侍所京都大番役事、

雖未役国未役人、有其沙汰、可被結延年限、

に於ける事書の部分は、このまま読み下しては文意を把捉しえない。恐らくこれも前に一二七条の事書に対して考えた如く(二五ページ参照)、もとは、

一　侍所 京都大番役事

とあったものであろう。即ち侍所の二字はこの法令取扱機関たることを示す肩註であったと考えられる。然らば守護の大番催促をここに結びつけて、守護と侍所の関係についての私見を支持するものとなしうるであろう。

註五　村井本東大寺古文書 坤

伊賀国六箇山下三郷地頭俣野八郎入道寂一代子息中務丞安倍家景謹言上、

同国名張郡内簗瀬郷住人右馬允不知実名幷覚栄覚賢蓮信以下輩、率多勢於当山内奈垣比奈知両郷、或濫妨山畠則苅取作毛、或伐取山木、剰致打擲刃傷上者、早被触申本所南都東南院召上狼藉張行交名人等、欲被行彼輩於罪科事、

副進(中略)

件条(中略)悪行人等無是非令打擲刃傷彼等之条、希代珍事絶常篇所行也、既及死悶之間、守護方加検見畢、無比類悪行也、然者則早急速召上交名人等、一々為被行罪科、粗言上如件、

正安元年九月日

この訴状が六波羅あてのものであろうことは、訴人が伊賀の地頭なること、「本所東南院に通告して(触申)、狼藉張行人を京都に召致して(召上)、断罪せられたい」と要求していることによって疑いないと思う。

註六　法学協会雑誌三十ノ十「鎌倉室町両幕府ノ官制ニ就テ」八〇ページ(のち『法制史論集』第三巻に収録)参照。

註七　行村が当時の侍所司であろうことは、彼が将軍家御出の事を奉行し(吾妻鏡建暦元・十・十九条)、謀叛人党与の身柄を受取っている(同上建保元・二・十五条、同三・九条)ことから充分推定される。

註八　金沢文庫所蔵古文書、「嘉曆四」年三月十三日金沢貞顕の子息貞将(六波羅南方)あてと推すべき書状に、

宗正与党拷問白状等注進、今日付長崎新左衛門尉之由(下略)

とあり、長崎新左衛門尉の実名及び身分は門葉記六八、嘉暦元年三月六日「(高時)執事長崎新左衛門尉高資」(大正新修大蔵経、図像部十一、五九二ページ)によって明示される。

註九　守矢文書一所収元応元年七月十二日関東下知状(「白河十郎有忠申信濃国竹淵郷地頭(泰経・家経)等不寄□□(合諏)方上宮御射山頭役由事」を裁許せるもの)の一節に、

如泰経・家経所捧侍所之申状者、為白河十郎頭本為諏方上宮今年七月御射山御頭寄子之上者、可被免当年鎌倉番役云々者、

と見えるによる。

第四節　過誤救済機関〔越訴方〕

鎌倉時代の後期、所務沙汰手続が発達の頂点に達した時代には、判決の過誤救済の手続として覆勘・越訴の制あり、訴訟手続の過誤救済の手続として庭中の制があった。即ち訴人よりいえば、前者は一度与えられた判決に誤りありとなして、これが不服申立をなすのであり、後者は裁判手続に違法ありとして、その訂正を要求するわけである。但し「覆勘」の制はさして大なる意義を有しなかったと思われる。また庭中制度の発達も、幕府訴訟制の発展を卜する一の標識として究明すべき問題ではあるが、未だ満足すべき結論に到達しない。よってそれらはしばらく後考に譲り、ここでは越訴制度のみを考察してみたい（覆勘庭中の手続については、石井良助先生『中世武家不動産訴訟法の研究』二八二・二九〇ページ参照）。

御成敗式目編纂当時既に越訴が行われていたことは、石井先生の説かれた如くであるが、その当時の越訴手続、越訴機関等の、いわば越訴に関する制度的内容は一切明らかではない。越訴機関の初見は関東評定伝文永元年の条の左の記載である。

越後守平実時　三番引付頭　六月十六日為二番頭　十月廿五日為越訴奉行

秋田城介藤原泰盛　六月十六日為三番引付頭　十月廿五日為越訴奉行

この両人は文永元年同時に引付頭に兼ねて越訴奉行に任ぜられたのであって、或いは武家名目抄の言う如く、これが即ち越訴奉行新設の記事であるかもしれない（同書二十四職名部十二下）。この後或る時期に幕府が「実時・泰盛奉行の時代に却下された越訴は今後絶対受付けず」（註一）という規定を発して、この両人の越訴奉行在職期間に特殊の意義を与えていることは、上記の推測に対する一の傍証となろう。鎌倉年代記は関東評定伝にいう越訴奉行を越訴頭と記しており、或いはこれを、「越訴奉行は引付頭人のこれを兼任することが多かったから、又これを「越訴頭」とも称した」[註二]と解することもできよう。それよりも寧ろ我々の注意すべきは、この越訴奉行(越訴頭)の下に、彼の指揮を受けて越訴の審理に当る多くの下級奉行人があり、彼等も亦その限りにおいて越訴奉行であったことである。この後の意味の越訴奉行の存在を論証し、彼等と前の意味での越訴奉行(越訴頭)との関係を究明することは、即ち越訴機関の構成を明らかにすることとなり、機関運用の事情もその間におのずから語られるであろう。以下用語の混乱を防ぐために、前の意味の越訴奉行(越訴頭)を越訴頭と定めて論を進める。

　沙汰未練書「越訴沙汰事」条によって、越訴手続を記述すれば次の如くなろう(なお『中世武家不動産訴訟法の研究』二八三―二九〇ページ参照)。或る裁許に誤謬ありとして越訴を提起する場合には、先ずその裁許について未だ覆勘沙汰(誤謬ありとの申立を本引付に対して行い、これに応じて再審理する手続)に及ばざるものでなければならぬ。越訴は越訴状を以て越訴頭に対して提起する。越訴頭は内容を検討して一応の理由ありと認むる場合は、これを内談の席(石井先生は寄合会議と解せらる。従うべきである)に披露し、先の落居事書(判決草案)と越訴状とを勘合し、先下知(原判決)に顕然たる不当があれば、「被下御教書、重所被経沙汰」であった。石井先生はこの引文を「御教書を下して重ねて沙汰を経しめる。恐らく他の一方引付に移送するのであらう」と解せられ、更につづけて「先沙汰に此の如き不当の点なしと認めた時は越訴は之を却下する。之によって考へると、越訴裁判所は自ら裁判するものではなくして、所謂破毀裁判所であったのである」と論ぜられた(同上二八四ページ)。果してかくの如しとすれば、越訴頭は判決に誤謬ありと認めて或る引付へ移送せる越訴に対しては、越訴頭たる地位においてはその後全く無関係となるはずである。先生は「被下御教書」を以て「引付へ移送する」ことと解せられたけれど、私はこの御教書を当該越訴担当の奉行人選定の御教書と解する。[註三]詳言すれば、越訴頭の下には越訴審理のための奉行人を常置せず、その時々に応じて引付奉行の一人或いは二人を選定して、越訴頭の指揮下に属して該越訴を審理せしめたと解するのである。要するに私見の先生の高説と異なるところは、越訴は終始越訴機関に繫属し、これより離脱することなし、従って越訴機関は「破毀裁判所」に非ずして、自ら審理する権能を有するという点に在る。ただ、越訴の審理事務担当者が事実上引付奉行と同じ者であるという点において見解は一致するけれども、それとても先生の場合の奉行は、引付頭人指揮の下に引付奉行として審理するのであり、私の場合のそれは、越訴頭指揮の下に越訴奉行たる資格において事に当るのである。然らば何を以てかく言うか。曰く、

(甲) 越訴頭が越訴審理手続の進行を指揮した事実が存し、

(乙) 越訴頭の下に審理事務を担当する奉行が、本来引付奉行であって、一時越訴奉行に任命せられたことを推定すべき根拠が存するからである。

徳治二年五月日常陸大椽平経幹申状に左の記事がある(金沢文庫古文書第一輯一七号)。

(上略)時幹(于時長寿)為末子之身、奉掠上、称預御下知、以外祖父工藤次郎左衛門入道理覚権威、一円管領之間、御前庭中刻、去正応年中為嶋田民部大夫行兼(今者出家)奉行、申立于越訴、為但馬外記大夫政有当奉行相論最中也、陸奥守(宗宣)殿越訴御頭前後両度之間、時幹依無其理、令遁避問答、違背及度々畢、駿河守(宗方)殿、□□□殿御頭之時子細同(前)□□

(下欠)

この記事によって、正応年中初めて越訴繫属の際、島田行兼がその奉行となったこと、徳治の現在、該越訴は但馬外記大夫政有の奉行として手続進行中であることが知られる。而してこの越訴が正応徳治の間に少なくとも陸奥守殿(宗宣)、駿河守殿(宗方)、□□□殿三名の手に、四回もしくはそれ以上かかったこともまた疑いない。然らばこの越訴は正応以来四回もしくはそれ以上毎回新規に提起せられ、かつ繫属したと見るべきであろうか。恐らくそうではあるまい。越訴の提起は正応年中ただ一回のみ、爾来繫属して未断のまま徳治の今日に及んだと見る方が、史料解釈上遥かに自然であろう。殊に訴人の言うが如く論人時幹に権勢大なる援護者があったとすれば、愈〻以てこの越訴は落

居容易ならざるものがあったであろう。然りとすれば奉行人に関する記事は、正応年中初めて繋属の際の奉行が行兼であり、その後奉行が変更せられて現在では政有の奉行であると解すべきである。かく推定して改めて「陸奥守殿」云々以下を見よ。越訴頭が訴論人の問答を指揮し、従って越訴審理手続の進行を司ったことは顕然疑うべくもないではないか。もしも先生の言われる如く、越訴頭は越訴の受理及び取捨披露を専掌し、従って理由ありと認められて一方引付に移送された後の越訴とは全く無関係となったとすれば、問答の如き当然引付の座において行われたであろう手続を叙するに当って、引付頭人の名を掲げずして、全然無関係なるべき越訴頭の、而も四回の問答遁避のその時々の越訴頭の名を挙げる必要が何処に存しようか。以上によって先ず前掲二箇の論拠の(甲)は論証せられた。

次に然らば彼の奉行人行兼・政有とは如何なる地位権限を有する者であろうか。既に越訴頭が越訴手続進行の指揮者である以上、越訴審理に当ったと考うべき行兼・政有等奉行人が越訴頭の下に属して、その指揮を仰いだであろうことは一応推定して誤りあるまい。然るに一方島田行兼は同じ正応年代、三番引付奉行であった事が新編追加一三五条に見え、(註四)また但馬外記大夫政有は正安元・嘉元三・文保二・元応元・元亨元・同二年の諸期において引付奉行として活躍しており、この紀年を連続せしめて政有の引付奉行在任期間を正安以前より元亨以後に亘るとなして恐らく誤りあるまい。六波羅引付奉行斎藤帯刀兵衛尉某が、少なくとも正応二以来嘉元三まで十六年余の長きに亘ってその職に在り(高野山文書之八、又続宝簡集一九五五号)、関東引付奉行人斎藤九郎兵衛尉基連活動の跡が正安元(市河文書二正安二・三・三関東下知状)、嘉暦二(相州文書十八鶴岡坤嘉暦三・八・十二関東下知状)、元弘二(金沢文庫古文書第一輯一四七号)の諸期に、同じく関東引付奉行人清能定のそれが文保二(別符文書元応元・七・十二関東下知状)、元応二(東京帝大文学部所蔵長福寺文書元応二・十二・廿三和与状裏封)、正中二(島津家文書之一、五五〇号)、元徳元(金沢文庫古文書第一輯九五号)の諸期に辿りうる事実が右の推測を支持する。然らば則ち正応及び徳治の当時、それぞれ越訴頭の下に越訴審理を担当した行兼・政有は同時にまた引付奉行でもあったわけであり、ここに前掲(乙)の推論は有力なる根拠を得たと言わねばならぬ。進んで私はこれに決定的根拠を与えよう。永仁五年三月著名なる徳政令が発布され、これと同時に越訴の制もひとたび廃止となったのであるが、同年九月二十九日の評定は、

逢懸越訴事、為奉行人出仕引付、可沙汰之、

と決定した(鎌倉年代記)。この追加立法が越訴制の廃止に関連して、当時繋属中の越訴を如何に処理すべきかを規定したものであることは一見して明らかであるが、ここに「為奉行人」と記す以上、この逢懸越訴は再審理の要ありと認め、その担当奉行を治定した後のものでなければならぬ。もしもかくの如き越訴は引付に移送せられるの制であったとすれば、奉行人の決定は勿論、その後の審理手続は全く引付において執行せられ、越訴制の置廃とは全く相関するところなきはずであり、従って逢懸越訴の如きも何等問題とならぬはずである。即ちこの立法は同年三月迄越訴頭が置かれていた事実と相俟って、越訴頭・越訴奉行を以て構成せられる越訴機関の存在を物語るものである。然しながらこの法令において一層重要なるは「出仕引付」の一句である。これこそまさに越訴奉行本来の性質を明示し、以て(乙)の推論を決定的ならしむる所以である。けだしこの法令は「引付奉行中より選定せられて、一時越訴頭に属して越訴審理中であった越訴奉行は、越訴制の廃止と共に当然越訴頭より離脱して、本来所属の引付に帰属したわけであるが、先に越訴頭の下において進行中であった越訴(即ち逢懸越訴)の審理は、改めて本引付において続行すべし」と釈すべきであるからである。

かくして越訴頭及び越訴奉行によって審理せられた結果は更に評定沙汰に上程され、爾後一般所務沙汰と同様の手続を以て越訴終結に至る。判決は執権連署の加判に成る関東下知状であって、「その文面に越訴に就て判決すると云ふ意味の記載のある外」、一般所務沙汰の判決と形式上異なるところはない(『中世武家不動産訴訟法の研究』二八五ページ)。即ち沙汰未練書に「次第之沙汰之躰、引付同前」と記される所以である。

以上の縷述を以て私は、越訴頭自身越訴の審理を董督し、たとえ常置ではないにせよ、多くの越訴奉行を自らの指

揮下に置いて、審理事務に当らしむるの制規を推定し、越訴方が単なる破毀裁判所に非ずして一箇の審理機関である所以を明らかにした。本来の引付奉行を便宜他の訴訟機関に転属せしめて、特定訴訟の審理に当らしめた実例は、大綱において鎌倉幕府の訴訟制度を継受したと考えられる足利幕府初期の訴訟制度関係史料の中に見出すことができる。即ち永和元年卯月日東寺雑掌頼憲申状案に(東寺百合文書ゑ廿七上至三十二止)、

所詮於引付御沙汰者、雖被仰何ケ度、難事行之上者、被下彼奉行於仁政方、被経厳密御沙汰、停止師景(論人)押妨、被沙汰付庄家於雑掌(上下略)

とあるものこれである。けだし永和三年十二月廿一日足利義満裁許状に(内閣記録課所蔵朽木古文書甲二号一)、

寺家捧陳状之間、有其沙汰之処、既先□(度カ)被裁許畢、尤可為越訴歟、雖然未被定置之間、於仁政方糺決之(上下略、楓軒文書纂十三所収写を以て校す)

と裁判所側の処置を述べておることによって知られる如く、この当時には越訴方の施設なく、仁政方が便宜これに代る役割を果していたのである。故に前記東寺雑掌の申状案に、引付手続の渋滞に困惑して、それ迄事に当った奉行を仁政方に転属せしめて、事案を改めて仁政方繋属となしたいと請うていることは、所謂先代鎌倉幕府の越訴制度における越訴方(その長官が越訴頭)と奉行との関係を髣髴せしめるものと考えられる。

越訴方の構成内容が以上の如くであるとすれば、「越訴頭」なる職名の由来も改めて吟味する必要がある。越訴頭が多く引付頭人の兼職であったことは事実であろう。然しその故に「越訴奉行」は一に越訴頭とも称せられたと解するのは如何であろうか。越訴方なる一箇の特殊訴訟機関の長として、奉行人の審理手続を指揮董督するところに、越訴頭が当然「頭」「頭人」と称せらるべき理由があるではないか。

【越訴制と上訴制】　既述の如く越訴は判決の過誤救済手続と称しうるのであり、従って越訴提起人は原判決に不服を申し立てるわけである。この点において現行民事訴訟法上判決不服の当事者を対象とする上訴制度との対比が考え

られるであろう。而してこの上訴制度が裁判所間の階級の存在、従って審級制の存在を前提とすることを理解するならば、越訴制と上訴制との対比は、幕府訴訟制度における審級制有無の問題を解決する一の手掛りを与えうると思われる。以下この方面より越訴制の意義を考察しよう。

上述の如く、越訴頭及び越訴奉行審理の結果は評定沙汰に上程され、評定沙汰で評議決定の結果初めて正式の判決下付となるのであるから、越訴手続は結局一般所務沙汰手続における引付方関与の部分に、越訴方関与の部分を入れ換えたにすぎないといえる。即ち越訴に終局の判決を与えるものは、その越訴の対象たる原判決(原所務沙汰の判決)を与えた評定沙汰そのものに外ならず(時の経過によって評定沙汰の構成員に多少の変動は見られるかもしれないけれども、それは本質的な問題ではない)、ここに越訴の本質は、同一裁判所による原判決の反覆審理以上のものに非ずと結論される。換言すれば当代越訴の制は、原審裁判所の判決に対する不服申立を、これと全然別箇の上級審裁判所に対して行い、これに対して当該上級審裁判所が原判決に少しも羈束されるところなく、判決を下す現行の上訴制とは全く性質を異にする。故に当代には上訴制存在せずというべきである。ただ、原判決に対する不服申立を許し、而もその申立が然るべき理由なくして却下されることのないように、越訴頭の員数及び任命に意を用いたことは甚だ注目すべきところであって、同一事項を反覆審判せしめて適正なる解決を得しめんとする上訴制度の根本目的と相通ずるものありというべく、又この限りにおいてのみ越訴制を上訴制と対比して考察することが許されるのである。このことは次の越訴提出期限の考察において一層明瞭になろう。

【越訴提出期限】 現行の民事訴訟制度においては、原判決(但し最上級審判決を除く)後、一定期間の徒過と共に、当然に上訴権は消滅し、判決取消の可能性は失われる(民事訴訟法三六六・三九六条)。即ち判決には不可取消性が生ずる。この不可取消性は判決の判断内容の規準性――実体的確定力(また既判力ともいう)に対して形式的確定力と称せられる。けだしこれによって法律生活の安定を図らんとするものである。然らばかかる効力はわが幕府訴訟制上如何なる形を以て表現せられたであろうか。この問題は越訴の提出期間を究明することによって解決される。何となれば、越訴提出の許される期間内においてのみ原判決を覆えす可能性が存するからである。然らばその越訴提起の時間的限界は如何。石井先生は、これを判決交付後三年とせられた。そしてその論拠は一に左の室町時代中期、恐らく義政将軍時代の製作といわれる書札礼の書「紛注集」越訴分限事の条であった。

仮令、当年被遂糺明、落居之処、或以違背之趣、御裁許之論所之事、馳過年序、至三ケ年、被棄置輩申旨、被聞食入之儀、古今之通法也、

古今通法とあるによって鎌倉時代後期の法制を推定しうるという先生の論法にはしばらく従うとしても、この文面より、判決交付後三年間越訴が許されるという解釈を導き出せるであろうか。「馳過年序」とは何を意味するのであろうか。同じ室町時代——文亀年間の史料に、やはり越訴提起の限界を物語ると思われる左の如き主張がある(東寺百合文書ヲ十四至十九所収文亀三年十一月日東寺雑掌三答状案)。

於前代御裁許之子細、経年序擬申乱者非其科哉、且者為式条之御法者歟(上下略)

ここに前将軍時代(また当然それ以前)の裁許は覆えし(申乱)えないと主張し、且つその主張の権威性を式条之御法(御成敗式目第七条をさす)に求めていることは、その主張が室町幕府法規に基づいていると否とに論なく、少なくとも、三ケ年という極めて短期間を以て越訴提起が画されたという制規の存在を疑わしめるものである。私は上掲紛注集の記事解釈において、「馳過年序」に特殊の意味を認める。即ちこれを不知行年紀の徒過と解する。けだしここで問題となっている越訴は、双方の主張・実情を充分糺明のうえ是非を判定した所務相論、或いは召文問状違背その他訴訟手続に違法の点あって、相手方の一方的主張によって判決を与えられた所務相論の敗訴人に対して許される越訴である。従って敗訴人は原判決に従う限り論所に対して不知行となるわけであり、原判決は不知行年紀算定の起点となる。かく考えて、当時の不知行年紀制の厳存を顧みるとき、「馳過年序」が二十ケ年という不知行年紀の経過を意

味することは殆ど疑いを容れない。普通ならばこの年序馳過によって、当然不知行年紀制は効力を発揮し、不知行人は知行回復の可能性を失うはずであるが、敗訴による不知行人にのみ特に、更に三年の猶予期間を与えるというのがこの越訴分限の真意であろう。即ち私は越訴提起の期限は判決交付後二十三年以内であったと解する。この制規が、不知行年紀という当代社会生活を律する基本的法規に根拠を置き、それに三年という特定期間を加えたものであることは頗る注目に値する。然しながらそれはあくまでも室町中期を中心とした制規であり、その所謂「古今」が何時まで溯りうるかは更に検討の必要がある。この点の考覈はしばらく措いて、私はいま問題とする鎌倉幕府訴訟制上の越訴提起の期限を他の方面に求める。曰く不易法これである。沙汰未練書は不易法を次の如く説明する。

一不易法トハ　就是非不及改御沙汰事也、
武蔵前司入道(泰時)・故最明寺殿(時頼)・法光寺殿(時宗)三代以上御成敗事也、

然るに石井先生は判決の形式的確定力取得を前に紹介した如く判決交付後三年とせられ、この不易法が、実質的確定力に代る役目をなしたと論ぜられる。実質的確定力とは確定判決の判断内容の拘束力をいう。具体的にいえば或る判決の同じ事項が爾後の訴訟に問題となった場合、当事者は前判決に反する主張をなしえず、裁判所もこれと牴触する判決を下しえないという拘束力の謂であり、また既判力とも称せられる。次に私は先生の高説を批判しつつ、不易法に対する私見を述べたい。先ず幕府の発した不易法を年代順に列挙すれば左の如くである。(註五)

(一)　御成敗式目巻首

於先々成敗者、不論理非、不及改沙汰

第七条「右大将家以後、代々将軍并二位殿御時、所充給所領等、依本主訴訟、被改補否事」の第二項に、

次代々御成敗畢後、擬申乱事、依無其理、被棄置之輩、歴歳月之後、企訴訟之条、存知之旨罪科不軽、自今以後、不顧代々成敗、猥致面々濫訴者、須以不実之子細、被書載所帯之証文

（二）　正嘉二年十二月十日

自嘉禄元年至仁治三年（泰時執権時代）御成敗事

右於自今以後者、准三代将軍幷二位家御成敗、不及改沙汰焉（御成敗式目追加、多田院文書、鎌倉年代記）

（三）　文永八年八月十日

自寛元々年至康元々年（経時・時頼執権時代）御成敗事

右於自今以後者、准三代将軍幷二位家御成敗、不及改沙汰（御成敗式目追加、鎌倉年代記）

（四）　正応三年九月廿九日

自康元元年至弘安七年（長時・政村・時宗執権時代）御成敗事

右於自今以後者、不及改沙汰歟（御成敗式目追加・新式目）

右に見る如く、不易法の法文はその表現上、某々年代御成敗の事は今後「不レ及二改沙汰一」という形式をとっている。先生は、不易法を「名将軍名執権時代の成敗は、その理由の如何を問はず、後の判決に於て之を改めぬ、即ち之と異なつた判決はせぬと云ふ法である」と解せられ、以て既判力に代る役目をなすものとせられた。然らば先生の「之と異なつた判決」とは前判決の判断内容と牴触し、前判決の趣旨に反する判決の意でなければならぬ。「改沙汰」をそう解する限り、確かに不易法は越訴とは直接関係のないもの、即ち前判決取消の請求、これに応ずる審理手続の開始とは相互らぬものであるといわねばならぬ。然るに一方、越訴に関して、不易法と全く同じ表現をとる次のような主張がある（東寺文書之一、東寺百合文書は四四号）。

非指越訴、不可改沙汰（上下略）

ここに越訴と不易法との密接な関係が考えられるではないか。前判決が不易法所定の時代に含まれるということは、ここにいう「非二指《シタル》越訴一」る事の一部と見られないであろうか。逆にいえば、不易法は越訴提起の期限を画する目的を以て制定されたものではないか。私は不易法の法文における「改沙汰」の語を越訴審理(事実上原判決内容の再審理となる)の意に解したい。当時の「沙汰」の語は判決よりも寧ろ訴訟手続の意味に用いるのが普通ではあるまいか(所務沙汰、沙汰未練書等を参照)。判決の意味には「成敗」の語を用いることが多い。不易法に対する私見の概略は以上の如くであるが、なおこれを支持する史料の一、二を挙げるならば、

高野山金剛三昧院内大仏殿領美作国大原保事、道寂・良重雖致越訴、弘安二年御下知、同五年御教書依難被改替、不及執申也(下略)

という嘉元三年十二月十五日摂津親鑒(恐らく関東越訴頭人)の越訴棄却状がある(高野山文書(五)金剛三昧院文書六六号)。更に一層有力なるはかの文永十年の徳政令である(新編追加七〇条)。

一　質券所領事　文永十七十二評

今日以前分事、不論質券見質、雖不弁本銭、止銭主之沙汰、本主可全領知也、被成御下文者不及沙汰、但正嘉元年以来御下文者、就理非致越訴之条、非制之限(下略)

この越訴許容の年代に関する但書は、これより二年前文永八年発布にかかる不易法(寛元元年—康元元年)を前提とする注意的付加条文である。即ちそれは不易法時代(康元元年以前)に幕府の正式認可(下文)を得た質券所領に対しては、当徳政令の適用より除外する。然し康元元年の翌年正嘉元年以降の下文は当徳政令に対抗しえず、理非に随って越訴を許すという規定である。不易法が越訴提起の期限(即ち越訴許可、不許可の時間上の限界)を画定する法であること、ここに至って愈〻明らかといわねばならぬ。而も次々と発せられた前掲四種の不易法を検するに、先ず御成敗式目はその制定(貞永元年)以前のすべての幕府判決を不易とし、次の正嘉二年令は貞永を溯ること八年に当る嘉禄元年を基点として、泰時卒去の仁治三年に至る間、即ち泰時執権時代の全判決を同じく不易と定め、第三の文永八年令は前令の下限仁治三年に直接接続する寛元元年より康元元年まで、即ち執権経時・時頼両代の全判決を、而して最後

の正応三年令は前令の下限たる康元元年より弘安七年までの執権長時・政村・時宗三代に亙る全判決を不易と定めている。即ち或る不易法の法定期間の下限と、それに続く不易法の法定期間の上限とは重なり合うか、或いは接続するかであり、その間に不易法の適用を受けない期間は全くない。これによって察すれば、幕府は前代の政令は子孫これを改めずという儒教的政治観念を利用して、執権在職期間を基準とする不易法を次々と発布して、越訴不許可の年限を漸次下降させ、以て特定年代以前のすべての判決に形式的確定力(不可取消性)を賦与せんと期したものであろう。

以上、不易法がその法文解釈上、越訴提起期限劃定の法であり、従ってまた判決は不易法によって形式的確定力を与えられるとなす私見を述べ終った。然るに現在知られる最後の不易法たる正応三年令は、その法定期間を弘安七年までと定めているが、その後の判決は何によって形式的確定力を与えられたであろうか。我々に未だ知られないその後の不易法があるのであろうか。このような疑問に対して、私は未だ断言的な答を与ええない。いま、一つの臆説を提示して後考に備えようと思う。

暦応三年五月十四日院文殿に下された雑訴条々の中に、(註六)

一　後嵯峨院聖代経沙汰、勅裁当知行地、無殊子細者、不可被許訴訟事、

と見え、続いて発せられた追加の中に、

一　後嵯峨院御代経沙汰、棄捐余流、不可許訴訟事、

とある。後の追加は疑いもなく本条の規定を補足する。先ず本条によって、

(一)　後嵯峨上皇の御代裁判の結果、勝訴の判決を賜わり、爾来勝訴人(及びその継承者)が継続当知行の地に関しては、(恐らく敗訴人及びその継承者は)特別の理由なき限り(越)訴を提起する能わず、

次に追加によって、

(二)　後嵯峨上皇の御代裁判の結果、その訴を却下された敗訴人の余流(権利継承者と自称する者)に対しては、同

じく(越)訴の提起を許さず、

と規定されたのであり、両条相俟って越訴提起の期限を画定するというべきであるが、ここに我々は次の二点に注目せねばならない。

(イ)　この越訴不許可の限界を後嵯峨上皇御代の判決に置いている点、(註七)明らかに鎌倉幕府の不易法の影響を認めうること。

(ロ)　本条において、勝訴人の当知行を、越訴不許可の条件の一に加えていること。

(イ)については特に説明を要しないと思われる。以下(ロ)について少しく考察しよう。そもそも鎌倉幕府は御成敗式目第八条に、「当知行之後過廿箇年者、不論理非不能改替」と規定し、所領知行は唯継続二十ケ年知行という事実だけで、正当な知行となるという「知行年紀制」がここに確立したのであるが、この制度はただに鎌倉室町両幕府の根本法となったのみならず、公家法・本所法にも採用されるに至った。本所法採用のことはしばらく措き、公家法に採用されたのはほぼ吉野時代初期であったと思われる。何となれば暦応を溯ること十二年、鎌倉時代末期に当る嘉暦三年当時には、「不依年記段者公家法也」と主張せられているが(間藤文書嘉暦三・六・十八某裁許状)、暦応より十五年を経た文和四年の頃には既に、「当知行経□(廿)ケ年地事、於武家不及是非御沙汰者為不易法哉、雖為公家領、被守此法者也」(東寺百合文書ヨ四十一至五十三文和四・十一・日庭中状案)との主張が見出され、公家法における年紀制採用のほぼこの近きに在るを思わしめる。然りとすればいま越訴提起の期限劃定に当って、後嵯峨上皇御裁断以来当知行と規定したことは、一方において鎌倉幕府の不易法に摸すると共に、他方この年紀制採用の根柢に横たわる思想即ち知行に時効を認めようとする思想によって、一の潤色を加えたものと理解すべきではないか。換言すれば斯かる規定は、越訴提起の限界を不易法という単に機械的な特定年代の設定によって劃そうとする思想と、当知行の年紀という越訴の当事者と対象との権利関係に基づいてこれを劃そうとする思想との折衷によって生れ出でたものといえよう。後者の思想は本質的には、彼の室町中期に「古今之通法」と称せられた制度(紛注集、一一三ページ参照)と相通ずる。然らばこの思想は先ず公家法において発達し、後武家法に影響を与えて、遂に不易法の廃棄、紛注集に見られる制度の確立となったのであろうか。武家法において知行年紀制が早く発達し、それが公家法に採り入れられた経過に鑑みても、右の推測はやや無理に考えられる。私は次のように考える。越訴提起の限界を知行・不知行の年紀によって劃定しようとする制もまた、先ず武家法において成立したのではなかろうかと。今日弘安八年以後の判決に越訴提起の限界を与うべき不易法の見出しえないことも、この推測によって充分うなずかれるところとなり、上記暦応雑訴法も武家法における新旧二制度の折衷採用として理解されるであろう。

ここに至って私は、弘安八年以降の判決の不可取消性は何によって与えられたかの問いに対して一の解答を提示する(勿論臆見に留まるものではあるが)。即ちそれは不易法によらずして、知行不知行年紀制を基礎とする何等かの立法によって与えられたであろうと。但しそれが二十ケ年を以て劃されたか、或いは紛注集に見る室町中期の制の如く、更に或る期間の猶予が認められたか等の点は、勘考に資すべき史料がない。

ここでいま一度不易法の意義について考えてみたい。私は前に不易法を以て、法文に即する限り、判決に形式的確定力を付与する法であると断じたのであるが、一体形式的確定力といい、実質的確定力というも、実は我々の法律関係安定の要求を充たすべく、判決に付与される効力の二面性にすぎない。判決そのものを撤回しえず、訴訟当事者は判決の命ずるところに服さねばならぬという限りにおいて、判決の効力は形式的確定力とよばれる。更に進んでその判決において表現・形成される法律関係は爾後当事者及び裁判所を拘束する。即ち当事者は該判決に牴触する主張をなしえず、裁判所またそれに牴触する判決を下しえないと考えられた場合、その拘束力が実質的確定力とよばれる。かく考えて、改めて不易法関係史料を調査する時、我々は、法文上は形式的確定力付与を任務とすると解すべき不易法が、実質的確定力(既判力)の役割を勤めている例を見出すことができる。文永元年五月廿七日関東裁許状(熊谷家文書一九号)に、嘉禎元年泰時加判の所領分文の不備を認め、分文の内容を改正することは、「故武州禅門御成敗事、不可有改沙汰」という定法(即ち不易法)に牴触するものではない。何となれば先成敗(泰時加判)の拘束力は件の分文の詮要(某に三分一を分給すべしという主要命題)に限られ、詳細な分文の内容に迄は及ばないからであると述べている。即ちそこに不易法に属する成敗に反する判決を行いえないという前提の存することが知られる。或いはまた鎌倉時代末期の一陳状に、(註八)

然早任不易御下文御下知以下証文道理、且依先規傍例、預御成敗、弥欲仰有道貴矣、

とあるのも、不易の下文・下知状によって判決を下されんことを請うたものであり、同前不易法の既判力的効力を認めることができる。かくの如きは不易法の法文そのものからは導きえない主張であり、法の拡張解釈に亙るわけであるが、実は法律関係安定の要求に応ずる極めて自然の表れであったといえよう。

註一　近衛家本追加に左の一条あり。

一　諸人越訴事

右越後守并秋田城介奉行之時、被棄置之輩、永不可有其沙汰之由、先年被定畢、而申給御書下之族、有其沙汰之間、自五番引付、以尚持光行等被申入子細之処、件書下者所掠給也、自今已後可令停止之旨被仰出畢、甲斐国小原庄事沙汰之時、有此沙汰云々、

これが制定年代は正確には知り難い。越後守・秋田城介はそれぞれ実時・泰盛にあてて恐らく誤りないであろうから、本文中にいう「先年」が実時・泰盛の越訴奉行在職(文永元年十月就、同四年四月辞、関東評定伝)以後であることは疑いない。なおここに見える尚持・光行の二名は前後より察するに五番引付奉行であろうが、後者光行は或いは建治三年九月五番引付奉行新任の富来十郎光行その人ではあるまいか(建治三年記九月四日同六日条及び八月廿九日条参照。九月四日条の引付衆は評定衆の次に位する引付衆の意に非ず、引付職員の意に解すべし、関東評定伝参照)。時の五番引付頭が秋田城介泰盛であることも考え合すべし。即ち実時・泰盛在職時代却下の越訴は受理すべからずという先年の令が殆ど空文化しつつある状況に対して、

泰盛側より抗議的な照会を提出した。それによって急遽この決定(先年の令の再確認)となったと解しうるように思われる。姑らく所謂「先年」の令を文永末年か建治頃に、而してこの新決定を建治弘安代に置く。

註二　『中世武家不動産訴訟法の研究』二八三ページ参照。この見解は既に武家名目抄にも見られる(同書二十四職名部十二下越訴奉行ノ条按文)。

註三　越訴沙汰の場合も、本奉行・合奉行二人によって審理が進められたであろう(「次第沙汰引付同」とあるを参照)。然らばこの奉行選定の員数も二人と見るべし。

註四　(一)　紀伊続風土記第三輯古文書部薬王寺所蔵、正安三年正月十一日薬勝寺沙汰次第注文に、「(永仁)七年正月廿七日被逢御評定、可被成御下知之旨治定畢、被書定御下知符案之後、奉行人越前孫七郎妻死去間、依禁忌、彼訴陳具書并御下知符案等、被渡但馬三郎政有之許畢」とある。

(二)　中尊寺経蔵文書二所収嘉元三年三月日中尊寺住侶等重訴状案に過去の関係相論を述べて、「為但馬権少外記政有奉行(中略)番于訴陳」と記す。但しこの相論の時日は明らかでない。しばらく重訴状の日付にかけた。

(三)　高野山文書(五)金剛三昧院文書一〇九号、文保二年二月十七日雑掌地頭代連署所務相論和与状案に、

裏書曰
為後証加署判焉、

文保二年十一月七日　　前壱岐守中原　在判
左衛門尉平　在判

とあるが、この裏書は即ち所謂和与状の裏封であって、訴訟当事者が和与状を引付方に提出し、裁判所側でこれを認可する旨の裁許状を下付する際に、右和与状の裏に当該訴訟担当の奉行人の証判を加えて当事者に与える。即ち制規上、和与状裏封は和与下知状と照応する。而していま前掲文保の和与状裏封と照応する下知状を求めて、文保二年十一月七日関東下知状を得る(同上文書二一〇号)。よって右裏封の連署が関東引付奉行人なるを知る。而して次掲元応元、元亨元の史料によって「前壱岐守中原」の政有なるべきを推定する。

(四)　守矢文書一所収元応元年七月十二日関東下知状の一節、

爰竹淵郷為白河郷寄子否、被尋問奉行人伊賀前司倫綱并壱岐前司政有之処、

（五）　相馬文書一所収元亨元年十二月十七日訴状案の奥書、

元亨元十二十七賦上之 被賦一番 奉行人壱岐前司政有 五大堂（下略）

（六）　報恩院文書二所収元亨二年四月日隆舜申状案の中、

欲早被与奪本奉行壱岐前司、被経御沙汰、

註五　石井先生は不易法として私の掲げたものの外に、なお左の四令を挙げられる（『中世武家不動産訴訟法の研究』二三九ページ以下）。

（一）　北条九代記建保六年の条に、

自治承四年至于今年三十九箇年三代将軍成敗事、不及改沙汰、

（二）　新式目に正応三年九月十九日付として、

自康元二年至弘安七年御成敗事、於自今已後者、不及改沙汰歟、

（三）　新式目に年代不詳にて、

法光寺殿御代御成敗幷弘安八年没収地事、賞罰共不可有沙汰、

（四）　武家年代記正安二年の条に、

自弘長三至弘安七御成敗事、於自今以後者、准三代将軍家御成敗、不及改沙汰、

私はこのうち（二）は正応三年九月廿九日令と同じものであり、両者間の相違は伝写の間に生じた異同であると思う（上掲著書二四四ページ註三九四参照）。（三）は問題を訴訟判決に対する不易という点に限定する限りでは、正応三年令の中に含まれるものであり、（四）もまた同様である。これらいわば前令を異なった形で繰り返して発布する必要が奈辺に在ったかは別に考究すべきであるが、不易法の適用を受ける判決の年代のみを問題とする今の場合には、一応度外に置いてよい。残るは（一）であるが、私はこの武家年代記の記事を疑う。先ず御成敗式目以下、爾後の不易令が、その法定年代の下限を或いは二位尼政子の薨去、或いは執権交迭の年代に置いているのに対して、この令の下限たる建保六年には何等そのような特殊の意味を見出しえない。更に注目すべきは、御成敗式目を除くその他の不易令がすべて、発布年代と該令制定年代の下限との間に或る間隔（正嘉二年令は十七年、文永八年令は十六年、正応三年令は七年）を設けているのに対して、これは不易令発布直前までの成敗

を不易と定めている。しばらく疑いを存して本文に掲げない。

註六　東洋文庫所蔵制法。仁和寺文書七にも収められているが、それには制定の日付がない(以下仁和寺本と略称する)。大日本史料はこの仁和寺本条々を「コノ時(暦応三年五月十四日)ノ定ナルヤ否ヤヲ詳ニセスト雖トモ、本条ト関係ア」りと認めて、同日の条に合叙した(六編之六、一四九ページ)。而して石井先生は、応安三年二月日東寺雑掌重陳状(東寺百合文書ひ五十至六十)に、「如暦応三年五月十四日被下文殿之御事書者」として、次に本条々中の一ヶ条を引用していることを指摘せられて、本条々が暦応三年五月十四日の制定にかかること疑いなしとせられた(『中世武家不動産訴訟法の研究』四四六ページ)。私は最近東洋文庫所蔵「制法」一巻が、まさしく右の仁和寺本雑訴条々と同じものであり、而も制定年代の明記あるを知った。本書は外題に(但し外題は後世の筆)、

制法 暦応三年五月十四日被下文殿

とあり、端裏に「制法」、次に本文に入って巻首に「暦応三年五月十四日被下文殿」と記し、一行おいて「雑訴条々」と題して、全十九条の規定を載せている。内容は仁和寺文書所収本と同じ。但し仁和寺文書所収本にはその次に二箇条の追加が載っているが、これには見えず、直ちに暦応四年十一月十六日院宣二通(同文。但し前者は日下に権中納言、充所なし、後者は日下に権中納言判、大外記殿あて)が続いている。この東洋文庫本は広橋家の旧蔵にかかり、もと袋綴冊子本を巻子本に改めた形跡がある。書写年代は仁和寺本(貞和三年九月廿日書写奥書あり)よりは遥かに後れ、書風より案ずるに恐らく室町初期もしくは中期頃であろう。このように東洋文庫本は仁和寺本に比して書写年代も後れ、また文字の誤脱も間々あるけれども、制定年代の明記ある点特に貴重とすべく、石井先生の推断もここに不動のものとなるわけである。なおこの東洋文庫本は上掲暦応四年十一月十六日院宣の後に、

(イ)　文殿御沙汰日
(ロ)　雑訴評定日
(ハ)　使庁沙汰日
(ニ)　諸保

四種の記事を付収している。(イ)(ロ)(ハ)はそれぞれの定日及び出席職員名を列記したもの。(ニ)は京都市政上の単位たる各

保と、それぞれの担当官人名とを列記したもの。何れも吉野時代の公家政治組織を窺うべき絶好史料たるを失わない。

註七　この点について最も注目すべきは、内閣記録課所蔵山科家古文書（冊子本）四所収（永仁六―正安三年）九月八日右中将教定申状の左の一節である。

　　且文永弘安有御前評定及聖断之地、輙不可有改沙汰之由所伝承也、

ここに表れた「改沙汰」不許可の制は、その趣旨全く幕府の不易法と同じであり、いま問題とする暦応雑訴法第十二条の直接の源流をなすものと考えられる。而してこの制では、「改沙汰」不許可の範囲は文永弘安即ち後嵯峨・亀山両代院政年間聖断の地とあって、暦応法より広範囲であることも注意される。かかる年代の経過と逆に適用年限が狭められていることは、更に公家政権推移の角度から考察すべきであろうが、今はそこに及ばない。

註八　東大寺文書第四回採訪十八所収周防与田保地頭光朝申状案断簡の一節。この文書は正確な日付を知りえないけれども、本文所掲の引用部分のやや前に「於国（周防）両御使頼兼業資前、此等子細可番訴陳之旨、光朝雖令言上」云々の文あり、別に同事件に関する所謂両御使藤原頼兼・中務丞業資連署にかかる正和四年十月廿一日注進状の案が同冊に求められるから、おおよその年代は推知される。

補註一　安達泰盛の三河守護職兼帯を推定し、六一ページ註八において、その根拠として吾妻鏡正治元年十月廿四日条を挙げ、正治以後泰盛の時まで安達氏の三河守護たる地位に変更はなかったであろう、としたけれども、のち拙著『鎌倉幕府守護制度の研究』（一九四八年刊、増補版一九七一年刊）において、以上の推考を改め、晩くも暦仁元年以降、三河守護職は足利氏の手中に在ったと推定した。

補註二　「正慶元十二廿七／出羽四郎兵衛尉代重申状」と端裏書にある佐々木時経代明祐重申状の裏判を、松尾寺文書に見える大仏範貞の花押と対照して、両者同一人の花押と判断し、前者を関東引付の頭人の花押と記したのは誤りであって、この裏判は大仏範貞とは別人（恐らく担当奉行某）のものと見るべきである。なお、『花押かゝみ』四ノ二〇二ページ、北条範貞の項参照。

第四章　六波羅探題

承久乱の直後、幕府は義時の弟時房及び嫡男泰時を洛東六波羅に常住せしめ、彼等に幕府の出張機関たるべき任務を与えた。吾妻鏡は時房・泰時両人の六波羅館移住の事実を叙した後、この事実の意義を敷衍して、「如右京兆《(義時)》爪牙耳目、廻治国之要計、求武家之安全」と述べている(承久三・六・十六条)。この見解は勿論直接的には吾妻鏡編者一個の意見にすぎないけれども、承久当時の幕府当局の意図も亦まさしくここにあったであろう。即ち幕府の彼等に期待したところは、彼等が京都における幕府の代表者として、常に公家方の行動・情勢を注視し、以て一に武家の安全保持に力を致すことであった。然し彼等にはこのような対公家政策上の主要任務の外になお「洛中警固并西国成敗」(沙汰未練書)の役があった。この点において彼等は幕府政治組織上の一行政機関であったといわれる。時房・泰時東帰の後には時房の子時盛、泰時の子時氏が替って在洛することとなり、爾後北条氏一族中の有力者二名或いは一名がこもごも替補されたことは周ねく知られるところである。この地位に在った者は、当時一般にその所在によって「六波羅殿」(二人を互いに区別する場合は「北方(北殿)」「南方(南殿)」、また併称しては「両六波羅(殿)」)とよばれ、また管領・探題とも称せられた。但し管領も探題も六波羅の首班者のみに付せられた称呼ではなく、関東の両執権もこの名を以て称せられた(沙汰未練書)。この内、探題の語はもと、仏家より出でたものであって、「武家にて政務を裁決すること、かの探題たるもの課試を判断するに似たる」ところから、自然幕府のこの重職を指す称呼となったものであろうと説かれている(武家名目抄四十五、職名廿六中)。拙論はその目的上、彼を六波羅訴訟機関の首班者として、換言すれば幕府より西国訴訟の管轄権を賦与された者として取扱うわけであるから、彼の地位を訴訟聴断の職となして、これを「六波羅探題」を以て称することが最も妥当であろうと思う。

さて私は幕府訴訟制度上に占める六波羅探題の地位を、特に訴訟制度の発展過程において考察しようと思う。そこで問題の対象を左の如く二つに分って論を進めたいと思う。

(一) 六波羅探題の下に構成せられた訴訟機関の内容如何。それは幕府訴訟制の発展過程において如何なる発達分化の途を辿ったか。

(二) 六波羅探題が幕府より与えられた訴訟管轄権の内容如何。これまた幕府訴訟制度発展の裡に如何なる変化を受けたか。

これを要約すれば、訴訟機関の問題と管轄権の問題との二段になる。

第一節 訴訟機関

六波羅訴訟機関に関しては、探題設置後暫らくの間徴すべき史料がない。鎌倉における二大訴訟機関問注所・政所は、恐らく当代後期の制度より推して、六波羅には始めより設けられなかったであろう(沙汰未練書)。また鎌倉では嘉禄元年に評定衆が、建長元年に引付が置かれたのであるが、六波羅にも直ちに同様の職員が設けられたか否か、これまた確証がない。六波羅評定衆の初見は文永四年十一月八日紀伊阿氏河庄地頭代訴状案の一節に(高野山文書之六、又続宝簡集一四三七号)、

而去年秋之比、雖致二重之責、地頭不叙用之間(旨カ)、為六波羅殿出訴訟刻(中略)被合御評定之時、依無其謂、被棄置畢、

とあるものであって、ここにいう御評定を評定衆の会議と解し、六波羅評定衆設置の年代を文永三年以前におく。引付については別に後述する。ただ、訴訟事務を担当すべき若干の奉行人が当初より存したであろうことは想像に難か

らず、天福年間の六波羅裁許状の紙継目に二箇の裏花押あり、恐らくこれ当該事案を担当した奉行の花押であろうが、或いは当時既に本奉行・合奉行の制は存したのではあるまいか。これより約十年を経た寛元二年七月の六波羅問注日記に(高野山文書之一、宝簡集三九四号)、

六波羅奉行者二人 大膳進源季定書手 中津川弥二郎源家経

とある。季定は書手即ち執筆であって、本事案担当の主任奉行(本奉行)であり、家経は合奉行と解せられる。また建治二年八月日付紀伊阿氏河庄雑掌申状案によれば(高野山文書之五、又続宝簡集一一三三号)、論人(地頭)が訴訟の進行を妨げんがために、領家方に謀書の事実ありとの新しい主張を「昨日八月五日問答之時、於両奉行人之前」提出している。本奉行・合奉行両人による対決事務進行の様子が目のあたり想見されるではないか。なお同上問注日記の中に、

(寛元二年七月)同月十七日可取詮句定式日、雖然不取之、其取詮句人 勘解由入道 法名了念 (上下略)

なる一節がある。取詮句人とは訴訟人対決の記録(問注記)について、両者主張の要点を抽き出すことに当る奉行、即ち対決記録の整理を担当する職員であろう。(註二)

然しながら、六波羅訴訟機関に関して多少まとまった知識の得られるのは、建長より約二十年を経た建治弘安以後のことに属する。而してこの頃には、関東の訴訟制度は既に訴訟当事者を基準として管轄権を諸機関に分配する段階を越えて、訴訟対象を基準とする所謂所務沙汰・雑務沙汰・検断沙汰三機関分化の段階に進んでいた。然し六波羅では未だかくの如き分化は見られず、すべては引付の管轄であり、約四十年後に至って僅かに検断沙汰機関(検断方)の分立を見るに止まる。よって私は引付・検断方の二項について、各〻の構成内容、訴訟手続、管轄権、六波羅訴訟制上の地位等の諸点を考察したい。但し上述の如く論述は史料の制約を受けて、主として当代後期に局限せざるをえない。初期六波羅の訴訟機関は、今後の考究を期しなければならぬ。

【引付】　弘安元年十二月の六波羅裁許状に(東大寺文書第四回採訪十三)、

右就訴陳状、於引付座、令尋問両方之処(上下略)

とあるによって、引付設置のこれ以前に在ることが知られる。(註二) 引付番数についていえば、古いところは不明であるが、正安元年六月東大寺学侶代が、美濃茜部庄地頭との相論を、同地頭の一門親縁の特に多い四番引付に配賦繋属せしめた裁判所側の処置を攻撃して(東大寺文書第四回採訪十二)、

(上略)其上於四番御手者、頭人以下之上衆、為地頭一門、殊相親之条、世無隠者歟(中略)、如此五番之内、一門多々之御手、争不憚存哉(下略)、

と述べていることによって、当時五方の制なるは疑いなしとすべく、降って元応元亨頃の制度を沙汰未練書「六波羅雑務沙汰事」の条は「五方引付」と記し、また五方制の確証とはなしえないけれども、少なくとも五番引付の存在した事実は、永仁初年・乾元二年・徳治元年・正中二年の諸期に亙って辿ることができる。(註三) 少なくとも永仁以降は、五方を以て常制となしたと考えて恐らく大過あるまい。各一方引付には一名の頭人あり、頭人の下には恐らく数名の引付衆・評定衆及び右筆が配属したであろう。右筆の数が当代末期には各一方五名を算し、ついで六名となったことは先に関東引付の部で論証した(三四ページ参照)。引付開闔のことは正安二年四月日六波羅あての一雑掌庭中状に、「四番御手開闔(斎藤)弥四郎左衛門尉基任」とあるを初見とする(近衛家領丹波宮田庄訴訟文書)。これまた関東と同じく引付右筆中の上首が補せられたことであろう。前掲寛元・文永年間の史料よりその存在を推知される合奉行も、各引付一名配属の制であったであろう。

かくの如く六波羅引付の構成内容は、当代後期以降の史料より窺知される限りでは、関東引付と頗る相似たものがあり、そこにおのずから引付の機能・権限も亦ほぼ関東の如くであったであろうとの想像が生まれる。然るに少しく溯った建治年間の一史料は、たまたま引付の機能・権限が関東の制そのままの移植でないことを伝える。六波羅引付の初見である弘安元年に先だつ僅か一年、建治三年十二月十九日、幕府は北条時村を六波羅探題北方となして上洛

せしめんとして、彼に六波羅政務条々を申し含めた(建治三年記)。その条々の第一条には「人数事」と題して、因幡守・美作守以下十四名の交名が列記せられた。これらの人々は恐らく六波羅政務運行の中心幹部たるべしと指名された者であろうが、六波羅訴訟機関の高級職員たる評定衆・引付衆もほぼこの人々を以て宛てられたかと想像される。然し我々の注目すべきはその次に記された諸条である。

一寺社事　一関東御教書事　一問状事　一差符事　一下知符案事書開闔事

　五ケ条備後民部大夫可奉行

一諸亭事　　因幡守可奉行

一検断事　　出羽大夫判官可奉行

一宿次過書事　下野前司可奉行

一越訴事　　下野前司・山城前司可奉行

一御倉事　　甲斐三郎左衛門尉可奉行

一雑人事　　配分初条之人数、可令奉行(下略)

ここに見える問状・差符・下知符案事書開闔事等が訴訟手続上の主要事項であり、関東においては、各引付方の所管事務であることは改めていうまでもない。然るにかかる事務が挙げて最高幹部の一人と見るべき者に委せられていることは何を意味するであろうか。たとえ当時幾番かの引付があったとしても、訴訟手続がそれらの引付を中心として進行する関東の制度は、未だ充分移植されてはいなかったと称して過言ではない。然るにこれより六年後の弘安五年代には、刑事訴訟繋属の要件が引付において議せられており(八九ページ所引東大寺衆徒申状)、更に二十余年を経た徳治の頃には、六波羅あて庄家雑掌訴状に添付すべき領家の挙状は引付頭人にあてて作製されている。(註四)また前に関東引付の発展段階を推定する一の手がかりとして考察した裁許状継目裏判の制度を、ここ六波羅について調査すると次

第1図　六波羅下知状継目裏判

第2図　前常陸介花押

の結果が得られる。正安二年五月廿三日六波羅裁許状には、明らかに二箇の継目裏判が居えられ（山内首藤家文書五五五号）、当時なお引付頭人及び担当主任奉行加判の制であったと推測されるのであるが、それより降ること八年、徳治三年五月二日六波羅裁許状の継目裏判はただ一箇のみ（前田侯爵家所蔵下知状）、以後正和・文保より当代終末に亘って管見に触れた六波羅裁許状継目裏判はすべて継目裏ごとに一箇の制である。(註五) この裏判の主が当該訴訟担当引付の頭人であろうことは、関東の制に鑑みて容易に想像しうるところであるが、事実この想像を裏書する史料がないわけではない。嘉暦二年六月二十七日高野山衆徒ならびに備後大田庄雑掌と同庄内地頭との所務相論を裁許した六波羅下知状の紙継目に、右の裏判（第1図）が一箇だけ署せられている。(註六) 而してこの裏判の主と同一人と認められる者が、これより六年後、幕府滅亡の直前に発せられた軍勢催促状の差出者である。その花押は上掲（第2図）の如し。全文は左の如くである（勝尾寺文書四）。

播磨国謀叛人赤松孫次郎入道等追討事、六波羅御教書如此、来十二日相催寺僧、瀬川宿可被参之条如件、

正慶二年三月十日　　前常陸介（花押）

勝尾寺衆徒御中

かかる軍勢催促の六波羅御教書を施行するほどの者は当然一国の守護、もしくはその上に立つ一軍の将と推定すべく、前記裁許状裏判の主を引付頭人に擬することは、この地位の一点のみに着眼しても多分の蓋然性を主張しうるのであるが、更に前常陸介の実名を調査することによって、一段と確実性を加えることができる。光明寺残篇によれば、元弘元年八月二十四日後醍醐天皇禁中を出でさせ給うとの報がひとたび六波羅に達するや、探題は直ちに令を下し、

翌日万里小路宣房以下の要臣を捕えて、これを波多野上野前司・丹後前司・(小田)筑後前司(貞知)[註七]等に召し預けると共に、急遽情勢を関東に報告し、更に二十七日には佐々木大夫判官・波多野上野前司等を山門東坂下に、長井左近大夫将監・加賀前司を西坂下に、而して常陸前司を勢多に差し向けたのである。公卿要臣の預人、六波羅勢の統率者として選ばれたこれらの人々が、六波羅の要人であろうことは容易に想像せられるところであり、然りとすればいま勢多方面の将となった常陸前司は翌々年播磨赤松入道討手の賊将「前常陸介」と同一人とみて恐らくは誤りあるまい。この後、六波羅が妙法院宮尊澄法親王の護衛を長井因幡左近将監に命じ、花山院師賢以下の人々を小田貞知・佐々木佐渡大夫判官入道等に預けた際には、かの常陸前司も亦東南院僧正の預人となっている(光明寺残篇)。かくの如く六波羅部将の一人として殆ど幕府覆滅の間際迄賊軍の指揮に当っていた彼は、その後どうしたであろうか。ここに聖業ひとたび成った中興新政府の訴訟機関たる雑訴決断所の職員表がある。続群書類従収載の雑訴決断所結番交名(建武元八)が即ちこれである。それによれば決断所は管轄地域別に八局(一番より八番に至る)に分たれ、各番十二名乃至十四名の職員より成る。今これら職員の出身を窺うに、例えば四番手は吉田定房・日野資明・甘露寺藤長等の公卿殿上人、中原師右・同章方等の旧文殿衆、旧記録所寄人系統の人々、二階堂道蘊・海老名惟則等の武士より成り、まことに公家武家一統の世と称すべきものあるを見る。而して一番の下輩飯尾覚民・三宮道守、同じく三番の下輩斎藤基夏[註八]等は、何れも元六波羅引付の奉行たる経歴をもつ人々であり、今や新政府の訴訟機関の運営に当って、旧幕府の訴訟事務職員の登用を見るは甚だ興味深い事実であるが、それにもまして我々の注目すべきは、前に問題の常陸前司の同僚として、聖業の成就を阻止すべく、彼とほぼ同様の役割を演じた人々の一、二がこの決断所職員中に見出されることである。三番「長井左近大夫将監 高広」、八番「小田筑後前司 貞知」「佐々木佐渡大夫判官 道誉」等がそれである。恐らく彼等は幕府覆滅直前の一瞬を摑んで、巧みに身を転じた人々であろう。否かかる転換は唯この人々のみの問題ではない。一番の宇都宮公綱、二番の是円房道昭[補註三]、四番の二階堂道蘊等何れも旧幕府御家人の主流をなした人々であり、建武中興が僅か年余にして破れ去った原因に思いを致すならば、鎌倉幕府滅亡の際の一般御家人の向背如何は多く言わずして明らかであろう。かかる一般情勢を前提として、再び結番交名を通覧する時、問題の人「常陸前司」の後身を語るものとして二番手奉行「常陸前司時知」が挙げられる。交名の順序より見ても八番の小田貞知とほぼ匹敵の地位に在り、また六波羅軍一方の将たりし彼の名が、今ここに現れても少しも異とするに足らぬことは、貞知等の例が自ら語るところである。更に私は尊卑分脈の伝える時知の経歴、貞知との関係を支証として、決断所奉行時知と六波羅軍将「常陸前司」との同人なるべきを主張する。即ち尊卑分脈二藤氏北家道兼流によれば、

六波羅頭人
（小田）伊賀守
知宗 ─┬─ 六波羅頭人 常陸介和泉守 時知
　　　└─ 六波羅頭人 筑後守近江守 貞知

右の如く時知は貞知の兄であり、而も共に元六波羅引付の頭人たる経歴を有する人である。なお花園天皇宸記元弘元年十月十四日条、「今日辰剋許世間物忩、尋聞之処、去夕関東飛脚到来之間、武士等騒動、囲時知宿所欲及合戦、而自六波羅加制止之間、先属静謐」に見える時知も恐らくは同人であろう（史料綜覧其条参照）。

かくして私は前掲軍勢催促状の差出者「前常陸介」、従ってまた嘉暦二年の裁許状継目裏判の主の引付頭小田時知なるべきを推定した。即ちこの一例によって、六波羅裁許状継目裏に引付頭人一人が加判するという一般的制規を考定する所以である。因みに前記小田時知・同貞知等と共に聖挙に参画した公卿の拘禁に当った人々の一人丹後前司も、時知・貞知等の例より類推して、決断所結番交名の七番手奉行「長井丹波(後)前司宗衡」(註九)その人に擬せられる。

以上煩瑣なる考証に紙幅を費し、やや本論の論旨を逸脱したかの観があるが、要するところは六波羅裁許状における引付頭人一人継目裏加判の制は正安二―延慶元の間に採用されたものであるということにある。関東で弘安末年に確立

した引付責任制が、六波羅に移植された時期は恐らくこの頃と見て大過ないであろう。

如上、六波羅引付は少なくとも建治の頃までは関東と頗る趣きを異にし、六波羅訴訟制上然く重要なる地位を主張しえなかったのであるが、その後種々の点に漸次関東の制を移植し、これと相俟って訴訟制上の地位も上昇したのである。然らば六波羅引付は初め何故に重要な地位を与えられなかったのであるか。私はこの問いに対して、六波羅裁判権が探題その人に与えられていたことを以て答えたい。即ち西国裁判権は関東の代官たる探題その人の行使するところであると観念せられたのであって、「六波羅府」とも称すべき一の政治機構の観念は永く発達しなかったのである。そこに探題個人の権限の優越が主張され、引付の如きが一の部局として、政治機関として発展しえない原因があった。然らば正安以降の引付の地位上昇の理由如何。これに対しては次の臆測を以て答えたい。弘安前後に完成した関東引付制度の影響、その後の幕府政局を支配する安易な劃一主義によるものではあるまいかと。

なお引付の管轄権について一言すれば、所務沙汰・雑務沙汰は当代の末に至る迄、また検断沙汰は後述の如く当代末期近くに専門機関が分立する迄、すべて引付の管轄に属したのである。(註一〇) このうち、引付における検断沙汰手続及び検断沙汰機関の引付より分立する過程については後述に譲り、ここで雑務沙汰についていえば、六波羅にはついに関東の問注所に当る雑務沙汰機関は設けられず、引付の所管に終始した。ただ、手続上やや所務沙汰と趣きを異にした。即ちあらかじめ引付奉行人中の若干を選んで、雑務沙汰の奉行人と定め、その各〻の分担区域(国を単位とする)を定めておく。訴状は直接その受持奉行所属の引付に提出され、頭人がこれを当該奉行に配賦する。この奉行審理の結果は更に引付衆の合議にかけられるという制であった(沙汰未練書)。(註一一) 雑務沙汰の裁許状は所務沙汰のそれと同じく両探題連署の所謂六波羅下知状の形式をとった。即ち左の如くである。

摂津国御家人芥河岡孫四郎入道信覚、与同国御家人広瀬太郎左衛門尉景基相論、質物文書等事、

右就信覚之訴、番一問答訴陳畢、仍可継訴陳之旨、信覚令申之間、可返進訴状之旨催促之処、無音之間、今年三

月四日、以奉行人惟家□基使者、重雖加催促、景基難渋之間、披見訴陳状之処、如訴状者、(中略)(云々)にて、如陳状者、(中略)云々者、景基違背催促、称紛失抑留之条、令承伏之上者、於件御下文等(相論の対象たる質物文書等)者、任請取状可糺返于信覚之状、下知如件、

嘉暦二年九月廿三日

越後守平朝臣(北条範貞)花押

武蔵守平朝臣(金沢貞将)花押

かく所務・雑務両沙汰の裁許状が形式上同じであったということは、六波羅に関東の問注所に比すべき雑務沙汰専掌機関が設けられず、両沙汰ともに引付の管轄に属した事実と照応する。

【検断方】　(イ)成立　嘗て中田薫博士は「鎌倉室町両幕府ノ官制ニ付テ」(一〇五ページ註六所引)において、六波羅には侍所がなく、関東において侍所の管轄する検断沙汰は、六波羅では管領(探題)を長官として、次官検断頭人主としてこれに当ると論ぜられた。その際、博士が立論の主要論拠とせられた史料は沙汰未練書であったが、同書の成立年代が既述の如く鎌倉末期に在る以上、博士の立論は幕府末期の制については誤りなしとしても、それが直ちに幕府の全時代を通じて妥当であるとはいいえないわけである。未練書の成った元応元亨代より約四十年溯った弘安五年十月の東大寺衆徒申状によれば(全文八九ページに引用)、同衆徒が前に六波羅に提起した「山賊夜罰(討)強盗放火殺害等」犯科人訴訟は、「云所領内云悪党人非武家所摂、為本所一円」との理由で却下されたのであるが、この却下決定は実に「自引付之中被仰出」たのであり、当時六波羅の検断沙汰が引付の管轄に属したことは疑うべくもない。更に降って永仁より正安に亘り、殺害狼藉訴訟が引付において審理されていること(近衛家領丹波宮田庄訴訟文書所収正安二・四庭中状案)よりすれば、上述の管轄規定はなお少なくとも正安代まで変らなかったわけである。いま前引弘安五年の申状(朝廷あてと六波羅あてとの二通を比較対照すべし、全文八九・九一ページ参照)によって、その手続の概要を臆測すれば次の如くなろうか。先ず山賊以下犯科人の事の訴状が賦奉行(訴訟受理配賦機関)備後民部大夫政康に提出される。(註一二)政康は

「可被申沙汰」(該訴訟を繋属審理せらるべしの意と解する――吾妻鏡宝治元・後十二・十六、弘長元・三・五条参照)と記した賦状をこれに添えて、一方引付に、恐らく頭人あてに配賦する。引付には二名もしくはそれ以上の検断奉行あり(引付奉行の兼職なるべし)、その中の恐らく二名(主任奉行相原民部八郎と補助奉行)が担当奉行に選定され(以上六波羅あて申状の末尾に、「可申沙汰之由、欲被仰含検断奉行中」とあるによる)、彼等は訴訟文書を受取り、これを引付会議に提出して、該訴訟の繋属要件について審議を受ける。本件の場合は、ここで要件の欠缺、訴訟の却下が議決され、この決定は検断奉行によって訴人に伝えられたのであるが(以上朝廷あて申状に「仍検断奉行披露衆中之日」云々、六波羅あて申状に「……之旨奉行人相原民部八郎申之」とあるによる)、もし要件が充足しておれば、恐らく改めて検断奉行の手によって審理手続が開始されたことであろう。審理の結果は重ねて引付会議にかけられ、更に評定沙汰を経て、判決が与えられたであろう。以上の臆見にして大過なしとすれば、検断沙汰は主として検断奉行によって担当審理せられるけれども、その検断奉行は一の引付所属員であったこととなり、この点において検断沙汰手続は、既述雑務沙汰手続に酷似するというべきである。ただ訴訟の受理配賦手続において、彼此の間異同あるを見るけれども、これとても各〻の典拠をなす史料に年代の懸隔あり、一概にこの点を以て両手続の根本的相違とはなしえないと思う。或いは弘安の当時には、雑務沙汰も検断沙汰と同じ受理配賦手続であったものが、後に奉行人間に受持区域が定められ、従って訴訟も受持奉行所属の引付に直接提出されるという制規に変ったとも考えられる。

以上、弘安より正安に至る頃においてなお検断沙汰は引付の管轄に属し、その審理手続は主として引付所属の検断奉行によって担任されていた事情を明らかにしたのであるが、然らば、検断沙汰手続の一部をなす犯人の捜索・捕縛・糺問・科罪等の実力行使事項は、当時何人の担当するところであったか。永仁六年の一目安状の一節はこの疑問に答えるものである(長福寺文書一)。

　去弘安二年八月廿七日、為検断頭河原口右衛門入道奉行、搦取、召入大楼畢、(註一三)

かくの如く上記の諸事項は検断頭の掌るところであったのであるが、彼の配下には恐らく若干の職員あり、彼の指揮に従ってそれらの事項を執行したことであろう。或いは彼等もまた検断奉行と呼ばれ、検断頭は彼等に対する関係上、「検断頭」とよばれたのであろう。

次に然らば、かの沙汰未練書にいう如く、検断頭人が検断沙汰を管轄し、独立した刑事訴訟機関の実質上の首班者となるのは何時であろうか。正和二年正月伊賀名張郡下黒田強盗人に関する同国守護代の重訴状案に云く(東大寺文書第三回採訪一)、

右子細、為先奉行斎藤帯力左衛門尉(基明)(註一四)、被経御沙□(汰)□□被分所務与検断之刻、被渡当御奉行畢(上下略)、

即ち事案の審理は、これよりさき斎藤基明の奉行として進行せられ来ったのであるが、その後所務と検断との分離があり、これに伴って一件は基明より現在の奉行へ引渡されたというのである。前述弘安年代の制規を参照するならば、先奉行斎藤基明が引付所属の検断奉行であり(註一五)、当事案は一応引付に繋属しながらも、一般所務沙汰とは別個に、基明担当の下に審理せられ来ったであろうこと推測に難くない。然らばここにいう所務と検断との分離、及びこれに伴う各担当奉行の分離とは、単なる引付内部での訴訟分類、及びそれに照応する手続の分離と解すべきではなく、より重大なる制規変更を意味するものである。然らばこれこそまさしく、検断沙汰が引付の管轄を脱して、検断頭人の管下に入ったこと、即ち引付に対する刑事訴訟機関の分立を告げるものであろう。この機関は一般に検断方とよばれた(次ページ以下参照)。かくの如き重大なる制規変更の時期は遺憾ながら明確には知りえない。ただ上掲重訴状によって正和二年を溯ること遠からぬ頃といいうるのみ。正和二年より沙汰未練書作製年代の下限たる元亨二年までおよそ十年。「被分所務与検断」るることが、六波羅訴訟の引付一手管轄より、引付・検断方分離管轄への移行を示すとなす私見は、年代推移の上からも、ほぼ不自然なしといいうるであろう。

如上、正和のころに至って、刑事訴訟は引付管轄より検断頭人の管轄に移ったのであるが、この管轄規定が今後厳

重に守られたことを窺うべき史料がある。左に全文を掲げて説明を加えたい（東大寺文書第四回採訪卅）。

（端裏書）「注進案　検断方　賢俊」
東大寺衆徒等申、摂津国兵庫嶋関所乱入悪党良慶以下輩、為罪科不日可召進其身由、今月九日御教書謹拝見仕了、任被仰旨、真上三郎左衛門入道代子息彦三郎資信相共、罷向当嶋、欲召進彼悪党等候之処、悪党等対両御使致悪行狼藉、結句令破却資信寄宿屋、将又自城墎内数多勢等走向于□定（ママ）、引弓放矢散々令射之間、下部源次郎男被疵畢、仍不及召進候、次悪党□居住当嶋東西地頭領輩事、可□之由雖相触彼地頭代候、更不□

（端裏書）「注進案　所務方　賢俊」
東大寺衆徒等申、山僧良慶以下輩乱入兵庫嶋関所、致条々狼藉由事、重訴状具書如此、彼輩刃傷以下前々悪行之篇者、被仰検断之処、重構城墎濫妨関務云々、早真壁（上）三郎左衛門入道相共、不日莅彼所、守下知之状、可致其沙汰、且当所地頭以下輩、就籠置彼悪党等、使者入部之時者一旦雖退散、帰参之後者如元致悪行云々、事実者招其咎歟、向後若有如然之聞者、殊可加誡之旨相触彼地頭代、且破却城墎任法追出彼輩、且沙汰付東大寺雑掌於関所、載起請詞可被注進子細云々、任被仰下候旨、同廿三日□□兵庫嶋、真壁（上）三郎左衛門入道之代子息資信相共、為致其沙汰、以東大寺雑掌指南、当所内罷入観音堂、□□（相触カ）資信（下欠）

以上二通ともに下半部が欠けているため、正確な日付は知りえないけれども、文中に見える一方使節の代官真上彦三郎資信は、元亨四年より嘉暦三年にかけて数度に及んで摂津垂水庄下司を庄家に沙汰居うべきことを命ぜられている一方使節真上彦三郎（東寺文書之四、東寺百合文書ぬ二〇号）と同一人であろうから、おおよその年代は推定しうるわけである。さてこの二通が何れも六波羅奉行所に対する一方使節の請文であることは文意上明瞭であるが、同時にまた、ともに東大寺衆徒の訴にかかる山僧良慶の兵庫嶋関所乱入の事件に関するものであり、恐らく具体的事件は一つであるべきことが注目される。且つ両請文を対照するに、相使の同一人(真上三郎左衛門入道)なる点よりみて、両方の一方使節(即ち両請文の提出者)は同一人と考えられ、また両請文に先行する六波羅の命令(前者にいう今月九日御教書、後者に全文引載せる御教書)も同時に発せられたものであろう。然らば次にこの二種の六波羅の命令は如何なる内容のものであったかというに、前者においては、兵庫嶋関所乱入の悪党を捕縛して、六波羅に送致すべきことであり、後者にあっては、兵庫嶋関所に乱入し、それまで東大寺の知行した関所を侵奪(濫妨)した輩を追出し、元の知行人を関所に沙汰し付くべきこと、約言すれば関所知行の回収を執行すべきことであった。同じ六波羅から同一事件に関して、同じ使節にあてて而も同時に、異なった内容をもつ二種の命令が別々に発せられるということは一体如何なる理由に基づくのであろうか。この疑問を解決するものが両請文の端裏書である。いま重ねてこれを掲記すると、前者には、

「注進案　検断方　　　賢俊」

後者には、

「注進案　所務方　　　賢俊」

とある。賢俊のことは後に考えるとして今は触れない。注進案の「注進」とは、請文の別称と解すべきこと特に説明する迄もない。然らばその下に記された「検断方」「所務方」とは如何なる意味であるか。ここで我々が、前に述べた六波羅の検断沙汰機関の分立、即ち所務と検断との分離を想起するならば、ここの端裏文言が、一は六波羅の検断方へ、他は同じく所務方へ注進すべき文書として認められたことを註記したものであると解することができよう。即ちそれは、この請文を提出すべき六波羅訴訟機関の種類に外ならぬのである。然りとすれば、請文に先行する六波羅命令も亦この二種の機関を通って発せられたと見るべく(たとえそれらの命令が、ともに六波羅御教書という同じ形式であったとしても)、二種の命令が別々に発せられた理由如何という前掲の疑問はここに解決される。即ち同じ東

大寺衆徒の訴にかかる良慶等関所乱入の事件においても、関務侵奪のことは所務方(引付)の管轄として、また乱入者悪行のことは検断方の管轄として別々に取扱われたのである。所務方に提出すべき請文に引載せられた六波羅の命令、換言すれば六波羅所務方より発せられた命令の中に「彼輩刃傷以下前々悪行之篇者、被仰検断之処」云々とあるはまさしく右の制規を裏書するものである。終りに本文の論旨とは直接関係はないけれども、両請文の性質を充分理解するために、端裏書の「賢俊」について一言説明しておきたい。鎌倉幕府倒壊の直前に当る元弘二年、東大寺衆徒は摂津国三箇津商船目銭のことに関して、朝廷に愁訴するところがあった。この時の申状案が東大寺文書(第四回採訪卅一)に収められているが、その端裏に次の如く記されている。

「目銭申状土代　元弘二三十五　賢俊律師草」

我々の問題とした請文の端書に見える賢俊は恐らくこの賢俊律師であろう。而してその端裏に記された所以も、この場合と同じく請文草案の筆者という意味であろう。勿論この請文を六波羅に提出すべき者は武家の使節(恐らく摂津国地頭御家人中の有力者)であるが、(註一六)当時一般武家社会の教養の水準、特に幕府の複雑な訴訟手続に対する理解の程度を考えるならば、使節の提出すべき請文を、当該訴訟の訴人として、請文提出に最も重大な利害関係を有する東大寺寺家側の者が代作することは少しも異とするに足らない。むしろ寺家側としては、訴訟の目的を達するために幕府訴訟法上所定の方式に従って、使節請文を代作して、これを使節から提出してもらうというのが実情であったのではあるまいか。

なお、管轄の問題として、検断方と諸国守護との管轄関係が当然考察の対象となるわけであるが、この点は既に侍所の項で一の憶測を試みておいた(九四ページ以下参照)。

(ロ)構成員　次に六波羅検断方の構成員について考察する。本節冒頭に紹介した如く、中田博士は、六波羅の検断沙汰は管領(探題)を長官として、次官検断頭人主としてこれに当ると論ぜられたのであるが、この所論は時代を検断沙汰機関の分立以後に限定して、そのまま受け容れることができる。なお検断頭人の下には、彼の指揮に従って刑事訴訟の審理に当る若干の奉行人があった。これら探題・検断頭人・奉行人三者の間には、関東の得宗・侍所頭人・侍所奉行人三者間におけるとほぼ同様の身分的関係があった。沙汰未練書「侍所」の条に左のごとく見える。

関東検断沙汰所也、(関東在之、六波羅無之)同前、

守殿御代官御内人為頭人、有其沙汰、奉行人者外様人也、京都者、以両六波羅殿御代官為頭人、有其沙汰、奉行同前、

ここに両六波羅殿の代官を以て任ずる頭人とは、いうまでもなく検断頭人の謂であるが、既に「両六波羅殿御代官」という以上、検断頭人の員数は探題のそれに照応し、二名或いは一名であったわけである。既述の如く探題は南北両名在職を原則とし、殊に当代後期においては、特殊の事情による短期間を除いては、両名在職を通例としたから、検断頭人もまた大体二人であったといえる。即ち彼等が「両頭人」(註一七)「両検断」(註一八)と称せられる所以である。次に彼等と探題との身分的関係を考えてみるに、当代武家社会において、正員と代官とは親子または総領庶子の関係に非ざれば多く主従の関係に在った。即ち正員は自己の被官を以て代官に立てたという一般的事実より考え(註一九)、また正和三年金沢貞顕の北方在職時代の六波羅検断(頭人)に、金沢家の被官向山刑部左衛門尉敦利があり、降って嘉暦三年金沢貞将・常葉範貞在職時代の両検断が(註二〇)、両探題それぞれの被官と認むべき向山刑部左衛門・小串六郎右衛門であったという個々の事実を論拠として、検断頭人は時の探題の被官人より補せられたと考えたい。従って検断頭人の地位は探題の替補に伴って、旧探題の被官より新探題の被官へと移ったわけであり、この点、侍所の頭人が執権の交迭にも拘らず、常住得宗被官の任であったこととやや趣きを異にするのである。

次に上掲未練書によれば、奉行人は侍所の奉行人と同じく外様人であったというが、これまた前に侍所奉行人について考察したと同じ事情によるものであろう。即ち刑事訴訟機関の分立以前にあっては、訴訟はすべて引付において

外様人出身の奉行人によって審理せられ来ったのであるが、この機関の成立即ち刑事訴訟管轄権の検断方への移転に伴い、引付奉行人の幾分かは刑事訴訟奉行人として検断方に分属せしめられることとなったと考えられる。但しこの刑事訴訟奉行人(検断奉行)と民事訴訟奉行人(引付奉行)とが劃然と分離せられたか、或いは検断奉行は引付奉行中の幾人かの兼職であったかは明らかにし難い。嘉暦三年代の検断奉行の一人松田掃部允頼済が、翌年元徳元年(註二一)には引付沙汰の奉行として活躍しており、また同じ頃一番引付の奉行であったという明証もあるところよりすれば、或いは後者の制規であったのではあるまいか。

なお検断頭人の配下には、実際に犯人の捕縛・糺問・断罪等を担当する下級職員があったはずである。元来、検断頭人が刑事訴訟管轄権を与えられる以前において、彼の専掌するところは刑事訴訟の準備手続ともいうべき犯人の捕縛・禁錮等の事務であり、これらの事務を執行すべき若干職員を彼の配下にもっていたわけであるから、後に頭人が刑事訴訟を管轄するようになっても、これら職員は依然同じ職掌を担当したことであろう。

(ハ)手続　六波羅検断方の訴訟手続については、左の沙汰未練書の記事を外にしては、殆ど拠るべき史料を知らない。同書「検断沙汰」の条に、謀叛夜討以下検断沙汰の篇目をあげた後に、

以是等相論名検断沙汰、関東者、於侍所有其沙汰、京都者、検断頭人管領有其沙汰、賦事、侍所両頭人許ヨリ、訴状書銘、直奉行許賦之、次第沙汰引付同之、

とあるものこれである。この記事によれば、訴状は両頭人の何れか一方に提出され、頭人より直接奉行人に配賦する制規であったと解せられる。また前に引用した東大寺衆徒訴訟に関する使節請文によれば、使節あて催促状は六波羅御教書を以て発せられている故、問状・召文等もまた恐らく御教書を以てせられたであろう。また正式の刑事訴訟手続によらない犯科人の配流決定すら、評定の席で行われている故(註二二)、刑事訴訟も検断方審理の後、評定沙汰に上程され、そこで判決が与えられたであろう。判決文の形式が六波羅下知状であったであろうことも容易に想像される。

さて本節において明らかにされた六波羅訴訟機関個々の発達分化の跡を概観し、これを関東の場合と対比するならば、その間に顕著な関係のあることが認められる。六波羅評定衆及び引付設置のことはしばらく措く。また文永以前の訴訟分類、管轄権分配のことも大半不明である故、今は論外におく。然し遅くも弘安の当時には、訴訟分類の基準は訴訟対象であり、それに従って検断沙汰とそれ以外の民事訴訟とは相分たれていた。両者はともに引付の管轄ではあったけれども、検断沙汰は引付奉行人の一部がこれを担任し(検断奉行と称せられて)、訴訟手続は爾余の訴訟と趣きを異にした。将来検断沙汰機関の成立すべきは既に予見せられるといってよい。而してその時期もまもなく到来した。正和に近き頃検断方が独立したことが即ちそれであった。また雑務沙汰と所務沙汰との分離も、遅くも沙汰未練書作製以前に行われた。そして雑務沙汰は宛かも検断方成立以前の検断沙汰の如く、管轄上は引付に属したけれども、奉行人において、訴訟手続において、所務沙汰と明らかに区別せられた。以上を要約すれば、関東における所務・雑務・検断三沙汰の分化は、或いは時の遅速があったとしても、六波羅にもそのまま取り入れられた。ただこの訴訟分類に照応すべき管轄機関の分立は、関東の如く完全には行われず、わずかに当代末期に至って、関東の侍所に比すべき検断方の成立を見たにとどまり、雑務沙汰機関の萌芽は見られたけれども、その完全なる成立は遂に将来せられずして終った。

註一　取詮句人については、『中世武家不動産訴訟法の研究』二一〇ページ註三三七参照。

註二　なお六波羅引付の早い所見としては弘安五年東大寺衆徒申状がある。全文は九一ページに引載した。

註三　本文に後半の一部を引用した正安元年六月の東大寺学侶代庭中状案に、「(前欠)於五番御手重々被経御沙汰、御注進関東了、其後同五年十月両方出和与状、定于色代之時、同六月十二日関東御下知状云(下略)」とあり、この関東下知状云以下の引用文(今略す)は永仁六年六月十二日関東下知状(東大寺文書第二回採訪二)と符合する故、「同五年」が永仁五年なること疑いを容れず、その当然の帰結として、永仁元—四の間における六波羅五番引付の存在が確実となる。次に高野山文書之一、宝簡集四二五号、嘉元二年申状案に「浄智等属于五番御手奉行津戸入道尊円而、如訴申乾元二年閏四月申状者」云々の記事あり

（本引付の六波羅所属なることは宝簡集五四〇号参照）、註四所引嘉元四年四月七日六波羅御教書案奥書に「五番頭云々」と見え、降って正中二年の所務相論和与状（吉川家文書之二、一一二九号）に「五番御手為雑賀民部六郎奉行訴之」とあり（同文書一一三〇号はこの和与状に対する六波羅裁許状なれば、この五番御手が六波羅引付をいうこと疑いなしとすべし）、また註二一所引当代末期の六波羅沙汰目安にも五番引付の所見あり。

註四　東寺百合文書ア二十一至三十五、

大和国平野庄（マヽ）雑掌幸舜申、河内国御家人高安太郎濫妨狼藉事、領家状副訴状具書如此、為相尋子細、早可参洛旨、可被相触、仍執達如件、

嘉元四年四月七日　越後守（金沢貞顕）在判

遠江守（北条時範）在判

大内弥三郎入道殿

酒匂左衛門八郎殿

（奥書）五番頭云々

「挙状当加賀民部大輔（夫）被遣畢」

奥書にいう挙状が六波羅御教書に見える領家状をさすものであることは殆んど疑いの余地がない。即ちこの挙状は平野殿庄雑掌幸舜が六波羅に訴状を提出する際に、領家から添え与えられたもので、それは本訴訟繋属の五番引付頭人加賀民部大夫あてに作製されたというのが右奥書の意味である。挙状の性質については『中世武家不動産訴訟法の研究』二六ページ参照。

註五　延慶以後の所見左の如し。

一、正和二年十二月二日裁許状（中村雅真氏文書）

二、文保二年十一月七日裁許状（東大寺文書第二回採訪九）

三、嘉暦二年六月廿七日裁許状（高野山文書之一、宝簡集九九号）

四、嘉暦四年四月廿三日裁許状（高野山文書之一、宝簡集一〇〇号）

但し三・四は大日本古文書には継目裏判の所在が示されていない。私は幸いにして、昭和十六年八月二十八日便を得て、高野山霊宝館保管の原本について調査することができた。ここに原本の閲覧及び裏判の模写を許可せられた高野山金剛峯寺、及び

懇篤なる御斡旋と御配慮とを賜わった相田二郎先生、高野山親王院主水原堯栄師、霊宝館長堀田真快師に対して感謝の意を表する。

註六　この形状は著者が匆卒の間に、而も厚い裏打を透かしてようやくに見取模写しえたものの縮写であるから、充分の正確さを期し難い。然し比較的筆法簡単にして又やや特異の形状の花押である故、第二図所掲の花押と同一人と見るには多く異論をみないと思う。

註七　光明寺残篇の筑後前司を小田貞知に擬すること、金沢文庫所蔵古文書、金沢貞顕書状に六波羅引付の主要職員として「筑後前司貞知」と見え、尊卑分脈に小田知宗の子「筑後守貞知」と見えるによる(なお一三二ページ参照)。花園天皇宸記元弘元年十月十九日条に「筑前々司貞知」と見える者また同人なるべく、前は後の誤りであろう。

註八　飯尾覚民については田代文書二、建武五年閏七月日申状を、三宮道守については参軍要略抄紙背文書正和二年十月日訴状案、及び高野山文書(十一)鞆淵八幡社文書二二七号を、斎藤基夏については田代文書四、康永二年六月日訴状案をそれぞれ参照。

註九　比志島文書四所収雑訴決断所結番交名(続類従所収本は建武元年八月制定の結番交名であるが、これは元弘三年六月―九月の間の制定と推せらる。結番規定及び人名は続類従所収本と異なるところ多し。但し首欠)によって、丹波前司は丹後前司の誤りとすべし。

註一〇　六波羅雑務沙汰が引付所管であったことは、中田博士が早く論証せられたところ(一〇五ページ註六所引論文八〇ページ)、而して石井先生はこれを敷衍せられた(一三ページ註二所引論文(二)、六八ページ)。

註一一　甲子夜話続編七十一、国書刊行会本二ノ五二九ページ。この文書は松浦静山が、沢田哲の持参した屛風の古文書を一見して写し取ったという七十五通の中の一通である。その七十五通中には後の偽作にかかるものもあるけれども、少なくともこの下知状に関する限り、偽作の疑いは毫も見出しえない(両探題の連署は形式上、日下ではなく、日付と別行であるべきであるが、それは伝写或いは印刷の粗漏に帰すべく、文書全体の真偽を左右する力はない)。摂津芥河岡氏関係の文書は、この下知状の外になお数点挙げられているが、恐らくそれらは元、同氏相伝の重書であったのであろう。この下知状が雑務沙汰裁許状と認められることは、訴訟対象が「質物文書等事」である点を指摘する以外に多く説明を要しない(因みに私はこの文書以

外に六波羅雑務沙汰裁許状と認むべきものを知らない)。なお河内金剛寺の紛失証文目録(金剛寺文書一〇二号)の中に、

一通、六波羅殿御下知状 被棄置湯浅宗厳預物沙汰事、乾元二年二月廿九日

と見える。この御下知状を文字通りの意味に解すれば、雑務沙汰の棄却もまた下知状を以て行われたことになるわけであるが、下知状・御教書を形式によって厳格に区別せず、ならびに下知状と称することは、当時の一般文書に屢〻見るところであるから、これも或いは六波羅御教書であるかもしれない。記して後考に備えよう。

註一二　延時文書に左の挙状あり、

薩摩国御家人延時三郎種忠申、為同国御家人若松四郎忠重、令殺害舎兄弁甥、令押領所領由事、種忠帯訴状令参上候、可有申御沙汰哉候覧、恐惶謹言、

文永十年二月廿日　修理亮久時 在判

進上　備後民部大夫殿

このあて名は、弘安五年訴状の備後民部大夫政康と同人であろう。訴状に副えて、賦奉行に提出さるべきこの種の挙状が、当該賦奉行をあて名とすることは、まさに然るべきところであり、以て弘安訴状の政康を賦奉行と解する一傍証となしうるであろう。

註一三　六波羅大楼については、門葉記 五熾盛光法五 (大正新修大蔵経図像篇十一ノ四三ページ)所載の正応六年三月二十二日修法の記事に、仏供米施与のことを述べて、七十天供及び十二天壇に供えた百四坏分の大半を(使庁)東西獄舎及び六波羅大楼へ毎日送ったとある。所謂六波羅大楼が、六波羅における囚人拘禁所——獄舎であったことがこれによって想見せられる。

右門葉記記事の解釈につき、三浦章夫氏の助力を得た。記して謝意を表する。

註一四　斎藤帯刀左衛門尉の実名は、高野山文書之七、又続宝簡集一六七六号、元応元年七月日年貢抑留事申状案に、「欲(中略)被与奪本奉行人斎藤帯刀左衛門尉基明」とあるによって知られる。正安元年六月一日用水相論について問状奉書を発している奉行基明も(東大寺文書第二回採訪二)同人であろう。

註一五　前註所引の史料によって、斎藤基明は正安より元応に亙って、引付所属の所務沙汰担当奉行として活躍したと推測される。然らば、彼は所務沙汰奉行たると同時に、検断奉行を兼ねたわけであり(その期間は不明であるが)、本文所引史料より逆

推される所務・検断未分の状態とは具体的には、引付奉行の一部が、所務沙汰奉行と検断奉行とを兼任したことをいうのであろう。弘安或いはそれ以前より正和頃の改正に至る間の検断奉行とは、このような性質のものであったと思われる。

註一六　斑鳩旧記類聚所収(大日本仏教全書寺誌叢書一斑鳩寺雑記にも収む)康永三年七月七日足利直義裁許状の一節に、「如同所進承元・天福(中略)元亨・正慶六波羅御教書幷守護代等状者、或大番役勤仕、或他人相論之召文、或熊野造営料段米、鴨河堤用途請取等也、件状者雖為御家人役勤仕之支証」とある。即ち他人相論について催促の使節に立つことは、大番役勤仕、造営修理用途進済等と相並んで、重要なる御家人役の一つであったのである。而して実例について見るに、かかる使節は大概其国御家人の実力者であったと考えられる。

註一七　私は沙汰未練書「検断沙汰」条の「以此等相論、名検断沙汰、関東ニ者於侍所有其沙汰、京都ニ者検断頭人管領有其沙汰、賦事、侍所両頭人許ヨリ、訴状書銘、直奉行許ヘ賦之(上下略)」における両頭人を六波羅検断頭人と解する。後半部分の賦事云々は、関東・六波羅における検断沙汰手続を略記したものであって、侍所・両頭人はそれぞれ直前の「関東ニ者」、「京都ニ者」と相照応する。決して関東の侍所に頭人が二人あったわけではない。

註一八　東大寺文書第四回採訪一所収、嘉暦三年十月日東大寺衆徒重訴状土代に、「今月十一日自寺家差下小綱公人本社之神人御輿所等、悉令追放庄内、剰追懸于黒田坂、殺害神人為時、令刃傷御輿所善力法師之間、於自余使等者、被奪取衣裳所持物等、希有逃上了、此条依為希代未曾有之悪行、於善力法師者、舁進武家之間、両検断以下皆被遂実検畢」とあり、更に同上文書所収元徳二年十月日衆徒申状案は同じ事実を述べ、且つこの時実検に当った両検断の名を伝えて、「御輿所善力法師同被疵之間、舁進六波羅両検断向山刑部左衛門・小串六郎右衛門幷奉行松田掃部允頼済加実検畢」と記す。また花園天皇宸記元弘元年十一月十日条に、「公宗卿即給御返事於武家使者両検断云々」とあるを参照。因みに当時公家社会においては、「武家」は通常六波羅探題の意に用いる。

註一九　日吉社幷叡山行幸記(群書類従三八)に「(正和三年)五月一日(中略)六波羅検断向山刑部左衛門尉敦利」とあり、一方金沢文庫所蔵古文書中の金沢貞顕書状より、貞顕の執事「向山刑部左衛門尉」の名が検出される。恐らく同人であろう。なお貞顕書状の中にしばしば「敦利」の名の見えることも参考すべきである(同上文書)。また久米田寺文書三所収嘉暦三年十一月日申状に、「以向山新左衛門尉利宗、於六波羅南方(探題金沢貞将)内々令申畢」と見えて、向山利宗なる者が貞将の側近者であったことが窺われ、上掲史料と考え併せて、金沢家と向山氏との主従関係を推定しうると思う。

註二〇　註一八参照。向山氏と金沢家との関係は前註に述べた。次に小串六郎右衛門と常葉範貞との関係を考えてみるに、これまた直接の主従関係を示す史料は見出し難いけれども、小串氏が常葉一家の被官であったことが左の文書より窺われ、間接的ながら右の検断頭小串と探題範貞との関係が推定できると思う。

（一）金沢文庫所蔵古文書（六波羅探題貞将あて）貞顕書状に「宗長朝臣備中所領事、以小串右衛門入道、北方（六波羅北方範貞）へ申入候之処」。

（二）同上文書（同前貞将あて）貞顕書状によれば、小串右衛門入道が鎌倉に参向して北方範貞のために所領恩給を請い、首尾よく望みを達したことが記されている。恐らく範貞の使者として下ったのであろう。

（三）同上文書、「嘉暦四年」卯月二十九日（貞将あて）貞顕書状に「北方（範貞）使節小串四郎兵衛尉令帰洛之由承候」。

註二一　松田頼済の検断奉行であったことは註一八所引東大寺衆徒申状に見える。然るに東大寺文書第四回採訪七所収元徳元年九月二十九日黒田庄両奉行人酒肴用途請取状に、「右於六波羅引付之座為召仰、依勤仕使節、依借下両奉行人之下人松田掃部允下人与次男主計四郎兵衛尉下人不知名字所請如件」とあって、頼済の引付奉行在職が知られ、また楓軒文書纂七四岩城飯野八幡所収（備前）則安名条々沙汰目安（端裏に「六波羅御沙汰目安」云々とあり）の第一項に、「一工藤内蔵人房訴一番御手奉行御教書一ケ度松田掃部允」と見える。この目安には何等の紀年も記されていないけれども、第二項の「一藤原氏女訴事」は、飯野八幡社古文書乾所収元徳弐年七月日備前国則安名惣領地頭藤原氏女代盛時訴状の対象とする訴訟と同一事件であろうと考えられ、また同事案の奉行飯尾左衛門尉、第三項事案の奉行和田四郎等はともに当代末期の引付奉行たるの所見あり（京都帝大所蔵東大寺文書三、竹内文平氏所蔵文書三）、以て、この目安の作製年代が大略推定せられる。

註二二　春日神社文書第壱、四八九号（元亨元年）八月二十五日慶円書状に、「道西法師間事、今日廿五日逢御評定、被配流安芸国候、且彼道西御家人之由号申候上者、雖可及糺明候、寺門厳密之大訴候之間、及如此之沙汰候由、可触申寺門之由、六波羅殿被仰出候」とあり、この「雖可及糺明」を「道西の御家人たりや否やを糺明すべきであるが」の意ではなく、「道西の御家人なりとの主張を一応採用すれば、正式の刑事訴訟手続によって、両方訴陳に番え、事案を糺明すべきであるが」と解する。なおこの文書の年代は一二五三、一二五八―一二六五の諸号文書によって推定した。

第二節　管轄権

裁判権行使者としての六波羅探題の任務が、「洛中警固幷西国成敗事」なる一句によって表現せられることは、本章冒頭において述べたところであるが、この西国とは一体如何なる地域をさすものであろうか。(註一)探題設置より十五年後の文暦二(嘉禎元)年七月二十三日被仰六波羅条々の中に左の一条がある。

一　於六波羅可有成敗国々訴訟事、

右東国者限尾張、北陸道者限加賀、可被成敗也、

やや溯って天福元年四月十六日幕府は、「大風以前出挙」に関する新法を定め、「遍為令下知諸国」に奉行三名を指名し、且つ各〻の分担区域を定め、これを注文に作製して六波羅に送った。

一手　宗監物孝尚　十ヶ国

尾張　伊勢　伊賀　美濃　近江　若狭　摂津　河内　飛驒　越前

一手　治部丞宗成　九ヶ国

山城　丹波　丹後　但馬　因幡　出雲　石見　長門　伯耆

一手　左衛門尉明定　十一ヶ国

播磨　美作　備前　備中　安芸　伊予　土佐　阿波　淡路　紀伊　和泉

既にこの注文が六波羅に送られている以上、六波羅はその内容の施行を命ぜられたわけであり、然らばここに挙げられた国々が六波羅の管轄に属したこと疑いなしといえよう。即ち六波羅管轄地域は、この三十国で尽きるものではないとしても、少なくとも東方において尾張・飛驒を、北方において越前を包含していたことは明らかである。(註二)更に

溯って貞応元年(承久三年の翌年)五月二十八日の関東御教書は(新編追加二〇九条)、

相模守《(時房)》・武蔵守《(泰時)》相分国々、代官一人可被相副也、尾張国先為入部之始、定代官下向可相散也(上下略)

と述べて、六波羅管轄の諸国を二分して、両探題に分掌せしめ、各々一人の代官を派せしめているが、この文中傍点の一句は、上記天福の記事及び文暦の制と相参照して、六波羅管轄地域の東端を示すものと解せられる。然りとすれば、少なくとも東海道においては、尾張以西を以てその管轄地域となすのが探題設置以来の制規であったといいうるであろう。この制規はなお長く生命を保ち、七十余年後の永仁五年当時の訴状にも(東大寺文書第三回採訪十一)、

尾張以西之沙汰、可為六波羅成敗之旨、自往古被定置者歟(上下略)

と述べられている。しかもこの一般的主張が実は、美濃国内訴訟を以て六波羅管轄なりとの主張の論拠として述べられていることは頗る注目に値する。即ち吾人はこれによって当時美濃は当然に尾張以西であると考えられていたことをも併せ知りえたわけである。この後も尾濃両国が六波羅管轄に属したことは、尾張国内所務相論に対する正和三年の六波羅裁許状(地理局本妙興寺文書二)、美濃国内所務相論に関する永仁七・嘉元三・徳治二・延慶二当時の六波羅問状・召文・施行状(東大寺文書第二回採訪三、保阪潤治氏所蔵文書二)及び「就六波羅執達《(進)》訴陳状、召決両方畢」云々の文言をもつ文保二年の関東裁許状(大友文書二)を以て、これを証することができる。然るに武家年代記・北条九代記の祖本として、少なくとも鎌倉時代末期に関する限り充分信頼すべき鎌倉年代記の裏書に、

今年元応元五月五日、取六波羅施行六ケ国、以孔子被定、政所分三河・伊勢・志摩、問注所尾張・美濃・加賀、

と見える。元応元年七月十二日東大寺領美濃茜部庄雑掌より六波羅奉行所にあてた書状案に(東大寺文書第四回採訪十三)、

当庄地頭長井出羽法印静瑜、御下知違背、年貢未進事、為寺門累年之鬱訴、擬申行罪科之刻、当国事可為関東御成敗歟之間、六ケ国事取整可有御注進之由、雖承及、当庄事難被混余事之上者、優寺社之異他、以別儀、此一ケ

条忩可被経御注進之由、満寺群議候也（上下略）

とあるは、まさしく同年五月五日の改正令に応じて、美濃以下六ヶ国の関係事案を一括して関東に移送することに決した経緯を伝えるものであり、更にこの決定の実現、即ち改正令の実施は、志摩伊雑浦検校泰実の解状に（三国地志九七）、

伊勢志摩国等、可為関東御沙汰旨、就新法、自六波羅殿有御注進（上下略）、

と見えることにより、及び翌元応二年九月二日、幕府が右の指令を撤廃して、前記六ヶ国を六波羅に戻した（鎌倉年代記裏書）ことによって確かめられる。ここにおいて我々は、元応元年の改正以前、及び同二年の復旧以後に在っては、六波羅の管轄地域は東方三河に、北方加賀に及んでいたことを知る。いま東方に限っていえば、関東と六波羅との堺は、永仁五年より元応元年に至る二十余年の間に、尾張より三河へ移ったわけである。元応より幕府の壊滅まで十余年恐らく再三の変更はなかったであろう。（註三）なお、飛騨は上述の如く天福年間六波羅の管轄に属し、文暦の制では既にその所管外と規定せられた。これ亦その後の変更はなかったであろう。

次に北端加賀についていえば、同国は天福年間の六波羅施行の三十国中に見出されず、文暦の制には六波羅所管の北端と規定せられていることによって、天福文暦間の移転を推定すべきが如くであるが、天福の記事そのものが六波羅管国のすべてを挙げたものでない故、この推定は今とらない。ともかく文暦の制と元応の改正令とを結んで、当代を通じて六波羅の管轄は加賀を以て北端としたと考えて大過あるまい。加賀国内所務相論に関する六波羅の問状・召文・裁許状・施行状及び「六波羅注進訴陳状具書等子細雖多」云々（六波羅において書面審理のうえ関東に移送したことを意味する。なお後述）の文言をもつ関東裁許状が、弘安三・同十・乾元元・徳治三・元亨元の諸年代に見出されて、（註四）以て当時における当国の六波羅所属が立証されるのに対して、東隣能登の六波羅所属を推測せしめるような徴証は未だ管見に触れない。

以上を要約して、六波羅所管の所謂西国とは尾張（後三河）加賀以西であったというべきである。九州が後に六波羅

管轄より脱することは別に第五章で述べる。

以上関東六波羅間の土地管轄規定を考察した私は、次にかくの如き規定の存在にも拘らず、他方幾多の西国訴訟が関東に繋属した事実に解釈を与えなければならない。

およそ訴訟当事者にとって、判決が確定し、その内容が実現されることが最も緊要な事柄であること縷言を要しない。而してかくの如き判決の実効力は、その裁判機関の裁判権の象徴であることもまた多く異論ないであろう。然らばわが六波羅探題の主催する裁判機関はそのような権威ある裁判をなしえたであろうか。

貞永二年の頃預所と地頭との所務相論を裁決した六波羅の一下知状は、その結びに「此上各貽鬱訴者可言上関東」の一句を付け加えており(東大寺文書第四回採訪二五)、やや降って寛元代の同下知状にも、「仍朝寛(訴人)相貽訴訟者可申関東歟」という文言が見出される(高野山文書之六、又続宝簡集一四七一号)。この二例はともに、六波羅が関東の下級審たるに過ぎぬことを自ら表明した好例であるが、更にまた貞永天福年中領家と地頭との訴訟において、本訴の準備手続進行中発生した訴人側の違法手続に対する論人の反訴(知行安堵の請求)にのみ六波羅の裁決が与えられ、本訴の裁決は関東より与えられた事例もある。(註五)また極めて多くの訴訟が、六波羅において準備手続を完了した後関東に移送され、関東の判決が与えられたことは、

(イ)「六波羅注進訴陳状具書等、子細雖多、所詮」云々

(ロ)「如六波羅執進訴陳状具書者」云々

(ハ)「如問注記(六波羅問註記の意)者」云々

等の文言を具した関東下知状の多々あることより容易に窺われる。(註六)また寛喜三年五月十三日六波羅にあてた関東御教書に(新編追加二一〇条)、

諸国守護人地頭、或正員或代官、依領家預所之訴訟、自六波羅為遂対決遣召文、為停止非法加下知之処、不承引

之族有之云々、二ケ度者可相触、及三ケ度者、可注申関東之由、先日被仰下畢(下略)、

とあるによれば、当時少なくとも守護地頭等に対する科罪の権は、六波羅に与えられていなかったと解すべきであろう。要するに初期の六波羅は未だ終局確定の判決を与える権を有せず、また守護地頭等を専断的に決罰しえず、その掌るところは主として訴訟準備手続の進行にあったといいうる。然りとすれば、いま訴訟費用の点を度外におくならば、一般訴訟人が関東の判決を望み、更に進んでは、正確なる判決の重要条件というべき直接審理を希望して、彼等自身関東に参向せんとするに至ることは当然であり(註七)、幕府もこれを拒みえなかったわけである。すなわち初期六波羅の関東に対する土地管轄規定は、訴訟制度上一応の標準たるにすぎず、その厳守を要求すべき性質のものではなかったのである。

如上の初期六波羅裁判権の不完全性は、当時の六波羅の任務が西国訴訟(西国成敗)機関たる点に存せず、専ら関東の耳目として、武家の安全を保持せんとする政策事項の遂行に在ったことの当然の結果であるが、漸次年月を経るに従い、地頭領家間の所務相論の激増、関東政務の増加、渋滞の結果、事の大小となく六波羅の注進を受けて、これに指令を与えるの煩にたえず、ここに六波羅裁判権を強化し、漸次専決の範囲を拡大せんとするに至った。その結果が正元元年六月十八日の「於自今以後者、殊重事外不可注進、直可令尋成敗」なる指令(新編追加二五〇条)の発布となり、従ってまた既定の土地管轄規定も漸次厳守を要求され、遂にこの時代の末には「不動の原則」となったのである(一三ページ註二所引石井先生論文(二)、四九ページ)。但しそれは直ちに六波羅がすべての事柄を裁決するようになったことを意味するものではない。鎌倉末期に及んでもなお六波羅の裁決しえない「殊《ナル》重事」があり(後に見る如くその種類は漸次減少したであろうけれども)、唯それ以外の事柄に関しては土地管轄が実質的な効力を有したという意味である。然らば如何なる事柄が殊重事であったか。私は未だこれに関する確たる規定があったことを知らない。私の集めえた史料の中から、所謂「殊重事」に当ると思われる事項を列挙すれば左の如くである。

（一）　大番役割当てに対する御家人の不服申立

文永六年二月廿四日六波羅御教書案に（東寺百合文書ェ一至十三）、

若狭次郎兵衛入道跡大番役事、可令参勤役所新院御所殿上口之由、被載関東御注文了、而寄事於走湯造営、雖被申子細、不及六波羅沙汰歟、所詮任被仰下之旨、不日企上洛、可被勤仕也（下略）、

（二）　下地中分訴訟

建治元年と推定せられる紀伊阿氏河庄条々事書案（註八）に（高野山文書之六、又続宝簡集一四三五号）、

随又於中分事者、不及六波羅之沙汰、可被申関東事也（上下略）、

（三）　謀書の咎により地頭職を改易する事

建治二年六月日紀伊阿氏河庄雑掌重訴状案に（高野山文書之五、又続宝簡集一一五五号）、

（上略）当庄上村地頭宗親（中略）於謀書罪科者、可被注申関東子細事（中略）

右（中略）於御式目謀作之罪科者、追被注申関東、欲被改易地頭職（下略）、

（四）　論所（繋争地）が得宗領の場合

元亨（嘉）三年の若狭太良庄条々事書案に（東寺文書無号之部）、

自去嘉元二年至延慶三年、於六波羅番訴陳畢、而為御中御領、被調訴陳、去延慶三年注進関東之間（註九）、差進雑掌於関東、雖申子細（上下略）、

（五）　北条氏一門の下知違背に対する判決

正中二年正月日高野山蓮華乗院学侶訴状事書の一条に（高野山文書之二、続宝簡集二八四号）、

一　当院領紀伊国南部庄地頭中務権大輔朝貞、年貢抑留、御下知違背、至極重畳間、御注進上者、於関東不日可被経御沙汰、行所当罪科子細事、

右（中略）学侶頻雖訴申、憚御一門之権勢、御沙汰不被遵行、理訴空送年序畢、難堪無極之処、結句御一門異他之間、罪科輙難被定、仍以違背之篇、可有関東御注進云々（下略）、

（六）　六箇度下知違背の場合

永仁三年七月廿八日伊予古田郷給主栄晴申状案に（八坂神社記録下祇園社記雑纂二）、

（上略）爰当国守護代景重（中略）致種々悪行之間、就訴申子細於武家、被経厳密御沙汰、自去正応二年、可糺返彼押領物之由、六箇度雖成厳重御下知、猶以依不叙用之、御下知違背之趣、忽欲被注進関東之処（下略）、

ここに挙げた僅かの例より、直ちに当代を通ずる制規の存在を論ずることは困難であるが、いま多少の憶測を加えるならば、（一）大番役は侍別当たる執権の職権事項に属し、六波羅或いは諸国守護はただその命令を御家人に施行するにすぎない。従って大番役に関する訴訟も六波羅において専断しえず、関東の恐らく侍所において取扱われたことであろう（八七ページ参照）。（二）（三）は武家領支配関係の変更を来すような判決は六波羅裁判権の範囲外であることを示すものであろう。（四）（五）はともに訴訟当事者一方の特別の権勢を顧慮した結果であり、（六）は御家人に対する科罪権の欠如の故と解すべきであろうか。尤も六波羅において裁決せず、関東に移送した事案が、すべて確固たる制規上の移送理由をもっていたとは考え難い。その時々の情勢に左右せられ、また六波羅探題及び配下訴訟機関の自由裁量の許される余地があったであろう。例えば正安二年当時、播磨土山庄雑掌と「地頭得宗御領代」との十一条に亙る相論は、六波羅において和与の裁許が与えられている（八坂神社文書下、一八五一号）。また前に考察した六波羅訴訟機関が漸次備定し、関東との間の土地管轄規定が格守される過程が、六波羅裁判権の強化、完全化の反映として理解すべきであるならば、その強化、完全化の反映は必ずや移送規定の部面にも見られるであろう。私はその一例として、当代末期において六波羅が（イ）下地中分訴訟に裁許を与えていることと、（ロ）犯科人の所領没収を専決したと推定しうることとを挙げたい。即ち（イ）正中二年九月二日六波羅下知状（吉川家文書之二、一一三〇号）は、永安兼時女子と舎

弟との相論「石見国永安別府并益田庄小弥富、寸津、美磨博、庄久保畠等地頭職事」に対して、和与中分の裁許を与えており、（ロ）六波羅探題金沢貞将あてと推定せられる元徳元年十一月十八日金沢貞顕書状に(金沢文庫所蔵古文書)、

六波羅闕所注文、去今両年分不到来候、何様哉候へとも、案文を不給候歟、若又闕所か候はぬやらん、不審候、いかニも両年なき事ハあるへしとも不覚候、奉行人事をきらひ、又闕所ニなりぬへき事を評定にあけ候ハぬやらん、返々おほつかなく候(上下略)、

と見え、当時六波羅において西国闕所処分を議決して、その結果たる闕所注文を年々関東に送っていたことが知られるのであるが、この闕所の中には、恐らく犯科御家人の没収地も含まれていたであろう。然らば六波羅はついに御家人科罪権を取得したといいうるわけである。

次に関東・六波羅間の審級管轄関係について考えてみよう。さきに私は、初期六波羅裁判権の不完全性を述べた時、貞永・寛元年間の事例を挙げて、当時の六波羅は関東に対して下級審たる地位に立つものであることを指摘した。すなわち西国訴訟の当事者は一度六波羅の判決を受けても、もしそれに不服ならば、改めて関東に出訴することができたのである。然るに漸次六波羅裁判権が強化され、関東・六波羅間の地域管轄規定が実際の効力を発揮するようになるにつれて、六波羅の関東に対する審級的関係もまた変化するのは自然の勢いである。裁判権の強化と関連する訴訟制度分化の過程の裡に、越訴の制度が確立するならば、六波羅の判決に対する不服申立は、六波羅自身の越訴機関で取扱い、初期の如く関東への上訴を許さぬようになるであろう。それはとりもなおさず従前の関東に対する審級的関係の解消を意味する。六波羅越訴制度については、文永四年十二月日陳状案(高野山文書之五、又続宝簡集一一二九号、同六、又続宝簡集一四五九号)の記載、

於六波羅殿経沙汰之処、依前奉行後藤左衛門尉偏頗、被棄置之由令申之間、付越訴奉行、令言上此等次第了(上下略)、

を初見として、越訴機関に関する僅かの史料が知られるにとどまり、制度発展の過程を克明に考究しえない状態である。私はここではただ、弘安年代の関東・六波羅間の審級関係を語る一史料を挙げて、当時の六波羅越訴制の発展段階をトする一手がかりとしたい。(註一〇)筑後御家人北野家重と北野社雑掌との同国河北庄相論を裁許した弘安七年三月四日関東下知状案は、冒頭に「当論所については、先年六波羅において訴陳に番え、その結果六波羅は社家勝訴の判決を下した(時に弘安三年)。然るに家重六波羅に越訴を提起するによって、六波羅は両者を訴陳に番えしめた後、一具訴陳文書を関東に送致して判決を請う。よって今判決を下す次第である」云々という意味の事を述べた後、結局「弘安三年六波羅下知状無相違」との判決を下した。ここで我々は六波羅判決に対する不服中立を直接関東に提出することなく、六波羅に越訴していること、而も六波羅が自ら判決しえないこの越訴を直ちに関東へ移送することなく、両者の書面審理手続を完了した上で、一具文書を関東に送っていることに最も注意せねばならぬ。唯この下知状は、訴訟当事者が書面審理終了後、関東に下向して対決を行ったか否かに関しては、片言隻句言及するところなく、この点において、当越訴が最後まで六波羅越訴機関に繋属したままであったか否かは速断しえないものがある。それにしても六波羅が越訴の判決を関東に請うていること、換言すれば六波羅の手で判決を下しえない越訴があるという事実は、当時なお関東・六波羅に審級関係の存続したことを雄弁に物語るものであり、そのような越訴を即座に関東に移送することなく、少なくとも書面審理手続を自らの手で終了せしめたことに、六波羅越訴制度の相当程度の発達が示される。六波羅越訴制度は弘安以後もなお発達の歩みを止めず、関東に対する審級関係は漸次稀薄となったであろうけれども、全くの解消をみるに至ったかは甚だ疑わしいと思われる。六波羅自身判決不能の重要訴訟(殊重事)が当代末期にもなお幾つか存した事情を併せ考えるならば、六波羅は審級上からも遂に関東より独立しえなかったとみるを穏当としようか。

以上本章は、承久役を機縁として京都に設置せられた幕府の代官六波羅探題が、西国訴訟管轄権を与えられた後、一方において関東の訴訟制発達に照応して、種々の訴訟機関を新設し、分化せしめ、手続法の発達を計り、また他方では関東に対して漸次より強力な裁判権を主張し、独立した訴訟機関の実を得んとしつつあった過程を考察した。六波羅探題が幕府の一地方職員である限り、彼のもつ訴訟制度が常に関東訴訟制度の制約を受けることはいう迄もない。その結果、既に考察した如く、関東制度の輸入、移植の跡は随所に見出される。而もその移植が或る期間を隔てて行われる場合、関東について或る制度を発生、発達せしめた根本理念が失われ、その制度が形骸化した後に至って、いわば制度の外形のみ移植されるという現象が発生する。引付責任制の移入の如きその一例であろう（一三二ページ参照）。

次に私は当代の最大事件、否、国史を通じての最大事件たる蒙古襲来を機縁として、専ら国防上の見地より、九州の地に第二の幕府出張職員「鎮西探題」を設置し、これに訴訟管轄権を与える経緯を、及びかくして成立した九州訴訟機関の幕府訴訟制上の位置を考察せねばならぬ。もし六波羅探題の成立を以て、幕府訴訟制上第一次の地域的分化といいうるならば、鎮西探題の新設はまさに第二次の地域的分化と称しうるであろう。

註一　近衛家本追加。本書のことは第一章第一節註一（一三ページ）参照。なおこの法令は左の如くやや異った文体で武家雲箋にも収められている。

一　於六波羅可為成敗国々訴訟事、

右東国者尾張をかきり、北陸道者加賀をかきり可被成敗也、

事書の為字、本文の仮名交り部分が、後人転写の際の誤記・改竄に出でるものであることは多く説明を要しないと思う。

註二　三浦周行博士は早くこの記事によって、六波羅の管轄地域を論じておられる。大日本時代史『鎌倉時代史』二九章百五節（『日本史の研究　新輯一』にも収む）参照。

註三　京都帝大所蔵東大寺文書三に美濃茜部庄年貢相論に関する正慶元（元弘二）年八月十二日六波羅御教書あり、また同年同月廿五日関東御教書は、六波羅に対して尾張・伊勢等国内久我家領諸庄濫妨に対する庄務の回収を命じている（久我家文書）。以て当時なお依然として尾張・伊勢の六波羅管内に在ったことが確かめられる。

註四　弘安三年九月十七日六波羅施行状（『石川県史』一付録三号、温故古文抄）

弘安十年十月十一日関東裁許状写（前田侯爵家所蔵下知状）

正安四年九月十五日六波羅問状案(東寺百合文書ミ六十三至八十)
正安四年十月廿七日、乾元元年十一月廿八日同上召文案(同上)
徳治三年五月二日六波羅裁許状(前田侯爵家所蔵下知状)
元亨元年五月十八日六波羅召文(南禅寺文書一)

註五　長隆寺文書に、

伊予国御家人国重申同国忽那島地頭職并松吉名事

右当島下司国重巧新儀、押領松吉名之由、以雑掌解自領家依被訴仰、下遣問状之、而以件状為雑掌被妨松吉名云々、爰如国重所帯承久三年閏十月十二日関東御下文者、伊予国忽那島地頭職事、右件職任相伝知行并故右大臣(実朝)家御下文、藤原国重可令安堵也、兼又当島内松吉名田畠同無相違可致沙汰云々者、為下司職押領松吉名由事、頗為預所之虚訴歟、然則守承久御下知状、当島地頭職并松吉名等、国重任先例可令領知之状如件、

貞永元年七月廿七日

掃部助(時盛)平 在判
駿河守(重時)平 在判

伊予国忽那島地頭職者、元久二年兼平給右大臣家御下文畢、承元二年左馬允国重任父譲、給同御下文畢、加之地頭分松吉名不可有相違之由、建永三年蒙下知畢、爰今年国重押領松吉名、不済年貢之由就領家訴訟、駿河守・掃部助下遣問状歟、而以件状為雑掌被濫妨当名云々、如国重陳状者、祖父俊平令寄進長講堂之後、田畠所当二百余石弁済之、随而松吉名田参町 畠拾参町之外令(不脱カ)募加徴給田云々者、今更不及改行(ママ)歟、早任度々成敗、無違乱可令致沙汰之状、依鎌倉殿仰下知如件、

天福元年十二月十日

武蔵守(泰時)平 在判
相模守(時房)平 在判

とあるを参照。但し後者、天福の下知状に建永三年とあるは承久三年の誤りなるべく、また「爰今年」とあるはまさに「爰去年」とあるべきところ。或いはこの「去年」は六波羅注進状の文言をそのまま採り入れたための誤りかとも考えられる。

註六　(イ)文言の例としては、最勝光院領備前長田庄雑掌と同庄内地頭等相論所務条々裁許の弘安十年四月十九日関東下知状(神田孝平氏所蔵文書一)、(ロ)では加賀熊坂庄一方雑掌と江尻泰俊相論名田并苅田狼藉事裁許の弘安十年十月十一日関東下知状写(前田侯爵家所蔵下知状)、(ハ)では石見長野庄内飯多郷地頭職相論裁許の貞応二年五月廿五日関東下知状写(益田家什書一之十)。なお、葉黄記寛元五年正月廿六日条に、高野山領名手庄と粉河寺領丹生屋村との堺相論に関して、武家(即ち六波羅)において対決をとげ、その対決記録たる問注記を関東に送ったとあることもここに参照される。

註七　文暦二年七月二十三日六波羅に指令した関東条々事書の中に、左の一条あり(武家雲箋)。

一　於六波羅可蒙(遂カ)問注由、依被成御教書、可遂其節旨相催といへ共、地頭関東におゐて可遂行之由申事、
　右但(任)御教書、於京都可遵行也、而地頭令難渋者可有科之由、かねて可催地頭等也、

一体この文暦の条々事書は、六波羅より種々の場合の対処措置を問合せたのに応えた関東の指令と解せられるのであるが、右掲の一条によって、六波羅において問注を遂ぐべしとの幕命に抗して、六波羅に出対せず、関東対決を主張する地頭があったこと、又これに対して六波羅は独断処罰をなしえなかったことが知られ、当時の六波羅探題の地位・権限及びこれと関連する関東六波羅地域管轄規定の意義がここからも読みとられると思う。なお武家雲箋所載文暦二年条々事書の性質については註一参照。

註八　但しこの文書には全然日付がない。石井先生は内容上、永仁元年五月二十五日領家地頭中分事なる法令の発布以前とせられた(『中世武家不動産訴訟法の研究』二五六ページ)。私は更に局限して建治元年九月以後十二月以前におく。次にその年代推定理由を略記しよう。先ずこの事書案を一読して次のことが知られる。ここに問題となっている事件が、紀伊阿氏河庄地頭の非法に対して、百姓が領家方に訴え、これによって領家方より地頭を相手どって幕府側に訴え出ようとしていることである。よってこの事件の大体を知るべく、少しく関係文書を求めてみると、宝簡集一八二号、又続宝簡集一一三〇・一一三二・一一四四・一一五二・一四四四・一四六五等の諸号が挙げられる。即ち建治元年五月阿氏河庄上村の百姓が地頭宗親の非法条々を領家寂楽寺に訴えたのに初まり(一一三〇号)、領家は改めて同年九月同村雑掌従蓮の名において六波羅に出訴し(一八二号)、

十月五日最初の審理があり(一四四四号)、以後訴陳に番えて二年に及んだのである(一一三二・一一四四・一一五二・一四四四・一四四七・一四四八・一四五一・一四六五)。なおこの事書案が一四四七・四八・五一の諸号と同じ筆蹟なることも併せ考うべし(大日本古文書各号按文)。さて右の事書案は、領家方が百姓解状を直接六波羅に提出しようとして、その訴状方式にかなうか否かを一応第三者(幕府訴訟手続に通じた人。恐らく六波羅の奉行であろう。然らばこの文書の筆者唯浄はかつて三浦周行博士が唯浄裏書の記者に擬せられた六波羅奉行斎藤基茂ではあるまいか)に尋ねたのに対する回答であろうと考えられるのであるが、その第二・第三条において、百姓が地頭非法を訴える場合には、直接百姓の訴状として六波羅に出訴することは違法である。雑掌の名において訴えなければならぬ(石井先生は私見と解釈を異にせられる。前掲高著六八ページ)。然るにいま阿氏河庄上村には雑掌がないとのことであるから、先ず雑掌を定めなければならぬ。但し百姓解状の内容そのものは一々道理に合うと思う云々と述べている。これを前の訴訟進行の略説に対照するならば、この事書作製の時期が建治元年五月(百姓解状)以後、同年九月(雑掌従蓮訴状)以前なることは容易に理解される。

なお文学士平山行三氏もこの文書を引かれて、「下地分割の裁判は主として関東にて行はれた」と述べておられる(歴史地理六二ノ二「地頭領家の下地分割」一八ページ)。

註九　この関東とは、或いは多賀神社文書所収嘉暦元年十二月廿三日関東裁許状に、「右如元亨二年十一月十六日六波羅注進状者(中略)当社者為得宗領之由基綱等(訴人)申之、訴陳具書等相副目録進上候云々、就之自得宗方被与奪問注所之間」云々とある場合と同じく、直接には得宗方(北条氏宗家の裁判機関)を指したかとも考えられる。然し何れの場合も結局は幕府の引付に繋属している故、ここに引用することは許されると思う。

註一〇　北野社古文書。この文書は畏友原田伴彦学士の教示によって知ることができた。記して謝意を表する。

補註三　是円房道昭を「旧幕府御家人の主流をなした人々」の一人としたのは誤りであって、この人は正しくは明法道の中原章継の子。従って本文よりこの人の名を削除したい(日本思想大系『中世政治社会思想』上四九三ページ、笠松宏至氏の幕府法解題、書陵部紀要27号、今江広道氏「法家中原氏系図考証」、日本歴史一九七八年二月号、今江広道氏「建武式目の署名者、是円、真恵の出自」を参照)。

第五章　鎮西探題

第一節　鎮西奉行・守護

そもそも九州の地は忠盛以来平氏と関係深く、殊に保元三年以後、清盛が経営最も力めたる地であって、平氏の最も有力なる地盤を成していた。この平氏一党を討滅して、新たに西国武士を自己の御家人の列に加え、漸く武家の棟梁たるの実を獲得しつつあった頼朝は、当然この地の統制、直接には、新付御家人統制のために意を用いるところがなければならぬ。況んや嘗て森克己学士の論ぜられた如く、この地が古来、中央政権消長の反映極めて著しき所であった以上(歴史地理六九ノ五「鎌倉幕府の対外貿易方針」)、天下草創の秋なりとして、自ら新時代の創始者を以て任じた頼朝が、当地経営に一段の深慮を要したであろうこと想像に難くない。而してかくの如き深謀遠慮の遂に表面化するに至ったその動機は、実に頼朝の対義経関係の決裂であった。文治元年十月十八日義経の強請に基づく頼朝追討の宣旨発せられてより四十日の間に、頼朝はその卓越せる政治的手腕を以て、巧みに公家側の虚を衝き、忽ちにして禍を転じて以て福となし、ただに義経・行家追捕の宣旨を賜わったのみならず、遠大なる意図に基づく守護地頭補任の奏請に勅許を得て、まことに驚くべき成功を収めたのであった。飜って当時九州が義経下向の目的地であったことより察すれば、彼はこの地与党の勢力に充分の目算を有したと見るべく、恐らくは何等かの連絡がなされていたであろう。特に豊後国は義経と特殊な関係があったらしく(玉葉文治元・十一・二条、同八条)、頼朝自身、院への奏状の中に「云国司云国人、同意行家義経謀反」と切言しているほどである(同上文治元・十二・廿七条)。然るにその義経が九州下向の企てはあえなく破れ、彼は吉野山中を彷徨して、ひたすら捜索網をくぐるに汲々たる窮状に堕してしまった。今こそ頼朝は一刻も速く敵の地盤を壊滅せしめ、謀叛同意の党類を掃蕩する必要がある。即ち彼は文治元年の末、義経与党の捜索を理由として、豊後の国務知行を奏請すると共に(同上同日条)、これと相前後して天野遠景を鎮西の地に派して鎮西奉行としたのである。通説は吾妻鏡文治二年十二月十日条に、「今日藤原遠景為鎮西九国奉行人、又(又字吉川本なし)給所々地頭職云々」とあるを根拠として、遠景の鎮西奉行補任をこの日にかけているけれども、私はこれを約一年溯らしめて、文治元年末と断ずる。その理由として左の三点を挙げる。

(一) 通説の根拠たる上掲吾妻鏡の記事は、吉川本に従えば、遠景が当日地頭職を恩給せられたという一事実を語るのみであり、「為鎮西九国奉行人」の一句は恩給理由の説明と解すべきである。かりに一歩を譲り、「又」字を認めるとしても、それは直ちに通説を認めることにはならない。けだし、前半「為鎮西九国奉行人」は正式職名設定を語るにとどまり、当職の事実上の設置はこれ以前に在ると解しうるからである。

(二) 次に積極的理由として、文治二年二月当時、即ち通説の補任時日を溯る十ケ月以前、頼朝は肥前神崎庄武士濫行の停止を彼遠景に命じておる(吾妻鏡文治二・二・廿八条、同廿二条)、これ既に遠景が鎮西御家人統率の職——鎮西奉行——に在ったことを示すものと断じて誤りあるまい。

(三) 彼の九州下向の時期は、史料の示すところ、文治元年十月二十四日—文治二年二月二十二日の間(同上)、而もこの上限は在鎌倉、下限は在九州の時日なるが故に、鎌倉出発の時期は更に短縮しうべく、まさに上述の切迫せる情勢に照合する(同上文治三・九・廿七条参照)。

かくして、文治元年末或いは二年初頭以来、天野遠景が当地に下って鎮西奉行の職に就き、さし当っては義経及び平氏残党の追捕に当り、一般的には、鎮西地頭御家人の統率に任じたのである。

然るに一方上代以来この鎮西の地には、九国二島を統轄する行政官衙「大宰府」があった。而もそれは、上代末期においても決して律令制の名残りとして簡単に論じ去りうるほど形骸化してはいなかった。今これを大宰府本来の主要機能の一である対外貿易管理の一点についていえば、かの平清盛が大宰大弐に任ぜられ、弟頼盛また同官に任ぜられて、以て当地における平家地盤確立の基礎を築いたということだけからみても、当時大宰府の貿易管理権の有機的発動は充分了解されるであろう。即ち鎌倉幕府創設の当時、大宰府は依然鎮西行政官衙として立派に活動していたのである。この時もし頼朝が、武力を背景とした鎮西武士統率機関を設置したとすれば、この機関とかの大宰府との間には如何なる状態が生ずるであろうか。ひと言に武士統率とはいうも、その武士が当時社会の中堅層であり、更にいえば彼等当時の錯雑した所領関係の裡にあって、頼朝の家人たると同時に領家の庄官であり、大宰府府官、国衙の在庁であるという実状に鑑みれば、新旧両機関の間に権限上の紛議が発生し、ひいては激しい対立抗争が誘致されることはけだし見やすい道理であろう。頼朝は自ら新時代の創造者を以て任じ、武家政治の樹立を目的としたけれども、この目的達成の方途を単なる旧勢力の圧服破摧、旧制度の破壊に求めず、外見上旧勢力・旧制度と妥協しながら、実権をおのが掌中に収め取る底の政治的手腕を具えていた。旧勢力との政治的折衝の巧妙さを、我々は文治二年以降地頭停廃の問題を巡って輻輳する対公家交渉において見る。また旧制度利用の好箇の一例として、頼朝が元暦文治以降の美作の守護梶原景時を、同国国主徳大寺実定に吹挙して、同国目代たらしめたという事実が挙げられる。(註一) けだし一国の守護が同時に目代であるということは、守護の職権行使を一国全般に亙って妨害しうる国衙の勢力が事実上消滅することを意味するからである。次にこのような頼朝の根本態度を考慮に入れて、鎮西奉行設置と大宰府との関係を少しく考察してみよう。

ここにこの問題の考察に資すべき二つの史料がある。

在御判《(頼朝)》

自近衛殿被仰下嶋津庄官訴申、為宰府背先例、今年始以押取唐船著岸物事、解状遣之、早停止新儀、如元可令付

庄家也、適為被仰下事之上、如状者、道理有限事也、仰旨如此、仍以執達如件、
五月十四日　　　　　　　　　　　　　　（平）盛　時奉
伊豆藤内《（天野遠景）》殿　（島津家文書之一、二九八号）

宗像前大宮司氏家訴申、当神領内本木内殿等地頭職事、於府庁可問注両方之由遣仰先了、仍引勘氏家所進問注詞之処、氏家得理、早停止高房知行、以氏家可令領掌、但有限之神役不可懈怠之由、含氏家了、猶於高房所帯御下文者、慥可召進也、又於下文者、不賜氏家者也者、鎌倉殿仰旨如此、仍執達如件、
建久二年八月一日　　　　　　盛　時□《（奉カ）》（裏花押）
藤内《（天野遠景）》民部丞殿　（宗像神社文書一）

先ず以上二通の頼朝御教書が鎮西の地に在る天野遠景にあてて発せられた命令であるとすることには、およそ何人も異論ないであろう。ところで前者は年紀を欠き、その推定は私の能くしないところであるが、唯その充所遠景の仮名が任官（民部丞）以前たることを示すが故に、後者よりも早い年代であることだけは容易に想像される。よってこれを漠然と遠景赴任の文治二年以後、建久二年以前と推定する。（註二）さてこの御教書によれば、近衛家領島津庄の庄官が大宰府の違例の処置を近衛家に愁訴した。よって近衛家では庄官の愁訴状を頼朝に送付して、頼朝より大宰府に対して、その違例的処置を改めるよう命ぜられたしと通告し来ったのである。頼朝はこれに対して、庄官の主張を認めて、新儀を停止して、違例の処置を改めよという命令を天野遠景に下したのである。以上の解釈にして誤りなしとすれば、当時大宰府現地当局が天野遠景を最高責任者に戴いて頼朝の支配下に入っていたことは疑いなしといえよう。これによってみれば、遠景は鎮西御家人を指揮統率する鎮西奉行であると同時に、従来の鎮西行政官衙「大宰府」の最高責任者であったのである。

遠景の地位に関する以上の考定は、第二の御教書によって益々確かめられる。けだしその文意は、宗像前大宮司氏家が高房の同神領内本木内殿等地頭職知行を非法なりとして、これを幕府に訴えた。よって幕府は大宰府府庁において両人の口頭弁論を執行すべき旨を天野遠景に命じた。恐らく遠景は命のままに行って、その結果たる対決記録（問注詞）を関東に送ったのであろう。幕府ではその記録に基づいて判決を下し、氏家の勝訴と判示した。よっていま敗訴人高房の知行を止め、氏家をして知行せしむべきこと、即ち判決内容の実現を遠景に命じ、併せてこの判決当然の結果として無効となった高房あての頼朝下文を回収して、これを関東に送付すべきことをも命じたのである。ここでは、地頭職相論という純然たる幕府裁判事項が、大宰府府庁において審理される。而もその審理をはじめ種々の判決前準備手続及び判決の執行に当る者が、わが天野遠景なのである。この事実は遠景の大宰府支配を一層明確にするのみならず、鎮西御家人統率機関「鎮西奉行」所が事実上、大宰府と一体であったことをも物語るものである。ここにおいてか、かの平氏滅亡の際の大宰府現地の長官、大宰少弐原田種直一党誅伐の事実が改めて見直される（吾妻鏡文治元・二・一条、同十二・八条）。即ちそれは単に平家与党勢力の破摧のみを目的としたものでなく、旧制度上の鎮西統轄機関たる大宰府を頼朝の支配圏に取り入れるために、旧勢力平家の権威と利益を代表する当府の最高責任者を排除せんとするものであった。その結果、大宰府現地の実権は平家勢力なる原田氏から、源氏の代表遠景に移った。尤も遠景は初め官途なく、のち漸く民部丞に任ぜられたのであって、正式の府官に任ぜられたのではない。然しそれは彼の大宰府責任者たる地位を動揺させるものではない。また頼朝の一般的態度よりすれば、遠景の地位を保障するものは、純然たる武力のみであったとはなし難い。恐らく頼朝は政治的方法によって遠景の地位を、公家制度上合法的なものとしたであろう。これらのことは後の武藤氏の例より溯って類推される。

鎮西御家人統率の職たる鎮西奉行の地位、特に旧制度上の当地統轄機関たる大宰府に対する関係は、以上の如く規定された。然しそれが幕府訴訟制度上如何なる地位に在ったか、具体的にいえば、鎮西奉行における裁判権の有無、もし有りとすれば、その管轄内容如何等の問題は、遺憾ながら解決すべき史料がない。ただ我々は上掲第二の頼朝御教書によって、鎮西奉行が幕府の指示を受けて、種々の判決前準備手続及び判決の執行に当ったことを指摘するにとどめる。

遠景は文治元年二年の交に当地に赴任してより約十年、建久二年より六年の間に、任を解かれて関東に帰った。(註三)そしてこの後を襲って鎮西奉行たる地位に就いた者は武藤資頼であった。資頼の鎮西奉行就任の事実を推定するにはやや煩雑な考証を経ねばならず、ともすれば読者をして考証の枝葉に幻惑して、論旨の本流を見失うの危険に陥らしめるの惧れなしとしない。よって先ず考証過程を数段に分って、その大綱を掲げ、然る後各段の考証に入ろう。今この推定を支持する根拠を略言すれば、次の二つになる。

〔甲〕 大体建久の末年、恐らくは遠景と交替に、武藤資頼が鎮西に下って、大宰府の最高責任者となり、且つ筑前・豊前・肥前・対馬の守護に補せられたと推定しうること。

〔乙〕 資頼の時代には未だ確証を得難いけれども、その後継者資能・経資の時代に及んでは、武藤氏が鎮西全般の地頭御家人に対して、何等かの特殊権限を有したと見るべき徴証があること。

換言すれば(甲)は資頼が、遠景の有する大宰府責任者たる地位を襲ったとする史料であり、(乙)は同じく遠景の有する他の地位、鎮西地頭御家人統率者たる地位を襲ったと臆測せしめる史料である。以下(甲)(乙)それぞれについて子細の論証説明を加えよう。

【甲】 そもそも武藤氏が文永初度の蒙古襲来当時、筑前・豊前・肥前・対馬・壱岐の所謂三前二島の守護職を併有していたことは嘗て相田先生の説かれたところであるが(六一ページ註八所引論文(下)二七ページ)、いま少しくその由来を尋ねてみると、武藤氏知行の守護職全部を挙げた史料としては、管見の及ぶところ寛喜二年五月九日付武藤資能神馬送文案(益永文書)を以て最古とする。これによれば、当時武藤氏は筑前・豊前・肥前・対馬の三前一島を知行していた。壱岐は未だ武藤氏の掌中にはなかった。この状態は建長(佐賀文書纂龍造寺文書乾)、文応(青方文書)、弘長(武雄神社文書三、青方文書)に降るもなお変らず、これより十三年を経た文永十年十一月十六日付武藤資能《恵覚》あての関東御教書に至って初めて壱岐の名が見える(松浦文書一)。すなわち弘長文永の間に壱岐が加えられたのである。ここに我々が三前一島(後二島)の守護武藤氏活動の跡を辿る時、最も注目すべきは武藤氏の発給する守護権限文書たる守護所下文及び守護所牒の形式である。それらには、先ず守護が袖判を加え、更に日下に大小監典、監代等の下級大宰府官吏が連署する。否、実は現地大宰府官吏全員が連署するのである。後引武藤資頼の申状にいう「成与成敗下文之時、守護人加判之上、直人皆以加署判」はこれを証する。守護所発給の文書に守護が袖判を居えることは何等異とするに足らぬところであるが、大宰府官吏が連署するということは如何に解すべきであるか。宛かもここに参照すべきものに上代末期の大宰府発給の下文がある(島津家文書之一、一七八号)。それには、先ず文書の袖に現地大宰府最高責任者の花押が署せられ、次に打ちつけに「下」とあり、日下には大小監典・監代等恐らく現地大宰府官吏全員の連署がある。これを彼の守護所下文と比較するに、冒頭の「守護所下」と「下」との相違あるのみ。この類似に着目して私は、右の守護所下文における監典等連署の制を、武藤氏が現地大宰府の最高責任者であることの表現であると解する。かくして武藤氏の主宰する大宰府は同時に三前一島の守護所であったのであり、その故にこそ、同守護所は一般に「宰府守護所」と称せられたのである。

　次に然らば、武藤氏が叙上の大宰府最高責任者たると同時に、三前一島の守護であるという地位は何時から始まるのであろうか。寛喜以前に溯って推定する方途はないであろうか。ここに安貞二年三月十三日峯源藤二持と山代三郎固との肥前宇野御厨内小値賀島地頭職相論を裁決した関東下知状がある(青方文書)。それによると先ず訴人峯持は数種の証文を捧げて、山代固の同地頭職知行を非法なりとして訴えた。よって論人固は建保元年十二月二十七日の将軍家政所下文を根拠としてこれを反駁した。これに対して持は、右の下文は元久二年閏七月十四日の大宰府勘状に基づいて下付されたものであるが、その大宰府勘状なるものが甚だ怪しい。大監惟宗為賢ただ一人の署名あるのみ、而もその為賢の署名も位所書、花押ともに載せず、所詮謀書というべし(かかる謀書に基づいて下付された下文は証拠力を有しない)と。固陳弁して云く、彼の下文の事は父の時代に属する事である故、詳細の事情は分らぬ。然し問題の勘状の作製者たる為賢は府官中有数の人である。今は既に卒去後であるから、もし幕府(裁判所側)にて御不審あらば、資頼朝臣にお尋ねありたいと。よって幕府から資頼に照会したとみえ、資頼は嘉禄三年十月十日付を以て、中状を幕府に送った。すなわち左のごとくである。

三十余年之間、各以自筆勘申之故、依無不審不加判形、雖然勘状叶道理之日、成与成敗下文之時、守護人加判之上、直人皆以加署判、私成敗難及事者、所令進上問注記許於関東也、不相副資頼之書状、以直人一人之勘状許、被引載御下文事、若久罷成事之中、自然相交事哉候覧、如当時者、一切不覚悟、又於不相副資頼書状之直人勘状者、不足証文歟云々略之、

ここに資頼が自らの経験を基にして述べた三十余年来の慣例なるものを摘記すれば、(註四)

(一) 大宰府の勘状は各担当者(府官)が自筆を以て作製する故、別に各人の花押を署せず。

(二) 守護は右の勘状を正当と認めれば、これに基づいて判決を下す(下文)。その形式は守護加判の上に更に府官全員の連署を必要とする。

(三) もし守護にて判決を下しえない時は、当事者対決の記録のみを関東に送致して、幕府の判決を乞う。従って「府官一人の勘状を、しかも自分の副状も付けずに関東に送るが如きは全く慣例に反する事であり、或いは長い間のこと故、かかる措置をとった事なしとは断言し難いけれども、現在自分の記憶には全くなく、かたがたかかる勘状は証文となすに足らぬ」と述べたのである。

以上の記述から容易に次の推論が得られる。

（イ）　資頼は嘉禄の今に至る迄三十余年の久しきに亙って現地大宰府の最高責任者の地位に在った。

（ロ）　彼は同時に肥前の守護であり(この訴訟は肥前御家人の訴訟である故)、その発給文書たる守護所下文は、後年の三前一島の守護所下文と同形式である。従って大宰府は同時に肥前守護所である。而して資頼の守護職知行に関して、この訴訟文書の直接示すところは肥前一国にとどまるけれども、肥前守護所が筑前大宰府に在るという事実から、資頼の筑前守護職兼帯が推定される。

嘉禄三年より三十一年を溯れば建久九年であるから、武藤資頼は遅くも建久九年以降、大宰府現地の最高責任者に任じ、且つ最小限筑前・肥前二国の守護職を兼帯し来ったのである。或いは寛喜以降において確証ある三前一島守護職兼帯は、事実上ここまで溯るものであるかもしれない。いま確言を保留する。ここで幕府勢力を代表する最初の大宰府責任者天野遠景の解任東帰の年代を想起しよう。それは既述の如く建久三年より六年に至る間であった。いま武藤資頼の同地位就任の年代は遅くも建久九年である。幕府勢力を代表する大宰府最高責任者という一点に局限する限り、遠景に代って資頼がこの地位に就いたとみることは、年代推移の上から極めて有力な支持を与えられると思う。なおここで資頼の官途について一言しておこう。彼は前に引用した申状作製の前年嘉禄二年八月十四日筑後守に任ぜられ、次いで同年十月三日大宰少弐を兼ねしめられた(民経記)。当時権帥・大弐の現地に下向することは絶えてみないところであるから、この大宰少弐兼補によって、資頼の地位——現地大宰府の最高責任者——は名実ともに備わったといえる。然し事実上この名の有無は、地位に何等の変化を与えるものではなかった。資頼が任少弐に先だつこと三十余年以前より、最高責任者として大宰府現地を左右し来った一事はこれを証して余りありといえる。この地位は今後長く武藤氏の世襲するところとなり、歴代当主は一度は大宰少弐に任ぜられ、遂に少弐を以て苗字となすに至るのではあるが、彼等の地位に対して、少弐という官途が必須の要件であったわけではない。

かくして、鎌倉幕府の勢力を代表する最初の大宰府最高責任者天野遠景の後継者は明らかになった。然し鎮西地頭御家人統率者としての遠景の後継者に関しては、我々は未だ何等知るところはない。次にこの問題を考察しよう。

【乙】 そもそも武藤氏が、遅くも寛喜を降らぬ時代より、三前一島の守護職を帯していたことは前段に論証した如くであるが、ほぼこの頃より文永弘安にかけて、即ち鎮西の統一的訴訟機関が設置される迄の間に、武藤氏が三前一島以外の諸国の事に関与した事実が散見する。詳しくいえば、三前一島以外の地頭御家人訴訟を審理して、その結果を関東・六波羅に注進するという訴訟上の準備手続に当っているのである。先ずその事例を表記して、而る後かくの如き特殊権限の由来を考察しよう。但し後述の如く弘安七年末には、九州における統一的訴訟機関の前駆ともいうべきものが設置せられ、事情はここに一変する故、左表もまた当然弘安七年前半までとなる。また弘安四年肥前守護職は武藤氏の手を離れて、北条時定に帰する故（松浦文書、なお六一ページ註八所引論文(下)三六ページ参照）、その後の肥前の例を採録する。

	年月日	国名	武藤氏関係事項	出典
1	寛元二年十二月二十五日—同四年九月五日	薩摩	国分寺沙汰人申地頭濫妨田畠由事、越訴審理	薩藩旧記前集三所収六波羅御教書
2	弘長三年六月二十九日	肥後	八幡宮領高橋庄預所申名主相良入道子息等致条々非法由事、審理幷ニ注進	石清水文書之六菊大路家文書三四号武藤資能請文
3	文永七年四月二十六日	豊後	清原氏与舎弟野上資直相論地頭職事、審理注進	諸家文書纂十九野上文書所収関東下知状
4	建治元年八月十四日	肥後	鹿子木西庄下村地頭申給主不従所勘由事、審理注進	新編会津風土記三梁瀬文書所収関東御教書
5	弘安元年	筑後	御家人本庄兼朝申下関東御教書於宰府経訴訟畢	池田文書一所収正安二・三・十二鎮西下知状
6	弘安二年三月二十六日	大隅	御家人佐汰定親遺跡相論、訴人ノ主張ノ調査注進	禰寝文書四所収関東御教書
7	弘安三年十二月五日	薩摩	御家人谷山郡司与同郡内地頭子息代官相論条々、注進幷ニ訴陳具書ノ執進	薩藩旧記前集六所収弘安十・十・三関東下知状
8	弘安五年四月二十五日	肥前	入道教蓮代官申長島庄上村地頭濫妨同庄内楢崎村由事、審理幷ニ注進	小鹿島古文書上所収六波羅御教書案

9	弘安六年十一月十七日	肥前	彼杵庄内地頭申俊基押領由事、審理注進	深堀記録証文三所収六波羅御教書
10	弘安七年三月十一日	肥前	御家人青方能高与峯湛相論条々、審理注進	青方文書所収関東御教書

鎮西九ヶ国中、この表に見えないのは日向のみであるが、本来日向は伝存史料極めて乏しい所であり、吾人は一応この表に基づいて、武藤氏の特殊権限は全九州に及んだと推定してよい。以上の諸例は鎮西地頭御家人の訴訟に関して、関東・六波羅が武藤氏に審理、注進を命じ、武藤氏これに応じてその事に当ったことを語るもののみであるが、我々はそこに鎮西地頭御家人が武藤氏に訴状を提出して、これを関東・六波羅に送致せられん事を乞うた事情を窺うことができる。ただ繰り返していうが、武藤氏の権限は、史料の示すところ、訴訟の準備手続指揮の権にとどまり、判決権を有したとすべき積極的史料はない。前に引いた資頼申状中の「成与成敗下文之時」云々は守護武藤氏の有する裁判権の徴証であって、これを鎮西全般にかけて解釈することはできない。

かくして我々がこのような武藤氏の特殊権限の由来に思い及ぶ時、ここにもやはり鎮西奉行天野遠景との連関が推測される。かの鎮西奉行の地位もまた遠景より武藤資頼へと受け継がれたものであろうと。かくいえばとて私は怱卒に、武藤氏の鎮西地頭御家人統率権が遠景のそれと同じ内容であったと主張するのではない。次に論ずる如く、武藤氏が鎮西御家人に対して訴訟上の権限を行使した同じ時代に、各国の守護は、管内地頭御家人に対して、武藤氏の有する以上に強力な訴訟上の権限――或る程度の判決権――を行使しえたのであり、遠景時代の地頭御家人統率権は武藤氏時代に至って、より力弱きものとなったかに感ぜられる。地頭御家人統率権の表徴ともいうべき幕府命令通達の形式についてみても、地頭御家人あての命令はすべて幕府より鎮西各国守護にあて、守護より各地頭御家人に施行している。所詮武藤氏の鎮西地頭御家人統率権はわずかに上掲諸例より帰納せられた訴訟準備手続指揮の権にその片鱗を窺いうるにすぎず、初代遠景の統率権も亦、その内容を闡明しうる史料に乏しい。結局遠景時代と武藤氏時代とで統率権の実質に相違ありや、若しありとすれば、それは如何なる程度か等の論は、なお未解決のまま将来に残さねばならない。

終りに職名「鎮西奉行」の有無について一言する。吾妻鏡貞永元年八月十三日の条に左の記事がある。

筑後前司資頼入道法名是仏辞鎮西奉行事、彼状去比到著、今日有其沙汰、以石見左衛門尉資能被補其替云々、

然しこの記事は多少疑うべき節がある。資頼の後任(嫡子)資能は、正確な史料による限り「筑後右衛門尉」と称せられておって(松浦文書一)、石見左衛門尉とする所見は他に求められない。更にいえば、この記事による限り、父の後を受けて鎮西奉行の職についたのは貞永元年であり、三前一島の守護職替補も恐らく同時であろうと考えられるのに、事実彼の三前一島守護としての活動はこれより二年前寛喜二年に見ることができる(益永文書二)。以上の論拠を以て、この記事全体を否定し去ることは軽率の誹りを免れ難いであろうが、この外に「鎮西奉行」の職名の存在を証拠だてる史料の求めえない事情に鑑みて、この問題の解決もまた将来に期したいと思う(尊卑分脈武藤氏の部に鎮西奉行とあれども、証拠力薄弱というべし)。吾妻鏡はまた大友氏が鎮西守護或は鎮西奉行の職に在ったとして、

(イ)　建久六年五月中原親能同職補任の事、

(ロ)　貞応二年十一月大友能直京都において卒去する条に、「当時鎮西事、一方奉行之」旨、

を伝えている。然し(イ)の典拠たる征夷大将軍家政所下文なるものが後の偽作に出でること、改めて論ずる迄もないところであり、更にいえば、鎮西各国にそれぞれ守護が置かれているのに、更にこれを統轄する職を鎮西守護と称するのは些か奇異に感ぜられる。次に(ロ)は記事そのものに議すべき点はないけれども、大友氏のかかる重職保持を裏書する何等の史料も存しないのみならず、彼を守護とする豊後においてすら、地頭御家人訴訟に関して武藤氏の特殊権限の及んだことは前掲事例の示すところである(一七〇ページ参照)。私は到底大友氏に対して、豊後の守護たる以上の特殊権限を認めることはできない。

以上、天野遠景及びこれにつづく武藤氏の地位を旧制度上の鎮西統轄機関大宰府の最高責任者と、鎮西地頭御家人統率の職、鎮西奉行との二つに分って考察した。それは要するに彼等の地位の制度的源流と連関とを究明する便宜に出でたのであって、実際上の彼等の職権行使が、截然この二つに分って個々別々になされたという意味ではない。否、実はこの二つが相俟って始めて、彼等の職権行使を有効ならしめたのである。

【守護】 鎮西奉行武藤氏が、鎮西全般の地頭御家人に対して、一種の訴訟審理権を有したことは、前に若干の事例を挙げて論述した如くであるが、その同じ時代に、鎮西各国の守護は武藤氏とは全く別途に管内地頭御家人裁判権を与えられていた。

先ず吾妻鏡寛元三年二月十六日の条に曰く、

諸国守護人沙汰事有其定、西国守護奉行事、於鎮西者依為遠国、不相鎮狼藉之間、任右大将御時之例、可致沙汰之由被仰畢、必不可依式目、其外西国者、守被定置旨、可被沙汰之由、可被仰遣六波羅云々、

右の如く当地の守護のみは、式目規定の準用を免れ、特別の待遇を受けたことが知られるのであるが、それが決して幕府の新方針、新規定を伝えるものではなく、単に従来の方針を闡明したにすぎないことは、既にこの前年特定事件に関してではあるが(吾妻鏡寛元二年八月廿四日の条)、

於鎮西守護成敗事者、自右大将家御時、以別儀被定置之間、帯代々御下文所致沙汰也、不可被准中余国守護沙汰事也、

と全く同一の趣旨が述べられていることから容易に知りうるであろう。さて上掲寛元三年の規定にいう「守護人沙汰事」とは、守護の職務権限と解すべく、式目に定められた守護権限はいう迄もなく「大番催促・謀叛・殺害人付夜討、強盗、山賊、海賊、等事」(御成敗式目第三条)、後に所謂大犯三箇条であるが故に、私は右の規定の具体的解釈として、「九州の守護は大犯三箇条を越えて、如何ばかりの権限を与えられたか」の疑問に答えねばならぬ。而して右にいう「右大将御

時之例」が御成敗式目以来、幕府の法文にしばしば見るところの慣用句にすぎない以上、吾人は頼朝時代の史実の検討によっては、問題の守護権限を必ずしも明らめえないのであり、結局寛元の前後における九州守護の実際活動について考究するの外はあるまい。而して私の論ずるところは訴訟制度に関してであるが故に、如上の問題も勢い、「九州守護は部内の訴訟に何等かの権限を有したか、若し有したとすれば、そは如何ばかりのものであったか」に局限せられる。

さて、一般諸国守護の権限は、大犯三箇条に局限せられ、その外に亘って部内人民訴訟に交わるが如きは勿論厳禁するところであった。正治元年十一月二十九日小山朝政の播磨守護職補任に際して、幕府がとくに朝政を誡めて、「不可成敗人民訴訟」と命じた如きその一例である(吾妻鏡其条)。然るにわが九州守護においては、幕府訴訟制上(註五)本来の対象たる御家人訴訟に裁判権を有したと認むべき数箇の徴証が存在する。今これを表記すれば次の如くである。

	年月日	国名	守護	訴人	論人	訴訟対象	出典
1	貞応元年十二月二十三日	肥前	武藤資頼	石志潔	兄山本見 河崎登	押畠地奪取刈 麦事屋敷一所	石志文書所収肥前守護所下文案
2	嘉禄元年八月日	大隅	北条朝時	曾木重能	建部清綱	地頭職	新編禰寝氏世録正統系図一所収朝時下知状
3	嘉禄三年十月十日	筑前 肥前	武藤資頼	(一般的主張)			青方文書所収安貞二年三月十三日関東下知状案所引資頼申状
4	寛喜元年十一月十一日	大隅	北条朝時	曾木重能	建部清綱	地頭職	新編禰寝氏世録正統系図一所収朝時執事奉書
5	天福二年十一月九日	大隅	北条朝時	兵部房円暹	建部清重後 家女并清綱	名主職	新編禰寝氏世録正統系図一所収朝時執事奉書
6	宝治元年十一月二十二日	薩摩	島津忠時	上総法橋栄尊	満家院地頭 後家尼	稲□(穎カ)五十束	比志島文書二所収忠時執事奉書
7	建長五年五月日	薩摩	島津忠時	上総法橋栄尊	兵衛尉時村	畠地押領狼藉	比志島文書二所収栄尊訴状

8	正嘉二年十月十八日	大隅	北条時章	佐多宗親	兄親綱	公事勤仕以下条々	禰寝文書四所収時章下知状
9	弘安六年十一月十八日	大隅	千葉宗胤	佐汰村本地頭親治	佐汰西方本地頭定親	異国警固番役	禰寝文書四所収宗胤下知状

〔注意〕　この表には、裁許(判決)の事実及び裁許権ありと認むべきもののみを掲げ、訴訟の審理、関東・六波羅への注進というが如き判決前準備手続に関する史料は度外に置いた。

以上国数よりいえば筑前・豊前・肥前・大隅・薩摩の五ケ国にすぎないけれども、筑後守護職は遅くも仁治二年以降、肥後のそれは同じく建長五年以降、ともに文永九年まで北条時章の掌中に在ったから(一六一ページ註八所引論文(下)二八ページ)、この二国においても、守護の裁決権は大隅とほぼ同じだったであろう。然りとすれば全く守護権限を窺いえない国は、大友氏を守護とする豊後及び守護人未詳の日向の二国のみとなり、先ずは鎮西九国の守護が裁判権を有したとすることは、一般論として認められるであろう。とはいえ、私はここから早急に各国守護の裁判権がすべて同内容であったとか、或いは関東六波羅に対して、完全な管轄権を主張しえたとかの結論を導き出そうとするものではない。例えば三前一島の守護武藤氏は、上掲の表(1)の裁許状を、「此上貽其憤者、言上鎌倉殿政所、可蒙御裁下之状如件」と結んで、自己の裁判権が関東の下級審たるの意義を有するにすぎないことを表明しており、同表(3)においては「私成敗難及事者、所令進上問注記許於関東也」と、自己裁判権の不完全性を説明している。更に薩摩の例をみるならば、同表(7)守護にあてて提出された訴状は、「早且御前被召決両方、糺返先当時濫妨之作物等於本作人之後、欲被行狼藉罪料」と、その請求目的を明記しているが、文末には一層明確にこれを局限して、「早云押領之地、云狼藉之咎、遂対決、任道理有御鎮、於新競望地者、可令言上京都関東旨、欲蒙御裁許」と述べている。これ即ち訴人自ら守護の裁許すべき事項と、然らざる事項とを明示したものというべく、これによって吾人は、薩摩守護の裁判権が知行押領の回復にとどまり、これを越えて本権の訴——右にいう「新競望地」——に及びえなかったことを知る。

所詮各国守護裁判権の内容は、守護自身の勢威、各国の特殊事情、先例等によって、いくばくかの差違を生じたであろう。これ幕府が寛元三年の令に、「任右大将家御時之例」云々と規定した所以である。

さきに私は、関東と六波羅との関係を論じて、両者間に存在する土地管轄規定が必ずしも絶対的なものでないことを指摘し、それは六波羅裁判権の不完全なることの当然の帰結であるとなした。今この鎮西諸国の守護においても、事情はほぼ同様である。守護の裁判権は薄弱であって、それはむしろ御家人訴訟を裁許しうるという消極的意味のものと考えられる。自然、守護の与える判決は関東・六波羅のそれに比して遥かに低度の権威しか持ちえない。そこに当然、鎮西訴訟人の関東・六波羅参向という事実がみられたわけである。恐らくその場合彼等は直接関東・六波羅に参訴する前に、先ず大宰府に出頭して、その審理注進を乞うことが多かったであろう。なお、彼等が守護の判決を欲せず、関東・六波羅の判決を望むということには、当時、武藤氏を除いては、守護人自身管国に常住することが殆どなかったためもあろう(豊後守護大友頼泰関東在住の事、吾妻鏡建長四・四・三条参照。六一ページ註八所引論文(下)三四ページ参照)。けだし当時においては、守護の裁判権は守護人一身の具有と意識せられ、守護人署判の判決こそ権威ありと認められたであろうけれども、守護代・守護所が完全に守護権限を代行し、守護と同等の権威をもつ判決を与えうるとは到底考えられなかったであろうからである。上掲の表(7)法橋栄尊の訴状が、

因茲静期上訴之処、幸有御下向、早且於御前被召決両方、紀返先当時濫妨之作物等於本作人之後、欲被行狼藉罪科(上下略)

と記して、守護の下国を以て訴訟提起の絶好機会となしているところに、裁判権の所在に対する当時一般の意識を窺いうると思う。

註一　吾妻鏡建久二年閏十二月廿五日条、徳大寺実定薨去の記事に「景時依幕下之吹挙、先年為美作国目代云々」と見ゆ。実定の美作国主たることは玉葉文治元年十一月廿二日条に、景時の同国に守護たるは吾妻鏡文治三年十二月七日条にそれぞれ確証

あり(なお吾妻鏡元暦元・二・十八条参照)。

註二　かって森克己学士はこの文書の年代推定に当って、本文所掲建久二年八月一日盛時奉書(藤内民部丞殿あて)と、「到来建久三年六月七日」の端書ある本来無年号四月十日付頼朝袖判盛時奉書案(伊豆藤内殿あて)とを挙げられ、充所の同一という点に着目して、この文書の「執筆年代は建久三年頃より建久六年頃に至る間のやうにも考へられる」とせられた(一六一ページ所引論文四二ページ)。学士は四月十日付御教書の端書を何等疑うところなく採用された。然し、充所の一点のみに着目しても、この端書が建久二年の御教書と矛盾することは明瞭である。けだし建久二年八月当時既に民部丞に任ぜられ、これを以て通称とした者を、翌年四月に至って再び官途以前の仮名《けみょう》を以て称することがありうるだろうか(然も両通とも幕府の正式文書たる点に注意すべし)。一方が正しいとすれば必ずや他は誤りでなければならぬ。いま史料編纂所架蔵影写本宗像神社文書によるに、建久二年御教書の一点疑うべき余地がないのに反して、四月十日御教書案は、極めて拙劣な後代の写しであり、然も奉行盛時の下には後人の作為に成る花押が署せられている。私はこの文書を全く後代の偽作と論じ去るのではない。唯それが後の写しである点を強調し、建久二年御教書にして疑いえない以上、「到来建久三年」云々の端書は必ずや誤りであろうと断ずるのである(即ち「伊豆藤内殿」あての御教書は必ずや「藤内民部丞殿」あて御教書の前でなければならぬ)。最小限「建久三年」は「建久二年」もしくは「建久元年」の誤りでなければならぬ。我々の問題とする五月十四日付御教書も同様建久二年八月以前と断ずべし。而してその上限は遠景下向の文治元年末、若しくは二年初めにおかれる。

註三　遠景の鎮西での活動年代の下限は、一六四ページ所引宗像神社文書の建久二年八月一日、しかして彼の解任東帰を語る最初の史料は、吾妻鏡建久六年三月十日条頼朝東大寺大仏供養に臨む際の随兵交名である。

註四　この冒頭の「三十余年」を資頼自身の経験の年代とすることには或いは異論があるかもしれない。特にそのあとの文章において、「守護人加判之上」云々という制度的叙述の形式をとった点が挙げられるであろう。然しいま全文を子細に点検するに、末段の「若《シャ》久《シク》罷《リル》成事之中」云々が資頼自身の経験であり、それは問題の勘状の作製された元久二年を包摂すること何等疑いを容れない。もしそうでなければ、「それは自分の任期以前のことに属する」と明言して、この勘状に対して責任なき旨を明らかにしえたわけであり、いま見るような曖昧な責任回避的言辞を弄する必要はなかったであろうから。元久二年より嘉禄三年まで二十三年。資頼の経験年代は更にこれを越えて、確実に二十三年以上に及ぶのである。更に考えれば資頼自身掲げるところの三十余年という特定年限は、これを彼自身の全経験期間と解する以外に、他に擬定しうるものがないのではあるまいか。所詮、私はこれを資頼自身の全経験期限と解することの最も妥当なるを思うのである。

註五　この表については、各項の年月日と国名と守護名との関係を一々証明せねばならぬのであるが、今は叙述の煩雑に流れるを惧れて、それぞれの典拠史料を略記するにとどめる。(1)(3)については一七五ページにやや詳しく説明した。

(2)は同正統系図一所収嘉禄元年八月廿一日守護所代官右馬允藤原某施行状写及び吾妻鏡貞応三年二月廿九日条参照。

(4)吾妻鏡寛喜二年四月九日条参照。

(5)禰寝文書三所収寛元元年八月廿九日沙弥生阿奉書袖判、新編禰寝氏世録正統系図一所収寛元元年九月二日施行状写、吾妻鏡寛元三年四月六日条参照。

(6)薩藩旧記前集三所収寛元二年七月六日沙弥願□奉書袖判(忠時)と本袖判対照。

(7)端裏に「□(所カ)進守護所御訴状也」と記す。

(8)六一ページ註八所引論文(下)二九ページ参照。

(9)平姓禰寝氏正統文献三所収弘安九年閏十二月十八日鎮西談議所奉行連署裁許状(『鹿児島県史』一ノ二六四ページに写真あり)、松浦文書一所収正応元年九月七日関東御教書参照。

第二節　鎮西談議所

文永五年の蒙古高麗使節の来朝以来、我が国の対外関係は急速に緊迫の度を加えつつあった。幕府は来るべき大事に備えて、九州北部沿岸地方防備の策として、異国警固番役を設定し、九州の地に所領を有する御家人をしてこの番役に服せしめることとした。在地の御家人には直ちに番役勤仕の令が発せられ、東国在住の御家人は急遽鎮西に下向すべきことが命ぜられた。かくして文永十一年第一回の来寇あり、更に弘安四年再度の来寇をみた。以上両度の襲来は周知の成果を以て撃攘することができたのであるが、第三次来寇の可能性は充分あり、また襲来の風聞に接したことも一再ではなかった。よって異賊防禁の策は弘安四年以後と雖もなお、否、以前にも増して一層強化されねばならなかった。警固番役の制規は弘安度の来襲後益〻拡充展開をみ、また文永撃攘の後に創められた要害地石築地は、弘安以後に亙って長く修理築造のことが行われた。簡単にいえば、我が九州の地は文永末年以降、外敵防禦の第一線として、不断の戦備を強制されたのである。その当然の結果として、鎮西御家人はじめ苟くも当地に所領を有して、異賊防禁の所役を勤仕すべき人士は片時と雖も、当地以外の地に出向かしめないようにせねばならぬ。然るに従来彼等が現地を離れて他地に赴く、不可避にして且つ主要なる機会といえば、訴訟、特に所領訴訟のために関東・六波羅に参向することであった。従って今後彼等を不断に現地に留住せしめるには、先ず関東・六波羅に代る訴訟機関を当地に設置して、彼等の参訴に応ずる必要がある。前に考察した如く、従来とても各国守護に或る種の裁判権は与えられていた。然しそれは甚だ権威性の乏しいものであり、その故にこそ一般の関東・六波羅参訴という事実が見られたわけである。されば今度の必要に対しては、単に従来の守護裁判権的のものでは充分ではない。より強力な、且つ統一的な裁判機関が必要である。かの六波羅探題設置の動機が専ら承久役後の政治的事情に存したのに対して、これは蒙古に対する軍事目的の遂行に淵源したのである。

そもそもこの問題に関しては古く久米邦武博士の「九州探題」(史学雑誌九ノ七、のち『久米邦武著作集』第二巻に収録)出でて、一応の定説となった。然るに近年に及んで相田二郎先生は「異国警固番役の研究」(上中下)(歴史地理五八之一・三・五、なお六一ページ註八参照)(特に下)において、この問題を徹底的に究明せられんとして、鎮西訴訟聴断機関成立の事情を、蒙古襲来がこの地の武家社会に齎らした社会的変動との関連の裡に考察せられた。かくて先生によって鎮西探題成立の前段階的意義をもつ合議聴訴機関「鎮西談議所」設置の経緯、及びその内容が初めて明らかにされ、また鎮西探題成立の過程が新しい観点から、新しい意義づけを以て論ぜられたのであった。次いで最近石井先生の「鎌倉時代の裁判管轄」(二)(一三ページ註二所引)あり。先生において特徴的なるは鎮西談議所の前に、更に一の特殊合議訴訟機関の設置された事実を指摘せられたこと、及び談議所ならびに鎮西探題に関する制度史的記述の詳細になったことである。

かくて私が今この鎮西訴訟機関成立の過程を考察せんとならば、論述はおのずから上記の恩師先学諸説の紹介批判の形式をとることとなろう。この問題の関係史料は、三先学の尊い努力によって現在利用しうる限度ではほぼ紹介され尽くしたといってよい。よって私は、弘安七年の特殊合議訴訟機関―同九年の鎮西談議所―鎮西探題の順序を以て、諸説の紹介批判を主とし、これに一、二の利用し洩らされた史料を補いつつ、それぞれの成立事情、内容及び制度史的意義を論じようと思う。弘安七年五月二十日幕府は、

一寺社領如旧被沙汰付、被専神事仏事、被止新造寺社、可被加古寺社修理事、

以下全三十八ケ条、政道興行条々ともいうべきものを規定した(新式目)。その中に我が鎮西に関係した二ケ条がある。

(20)　一　九国社領止甲乙人売買、如旧可致沙汰事、

(25)　一　鎮西九国名主、可被成御下文事、

幕府は直ちにこれを実行に移さんとし、その際に種々の紛議争訟の生ずべきを予想して、一種の合議裁定機関を鎮西の地に設立する計画を立てた。それによれば、関東より三名の使者を当地に下し、また当地守護の有力者三名を選んでこれを合奉行とし、東使・合奉行各一名を組合せて、三班の合議機関を作り、各班をして九州各三国を管轄せしめる。博多を以て彼等が執行奉行の地とする。いま東使・守護・管轄国の配合関係を表示すれば左の如くである。

	東使	合奉行	国名
1	明石民部大夫行宗	大友頼泰	筑前・肥前・薩摩
2	長田左衛門尉教経	安達盛宗	豊前・豊後・日向
3	兵庫助三郎政行	少弐経資	筑後・肥後・大隅

以上はただ計画として新編追加一六四・一六五・二一二の諸条に見えるにすぎないけれども、その実現せられたであろうことは、同書二五四条「鎮西神領幷名主等所領事弘安九」なる法令が、東使解任後の処置を規定したものと解せられることよりして疑いない(後述参照)。この計画は弘安七年五月廿日の条々制定と同時に着手されたのであろうが、恐らくは使者及び合奉行の人選、施行細則の議定等に日子を費したらしく、漸く同年十一月末に至って改めて使者発遣の令が下された(新編追加一六五条)。さて東使三名のうち、明石民部大夫行宗はこの後正応・永仁に亙って関東引付奉行として活動しており、(註一)弘安当時もやはり同様の役に在った者であろう。他の二名教経・政行については特に知るところはないけれども、関東引付に在職する行宗の同僚であろうことは想像に難くない。政行は或いは建長・康元年間の引付奉行越前兵庫助政宗の後裔に非ずやと推せられる。以上によって察すれば、幕府はかかる訴訟事務練達の下級職員を派して、紛議争訟を速疾処理せしめんと期したものであろう(後年正和二年代、鎮西五社神領興行のため、安富長嗣等三名の東使が当地に派遣された事実を参照すべし(筥崎大宮司文書、益永文書一、黒水文書等))。然るにいま各班の合奉行と各自管轄の国々との配分関係を検討するに、彼等は何れも、多年守護として深き関係にあったはずの国々を管轄せざるように仕組まれていることを発見する。即ち父祖累代相伝の豊後守護大友頼泰は豊後を管轄せず、遅くも建治以降恐らくは文永九年以来肥後に守護たる安達氏(時の守護人盛宗)は同国を管轄せず、累代相伝の筑前守護少弐経資また同様であり、ただ経資と筑後との関係がやや明瞭を欠き、これより二年後における経資の嫡子盛経の当国守護職知行を溯らしめて、この弘安七年当時の経資(或いは盛経)知行を推定しうるかもしれない。然らば今の配分関係上筑後守護人が同国を管轄したこととなり、上の立言の例外となるわけであるが、然し本来、少弐氏と当国守護職とは当代初期以来弘安代に至るまで全く無関係であって、如何に早く見積もっても弘安四年を溯らず、従ってその知行は精々二、三年にすぎず、守護と国との関係頗る浅いものであった。(註二)かくの如き編成は恐らく幕府訴訟制度上、退座規定の発達に窺われる如く(二〇六ページ参照)、奉行と訴訟当事者との親近関係によって私曲の発生することを未然に防止せんとの意図に出でたものであろうが、遺憾ながらそれは上記の二ケ条を実施して充分の効果を収めうる所以ではなかった。思うに関東より下向の引付職員に配するに、当地守護人の有力者を以てしたことは、守護人のもつ現地の実状に関する知識が、東使の訴訟事務処置を輔佐しうると考えられたことと、彼等の守護たるの権威が訴訟の判決に充分の威力を賦与するであろうとせられたこととの二つの理由によるものであろう。然りとすれば、彼等三名の守護人を本来の管国に配してこそ有効であろうのに、今これと全く逆な編成を以てしては、到底所期の目的は達しえないであろう。東使下向の翌々年弘安九年には、彼等は既に任を解かれており、しかもその後の暫定的処置として、「鎮西神領幷名主等所領」は「如日来無相違各可領掌、縦雖有御使下知、先如元可令沙汰付」と規定せられた(新編追加二五四条)。これ東使の処置に対する徹底的不信、従って又この鎮西最初の合議訴訟制度の失敗を語るものでなくて何であろうか。

弘安七年の末一度設置された合議訴訟機関が失敗の裡に廃止せられたことには、種々の理由があったであろうが、右に指摘した奉行編成の不自然さに由来する成績不振は、けだしその主要な一であったであろう。同機関廃止の正確な時期は不明であるが、多少局限の途がないわけではない。先ず鎮西最初の一般的且つ統一的訴訟機関たる鎮西談議所の設置せられるのは、後述の如く弘安九年七月十六日である故、下限はここに劃される。次に弘安八年十月廿五日大隅大炊助入道(島津長久)代官申状案冒頭の事書に(比志島文書四)、

欲早賜御書下、奉付薩摩国守護所、被召出故右大将家建久九年二月□□(日カ)御下文、賜御注進、令言上関東子細事、

と見える。私はこの申状の提出先、即ち薩摩守護所に令を下して(賜御書下)、所要の文書を提出せしめ、その内容を関東に報告しうるような機関を、昨年以来博多に在った東使と守護との合議訴訟機関に擬する。或いは一応六波羅が擬せられるかもしれない。然し劈頭の「御書下」は六波羅に対する用語としては異様であって、まさに「御教書」とあるべきであるから、この考えは採りえない。かくして合議機関は弘安八年十月末頃まではなお存続したと見られる

けれども、更に限定すべき史料は見出し難い。ただ翌十一月著名なる岩門合戦の結果、合奉行の一人安達盛宗は滅亡するに至ったことを考え合せて、合議機関廃止の動機は或いはこの事件に在るのではないかとも察せられる。何れにしてもこの機関は存続期間二年に満たず、管轄事項も極めて限定されたもの故、その意義はさして高く評価すべきではないけれども、鎮西訴訟審理機関を当地に設置せんとする幕府の意図の萌芽はここに認められるであろう。

さて上述寄合制撤廃後も、鎮西地頭御家人以下関東六波羅参訴の禁は解かれなかったのであるが[註三]（松浦文書一弘安十・十一・十肥前守護北条為時挙状）、彼等が禁を犯して関東に参訴することはなお絶えず、ここに幕府は守護の上に立つ一層強力、且つ一般的な訴訟機関を設立する必要を感ずるに至った。かくして生まれたものが、弘安九年七月十六日の法令による鎮西談議所である。以下談議所の制度を、名称・所在地・構成員等数項に分かって論述しよう。

【名称】　永仁四年八月肥前御家人の申状に「鎮西談議所」と見え（武雄神社文書三）、正応元年七月二十九日沙弥某（談議所奉行の一人なるべし）奉書（薩藩旧記前集七）、同六年四月二十日島津忠宗奉書（新田八幡宮文書一）等に「談議所」と見える。尤も石井先生は鎮西談議所なる名称は幕府正式の称呼ではなく、鎮西においてのみ行われた便宜的名称と解する方適当ならんとせられた（一三ページ註二所引論文（二）六一ページ）。

【所在地】　相田先生はこれを博多とせられ（六一ページ註八所引論文（下）五〇ページ）、石井先生また賛成せられた（上掲論文六一ページ）。従うべきである。

【構成員】　談議所設置の事書は、

少弐入道（浄恵資経）　兵庫入道（大友道忍頼泰）　薩摩入道（宇都宮尊覚通房）　渋谷（河内）権守入道（本仏重郷）[註四]

右の四人の合議を以て聴断すべしと規定した（新編追加二五五条、比志島文書一）。彼等は「鎮西奉行人」（一三ページ註二所引石井先生論文（二）五六ページ）「頭人」（次掲訴状案）等と称せられた。而して恐らくは六波羅に提出すべく作製された正応二年十一月日肥前深堀時仲代官訴状案（深堀記録証文三）が「論人浄忍が地頭職を濫妨するによって、これを談議所に訴え、現在、鎮西四人頭人によって訴訟進行中であるのに、彼はただ□□□一人の注進状を得て潜かに上洛したとの風聞がある。これは甚だ奇怪のことである」云々の意を述べているところよりすれば、談議所奉行の数は当時も四名であったはずである。而るに正応四年に入ると、少弐盛経・大友親時等の名が現れ、一方浄恵・道忍・尊覚も相変らずその地位に在ったらしいから(一八六ページ以下、甲表、乙表参照)、その間に奉行員数の増加が推測せられる。或いは一部奉行人の免黜も行われたかもしれない。また四人の合議というも、彼等の間に地位の高下、権限の軽重があったことは、関東あての訴訟文書の執進(送達)、審理内容の注進(報告)が何れも少弐か大友か、或いは両者の連名を以てせられている事実(乙表、丙表参照)から容易に察せられる(六一ページ註八所引論文(下)四九ページ参照)。

【権限】　相田先生は前掲正応元年七月廿九日沙弥某奉書案に「於犯過事者、不及談議所沙汰之間、於守護方可致沙汰」とあるを指摘せられ、これを以て談議所と守護所との権限の相違を示すものとせられた(上掲論文(下)四〇ページ)。石井先生も亦この史料を論拠として、一層具体的に「談議所の掌る所は民事裁判のみであつて、刑事裁判に及ばず」とせられた(上掲論文(二)五五ページ)。当時幕府訴訟制の発達は、漸く訴訟対象を基準として、訴訟を所務・雑務・検断の三沙汰に分類し、これに対応して訴訟管轄権を諸機関に分配する段階に達しつつあった。而してここにいう「犯過事」は訴訟分類上の検断沙汰と同意語と解しうるが故に、吾人は石井先生に従って談議所の権限は刑事裁判に及ばずと確言しえよう。然らば検断沙汰を除く所務・雑務両沙汰、即ち民事裁判は挙げて談議所の所管となったであろうか。この疑問に答えうる積極的史料はない。私はただ談議所の後に来る鎮西訴訟聴断の職「鎮西探題」の管轄権が、後述の如く所務沙汰に限られ、雑務・検断両沙汰は挙げて各国守護の所管とせられたことより推して、いま談議所の権限も所務沙汰のみであり、他は守護に委せられたのではあるまいかとの臆見を提示するにとどめる。

次に考うべきは談議所の関東に対する権限である。談議所設置の際の幕府事書には、「若於国難裁許者、可令注進」と規定せられ、かかる難事以外は裁許権即ち確定判決権を与えられたかにみえるが、果してそうであろうか。

(一) 正応四年二月、幕府は談議所奉行に私曲ありとの訴を聞いて、二名の使者を派して、その実否調査ならびに報告を命じたのであるが、その際の奉行の私曲とは、「或雖抽軍忠、奉行人依有阿党事、令漏注進、或所務相論之処、令引汲敵人之間、不注申之由」であって(新編追加二五八条)、奉行の職掌が専ら諸事の注進に在ったと解せられること、

(二) 談議所の活動を伝える史料は、問状・召文等の訴訟審理手続及び関東への執進・注進等に関するものが大部分であり、私の知りえた僅か二点の談議所奉行裁許状が、一は関東の裁許ある迄の一時的知行人を指定した仮判決であり(後掲甲表2)、他は訴訟進行中に発生した押領狼藉の停止を命ずる中間判決であって(同上甲表6)、ともに確定判決でないという事実、

(三) 後年の鎮西探題においてすら、初代兼時の時代には終局的判決権を与えられず、次代実政に至って漸くこれを認められたらしいこと(後述)、

これらの点よりすれば、未だ必ずしも軽々に談議所に終局的判決権ありと断じ難いと思う。私はむしろ否定に傾くが、確論は後日に期するのみ。

次に談議所と六波羅との関係はどうであろうか。談議所奉行あての関東の命令、関東あての奉行注進はともに六波羅を介しており(乙表4・7・8参照)、六波羅が談議所の上位に立つことは疑いないところであるが、更に進んで、六波羅が独断を以て種々の事項を談議所に命じ、談議所の注進を受けて、これに判決を与えたと考定せしめるような史料は一つも存しない。むしろ私は談議所設置の際の関東事書に、「談議所において裁許し難い事項は(関東に)注進せよ」とあるを排除的に解釈して、六波羅は自ら談議所に下命し、判決を与える権限はない、所詮関東と談議所との仲介機関たるに止まると推論したい。

【存続期間】 相田先生は弘安九年七月十六日の設置より、永仁三年五月以後に及ぶとせられたけれども(上掲論文

(下)五八ページ)、私は些かこれと異なる結論を得た。

一体鎮西談議所の所管事項は単なる訴訟関係のみならず、鎮西における守護地頭御家人の一般的統率事項にも及んだ(御家人恩賞配分状の発給はこれを語る)。故に鎮西談議所は幕府職制上、鎮西武家統率機関というべく、従ってその活動事実も自然、対上(関東・六波羅)及び対下(守護以下)の二関係に分類せられる。今この分類に従って、関係史料を整理し、各々を年代順に列挙して二表を得た。対下関係史料を甲表、対上関係を乙表とする。また活動時期未詳の史料を、それを引載した文書の年次に配列して、これを丙表とする。

(イ) 甲 表(但し1は談議所設置の日付及びその時の奉行名である)

	年月日	奉行名	活動事実	関係国名	出典
1	弘安九年七月十六日	少弐経資(浄恵) 大友頼泰(道忍) 宇都宮通房(尊覚) 渋谷重郷(本仏)			新編追加二五五条、比志島文書一
2	弘安九年閏十二月十八日	沙弥(頼泰カ) 沙弥(経資) 沙弥(通房カ) 沙弥(重郷カ)	判決	大隅	平姓禰寝氏正統文献三
3	弘安十年八月廿六日	沙弥(経資)	召喚	肥前	佐賀文書纂深江文書
4	弘安十年十月卅日	沙弥(経資)	召喚	肥前	同 前
5	正応元年七月廿五日	本仏	召喚	薩摩	薩藩旧記前集七
6	正応元年七月廿九日	沙弥	判決	大隅	同 前
7	正応元年八月十五日	本仏	召喚	薩摩	同 前
8	正応元年十月三日	沙弥(頼泰) 沙弥(経資)	恩賞配分		平姓禰寝氏正統文献其他
9	正応二年三月十二日	沙弥(頼泰) 沙弥(経資)	恩賞配分		佐賀文書纂嬉野文書其他
10	正応二年六月—同十一月	河内□□(権守カ)入道本仏	訴訟審理	肥前	佐賀文書纂深江文書所収元応元年九月六日鎮西下知状
11	正応三年二月廿日	沙弥(頼泰カ) 太宰少弐(盛経カ)	召喚	肥前	歴代鎮西志八

12	正応三年七月十三日	沙弥（頼泰ヵ）　沙弥（経資）	恩賞配分		入江文書一
13	正応四年三月十八日	沙弥（経資）　前因幡守（大友親時）	召喚	薩摩	比志島文書一之二
14	正応四年五月四日	「宰府御奉書」トアリ	召喚	豊前	香春神社文書所収正応四年六月十八日豊前在庁請文案
15	正応四年五月廿七日	沙弥（経資ヵ）　前因幡守（親時）	訴訟尋問	薩摩	比志島文書四
16	正応四年六月十七日	沙弥（経資）　前因幡守（親時）	施行		新田八幡宮文書一
17	正応五年五月十九日	筑後守盛経	召喚	大隅	薩藩旧記前集七
18	正応五年六月三日	筑後守（盛経）	召喚	大隅	同　前
19	正応五年七月五日	盛経　尊覚	証状	肥前	歴代鎮西志八

（ロ）乙表

	年月日	談議所活動の徴表	関係国名	出典
1	正応元年七月廿日	大宰少弐入道（浄恵）あて関東御教書	豊前	香春神社文書
2	正応元年九月七日	大宰少弐入道（浄恵）あて関東御教書	豊前	松浦文書一
3	正応二年三月十八日	宰府…注進状（関東あて）	大隅	薩藩旧記前集七所収正応二年八月廿四日関東下知状所引
4	正応三年六月廿九日	六波羅執進大宰少弐経資法師法名浄恵…注進状	肥前	大川文書所収正応四年正月十八日関東下知状所引
5	正応三年十二月十一日	宰府注進状（関東あて）	薩摩筑前	入来文書四五号
6	正応四年十月廿日	大友兵庫入道々忍…注進状（関東あて）	薩摩	島津家文書之一、一九八号
7	正応五年五月十日	六波羅あて関東御教書（「仰筑後前司盛経…可令下地中分」）	豊後	志賀文書一
8	正応五年閏六月廿二日	大宰少弐あて六波羅施行状（7の施行）	豊後	同　前

（ハ）丙表

	談議所関係記事引載文書の日付	同上文書名	談議所関係記事の要点	関係国名	出典
1	正応二年四月七日	関東下知状	如宰府注進等者……	筑前	新田八幡宮文書二
2	正応二年八月二日	関東下知状	如宰府註進状者……	薩摩	薩藩旧記前集七
3	正応三年二月十二日	関東下知状	就大友兵庫入道々忍所取進訴陳状	薩摩	島津家文書之一、一九五号
4	正応六年四月廿日	守護施行状	先度令申子細於談議所之処	薩摩	新田八幡宮文書一
5	永仁三年五月一日	関東下知状	如大宰少弐経資法師法名浄恵大友兵庫頭頼泰法師法名道忍執進訴陳状幷両方所進証文等者	大隅	禰寝文書四
6	正安元年十二月廿日	関東下知状	宰府注進訴陳状	肥後	阿蘇家文書上、五八号
7	正安二年七月二日	鎮西下知状	談議所沙汰之時致訴訟畢	薩摩	薩藩旧記前集八

談議所の活動を伝える史料として私の知りえたものは右三表につきる。吾人は甲乙二表によって、談議所が弘安九年設置の後、正応五年七月まで存続したことを知りうるけれども、その後の存続を立証する積極的史料を有しない。相田先生は鎮西探題の起源を論ぜられた際、永仁元年北条兼時の下向を以て「探題之始也」とする歴代鎮西志の説を論破せられ、旧説の反証として、丙表5所掲の史料を引用せられて、

永仁三年五月一日付の関東下知状によれば、少弐経資と大友頼泰の両人が佐多定親等の訴陳状具書等を関東に執進してゐる。これを以て当時なほ鎮西談議所の存在が確認せらるゝから、兼時等が之と別途に聴訴を行ふ筈もない（上下略）

と論ぜられた（六一ページ註八所引論文(下)五八ページ）。果してそうであろうか。この文書はもと大隅国内田園相論に対する関東の裁許状であるが、談議所に関する限り、この文書の語るところは、唯この裁許が経資・頼泰両人執進の訴

陳状ならびに両方所進の証文等に基づいて行われたという事実のみであって、両人執進の時日に関しては何事をも語っていない。永仁三年五月一日は関東裁許の時日たるにとどまり、談議所奉行執進の時日とは何等相関せざるものである。この日付が談議所存続期間の考証に何等資するところなきは改めていう迄もない。なお丙表6所掲の史料も併せ参照すべきである。

かくして吾人は依然正応五年七月以後における談議所の存否を知りえない。もしもこの以後において、談議所と異なった武家訴訟機関の存在が、史料の上に立証せられるならば、それは同時に談議所不存在の証明となろう。更にもしその機関の首班者が六波羅探題に比すべき権限の所有者であるならば、彼こそまさしく初代の鎮西探題と称せらるべきであろう。かくの如き考慮の下に、私は談議所存続年代の下限を新訴訟機関成立過程と関連して考定しよう。それには鎮西探題設置年代に関する諸説の吟味から始めるのが便利であろう。

註一　高野山文書之一、宝簡集一一三号、正応五年正月十五日備後太田庄文書申出目録裏書に、「右此文書者、為太田庄桑原方関東沙汰、令申出畢、而正応三年(中略)八月七日関東下著、於二番引付(中略)為明石民部大夫行宗奉行、被経御沙汰(下略)」とあり、また新式目、「一直被聞食、被棄置輩訴訟事 永仁二 十二評」の条に、「奉行 豊後権守倫景 明石民部大夫行宗」とあり。

註二　大友氏と豊後、少弐氏と筑前の関係については、六一ページ註八所引論文(下)二七・三六ページ参照。次に筑後の守護職についていえば、建治三年七月時宗の弟宗政が補任されたけれども、彼は僅か五年後弘安四年八月に卒去し(建治三年記・関東評定伝)、その後暫く誰人がその欠に補せられたか明証がない。然るに松浦文書一所収永仁六年五月廿六日鎮西下知状(筑後国内の或る田地屋敷相論の裁許)の中に、「而捧弘安九年十二月十日九月二日□□同十月七日前守護人筑後前司(少弐)盛経状、宗氏雖申子細(中略)如正応元年十月日同□(人カ)(盛経)状者」云々の記事あり。これによって少なくとも弘安九年末より正応元年末に至る間の少弐盛経(経資の嫡子)の当国守護職知行を確認することができる。従って宗政卒去の弘安四年八月より弘安九年末に至る間は未詳であるが、今仮りに盛経(或いは父経資)が宗政卒去後直ちにこれに補せられたとしても、それから今問題とする弘安七年迄僅か三ケ年にすぎない。

註三　この間の訴訟審理は何処で取扱ったか明瞭を欠く。一応各国守護かと想像されるけれども、有浦文書二所収正和三年卯月十六日鎮西下知状案の中に、「如弘安九年三月十七日大宰少弐入道浄恵下知状者、以松浦庄（肥前）領家職、可被付地頭之由、去年十一月廿五日被成関東御教書之間」云々とあって、肥前国のことを守護ならぬ少弐経資が奉行している（当時の守護は北条時定）。記して後考に備える。

註四　少弐入道・兵庫入道の法名俗名は特に典拠を示す迄もあるまい。薩摩入道の姓名は比志島文書四弘安九年恩賞注文（六一ページ註八所引論文（下）四四ページ参照）、及び益永文書一宇佐宮根本目録次第に正応度の正殿造営奉行「薩摩守道房法名尊覚」（道は佐田文書一延慶二年六月十二日鎮西下知状により通と訂すべし）と見えるによる。渋谷権守入道の名は薩藩旧記前集七永仁二年正月日状の差出書「従五位下行河内守平朝臣重郷法名本仏」及び上掲弘安九年恩賞注文による。

第三節　鎮西探題

【成立過程】　鎮西探題（また九州探題）設置の年代については古来次の二説があった。

（一）　建治元年説

帝王編年記廿六、九州探題の項に「前上総介実政越後守実時三男、建治元年十一月為異賊征伐下向鎮西、十七歳（下略）」とあるを最初とする。大日本史これに従う（列伝、巻一八三、将軍五）。

（二）　永仁元年説

太平記巻一ノ一に「永仁元年ヨリ鎮西ニ一人ノ探題ヲ下テ」とあり、

歴代鎮西志巻八に、永仁元年にかけて、「北条越後守兼時任鎮西探題、下筑前築姪浜或博多、又鳥飼、是探題之始也、以令監九国二島」と見え、歴代鎮西要略三、武家名目抄第四十七冊も同説。

降って明治に及んで、さきに紹介した久米博士の考証「九州探題」（一七九ページ参照）が出た。博士は先ず、建治元年説の根拠たる帝王編年記の記載「建治元年」云々は、実政がこの年「十七歳ニテ異賊征伐ノ為西下セル」を言うにとどまり、探題補任を意味するものに非ずとして、建治元年説を否定される。しかる後左の薩摩守護あて関東御教書を掲げられて(島津家文書之一、三四号。但し博士は武家名目抄所引によられた。今改む)、

為異国警固、所下遣兼時々家於鎮西也、防戦事加評定、一味同心可運籌策、且合戦之進退、宜随兼時之計、次地頭御家人幷寺社領本所一円地輩事、背守護人之催促、不一揆者、可注申、殊可有其沙汰之由、可相触薩摩国中之状、依仰執達如件、

正応六年三月廿一日

陸奥守(宣時)(花押)

相模守(貞時)(花押)

島津下野三郎左衛門尉(忠宗)殿

「然レハ是年ヨリ文武二途ヲ分テ兼時ハ防戦ノ事ヲ指揮シ、時家ハ地頭家人ノ事ヲ総轄セルニヤ、是ニヨリ考フレハ、少弐大友以下ノ守護人ミナ探題ニ注申シテ沙汰ヲ仰ク事トナリシハ時家ヨリノ事ニテ、是ヲ探題ト称セシハ詳ナラス」として、ひとたび時家を以て探題の職に擬せられながら、やはり臆断にすぎたと考えられたらしく、すぐその後で「兼時時家ノ二人執レカ探題ノ任ナリシヤ明ラカナラス。憶フニ此時マテ、九州探題ノ名称ハ定マラサリシナラン」と論ぜられた(註一)(前掲論文四七・四八ページ参照)。我々はこの博士の所論を以て、九州探題の起源を永仁元年におかれたものと解し、一の永仁元年説と見なすに躊躇しないのであるが、なおここには二、三注目すべき見解が含まれている。一は探題を以て単なる防戦指揮者と解せず、守護の注申を受けてこれを沙汰する者、「地頭御家人ノ事ヲ総轄」する者と解せられたこと。この見解は探題を以て政務裁決者とする武家名目抄の説に由来すると考えられ、次に紹介する相田先生の説においては、この見解は一層明確に展開される。その二は、永仁元年兼時・時家派遣当時には、このうち何れか一人探題の実権を得たけれども、正式に探題の職に補任せられたものではあるまいとする見解である。

これまた第一の点と関連するものであり、後段に論及する機会があろう。その三は上掲兼時・時家派遣の関東御教書の解釈であるが、博士が前に引用された如く、「然レハ是年ヨリ文武二途ヲ分テ」云々と論ぜられ、引用御教書の「且合戦之進退、宜随兼時之計」「可注申、殊可有其沙汰之由」の二部分にわざわざ圏点を付けられたことを併せ考えると、守護の注申を受けて、殊なる沙汰を行うべき主格を時家と解せられたこと疑いなしといえよう。然しこの解釈は明らかに誤りである。問題の主格はいう迄もなく幕府自身であり、時家を関係せしめて解釈する余地は全くない。第四にこの時探題の権を与えられた者を兼時・時家のいずれか一人、即ち探題を単数と見ていられることである。この見解は一つにはいま第三項として挙げた御教書文意の誤解に、また一つには、鎮西探題は一名を以て定員とするという先入主に基づくものと思われる。この点も亦後段に論及するであろう。

久米博士の後に出でて、更に一の新説を提唱せられたのが恩師相田先生である(六一ページ註八所引論文(下))。先生は鎮西探題を論ぜられる初めに当って、先ず「探題」を聴訴裁断に当る者と規定せられ、然らざる者は断じて探題とは称しえずとせられる。而る後、建治元年説を検討せられ、この説の根拠たる帝王編年記の価値批判及び当時の九州の実情考察の両方面より完全にこれを否定して、実政は如何なる意味においても統率者に非ずとせられる。更に先生は永仁元年説を批判せられ、この年兼時・時家が鎮西の地頭御家人統率者として下向した事実は認められるけれども、然し彼等は結局軍務上の指揮者にすぎず、これを探題と称すべき謂れなしとして、この説をも葬り去られる。而して先生は別に永仁四年八月日付の一訴状(後掲一九六ページ参照)によって、この日付の近くに或る新しい鎮西訴訟機関の成立したことを推測され、この機関こそまさしく探題なるべしと結論される。

私は前に六波羅探題の項において、承久の役を機縁として京都に設けられた西国武家統率機関の首班たる地位に、「探題」の名称を与えた。勿論その場合の統率とは、軍事上の指揮のみをいうのではなく、裁判その他諸般の事項を含めての意味である。而して我々が特に、幕府裁判権の一部を賦与せられた者として六波羅探題を考察する場合、たとえその裁判権の内容に、年代による多少の差異が認められても、なおこれを一律に探題の語を以て称するに躊躇しない。初期六波羅探題の裁判権が必ずしも強力なものではなく、それが年と共に漸次強化されていったことは前に述べたところであるが、しかもなお我々は前後を通じてこれを探題とよぶことができる。然らばいま鎮西探題についても同様のことがいいうるであろう。たとえ確実に訴訟聴断権取得の事実を立証しえないにしても、単なる軍策の指揮以上に、諸般の武家行政事項を担当した確証が見出され、鎮西武家統率権(軍事行政を含めた)の取得が確認されるならば、我々は彼を鎮西探題と認めてよいであろう。

さて久米博士の建治元年説否定の論、及びこれを更に発展せしめられた相田先生の見解に対しては、私は一言の加うべきあるを知らない(註二)。然し先生が永仁元年説を否定して、永仁四年八月頃なる新説を提唱された点に関しては、些か異論なきをえない。そもそも先生が永仁元年説を否定せられた根拠は、消極的には、永仁元年下向の兼時の活動として、軍策の指揮以外何等の徴すべきものなしということと、積極的には、兼時等下向の後もなお、聴訴機関たる鎮西談議所存在せりということとであった。この積極的論拠に対しては、既に前節鎮西談議所存続期間の項において卑見を述べた。よってここでは消極的論拠のみを問題にしよう。若し探題の意義を前段私見の如くに解しうるならば、我々は兼時・時家が訴訟進行を指揮したという一証を以て、能く永仁元年説否定の消極的論拠に対抗せしめ、更にこれより一般統率権の取得を推定して、永仁元年説を復活せしめうるであろう。兼時等が完全なる裁断権を与えられたか否かは、今これを知るに由ないけれども、聴訴の権を与えられた徴証は確かに存在する。左に三証を挙げよう。

(一) 天台別院豊前国香春社神官等申造営事、訴状副具書遣之、守先度御教書、可被計沙汰之状、依仰執達如件、

永仁元年十一月五日　陸奥守(宣時)御判
相模守(貞時)御判

越後守(兼時)殿

兵庫頭《時家》殿（香春神社文書）

（二）　永仁元年十二月日東大寺々務条々事書の一ヶ条に曰く（京都帝国大学所蔵古文書集四）、

一　宇佐宮年分僧与内山僧、於観世音寺戒壇入口、及殺害以下狼藉事、

右申遣越後守《兼時》之許了、

（三）　元徳二年十二月日宇佐宮神官等連署訴状に曰く（政所惣検校益永家職掌証文写并諸事）、

如所進永仁二年五月廿三日御下文（関東御教書の意）者、守護代寄事於左右、□私儀非法云々、無殊子細者、任代々御下知、可停止乱人《（入）》之由、可被相触之状、依仰執達如件、越後守殿、兵庫守《（頭）》殿云々、即被加御施行、□無相違之処、（上下略）

また正安二年七月二日薩摩谷山郡内の一地頭と、同郡郡司との相論所務条々を裁許せる鎮西下知状（時の探題は実政）の一ヶ条に（薩藩旧記前集八）、

一悪口事、

右郡司則、越州《兼時》御下向之時、於引付問答之座、阿礼加登、吐悪口畢、可被行罪科之由訴之、（下略）

とあるは、兼時の下に訴訟審理機関「引付」の備定せられたことを語るものである。この引付の番数いくばく、また頭人・引付衆存否の論は今しばらく措くとしても、少なくとも訴訟審理を直接担当すべき引付奉行の存在は想像に難くない。宛かも永仁元年三月兼時下向の直後、関東引付奉行安富泰嗣行位（高野山文書九粉河寺文書五〇号）の嫡子頼泰（佐賀文書纂深江文書永仁五・九・七鎮西下知状）が鎮西下向を命ぜられ、鎮西において兼時から「可為右筆」と命ぜられている事実が注目される（深江文書所収安富氏重書目録）。かかる任務を帯びて関東より下向した者は、恐らく彼一人ではなかったであろう。そしてかかる人々こそ兼時配下の引付奉行の中心をなすに至ったことであろう。前節に述べた弘安七年末明石行宗等三名の東使下向の意味を併せ考うべきである。

終りに兼時の権限が軍策の指揮以外にもあった証拠を、なお一つ付け加えよう。永仁元年九月二十四日兼時が、肥後「大慈禅寺長老義尹申寄附地幷橋修造事」に関する関東御教書一見の証状を発給していることである（大慈寺文書）。かくして私は、永仁元年三月兼時・時家は鎮西の軍事・訴訟以下諸般に亙る武家政務統轄者に任ぜられたと結論する。かくの如き地位に「鎮西探題」の称を与えんとする私見にして容れられるならば、当然「鎮西探題は永仁元年に初まる」といいうるわけである。

前節において取扱った鎮西談議所廃止の時期が、その活動の最下降年代たる正応五年七月（一八六ページ甲表参照）より、新探題の成立せる翌永仁元年三月に至る間であること改めていう迄もない。

兼時・時家両者の地位権限に差等のあったことは、彼等を派遣する際の関東御教書に、「合戦之進退宜随兼時之計」とあるによって疑いなきところであるが、事実彼等活動の跡に徴しても、

（一）　永仁二年三月六日肥前守護施行状（来島文書）（とふひ（烽火）の事）は「越後国司奉書」を、

（二）　永仁三年三月廿七日筑前守護施行状（改正原田記附録上）（兵船事）は「越後守殿御教書」を、

とある如く、兼時単独署判の鎮西御教書を施行しており、また前掲肥後大慈寺に対する証状も兼時の署判あるのみである。恐らく幕府は鎮西における武家統轄機関を設置するに当り、六波羅の例に倣って、兼時・時家二人を首班者として下向せしめたのであろうが、この統轄者の根本的使命を、異国警固という軍務の遂行におかねばならなかった事情は、当然に軍策指揮を最高の一人に委ねることの必要を知らしめ、ここに兼時をもって最高統轄者となし、時家を以てこれに副たらしめるの制を採ったものであろう。この傾向は次の代に及んで一層明らかとなる。即ち幕府は北条実政一人を以て鎮西統轄者に任ずるに至った。久米博士が探題は兼時・時家のいずれか一人でなければならぬ如く考えられたのは、後代を以て前代を推すものであり、幕府職制発達の過程に深い考慮が払われていないと評すべきであろう。

さて兼時等活動の跡を辿ると、兼時は上掲永仁三年三月二十七日筑前守護施行状に見えるのを最後とし、時家にあっては、同年「後二月廿四日越後守・兵庫頭」(註三)奉書を最後とする。帝王編年記によれば、両人ともに永仁三年四月関東に帰ったという。けだし従うべきであろう。

帝王編年記廿七伏見天皇御代の九州探題の項に次の記事がある。

前上総介実政 永仁四年、亦遷鎮西、四十八、御家人等沙汰、止注進、可成敗之由被仰畢、

これによって永仁四年実政が鎮西探題の地位に就いたことを知る。これより先、実政は周防・長門両国守護の職にあり、その在職年代を確実なる史料によって点綴すると、正応元年十一月を初見とし、降って永仁四年八月十日に及ぶ。(註四)当時の周防・長門は異国警固の要地として、北条氏の至親を以てその守護に任じたところである。されば両国守護在任のまま、鎮西探題となって博多に移る如きことは甚だ可能性乏しく、彼の探題就任は永仁四年八月より同年末に至る間と推定してよい。ここに改めて前に簡単に紹介した相田先生の鎮西探題設置年代に関する新説を吟味せねばならぬ。けだし先生によれば、

永仁三年兼時の帰東後、実政がその後を襲ひ、同四年の頃に至つて、従前の異賊防禦の指揮といふ任務の外に、従来談議所に於いて行つてゐた聴訴の事務も併せ執ることゝなり、こゝに始めて軍務と裁判の両務を兼行した鎮西探題なる職制が新に出現し、而して実政がその職に当つた最初の人であると認められるのである。

然し永仁三年実政が兼時の後を襲って、軍務の指揮に当ったとのことについては、何等論拠を示されない。而して同四年頃に至り聴訴の事務を執ることとなったとして、掲げられた論拠は左の越訴状案である(武雄神社文書三)。

肥前国御家人黒尾社大宮司藤原資門謹言上、

欲早依合戦忠節、且任傍例、預勲功賞、去弘安四年異賊合戦事、

右異賊襲来之時、於千崎息乗移于賊船、資門乍被疵、生虜一人、分取一人了、将又攻上鷹嶋棟原、致合戦忠之刻、

生虜二人了、此等子細、於鎮西談議所被経其沙汰、相尋証人等、被注進之処、相漏平均恩賞之条、愁吟之至何事如之哉、且如傍例者、致越訴之輩、面々蒙其賞了、且資門自身被疵之条、宰府注進分明也、争可相漏平均軍賞哉、如承及者、防戦警固之輩、皆以蒙軍賞了、何自身手負資門不預忠賞、空送年月之条、尤可有御哀憐哉、所詮於所々戦場、或自身被疵、或分取生虜之条、証人等状并宰府注進分明上者、依合戦忠節、任傍例、欲預平均軍賞、

仍恐々言上如件、

永仁四年八月　日

先生はこれを次のように解釈せられる。

恩賞拝領の申出はかねて鎮西談議所に達してゐたのであるが、それが承認されなかつたから、更に申出でゝ承認を請ふといふにある。先に鎮西談議所に申出でゝ、それが聴かれず、再び申出でたものであるから、勿論談議所とは異つた所に差出したものと想像される。然らばこの申出を受けし所は恐らく談議所に代つて鎮西に新に起された聴訴機関ではあるまいか。かく想像して誤りなしとすれば、鎮西探題存在の間、すべて九州全体の聴訴を行つた事情から顧みるとき、この資門の申出を受けし所は、新に談議所に代つて起された探題であることに殆ど疑を入るべきものはなからうと思ふ(上掲論文(下)五九ページ)。

この解釈の眼目はけだし引用者傍点の一節に尽きる。この推定にして成り立つならば、結論は容易に承認されうるであろう。然らば初度の申出(恩賞請求訴訟)を却下したものは果して鎮西談議所であろうか。また再度の申出の提出先は前回のそれと異ならねばならぬであろうか。確かにこの訴訟が談議所において審理せられたことは疑いない(「於鎮西談議所、被経其沙汰、相尋証人」とあるに注意)。しかしこの訴訟を却下した(「相漏平均恩賞」)のは既に談議所ではない。談議所はただこの審理の結果を報告した(「被注進」)にすぎない。この報告先、従ってまた当然この訴訟却下の主体が関東であろうことは多く説明を要しない。然らば次に、再度の訴訟、即ちいま問題の越訴状の提出先は何

処であるか。これ亦いう迄もなく関東である。何となれば、この越訴状が自己の勲功証明の根拠とするものは、証人等状と宰府注進の二者を出でず、それは先度談議所が関東へ送った審理報告(「相尋証人等、被注進」)其者であると解してはじめて、文章の前後照応し、脈絡貫通するを見るからである。くり返して言う。この越訴状の提出先は関東であり、鎮西訴訟機関ではない。従ってそれは、鎮西訴訟機関の存廃を左右すべき史料を含まず、探題実政の就任年代に関する私見を妨げうるものではない。なお右の越訴状解釈に関連して、越訴状が本訴審理機関に提出されても毫も怪しむにたらぬこと、及びこの越訴状の提出先が関東であるとすることは、必ずしも訴人の関東参向を意味せず、中間機関による執進(送付)のありうることを付け加えておきたい。

然らば永仁三年三月初代の鎮西探題兼時・時家が東帰してより、ここに至る約一ヶ年半、鎮西訴訟は何処で取扱われたであろうか。私は嘉元二年十月廿六日鎮西下知状(九州帝国大学所蔵来島文書)に「(永仁三年)十一月廿四日談議所奉書」とあるを論拠として、鎮西談議所が再度設置せられ、兼時等と次代実政との間の中継的役割を果したと推定する。恐らくは弘安・正応度における如く、少弐・大友等有力者の合議制であったであろう。

さて上掲帝王編年記九州探題の項は、単に永仁四年実政の探題就任を語るのみではなく、更に重要な意味を含んでいる。幕府は実政に対して、御家人訴訟を一々関東に注進してその指示を仰ぐことなく、探題方において専断すべしと命じた。換言すれば御家人訴訟の確定判決権を与えたのである。

蒙古襲来の後、弘安七年末、東使と守護とによる特殊機関設置せられて以来数変、ここに至って初めて、九州における包括的、且つ終局的判決権を具有する鎮西探題の出現を見たのである。爾来北条氏一族の中よりこもごも替補して、以て元弘三年の潰滅に及んだ。

以上、鎮西探題設置の過程を考察したのであるが、次に探題の裁判権・管轄権、及び彼の下に設けられた訴訟機関の構成について論述しよう。但し論述の便宜上、管轄の問題は最後にまわすことにする。また初代兼時・時家の時代は関係史料極めて乏しく、いきおい論述は実政以後を対象とすることになる。

【裁判権】　前述の如く、鎮西探題は永仁四年実政の就任を見るに及んで、御家人訴訟の確定判決権を与えられたのであるが、なお探題方において裁断困難なる事項は関東に注進して、その裁断を仰いでいた。永仁四年より三年を経た正安元年七月三日、幕府が或る特定の訴訟について、

称為難儀、注進不可然之間、所返遣訴陳状具書也、可被成敗(上下略)

と探題実政に命じているのは(新編伴姓肝付氏系譜六所収同日付関東御教書)よくこの間の事情を語るものである。而してまた我々はこの命令の中に、幕府が漸次強権を探題に付与し、鎮西統轄者としての権威を強化せんとする意図をもくみとることができよう。歴代鎮西志八に、正安元年秋七月将軍家書令して曰くとして「探題上総介実政勉異賊防禁之事、并可沙汰西国堺論等之事云々」なる記事がある。これは恐らく関東御教書の取意文と考えられ、必ずしも疑うを要せず、殊に後半部は前半部に比して、より原文に近きを思わしめるものがある。既述の如く、西国堺の事は聖断たるべしとして、これを幕府裁判権の圏外に置くことは、幕府の終始一貫した根本方針であった(六ページ参照)。然るにいま鎮西探題がその管内の堺相論裁判権を与えられたことは何を意味するであろうか。かくの如き授権は、少くとも九州管内における公家裁判権の武家への委任を前提とする。異賊襲来に際して、ただに地頭御家人のみならず、武家の被官ならぬ名主百姓等もことごとく出陣を求められ、また武家領以外の本所一円地にも、なべて軍役が賦課せられた事実を、これと関連せしめて考えるならば、異賊防禦の第一線たる鎮西の地は、不断の緊張裡に在ることを余儀なくせられ、防禦の長官たる探題は単に武家の統轄者たるにとどまらず、全九州の統轄者たるべき必要が痛感せられ、ここに本所間の争訟をも裁判するの権を取得するに至ったことが理解できるであろう。探題裁判権の強化は、彼の管轄権の拡大(後述)、彼の有する訴訟機関の充実、そこに進行される訴訟の手続法の整備と表裏一体となって、探題権威の伸張を実現する。探題実政がその一代を通ずる基本的な引付番文を制定したのは正安元年であるらしく(後述)、

関東において顕著な発達を遂げた訴訟手続法規が、部分的にではあるが、鎮西に送付せられて、そこの訴訟制度の備定を促進した事実もまた正安二年に見出される(新式目)。かく見来るならば、探題実政は永仁四年その地位に就いたとはいえ、更に一段の強権を獲得し、訴訟制度を完備して、鎮西訴訟裁判権者たるの地位を確立したのは、やや降って正安年間であったといいうるであろう。

【訴訟機関の構成】　(イ)引付　兼時・時家の時代に早くも引付の置かれたことは、前に一言した如くであるが(一九四ページ)、実政時代の引付の全貌は、幸い鎮西引付記によって窺うことができる。鎮西引付記には、薩藩旧記前集七所収と旧典類聚十三所収との二本あり、その間多少の異同がある。先ず薩藩旧記本の全文は左の如くである。

一鎮西引付　永仁七十四金沢上総前司(実政)代

一番

越後九郎　下野守忠宗 島津　伊勢民部大夫

山城治部丞　古沼三郎兵衛尉　野依越前房

安岐小四郎　平岡右衛門尉　伊勢左衛門入道

式部蔵人

二番

筑後前司 武藤　豊前前司　薩摩六郎左衛門尉

安富左近将監　久野左近将監　佐渡杢助

薭田四郎次郎　外記四郎兵衛　長門掃部左衛門尉

和泉右衛門次郎

三番

左近蔵人 大友　渋谷河内守　戸次太郎左衛門尉
豊前左衛門太郎　豊田太郎左衛門
日奈古孫四郎　済(ママ)藤孫四郎　伊賀左衛門尉
佐野十郎　伊地知八郎

次に旧典類聚本は左の如し(古事類苑官位部二、八九五ページ鎮西引付衆の項にこの本の節略文を引載)

鎮西引付　永仁七年四月十日
金沢上総前司代

一番
越後九郎　島津道義忠宗(下野守忠宗島津イ) 下野守　伊勢民部大夫
山城治部丞　古海(沼イ)三郎兵衛尉　野依越前房
安岐小四郎　平岡右衛門尉　伊勢左衛門入道
式部蔵人次郎(イナシ)

二番
武藤筑後前司(筑後前司武藤イ)　豊前(野イ)々(前イ)司　薩摩六郎左衛門尉
安富左近将監　久能左近将監　佐渡杢助
薭田四郎次郎(次イ)　外記四郎兵衛(イナシ)尉(イナシ)　長門掃部左衛門尉
和泉右衛門二郎　平岡次郎兵衛尉

三番
大友左近蔵人(左近蔵人大友イ)　渋谷河内権頭(守イ)入道　戸次孫(イナシ)太郎左衛門尉

豊前左衛門太郎　藤民部左衛門尉(イナシ)　平子三郎入道(イナシ)
豊田太郎左衛門尉　日奈古孫四郎　斎(済イ)藤孫四郎
伊賀左衛門尉　佐野十郎　衾(江)口七郎兵衛尉(伊地知八郎イ)（薩藩旧記本を以て対校す）

旧典類聚本はこの後になお、(イ)阿蘇遠江守随時代、(ロ)武蔵修理亮英時代、(ハ)同代(註五)の引付記三種と、「鎮西評定泉(衆)臈次　嘉暦二年」と題する評定衆交名注文一種を載せ、最後に左の奥書を記す。

参津時条々

別ニ写置ニ付略ス、

右者秩父十郎右衛門家蔵旧記之内ニ有之ト云々、

或いはこの二本を以て、同品なり、即ち前者は後者の首部なりとの見解があるかもしれない。然しいま子細に二つの実政時代引付記を比較するに、その間人名及び人数に異同がある（特に三番）のみならず、明らかに同人と認められる人名ですら、その称呼、使用文字に異同ある場合が少なくない（前掲、旧典類聚本に施した傍註参照）。この点より考えて、この二本はもともと伝来を異にするというべきである。次にその伝来過程を考えてみるに、二本何れも探題方の訴訟機関たる引付（今これを便宜鎮西裁判所と称する）収蔵の記録に出でることは疑いの余地がないと思う。而して旧典類聚本の奥書「参津時」云々によって、同本伝来の経路は更に一層はっきりと、訴訟のために博多所在の鎮西裁判所へ参向した何人かが、恐らくは訴訟遂行上の必要から、裁判所収蔵の記録を伝写したものであろうと臆測して大過ないと思う。薩藩旧記本の伝来も大体同様の事情によるものではあるまいか。然らば二本それぞれのもつ日付は一体何を意味するのであろうか。それぞれが探題方引付から外部に出た年次（上記の臆測に従えば、訴訟人が写し取った時期）であろうか。それにしてはもともと伝来を異にする二つの日次「永仁七十四」と「永仁七年四月十日」とが互いに相近く、否、同じ日付の誤写かとさえ思われることに疑念がのこる。私はこの日付を次のように考える。それは元来、伝写されて裁判所外に出る以前から、各引付記そのものに記されていたものであろう。それは各引付記の伝来に関する日付ではなく、引付記そのものの作製に関する日付であろう。更に一段立ち入った臆測を敢てすれば、「永仁七十四」と「永仁七年四月十日」との相違は、もと一つのものの誤写に基づくものであって(誤写の経路はいま問題にしない)、何れか一方が正しい日付である。而してその日付とは、実政の探題在職中、引付編成上最も記念すべき日であって、恐らく実政は探題就任の後、この時に至って初めて劃期的な引付の大編成変えを行い、この時制定した引付番文は彼の在職期間を通じて、引付編成上の基礎となったであろうと。この永仁七(正安元)年は実政の探題就任後三年に当り、探題裁判権の強化、訴訟手続の整備が急速に実現しつつあった時期であって(一九九ページ参照)、引付記の日付に関する上記の想定はこのような情勢から見ても充分支持しうると信ずる。もしこの想定にして成り立つならば、我々はこれより次の推論を導きうると思う。即ち上掲二種の引付記のうち、三方の引付がほぼ同人数を以て構成せられている(三番のみ一人多い)薩藩旧記本の方が引付編成当時、或いはそれに近い頃の引付記であり、旧典類聚本はその後、引付職員一部に異動あり、その結果を追記した後の形を伝えるものであろうと。

以上考え得たところに従い、薩藩旧記引付記に拠って鎮西引付の構成を考察しよう。先ず引付方数は三方であり、職員は各番十名もしくは十一名である。引付記の交名が、地位の順に排列されていることは疑問の余地がないから、各番の上首が頭人、下﨟が合奉行であろうこともまた確実である。残りの八もしくは九名は評定衆・引付衆及び引付奉行(引付右筆)であろうが、正確な内訳は明らかにし難い(評定衆については次項参照)。前述の如く旧典類聚本引付記は、実政代の引付記の外に随時代、英時代、同代(恐らく後期)都合三種の引付記を収録している。それらによると、引付方数は何れも三方、各番員数は九もしくは十名である。これによって鎮西引付の構成は、少なくとも二代実政の代より最後の英時代に至るまで大した変化をみなかったといえる。なおここで注目すべきは引付頭人の家柄である。次に先ず各代頭人の名を列挙しよう。

実政代	一　越後九郎	二　筑後前司（盛経）武藤	三　左近蔵人（貞親ヵ）大友
随時代	一　上野前司（北条時直）	二　大宰少弐（武藤貞経）	三　大友左近将監（貞宗）
英時代（元亨三以前）	一　上野前司（北条時直）	二　大宰少弐（武藤貞経）	三　大友左近将監（貞宗）
同　代（正中二以後）	一　参河前司	二　大宰筑後入道（武藤貞経）	三　大友近江入道（貞宗）

越後九郎の実名は分らない。恐らくは北条氏の一人、或いは初代の探題越後守兼時の親縁であろうかとも想像される。北条時直は永仁三年以前より（禰寝文書四）、文保元年以後に亙って（島津家文書之一、一八八号）大隅守護に任じ、次いで周防・長門守護に移った人である（正閏史料外編）。次に参河前司は遅くも元亨三年頃より鎮西探題滅亡まで、同じく大隅守護を兼ねたと推定される人、その実名は桜田律師時厳の子師頼（執権時宗には甥、鎮西探題随時には叔父に当る）を以て擬することができる。（註六）恐らく師頼は時直の長門赴任の後を受けて、一番引付頭人及び大隅守護の要職に就いたものであろう。実政代の二番頭人武藤筑後前司は、先に正応の末に鎮西談議所奉行となった武藤盛経に当る（二八七ページ乙表7）。永仁三年七月三十日「盛経（花押）」奉書（筑前中村文書）と永仁五年十二月二十四日「前筑後守（花押）」奉書（大悲王院文書）との花押の対照からも、この比定の誤りなきことを立証しうる。次に三番頭人大友左近蔵人の名は尊卑分脈によった。随時代以下の二番・三番の頭人については、別に考証した（註五参照）。以上の実名擬定にして誤りなしとすれば、そこにおのずから鎮西引付頭人の地位の家格化が考えられ、或いは更に進んで北条氏一族の有力者を一番頭人とし、武藤・大友両氏の総領をそれぞれ二番・三番の頭人とするという内規の存在すらも推測される。このような風潮はただに鎮西のみならず、関東・六波羅を通じて窺われるところであって、幕府政治の萎靡、行き詰まりを反映する末期的風潮であると考えられるのである。然しこの問題は広く幕府政治組織全般を対象として論述すべき問題である故、視野を訴訟制度に局限する本書においては、これ以上深く論及しない。

（ロ）評定衆　大友系図戸次貞直の条に、永仁七年正月二十七日鎮西評定衆任命の関東御教書が引かれている。即ち、

「越後九郎、豊前前司、渋谷河内権守重郷(重郷二字後人の追記なるべし)、伊勢民部大夫、戸次太郎左衛門尉可為鎮西評定衆」(註七)と。前掲同年制定と認められる引付番文と対照して、その引付における地位を知るべきである。これより三年後の正安四年には安芸杢助が評定衆に加えられた(武家雲箋)。降って当代末期嘉暦二年の「評定衆臈次」が旧典類聚本鎮西引付記の末尾に載っている。これによれば、当時の評定衆は参河前司より戸次左近蔵人入道まで全十名である(古事類苑官位部二、八九四ページ参照)。今これを英時代後期の引付記と対照するに、引付記にその名の見える者七名を数える。勿論この引付記の作製年代(番文制定の年代でもある)を確実に嘉暦二年と限定しえない限り、両者の対比から直ちに事実を抽出することはできないわけであるが、引付記の方は大体この時代を通ずる引付番文の常態とみられるから、評定衆臈次が、嘉暦二年に限って特異な形に編成されたという積極的証跡の見出されない以上、我々はこの二つをそれぞれ鎌倉時代末期の引付、評定衆編成の常態を示すものと見なして、その対比から或る程度の大体論を導き出すことができる。それは十名の評定衆中、過半数は引付職員であるが、引付に配属しない者が若干あったということである。

【管轄】　鎌倉時代初期以来裁判上に特殊なる権限を有した九州の守護は、その後彼等の上に立つ包括的訴訟機関の置廃と共に、その権限も幾度か動揺を受け、大勢はその縮小へと進んだのであるが、今や一人の首班者探題の下に構成せられる一層強力なる訴訟機関に対して、守護は訴訟管轄権の点において如何なる関係に立つであろうか。正和四年五月十二日「薩摩国御家人比志島孫太郎忠範申、同国辺牟□房禅慶出挙米対捍事」を裁許せる鎮西下知状は、その冒頭に訴人忠範の主張を掲げて(比志島文書二)、

　彼米去延慶四年禅慶令借用之処、不□(弁カ)□間、属当国守護人下野前司入道(島津忠宗)々義、雖可触訴、依為当敵□□訟也、

と記している。また元徳二年六月日薩摩国八幡新田宮雑掌道海の訴状は、同国安養寺院主正海なる者が、同宮浜殿修理料浮免田五段代引田を質券に入れて、該修理料米籾等を請取りながら、一向返済せざるによって、「雖可訴申守護

方、差合間、所令言上公方也」と訴提起の経緯を説明している(新田八幡宮文書四)。而してこの「公方」が鎮西探題をさすものであることは、探題がこの訴訟を受理して、論人召喚、使節催促の御教書を発している事実によって疑いない(同上正慶元(元弘二)八・十鎮西御教書)。また島津道慶の訴え「薩摩国上野平九郎入道禅意押取農具幷牛馬事」を裁決した元亨四年三月廿日鎮西下知状は、その冒頭に「右雖為守護人奉行之篇、退座之間、所有沙汰也」と述べている(薩藩旧記前集十)。我々は以上三例によって、或る種の訴訟は守護の管轄に属し、ただ守護に何等かの支障(差合)ある場合に限って、探題の管轄するところとなったことを知る。第三例にいう「退座」とはもと、評定沙汰・引付沙汰に出席すべき者にして、訴訟当事者と一定範囲内の親縁関係に在る職員は当然欠席すべしとなす制であって、かかる親縁関係者は退座分限として規定せられた(吾妻鏡延応二・四・廿五条、新式目正安二・七・五条々、塵添壒嚢抄三)。規定の趣旨は、裁判の公正を期して、判決に権威を保たしめんとするにある。されば今の守護人退座云々のことは、本来守護の裁判すべき事項であるが、何等か守護(当該訴論人との関係上)退座事由あるによって、裁判する能わずという意味であって、第一例の「依為当敵」は、その退座事由の一と認められる(ここに退座分限の拡張——親縁者より利害関係者へ——が注目される)。然らば退座事由なき場合、守護の裁判すべき訴訟、換言すれば守護の管轄に属する訴訟とは、如何なる種類のものであろうか。上記三箇の事例は年代からいえば正和四年より元徳二年に至る鎌倉時代末に属するから、ほぼ同時代なる元応元亨年間の作製にかかる幕府訴訟手続解説書「沙汰未練書」が、この問題の解決に何等かの示唆を与えるであろうことは容易に想像せられる。いま本書を検するに、その一ケ条に曰く、

一 雑務沙汰者

利銭　出挙　替銭　替米　年記　諸負物　諸借物　諸預物　放券　沽却田畠　奴婢雑人勾引以下事也、

上記三例の第一「出挙米対捍」がここにいう出挙の中に、また第二「入置(中略)引田(中略)於質券」ことが諸負物の中に包摂せらるべきことという迄もない。また第三の「押取農具幷牛馬」の篇も、奴婢雑人勾引の項より推して、や

はりこの雑務沙汰の中に含まれると思う。けだし、奴婢雑人勾引の一項は、所領以外の物の返還請求訴訟を代表するものと解せられるからである。結局上掲の三例は何れも雑務沙汰篇目の中に在ると解すべく、ここから直ちに守護の雑務沙汰管轄が推測される。この推測を一層確実ならしむべく、なお少しく事例を加えよう。

(一)　嘉元三年十二月三日大隅守護北条時直は、(註八)同国「禰寝郡司入道行恵(今者死去)子息清治申、伊佐敷拯親弘法師(法名浄恵)行恵領内湊海人等、奪取所漁魚類以下所持物由事」を裁決し、当該所持物を清治に渡すべき旨を、守護代をして浄恵に通告せしめた(東洋文庫所蔵平姓禰寝氏正統文献三)。

(二)　比志島文書三に、正和二年九月十日「薩摩国満家院内上原三郎基員与同院中俣弥四郎入道々証相論師若女事」を裁決した沙弥本性下知状が収められている。沙弥本性は嘉元四年十一月十一日鎮西御教書(薩藩旧記前集八)に「薩摩国守護代本性」と見え、延慶二年十一月廿六日鎮西下知状(同上)に「(薩摩)守護人下野前司入道道義(島津忠宗)代本性」と見える人であり、この裁決も彼が薩摩守護代たる地位において行ったものと考えられる。

(三)　正和三年七月十六日薩摩国伊作庄日置北郷地頭島津忠長代定恵と同郷下司日置忠純との相論「又太郎男同妻子一類事」に対する鎮西裁許状によれば、もとこの訴訟は、所従又太郎男等が忠純領内に逃げ入ったことから発したもので、本来ならば守護所に訴え申すべきはずであったが、「依為縁者、無其儀」く、鎮西探題へ訴え出たものであった(島津家文書之一、二〇四号)。恐らく時の薩摩守護島津忠宗(道義)が訴人久長に対して退座分限に在ったものであろう。

(四)　元応二年十二月十日薩摩守護島津忠宗は、所従「諸丈女童」相論に関して、召文を発している(新田八幡宮文書一)。

(五)　元亨三年九月十二日大隅守護と推定せられる前参河守(桜田師頼か)は、所従宗太郎男に関する大隅河俣拯入道の訴訟を棄却した(島津家文書之一、五一七号。なお註六参照)。

（六）　元亨三年十一月二十五日薩摩御家人比志島義範・大隅蒲生宗清間の所従相論を裁決した鎮西下知状もまた、同相論は本来守護管轄たるべきところ、いま守護人退座の事由あるに依って、探題方に於いて裁許するものなる旨を弁じている（比志島文書三）。

（七）　元亨四年十一月十八日筑前守護少弐貞経は、同国博多住人藤原氏女の訴にかかる所従四人事に関して、論人にあてて召文を発している（青方文書）。

（八）　嘉暦元年十二月五日平忠治和与状に、薩摩御家人延時又三郎入道所持物抑留の事、「於守護方雖可訴申之、以和談之儀」訴訟を止める旨が見えている（延時文書）。しかも翌六日付を以て同国守護代本性が、「為後証所令加判也」と裏封を加えていることは、愈〻以てこの訴訟が本来守護管轄に属するものなることを確認せしめる。

（九）　嘉暦三年七月日薩摩御家人比志島義範申状は、負累米銭の事を鎮西探題に訴え出たものであるが、その文中に「於守護方雖可訴申、依□□（為当）敵、所令言上公方也」と述べている。

以上の諸例によって、所従相論・負物相論・所持物相論が守護の所管に属したことはほぼ疑いないと思う。

私は更に進んで、鎮西探題設置の当時、関東の訴訟制度では既に所務・雑務・検断三沙汰の分化が完成していた事実をここに援引し来って、鎮西訴訟制上、雑務沙汰管轄権は守護に与えられたと推論したい。同様のことが検断沙汰についてもいうことができる。先ず私の知りえた二、三の例を掲げよう。

（一）　正安二年三月十二日筑後御家人本庄兼朝と飯田弥四郎等との所領相論を裁許した鎮西下知状の中に左の文が見える（池田文書一）。

次於兼朝者、先年悪党之由永氏等載陳状、不差申実証上、於守護方、当時有其沙汰之旨同申之上者、須依彼左右（上下略）

右によれば、悪党の事に関して、当時守護方において訴訟進行中であったのである。

(二)　嘉元三年三月五日筑後守護宇都宮頼房は、(註九)同国御家人白垣入道道念と同国八院地頭山代栄との相論「栄扶持悪党致狼藉否事」を裁決している(松浦文書一)。

(三)　文保元年五月二十二日大隅守護北条時直は、「令レ海二賊岸良村御米船一由」事に関して召文を発している(薩藩旧記前集八)。

(四)　元亨三年五月二十五日薩摩御家人国分友任請文に左の文が見える(同上前集十)。

将又至放火刃傷之篇者、友貞狼藉之段、無其隠候之間、友任為訴人、先日就訴申守護方、被遂検見、沙汰最中候、而今守護指合之由構虚言、奉掠公方候之条、奸謀候、退座之有無、尤可有尋御沙汰候歟、(上下略)

(五)　嘉暦四年七月五日薩摩比志島忠範法師と島津宗久法師との相論「追捕刃傷打擲以下事」を裁決せる鎮西下知状は、その冒頭に「右守護人退座之間、所有其沙汰也」と述べている(島津家文書之一、五五四号)。

以上によって、検断沙汰が守護の所管に属したこともまた疑いを容れないと思う。文保元年九月大隅台明寺雑掌が探題方に重訴状を捧げて、同国守護代官安東景綱代惟村以下在庁御家人等の狼藉を鎮め、盛範の追捕狼藉を停止し、損物を糺返せられんことを請うた時、雑掌は、この狼藉の事がもと国衙正税物済否という所務相論より起ったことであって、かかる所務相論は当然守護管轄内に属せず、且つ狼藉の篇と雖も、それが守護代官惟村を相手取った相論である以上、守護退座たるべきであり、結局「所務狼藉共以不能守護方御沙汰」る所以を縷述して、以て当相論を探題方に提起したことの正当なるを力説したのであった(島津家文書之一、一八九号)。所務は探題、検断は守護という管轄権分配規定が当時如何に明々白々たる存在であったか、この訴人の主張はこれを語って余蘊なしというべきであろう。

以上論述したところによって、所務沙汰管轄権は鎮西探題に、雑務・検断両沙汰の管轄権は守護に分配するという制規は明らかになった(但しこの結論は既に石井先生の提唱せられたところである(一三ページ註二所引論文(二)六九・七一ページ))。而して関東の問注所・侍所に比すべき雑務沙汰・検断沙汰各専掌機関が当鎮西探題下に見出されないことは、この制規と照応せしめて説明することができる。即ち鎮西探題は所務沙汰を管轄するのみであるから、所務沙汰機関たる引付以外に特別の訴訟機関を設ける必要がなかったのである。ただ、前に述べた如く、雑務沙汰或いは検断沙汰が、守護退座の事由によって、例外的に探題方に提起されることがあったが、かかる場合には、引付が便宜これを取扱ったのである。次に一証を挙げよう。元亨二年薩摩御家人国分友貞が、「守護指合(支障)」ありと称して、追捕放火狼藉の篇を探題方に訴えた時、探題は同年十二月二十日これに応じて論人に対して召文御教書を発した。その案文の端に、恐らくは論人備忘のためであろうか、「奉行人大保六郎入道契道、二番御引付也」と記されている(薩藩旧記前集九)。即ちこの訴訟は引付において審理されたのである。

翻って、これ迄の論証に用いた史料は、これを関係国別にいえば、雑務沙汰の項において筑前・大隅・薩摩、検断沙汰の項では、筑後・大隅・薩摩、これを通じて僅か四ケ国にすぎないのであるが、これより帰納しえた結論は他の諸国にも通ずるものと確信して、上述の如き探題・守護間の事物管轄権分配の論をなしたのであった。然しここに明らかに例外と認むべき一国がある。肥前即ちこれである。我々はこの国に関する限り、雑務沙汰裁判が探題方において行われた事実を見る。知りえた事例を表記すれば左の如くである。

年月日	訴訟対象	探題権限発動の形式	出典
正安二年五月三日	押取船二艘同船賃	召文御教書	青方文書
延慶三年十月二日	馬壱疋	召文御教書	青方文書
正和三年四月廿四日	所従	問状御教書	有浦文書三
正和三年五月六日	所従幷負物及馬以下	問状御教書	青方文書
元徳二年十一月十三日	夜刀女一類等	問状御教書	深堀記録証文三
元徳四年七月二日	所従	召文御教書	大川文書

これらの例は何れも問状もしくは召文であって、裁許状は一点もないけれども、判決前の準備手続文書というべき問状・召文がすべて探題署判の御教書であるという一事を以て、我々はこれらの訴訟が終始探題引付方に繋属し、探題署判の所謂鎮西下知状を以て裁許されたことを推断しうるのである。かかる肥前一国に限られた特異な制規の由来如何という問いに対して、私は鎮西探題の同国守護職兼任を以て応えたい。そもそも永仁三年肥前守護北条定宗が卒去した後(尊卑分脈)暫くの間、何人がその職に補せられたか全く不明である。否、実は同国守護人の名を直截に明記したような史料は、この時代の終り迄ついに見当らぬのである。わずかに私は、守護代に関する史料によって、上記の推論に到達することができた。先ず延慶二年十月十二日薩摩守護代あて為政・政秀連署奉書なるものがある(有馬文書)。薩摩守護代あてである以上、この奉書は鎮西探題の発するところとみるのが至当であり、為政・政秀の二人は探題方の奉行と見るべきであろう。然るに一方同じ為政なる名が乾元元年(青方文書)、徳治(実相院文書)、の諸期に肥前守護代として現われる。延慶元年の前年徳治二年三月二十三日肥前御家人の一人に異国警固番役の覆勘状を発している為政もまた同じ守護代であろう(武雄神社文書二)。ここに第三代の探題政顕の在職が正安三年十一月より(帝王編年記)正和四年六月以降に及ぶ(青方文書)、即ち為政の名の現れる年代を包摂するという点を消極的支証として、やや大胆な探題奉行為政・肥前守護代為政同人論が生まれる。然しこれのみでは未だ何人をも首肯せしめることはできない。けだし人は当時における同名異人の幾多の例を知っているから。よって私はなお一つ遥かに有力な史料を提示しよう。かの楠木合戦注文及び博多日記が嘉暦四年作製の東福寺領肥前彼杵庄重書目録の紙背に記されていることは何人も知るところであるが、その重書目録の中に、

一　御内御分

　一通　探題御請文 正中二年十二月廿五日在之

　一通　御代官周防五郎政国請文 同年同月同日在之

これによって先ず正中二年末当時、周防五郎政国なる人物が探題英時の代官に任じ、彼の側近に侍していたことが適知される(請文の日付に注意すべし)。彼は本目録の別の箇所には「執事周防五郎」と記されている。博多日記正慶二(元弘三)年三月十六日条に「筑州《(武藤貞経)》ハ前執事周防五郎入道跡ニ取陣(上下略)」とあるのもここに参照される。かくして探題英時の執事として、その身分を明確に規定せられた周防五郎政国が、また他の史料に肥前守護代として現れる。いま尾欠のため正確な日付は不明であるが、文中「元亨三年十二月十一日」云々と見えるによって、その後の作製と推すべき肥前山代三郎正の申状の中に、「(肥前)守護代周防孫五郎政国」の名が見える(後藤家事蹟一)。この周防孫五郎政国が前記英時執事政国その人なるべきは一点の疑いを容れない。尤も彼が英時執事たる時と、肥前守護代たる時とは異なっていたかもしれない。然しそれは私のいま問うところではない。当代武家社会において正員と代官との間が、単なる雇傭契約的な関係ではなく、密接な身分的関係によって結ばれ、その関係は決して容易に解消せしめえない性質のものであったことを理解するならば、正中の執事政国と探題英時との関係から、直ちに肥前守護代政国に対する守護正員の名を導き出すことができよう。即ちそれは探題英時に外ならぬ。かくして探題英時みずからが肥前守護であった以上、爾余の諸国においては守護管轄と規定せられた雑務沙汰が、この国に限って、探題方に提起せられたことは充分謂れあることとして納得される。かくして前掲六箇の事例中、最末の二例は説明せられた。然らば逆に、正安より正和に至る四例も同じ理由によって説明せらるべきではないか。即ち徳治・延慶代の探題奉行為政・肥前守護代為政同異の論が改めて見直される。私はそれによって、雑務沙汰を探題が管轄した事例を充分説明しうるという理由のもとに、右の各別の身分を以て伝えられる為政の、実は一人なるべきこと、探題政顕の肥前守護職兼補を推測したい。同じ論法は第一の正安二年の例にも及ぼされ、探題実政の同職兼補の論が導かれる(実政の探題在職は正安三年九月まで(帝王編年記))。

かくして肥前国内雑務沙汰が探題方引付の管轄に属する所以が明らかになった。然し同国検断沙汰は必ずしもこれと同じ制規を以て律せられなかった。正和元年十二月十六日宇佐弥勒寺領肥前千栗社雑掌惟幸と大宰少弐貞経従人季高との、千栗弥千松名内田地相論を裁決した鎮西下知状は、季高の陳状を引用して、「寄事於興行、致苅田狼藉之間、所訴申守護方也」と記し、これに対する探題方の態度を示して曰く、「苅田狼藉事、奉行人各別之間、不及其沙汰」と(千栗八幡宮文書)。これ即ち苅田狼藉(検断沙汰の一種)は、本訴と併合審理せず、守護方の奉行を以て、別箇に審理すべき旨を判示したものであって、この奉行人とは在国守護代を指すと解すべきであろう。然らば検断沙汰は守護の最も根本的な管轄事項として、これを在国代官に委任したとみるべきであろうか。検断沙汰が所務沙汰・雑務沙汰と異なり、多く即刻官憲の武力を発動して、反秩序的行為を鎮圧する必要を有することを考え合わせねばならぬ。

註一　ここで兼時・時家下向の事実を詳細に跡づけておくことが、以下の論述を進める上に便宜であろう。先ず帝王編年記廿七後伏見天皇御代、九州探題の項に、

越後守兼時　永仁元年三月七日下向　同三年四月参関東

兵庫頭時家　尾張守公時男永仁元年七月廿四日下向　同三年四月参関東

とあって、両人下向の時日に隔たりあることが注意される。鎌倉年代記も、兼時「三月七日立京都下向鎮西」と伝える。しかしてこの日付が全く正確であることは、実躬卿記其日の条に、

今暁、六波羅北方越後守盛(兼)時、為異国警固、下向西国之由風聞、仍卯刻為見物、遣出於七条大宮、見物車済々、雑人成市、辰刻進発、始北方、各直垂負野矢帯剣□騎不知其員数、殊勝見物也、引馬済々、置□鞍、懸総鞦、希代事也、即帰家、

とあるによって立証せられる。他の一人時家は当時なお関東に在り、一ケ月を経た四月七日ようやく入京した。同じく実躬卿記其日の条に曰く、

今夕、名越右近大夫時家入洛、可下向西国仁也、為異国警固也云々、其勢五百余騎云々、

時家下向の時日は、前掲帝王編年記の「七月廿四日」以外に拠るべきものあるを知らない。兼時に関する記事の正確さ、及び本書の史料的価値一般より考えて、この日付も信頼してよいと思う。時家入洛当時の官途は左近将監であるが(右の実躬卿

記）、帝王編年記には兵庫頭、鎮西下向後彼にあてた関東御教書（永仁元年十一月五日を初見とする。一九三ページ参照）には、「兵庫頭殿」と見える。その官の昇任がおのずから推定される。

註二　ここに久米博士の建治元年説否定の見解に関連して、一言弁ずべきことがある。博士は大日本史（列伝、巻一八三、将軍五）の説、「建治元年十一月始置九州探題、以北条実政為之、備于元兵、（帝王編年記。按太平記為永仁元年始置鎮西探題誤）」を以て、帝王編年記の誤解に基づく謬見なりと断ぜられる。帝王編年記廿六には、ただ、

九州探題

前上総介実政（越後守実時三男、建治元年十一月為異賊征伐下向鎮西、十七歳、弘安六年九月八日任上総介、同十月遷長門国警固、二十五、）

とあり、「此文前ニ九州探題前上総介トアルハ、実政ノ官称名ヲ掲ケテ題号ヲ起セルナリ、十七歳ニテ異賊征伐ノ為西下セルマテニテ」（博士の論文四六ページ）、この時九州探題に任ぜられたことを意味するのではない。これを上掲の如く、九州探題補任と認めて説をなした大日本史は、明らかに帝王編年記を誤解したものである、というのである。私とても、大日本史の採った建治元年説そのものが誤りであるとすることに異論があるのではない。ただ問題は、この謬説の根源を大日本史に置くことの一点にある。そもそも帝王編年記は、歴代天皇の御代御代ごとに一つのまとまったものとなる如く編纂された書である。いま鎌倉時代に限って言えば、先ず御一代の事歴を編年体に列記し、次にその御代の上皇・皇太子・親王・内親王・女院・後宮の御名を挙げ、その後に摂関・大将・征夷大将軍・鎌倉執権・六波羅の補任歴名を掲げ、最後に寺院関係の記事を載せる。如何なる記事もことごとく御一代にかけて順序だてて並べられている。従って今、後宇多天皇の御代（自建治元至弘安十）にかけて九州探題実政と掲書されているをみれば、本書の撰者が、この御代に九州探題職の存在を認め、実政を以てその人なりと認めていたこと疑いなしとすべきである。もし我々が、この実政の年譜的な記事の中に、九州探題に関係する部分を認めうるとすれば、それは「建治元年十一月為異賊征伐下向鎮西、十七歳」、この一節以外にはない。これを以てみれば、帝王編年記の撰者が実政の九州探題補任の時期を建治元年と信じていたこと明らかである。もし博士に従って、この記事を「実政ノ官称名ヲ掲ケテ題号ヲ起セル迄」の事と解するならば、この御代（自建治元至弘安十）に全く無関係なるべき九州探題の題号をここに掲書した理由を、如何にして説明しうるであろうか。

けだし大日本史に向けられた博士の論鋒は、実は一つ溯って帝王編年記に向けらるべきであった。前上総介実政の年譜的な

記事は、もともと帝王編年記成立以前から存在した史料であり、編年記の撰者がこれを採って、その中の「建治元年」云々を以て探題補任の記事と認めて、ここに九州探題の題号を掲げたと解すべきであろうが、実はこの「建治元年」云々は文字通り実政の鎮西下向を伝える以外のものではないのである。従って帝王編年記編者の史料解釈に誤りがあったとすべきである。

以上によって、帝王編年記利用に当って我々のとるべき態度もおのずから明らかになった。簡単に言えば、本書編者の見解、すなわち本書の地の文と、本書の原拠たる史料的記事とでは、おのずから史料的価値が異ならねばならぬ。次にこれを同じ実政関係記事によって説明を加えよう。本書廿七、伏見天皇御代(自正応元至永仁六)の九州探題の項下に、

前上総介実政 永仁四年亦遷鎮西、四十八、御家人等沙汰止注進、可成敗之由被仰畢、

と見え、更に後伏見天皇御代(自正安元至三)、九州探題の項下に、

前上総介実政 正安三年九月出家、乾元元年十二月七日卒、五十四、

と見える。これと前掲後宇多天皇御代九州探題の記事とを対照するならば、かく三ケ所に記された実政の記事が、もと相い接続する一箇の記事であり、それは実政個人の年譜に外ならぬこと顕然というべきである。或いは本書に採集せられる以前に、この一連の年譜的記事を有する実政その人に、九州探題の題号が冠せられていたかもしれない。然しこの記事を三部に分ち、それぞれに九州探題の題号を冠したるは、必ずや本書編者の仕業であろう。かく見来るならば、本書の建治元年九州探題補任説を否定することは、いわば編者の見解を否定することであって、何等本書採集史料の価値判断に相互るものではない。却って我々は屢〻、本書採集史料を他の確実な史料と対照して、その間の符合を指摘しうるのである。

註三　九州帝国大学所蔵来島文書嘉元二年十月廿六日鎮西下知状に、「永仁三年後二月廿四日越後守兵庫頭幷同年十一月廿四日談議所奉書」云々とあるによる。この文書は相田先生の御教示によって知りえたもの。記して感謝の意を表する。なお一九八ページに引用した来島文書はこの記事の後半部である。

註四　帝王編年記廿六に、実政弘安六年十月「遷長門国警固」とあるを、私は長門守護職補任と解する。長門国守護職次第には翌年正月十七日下国と伝える。彼がこの時周防守護職をも兼ねることになったか否かは明らかでないが、五年後の正応元年には既に両国守護として現れる(正閏史料外編)。かくして両国兼任の証跡は正応四年(住吉神社文書)、永仁二年(尊勝院文書、正閏史料外編)に辿られる。その後周防守護の事は史料なく、長門の方は永仁四年八月十日実政袖判執事為広奉書(赤間宮文

書）を最後とする。周防守護職もこの当時まで兼ねていたものと一応推測しておく。

註五　ここで英時代の引付記二種（今便宜上イ、ロとして区別する）の年代を推定してみよう。先ず（イ）の二番頭人は大宰少弐、三番頭人は大友左近将監、（ロ）の二番頭人は大宰筑後入道、三番頭人は大友近江入道である。およそ英時の探題在職は元亨元年末より元弘三年に及ぶ。この間大宰少弐と称する者は武藤貞経であり、大宰筑後入道と称せられる者もまた彼以外には求めえない。貞経は元亨二年四月一日までは確実に、大宰少弐を称し（志賀文書二）、次いで正中元年二年に亙って筑後守を称し（高野山文書（五）金剛三昧院文書一三一号、児玉韞採集文書一）、降って恐らくは嘉暦元年三月高時出家の後を追うて出家したらしく、翌二年十二月十六日以後には確実に筑後前司入道と称せられている（同上金剛三昧院文書六号）。同様大友左近将監・大友近江入道も大友貞宗一人の時を異にする通称に外ならぬ。貞宗は元亨二年六月七日までは左近将監であり（益永文書）、翌三年九月二十九日には既に近江守に任ぜられている（大友文書一）。恐らく武藤貞経と同じ機会に出家したと覚しく、元弘元年当時には明らかに沙弥を称している（草野文書）。よって（イ）（ロ）の各二番三番頭人の称呼を、貞経・貞宗通称の変遷に照合すれば、（イ）（ロ）各作製年代（即ち番文制定年代）の大体は推定され、（イ）は英時就任の元亨元年末より同三年九月に至る間、（ロ）は正中二年以後（恐らくは嘉暦元年三月以後）元弘三年までの間となる。

註六　島津家文書之一、五一七号元亨三年九月十二日前参河守裁許状は大隅河俣拯入道の訴え（所従宗太郎男事）を棄却したものであるが、私はこの裁許状の発給者前参河守を大隅守護と推定する。もし然らずとすれば、引付頭人と解することが残された唯一の途であるが、鎮西訴訟においては、問状・召文以下すべて探題署判の御教書を以て発せられ、頭人奉書の確証は管見に触れない。降って探題滅亡の直前、正慶二（元弘三）年四月廿七日前参河守（花押上記元亨三年裁許状の花押と同形と認むべし）軍勢催促状によれば、同年三月十七日幕府は「為凶徒等誅伐、相催大隅国地頭御家人、可発向伯耆国」旨を彼に命じたという（薩藩旧記前集十二）。およそ、軍陣の際、一国守護を以て、管国地頭御家人統率者に任ずることは幕府の軍編成上の常制である（八六ページ所引拙稿参照）。よって彼を当時の大隅守護と断じ、元亨三年以来、元弘三年に至る同職知行を推定する。なお博多日記正慶二年四月二日条に、「参州、大隅国御家人、日田肥前権守入道・宗像大宮司、并豊前国宇佐・築城・上津妻毛・下津毛ノ四郡人々ヲ（長門ヘ）被向畢、」と見えて、大隅御家人一々の名が挙げられず、日田（豊後ならん）宗像等に対して、ただ包括的に大隅国御家人と記されている所に、参州と大隅国との特殊関係が窺われるようである。私はこの書きぶりを、参州

(前出前参河守)が大隅守護であり、同国御家人を以てその直属軍隊としていたことの反映であろうと解する。

次に然らばこの人の実名如何。私は前田本平氏系図に見える師頼を以てその人とする(正宗寺蔵書所収先代一流系図参照)。

時頼―┬―時宗
　　　└―時教(厳)(朱)「号桜田律師」―┬―貞(定)宗―随時
　　　　　　　　　　　　　　　　　　　└―師頼(三川守)

また三原文書所収元弘三年二月七日原田種直跡あて二品親王令旨に「早追討英時・師頼以下之輩、可馳参者」云々と見え、師頼なる者が当時探題英時につぐ鎮西の要人であったことが察せられる。一方参河前司の帯する一番引付頭人の職は探題につぐ要職であり(また博多日記は屢〻彼の動静を叙しているが、その叙述様式、修辞の法は、まさに彼が北条一族中の要人なるべきを推断せしめるに足るものがある)、師頼を以て参河前司にあてることは、この地位家柄の点からみても充分蓋然性を主張しうると思う。

註七　この御教書には多少の疑点がないわけではない。評定衆中渋谷河内権守の実名重郷、執権相模守の実名貞時の記されていること、当然あるべき連署「陸奥守判」の見えぬこと、充所の見えないこと等これである。然しそれらは何れも後人の追筆、伝写の間の脱落を以て説明しうる性質のものであり、ここに挙げられた五名が何れも前掲引付番文中の有力者、評定衆に任ぜられてまさにしかるべき人々であるという論拠を打ち破って、御教書全体を偽作とするほどの積極性があるとは考え難い。私はこの御教書を疑わない。

註八　この裁許状は「者、可沙汰渡彼所持物於清治之由、可相触之状如件」を以て文を結び、日下に「時直(花押)」、充所に「守護代」と記す。即ちこの文書が奉書の形式を採らぬこと、判決の執行を守護代に命じている事、以上二点によって、この判決は大隅守護時直の下したものと確言することができる。彼は遅くも永仁三年八月二日以来当国守護の職に在り(禰寝文書四所収異国警固番役覆勘状)、降って文保元年五月八日以後に及ぶ(島津家文書之一、一八七・一八八号)。

註九　この書下状は書止文言「仍状如件」によれば、探題方の発給に非ず、恐らく筑後守護方の発給と見るべきであろう。然らば日下の「大和守(花押)」は同国守護人なるべく、彼は青方文書所収正和三年(嘉元三年より十年後)二月十七日鎮西御教書案の充所に「大和前司殿」(文意上筑後守護人)と称せられる人物と同人であろう。その実名は佐田文書所収延慶二年六月十二日鎮西下知状に(宇都宮)「大和前司頼房」と見えるによって確定する。

結言

以上五章に次第して論述し来ったところをここに概括して、本書の結言とする。

鎌倉幕府の訴訟制度は御家人保護第一主義の上に成立した。それは幕府そのものの本質に因由するところであり、およそ幕府の維持・存続が計られる限り、この主義は是非とも堅持されねばならなかった。幕府初期の訴訟制度上、諸訴訟機関に対する管轄権の分配が、訴訟当事者の身分を基準として行われ(従って訴訟分類もこれに照応した形をとり)、御家人訴訟が初めは他と区別されて、特に慎重なる審理手続を要するものとされ、やや降っては御家人訴訟専門の機関として引付の設置を見るに至った事情は、この根本主義と関連せしめて初めてその真の意味が理解せられる。然るに一方、当代における土地財産権に関する法律観念の発達は、到底訴訟分類及び訴訟管轄権分配の基準を、当事者身分の一点に置くという状態の永続を許さない。土地財産権訴訟のみが特に重要なる訴訟として取上げられ、これが専門機関の成立を見るに至る。即ち従来の御家人訴訟機関「引付」が新たに土地財産権訴訟(所務沙汰)機関に変貌する。これを機縁として訴訟対象の種別が新たに訴訟分類の基準となり、また訴訟管轄権分配の基準となる。訴訟は所務沙汰・雑務沙汰・検断沙汰に三大別され、それぞれ管轄機関を異にすることとなる。かくて訴訟分類及び管轄権分配の基準としての訴訟当事者の身分的差別は、管轄機関に関する限り、一応後退するが、それは必ずしも幕府訴訟制度の基調が、御家人保護第一主義から他に移ったことを意味するものではない。御家人は依然訴訟手続上、種々の特権を与えられる。所務沙汰手続に顕現する権利保護精神の昂揚はこれを裏書きする。かくして権利保護精神の昂揚はほぼ弘安年代、人を以て言えば御家人勢力の代弁者安達泰盛の時代を以て絶頂とする。そこに幕府訴訟制度発展の限界が劃され、泰盛に代る得宗被官の代表平頼綱の登場は我々に時代の転回を告げる。訴訟制度の面においては、権利保護の精神に代って職権主義・鎮圧主義が擡頭する。当局者は、訴論両者を納得せしむる底の正確なる是非の判断を与えることに努力せずして、如何にして訴訟を速く終結せしめうるか、如何にして訴訟件数を減少せしめうるかに腐心する。一方訴訟機関の諸種職員(特に高級職員)の地位は家格と結びつき、その地位のもつ実質上の権能は顧みられなくなる。ここに訴訟制度のもつ実質的意義は喪失し、御家人を幕府に結びつける有力な紐帯の一であった訴訟制度に対する信頼は急速に失われていく。これが鎌倉幕府訴訟制度末期の状態であった。

他方、この時代を通じて、訴訟機関の地域上の分化が二回あった。一は承久役後、新設の六波羅探題に西国訴訟管轄権を与えたことであり、他は蒙古襲来後、国防上の必要から鎮西の地に探題を設置し、九国二島の訴訟管轄権を与えたことである。然しこの二種の探題は、本来幕府の出張職員として設けられたものであって、鎌倉の訴訟機関に対して、完全なる諸般の管轄権を主張しうるが如き性質を有しなかった。それは特に六波羅において顕著である。鎮西探題においては、完全なる土地管轄権が与えられたけれども、それは探題が関東に対抗すべき強権を付与されたことの徴表ではなくして、探題設置の目的の一半が、当地の地頭御家人を在所に留住せしめんとする必要に在ったことの当然の結果である。

然らば前述の関東における訴訟制度の発展変化は、関東と宗支の関係に立つ六波羅・鎮西の訴訟制度に如何なる影響を与えたか。曰く、所務・雑務・検断三沙汰機関の分化の影響が最も著しく、それは六波羅・鎮西それぞれの特殊事情に応じて、異なった形において受容せられたと。先ず六波羅に在っては、雑務沙汰機関の分立は遂に見られなかったけれども、検断沙汰機関「検断方」は当代末期に至って分立を見た。しかもそれは、両探題各々の代官を事実上の長官とするという制度となって現われた(両検断・両頭人)。鎮西においてはどうであったか。幕府初期以来、守護に付与されていた御家人訴訟裁判権は、探題成立後に至ってもなお部分的に認められた。即ち所務沙汰のみが探題の管轄となり、雑務・検断両沙汰管轄権は守護に委せられるという形において。

　また鎌倉に発達した手続法も、過半は六波羅・鎮西に強制せられた。従って、主としてこの手続法に体現せられる当代末期訴訟制度の主潮たる職権主義・鎮圧主義が、六波羅・鎮西をも制約したことはいう迄もない。

附録　鎌倉幕府職員表復原の試み

鎌倉幕府職員表復原の試み

鎌倉幕府について調べる場合に、将軍執権次第、北条時政以来後見次第、関東評定伝、六波羅守護次第、鎮西引付記などの職員録、職員表が大変便利で有効な史料であることは改めて述べるまでもない。就中、関東評定伝は嘉禄元年(一二二五)評定衆新設以降、年々在職の執権・連署・評定衆を、そして建長元年(一二四九)引付衆新設以後については、同じく年々在職の引付衆をも併せ詳記して頗る有益である。しかし関東評定伝の記事は弘安七年(一二八四)で終っており、これより幕府滅亡に至る半世紀については、この種の史料が全くない。そこで今、鎌倉年代記に見える政所・問注所両執事の補任記事、同年代記に断続的に記された関東引付の頭人結番記を主たる史料として、他の若干の史料を以てこれを補綴して、関東の政所・問注所両執事、評定衆、引付頭、引付衆及びその他諸頭人奉行の年々在職を可能な限り復原してみたい。短見疎懶の致すところ、比擬推考にあるいは誤りあり、検索渉猟になお欠くるところあるやもしれぬ。読者諸賢の叱正を仰ぐのみである。

例　言

(1)一年ごとに職員表と典拠欄を設ける。

(2)個々の職員名の頭部に洋数字で番号を付して、典拠との対照に備える。

(3)左の略記号、略称を用いる。

補	補任
転	転任
罷	罷免
在	在職
鎌記	鎌倉年代記
武記	武家年代記
評定伝	関東評定伝
時政以来	北条時政以来後見次第
分脈	尊卑分脈(新訂増補国史大系)
前本系図	前田家本平氏系図
正本系図	正宗寺蔵書所収先代一流系図

追加法　佐藤進一・池内義資編『中世法制史料集』第一巻鎌倉幕府法、第二部追加法
参考資料　同上書、第三部参考資料
金文　金沢文庫古文書（新輯）
百合　東寺百合文書

弘安七年（一二八四）

〔評定衆〕

1北条公時 前尾張守 四月出家道鑑　在
2北条宣時 前武蔵守　在
3北条顕時 越後守　在
4北条時基 前遠江守 四月出家道西　在
5安達泰盛 陸奥守 四月出家覚真　在
6長井時秀 前備前守 四月出家西規　在
7佐々木氏信 近江守 四月出家道善　在
8二階堂行一（行忠 左衛門少尉）　在
9二階堂行有 前備中守 四月出家道証　在
10宇都宮景綱 前下野守 四月出家蓮瑜　在
11佐々木時清 前隠岐守　在
12摂津親致 前摂津守 四月出家道厳　在
13安達宗景 秋田城介　在
14矢野倫経 壱岐守 四月出家善厳　在
15佐藤業連 加賀権守　在
16北条政長 式部大夫 八月駿河守　正月補

〔引付頭〕

17一番　北条宣時　在
18二番　北条公時（道鑑）　在
19三番　北条時基（道西）　在
20四番　北条顕時　在
21五番　安達泰盛（覚真）　五月罷
22同　安達宗景　五月補

〔引付衆〕

23北条政長 式部大夫　正月評定衆補
24北条宗房 右馬助、三月土佐守 四月出家道妙　在
25北条忠時 左近大夫将監 十月二日死　在
26二階堂行宗 丹後守 四月出家道円　在
27佐々木宗綱 前能登守　在
28安達長景 美濃守 四月出家智海　在
29長井宗秀 宮内権大輔　在
30二階堂行景 隠岐守 四月出家道願　在

31安達時景　左衛門少尉　四月出家智玄　在
32二階堂行頼　左衛門尉　四月出家道静　在
33二階堂行藤　左衛門少尉　在
34武藤景泰　太宰権少弐　在
35大曾禰宗長　左衛門尉　十二月上総介　在
36町野宗康　左衛門尉　在
37大曾禰覚然(義泰　右衛門尉)　在

〔政所執事〕

38二階堂行一　信濃判官入道　在

〔問注所執事〕

39太田時連　勘解由判官　在

〔小侍所頭人〕

40北条師時　武蔵四郎　補

【典拠】　1〜16　評定伝、弘安七年条による。なお、15の佐藤業連について、正安二年二月僧空静等連署陳情案(高野山文書第五巻、金剛三昧院文書二八一号)の中に「一寂静院為関東一円御進止上者、被下衾宣旨条被令(ママ)参差事／以夜部庄下庄永御寄進当寺畢、爰以両庄勝宝院僧正御房背先師之御起請文被押領之間、衆僧等訴申関東、為佐藤加賀守業連奉行、寺務庄務為上人沙汰、不可有他人違乱之由、弘安七年被成下御下知畢　云々　所詮」とあって、業連がこの年高野山僧衆の訴訟を奉行したと伝えている。右史料に高野山の寂静院が関東一円進止であったとする点に注目すると、この場合の業連は、引付奉行ではなく、寺社奉行であったのではなかろうか。外記日記、弘安十年四月十六日条に「関東佐藤加賀権守業連去四月死去云々」と見えている。次に16の政長の官途については、勘仲記、弘安七年八月八日条に、同日の小除目で政長が駿河守に任じたと見えている。

17〜22も前引、評定伝による。なお、鎌記、弘安七年条に「五月引付頭、一宣時　二公時　三時基　四顕時　五宗景」とあるのは、この年五月に安達泰盛とその子宗景の間で五番引付頭の交替が行われ、それに伴う新番文の発表が行われたことを語るものである。

23〜37　評定伝、弘安七年条による。

38　前引、評定伝、評定衆中の同人(8)の項に「政所執事」と注するによる。なお、評定伝、弘安六年、評定衆の中に「二階堂信乃 左衛門少尉藤原行忠法師　法名行一、十二月十八日為政所執事」とあり、鎌記、弘安六年、政所欄にも「信濃判官入道 行一　俗名行忠　十二月十八日補之」とあり、その続きの履歴記事に「正応三十一廿一卒 七十」とあり、ついで同記、正応三年、政所欄に「行貞、十一月十四日補之」として、次の執事二階堂行貞の名を掲げているから、二階堂行一(行忠)は弘安六年十二月十八日から正応三年十一月の卒去まで政所執事に在職して、その跡を行一の嫡孫行貞(行貞の父行宗は分脈によれば、弘安九年四月死去)が継いだわけである。

39 太田時連の問注所執事在職については、鎌記、弘安六年、問注所欄に「勘解由判官 時連」とあり、同書、弘安八年、同欄に「摂津入道 道厳 俗名親致 十二月廿七補之」として次代の執事の補任を伝えているから、時連は弘安六年から同八年十二月廿七日まで同職に在ったことがわかる。

40 鎌記、正安三年、執権欄の師時の履歴に「師時 武蔵四郎、弘安七七月為小侍所」とあるによる。

弘安八年(一二八五)

〔引付頭〕

1一番 北条宣時 前武蔵守 在

2二番 北条道鑒(公時 尾張守) 在

3三番 北条道西(時基 遠江守) 在

〔政所執事〕

4二階堂行一(行忠 左衛門少尉) 在

〔問注所執事〕

5太田時連 勘解由判官 十二月罷

6摂津道厳(親致 摂津守) 十二月廿七日補

〔奉行人〕

7周防泰忠 兵衛大夫 二月廿八日在

8皆吉文盛 四郎 十二月廿四日在

【典拠】 1〜3 直接の在職徴証は見出せないけれども、鎌記、弘安九年条に「六月引付頭、一宣時 二道鑒(公時) 三道西(時基) 四時兼 五政長」とあって、一―三番については弘安七年の場合と同じ人物がそれぞれ同じ引付を主宰している。これによって一番の宣時、二番の道鑒、三番の道西は弘安七年から同九年まで異動がなかったと推定できる。なお、弘安七年の四番北条顕時、五番安達宗景について言えば、弘安八年十一月の所謂霜月騒動(秋田城介の乱)で、宗景は泰盛の嫡子として父とともに亡ぼされ、顕時は泰盛の縁者として事件に坐して失脚したことはよく知られている(多賀宗隼氏『鎌倉時代の思想と文化』所収「北条執権政治の意義」、関靖氏『武家の興学』等参照)。恐らく宗景・顕時の両人は、弘安八年十一月の事件まで引付四番・五番の頭人に在職したであろう。

4 弘安七年、典拠38を参照。

5・6 太田時連と摂津道厳の交替については、弘安七年、典拠39を参照。なお、道厳の在職期間については、鎌記、永仁元年、問注所欄に「信濃守 時連 永仁元十十九還補」とあるから、弘安八年十二月廿七日から永仁元年十月十九日の時連再任までの約八年間であることが分かる。

7 新編追加に収める傍例(参考資料八七条)に「田河左衛門尉隆村与為胤相論伊勢国麻生浦事、為周防兵衛大夫泰忠之奉行、弘安八年二月廿八日如為胤所給御下知者」云々とあるを参照。

8 吉田家本追加に収める弘安八年十二月廿四日関東御教書(安江太郎入道宛、猪俣蓮覚自由出家の由の訴を棄置かるる事)の奥に「奉行人皆吉四郎」とある(参考資料九七条)による。皆吉四郎の実名は建治三年記八月廿九日条に「問注所公人不足云々……皆吉四郎文盛可召加寄人」とあるによる。但し、弘安八年の関東御教書にいう「奉行人」は、その職務より見て建治三年記にいう問注所寄人ではあるまい。

弘安九年(一二八六)

〔引付頭〕

1 一番　北条宣時 前武蔵守　六月補

2 二番　北条道鑒(公時 尾張守)　六月補

3 三番　北条道西(時基 遠江守)　六月補

4 四番　北条時兼　六月補

5 五番　北条政長 駿河守　六月補

〔引付衆〕

6 北条盛房 右近大夫将監　六月六日補

7 北条宗宣 式部大夫　六月補

8 太田時連 勘解由判官　十二月廿七日補

〔政所執事〕

9 二階堂行一(行忠 左衛門少尉)　在

〔問注所執事〕

10 摂津道厳(親致 摂津守)　在

〔奉行人〕

11 清式部職定 左衛門尉　六月在

12 矢野倫景 豊後権守　閏十二月廿三日在

【典拠】 1～5 弘安八年の典拠1～3に引いた鎌記による。そこに「六月」とあるのはこの月に番文の改定が行われたことを語る。一番宣時、二番道鑒、三番道西は前々年以来同じであるから、六月の改定は四番の時兼、五番の政長の両人もしくは何れか一方の新補を意味するかと思われる。五番の政長は弘安七年引付衆から評定衆に転じた人物である(同年条参照)。

6 鎌記、正応元年条の盛房の履歴に「弘安五二廿八任右近将監、同日叙留、同九六々為引付衆」とあるによる。

7　鎌記、嘉元三年条の宗宣の履歴に「同(弘安五)年三十三任式部少丞、同年八六叙従五下、同九六為引付衆」とあるによる。「同九六」は弘安五年九月六日と見ることもできるが、評定伝、弘安五年の引付衆に(弘安六年、七年にも)宗宣の名は見えないから、弘安九年六月と読むべきである。

8　鎌記、弘安六年条の時連の履歴に「弘安九十二廿七加引付衆」とあるによる。

9　弘安七年の典拠38を参照。

10　弘安八年の典拠6を参照。

11　嘉元三年六月七日関東下知状(赤木家忠遺領信濃国吉田郷田在家相論の裁許)に「右遺領者、弘安九年六月為清式部左衛門尉職定奉行、支配之処」云々とある(赤木文書)による。この際の職定は安堵奉行であろうか。なお、職定の名は建治三年記、八月廿九日条に「問注所公人不足云々……清式部四郎職定……可召加寄人」と見えて、当時問注所寄人となったことが知られ、永仁三年記(この日記については永仁三年条参照)同年八月三日条に「今宵清式部四郎左衛門死去云々」と見えて、職定在職の下限が知られる。

12　(弘安九年)閏十二月廿三日、「大慈禅寺并大渡橋事、薩摩入道尊覚注進状副申状具書如此、可令申沙汰給候歟」という、矢野豊後権守宛、杲円書状案(大慈寺文書)がある。杲円は時の執権で肥後の守護でもある北条貞時の内管領、尊覚は肥後の守護代であって(拙著『増訂鎌倉幕府守護制度の研究』二一九ページ参照)、寺地所領を大慈寺に寄進して、「且為故相模守殿(時宗)御菩提、且被申関東御祈禱」との源泰明の申状を、守護代を経て守護に申達し、守護より矢野豊後権守に対して右の承認手続を求めているのであって、この場合の矢野の職務は恐らく寺社奉行であろう。矢野の実名は弘安十年の典拠11による。

弘安十年(一二八七)

〔評定衆〕

1北条盛房　右近大夫将監　十月補
2北条宗宣　式部大夫　十月補

〔引付頭〕

3一番　北条時村　武蔵守　十二月廿四日補
4二番　北条道鑑(公時　尾張守)　十二月廿四日補
5三番　北条道西(時基　遠江守)　十二月廿四日補
6四番　北条時兼　十二月廿四日補
7五番　北条政長　駿河守　十二月廿四日補

〔引付衆〕

8北条時範　左馬助　正月補

〔政所執事〕
9二階堂行一（行忠 左衛門少尉）　在
〔問注所執事〕
10摂津道厳（親致 摂津守）　在
〔奉行人〕
11矢野倫景 豊後権守　八月九日在

【典拠】 1　弘安九年の典拠6に引いた盛房の履歴の続きに「同(弘安)十十月為評定衆」とあるによる。なお、盛房は翌正応元年二月六波羅探題となる(同上履歴)から、彼の評定衆在職はそれまでの約五ケ月である。

2　弘安九年の典拠7に引いた宗宣の履歴の続きに「同(弘安)十十月為評定衆」とあるによる。

3～7　鎌記、弘安十年条に「十二月廿四日引付頭、一時村　二道鑑　三道西　四時兼　五政長」とあるによる。この日付は番文改定のそれであって、前年までの一番頭人北条宣時が弘安十年八月十九日連署の重職に昇った(鎌記・将軍執権次第)その欠を補うべく、北条時村を新補したことによる番文改定であったと考えられる。二―五番頭人は前年と全く同じである。

8　鎌記、嘉元元年条の時範の履歴に「弘安八三十一任左馬助、同日叙爵、同十正為引付衆」とあるによる。

9　弘安七年の典拠38を参照。

10　弘安八年の典拠6を参照。

11　建武元年八月日、陸奥国平泉中尊寺衆徒申状案(中尊寺経蔵文書(三))の副進文書目録の中に、「一通矢野豊後権守倫景書下案 為別当沙汰可致修造事」とあり、同じく本文中に「盛朝法印属矢野豊後権守倫景 時奉行人、修造事、為別当沙汰、五箇年内可終其功之由、弘安十年八月九日捧請文」云々とあって、本文の盛朝請文は目録にいう矢野倫景の書下を受けて提出されたものであることが知られ、これによって弘安十年八月九日当時(厳密にいえば同日に至る若干期間)矢野倫景の奉行人在職が確認される。関与した事案が中尊寺修造の事である点に照らせば、倫景は恐らく寺社奉行であったろう。なお、右申状案の中に「如……弘安十一年四月廿三日御下知状者、……於新熊野別当職者、毛越寺僧就臈次、向後可令執務、……云々 奉行矢野豊後権守」とあるから、倫景が弘安十一年にも在職したことは確実である。

正応元年（一二八八）

〔引付頭〕
1一番　北条時村 武蔵守　在
2二番　北条道鑑（公時 尾張守）　在

3三番　北条道西（時基 遠江守）　在

〔政所執事〕

4二階堂行一（行忠 左衛門少尉）　在

〔問注所執事〕

5摂津道厳（親致 摂津守）　在

〔奉行人〕

6矢野倫景 豊後権守　四月廿三日在

【典拠】1～3　正応元年から同五年まで引付頭の番文史料は見出せないけれども、後述のように正応三年二番道鑑、三番道西在職の徴証があり、永仁元年六月北条師時の新補にともなう引付番文の改定に「一時村　二道鑑　三師時」とあり、同二年十月引付再置の番文に「一時村　二道鑑　三道西　四恵日　五蓮瑜」とあるから、一番時村・二番道鑑・三番道西の地位は、弘安十年以降永仁元年まで変動がなかったと見てよいであろう。

4　弘安七年の典拠38を参照。

5　弘安八年の典拠6を参照。

6　弘安十年の典拠11を参照。

正応二年（一二八九）

〔引付頭〕

1一番　北条時村 武蔵守　在

2二番　北条道鑑（公時 尾張守）　在

3三番　北条道西（時基 遠江守）　在

〔侍所頭人〕

4平資宗 左衛門尉　八月在

〔政所執事〕

5二階堂行一（行忠 左衛門少尉）　在

〔問注所執事〕

6摂津道厳（親致 摂津守）　在

〔寄合衆〕

7北条時村 武蔵守　五月補

【典拠】1～3　正応元年の典拠1～3を参照。

4　とはすかたり（巻四、小町殿）に、正応二年八月鎌倉八幡宮放生会の情景を叙して、「平左衛門入道（頼綱）と申す者が嫡子平二郎左衛門（資宗）が将軍の侍所の所司とて参りしありさま」云々とあり、典拠の性格上、正確を期しがたいけれども、しばらく掲記しておく。

5　弘安七年の典拠38を参照。

6　弘安八年の典拠6を参照。

7　鎌記、正安三年条の時村の履歴に「正応二五為寄合衆」とあるによる。

正応三年(一二九〇)

〔引付頭〕

1 一番　北条時村 武蔵守　在

2 二番　北条道鑑(公時 尾張守)　在

3 三番　北条道西(時基 遠江守)　在

〔政所執事〕

4 二階堂行一(行忠 左衛門少尉)　十一月廿一日死

5 二階堂行貞　十一月十四日補

〔問注所執事〕

6 摂津道厳(親致 摂津守)　在

〔奉行人〕

7 明石行宗 民部大夫　八月以降二番引付在

8 島田行兼 民部大夫　三番引付在

9 太田時連 勘解由判官　六月廿一日在

10 北条時兼 前尾張守　七月四日在

11 粟飯原右衛門入道　在

12 稲津左衛門入道 執筆奉行　在

【典拠】　1〜3　正応元年の典拠1〜3の外に、次の徴証がある。備後国大田庄文書申出目録(高野山文書之一、宝簡集一一二号)の裏に、同庄領家高野山雑掌渕信が、同庄年貢に関する領家地頭間の相論の経過を記した一文があり、そこに「右此文書者、為大田庄桑原方関東沙汰令申出畢、而正応三年六月三日和泉阿闍梨渕信御山退出、……同八月七日関東下着、於二番引付 頭人尾張入道殿、法名道鑑 為明石民部大夫行宗奉行、被経御沙汰、同十二月十八日於御引付被召合両方、……同四年十一月十九日重遂引付問答、同十二月三日被取捨、同七日被合御評定、同九日於御引付被召対両方、被仰含併」とあって、この相論が鎌倉に於て二番引付に繋属して、頭人道鑑、奉行人明石行宗の係りで裁判が開始されたこと、即ちこの時点で道鑑が二番引付頭人に在職したことを伝えている。なおこの相論の経過を述べた部分に、頭人・奉行の変更を思わせる記述は全くないから、この相論が正応四年十二月九日に終結するまで、頭人道鑑、奉行人行宗の担当に変りはなかったと推測される。次に、新編追加に収められた傍例(参考資料七九条)の奥書に「正応三/三番引付 奉行島田民部大夫行兼/頭人遠江入道殿 道西 俗時章」とある。頭人の俗名と注せられた時章は文永九年に誅死した人物であるから、これは道西の俗名時基の誤記とすべく、この奥書を三番頭人道西

（時基）の在職徴証とすることができる。

4と5の更迭については、弘安七年の典拠38を参照。行貞は、鎌記、正応三年、政所欄の「行貞、十一月十四日補之」との補任記事に続けて「正応四十廿一蒙使宣、左衛門尉、同五十一叙留」とあるによれば、正応三年にはまだ無官であったろう。次に同上記、永仁元年、政所欄に「前出羽守行藤、十月十九日補之」として、次の執事二階堂行藤の名が掲げられているから、行貞の在職は正応三年十一月十四日から永仁元年十月十九日までとなる。

6　弘安八年の典拠6を参照。

7・8　上記1～3所引の典拠を参照。

9　正応三年九月十二日陸奥国好島庄西方預所と地頭との山相論に対する関東裁許状（飯野文書）の文中に「如奉行人時連代善勝執進盛隆今年六月廿一日請文者」云々とあるによる。

10　正応三年七月四日宮内卿局宛、前尾張守の問状奉書（斎藤文書）に「曾我……泰光申伊豆国安富郷国吉名田地事、申状如此、可令明申給」とある。前尾張守は恐らく北条時兼に当り（後出、永仁三年17を参照）、今年の引付頭ではないから、この訴訟は引付繋属に非ずと見られる。そして宛名の人物は、その称呼及び奉書の敬意表現から見て将軍家の女房か、とすると問状の発給者は御所奉行かと推測される。しばらく奉行人として掲げておく。

11・12　東大寺領周防国与田保の公文覚朝が加作田のことで幕府に提訴する事件があり、これに対して同保雑掌が正応三年七月陳情を提出し（東大寺文書四回採訪一八）、これに関連して鎌倉に下り、奉行人と折衝した寺家側の阿闍梨円宗の十月六日付、千手院宛書状（同上六一）に、幕府の事情を伝えて、「粟飯原右衛門入道を被相副関奉行候也、稲津左衛門入道者執筆奉行候之間、辞退被申候」とある。書状の年次は不明なれど、しばらく正応三年にかけておく。

正応四年（一二九一）

〔引付頭〕
1　一番　北条時村　武蔵守　在
2　二番　北条道鑑（公時　尾張守）　在
3　三番　北条道西（時基　遠江守）　在

〔政所執事〕
4　二階堂行貞　左衛門尉　在

〔問注所執事〕
5　摂津道厳（親致　摂津守）　在

【典拠】　1〜3　正応元年の典拠1〜3を、とくに2について正応三年の典拠2を参照。なお、この年引付が五方の編成であったこと、即ち一番から五番まで存したことは、正応四年八月廿日の追加「寺社幷京下訴訟事」(追加法六三一条)に「急可申沙汰之由、可被仰奉行人幷五方引付」とあるによって確かめられ、降って永仁元年五方を改めて三方としたこと後述の如くである(永仁元年の典拠3〜5参照)から、弘安八年から永仁元年までの間、引付は弘安七年以前と同じく五方編成であったと推定してよいであろう。

4　正応三年の典拠5を参照。

5　弘安八年の典拠6を参照。

正応五年(一二九二)

〔引付頭〕

1一番　北条時村 武蔵守　在

2二番　北条道鑑(公時 尾張守)　在

3三番　北条道西(時基 遠江守)　在

〔政所執事〕

4二階堂行貞 左衛門尉　在

〔問注所執事〕

5摂津道厳(親致 摂津守)　在

〔奉行人〕

6三善某 采女佑　十一月在

7沙弥某　十一月在

8重実 政所奉行　在

9矢野貞倫 八郎 政所奉行　在

【典拠】　1〜3　正応元年の典拠1〜3を参照。

4　正応三年の典拠5を参照。なお、正応三―五年の間と推定される十一月卅日、行貞(花押)／重貞(花押)／貞倫(花押)連署の奉書(金文七ノ五二三五号、但し、判読及び年次推定は神奈川県史、資料編2に従う)に、「鎌倉住人伊弁申□銭事……不日□(可カ)令召進負人□(給カ)之由所候也」とある。政所執事行貞及び奉行人連署の召文と認定し、ここに収めておく。奉行貞倫は永仁三年政所より引付に移る(同年55参照)。

5　弘安八年の典拠6を参照。

6・7　正応五年十一月卅日、薩摩国伊作庄内日置北郷領家雑掌地頭代和与状(島津家文書之一、四九八号)の裏書に「為向後証文、奉行人所加判也／采女佑三善(花押)／沙弥(花押)とある。そして同年十二月十六日の関東下知状がこの和与を裁許している(同上文書一九八号)から、和与状に裏封を加えている右の両奉行は関東の引付奉行と判断される。6（三善采女佑）は或いは永仁三年在職の雑賀采女佑と同人か（永仁三年48参照）。
8・9　4所引十一月卅日奉書による。

永仁元年（一二九三）

〔評定衆〕

1北条師時 左近大夫将監　五月卅日補
2太田時連 勘解由判官　十二月三日補

〔引付頭〕

3一番　北条時村 前武蔵守　六月補 十月罷
4二番　北条道鑑（公時 尾張守）　六月補 十月罷
5三番　北条師時 左近大夫将監　六月補 十月罷

〔執奏〕

6北条時村 前武蔵守　十月補
7北条道鑑（公時 尾張守）　十月補
8北条師時 左近大夫将監　十月補
9北条恵日（顕時 越後守）　十月補
10北条宗宣 上野介　十月補
11宇都宮蓮瑜（景綱 前下野守）　十月補
12長井宗秀 前宮内権大輔　十月補

〔越訴頭〕

13北条宗宣 上野介　五月廿日補
14長井宗秀 前宮内権大輔　五月廿日補

〔政所執事〕

15二階堂行貞 左衛門尉　十月罷
16二階堂行藤 前出羽守　十月十九日補

〔問注所執事〕

17摂津道厳（親致 摂津守）　十月罷
18太田時連 勘解由判官　十月十九日補

〔小侍所〕

19北条宗宣 上野介　七月補

〔奉行人〕

20島田行兼 民部大夫 越訴奉行　正応年中在

【典拠】　1　鎌記、正安三年条の師時の履歴に「正応六五卅為評定衆」とあるによる。
2　鎌記、弘安六年条の時連の履歴に「永仁元十二三加評定衆」とあるによる。
3～5　鎌記、永仁元年条に「六月引付頭、一時村　二道鑑　三師時」とあって、この年六月引付番文の改定が行われ、右のように頭人が決定したことがわかる。なお、この六月改定から十月までの間に発布されたと推定される追加（追加法六四〇条）に「三方引付奉行人被結改畢、……無奉行人方、於一二番分者、頭人依無相違、猶於本引付、以他奉行人可糺明、於三番者被改頭人、至四番五番者止其方々畢、彼三方分者、自問注所可賦出引付方也」とあって、六月の改定で従前の五方引付を三方と改めて、四番・五番を廃止したこと、一番と二番の頭人は従前通りであるが、三番については頭人を変えたことが述べられている。これによって、六月改定の制度的意味を知ることができる。ところで、このような引付編成の大改定が行われたのは、この年の四月執権貞時が、弘安八年以来、専権を恣いままにしてきた内管領平頼綱（杲円）を誅して、幕府の権力を手中に収め、幕政の改革に乗り出した手始めであって、鎌記の上記引用に続いて「十月止引付、置執奏、時村・道鑑・師時・恵日・宗宣・蓮瑜・宗秀等也」（同記、嘉元三年の宗宣の履歴にも「同（永仁元）十月止引付、執奏諸人訴訟」）とある引付廃止、執奏新設はその第二弾であった。また、これにともなって広汎な人事異動が行われ、弘安八年の霜月騒動で追放された北条顕時（恵日）が召し返されて、執奏として政界に返り咲いたのをはじめ、大幅な人事のゆり戻しが行われた。ここに掲げたこの年の職員任免には、そのような政治的背景があることを考慮する必要があろう。

6〜12の補任については右に記した。鎌記、永仁二年条に「十月又置引付頭人」とあるから、執奏は新設後一年で廃止となり、引付が復活するのである。

13・14　鎌記、永仁元年条に「五月廿日越訴頭、宗宣・宗秀」とあり、同書、嘉元三年条の宗宣の履歴に「永仁元五為越訴奉行」とある。

15と16の交替については、正応三年の典拠5を参照。鎌記、永仁元年条の行藤の履歴に「同（正安）三八出家道暁、改道我、同四八廿二卒五十七」とあり（但し、分脈では没日廿七日、同異本廿八日）、同記、乾元元年、政所欄に次代の執事を掲げて「山城入道 行暁 俗名行貞 乾元々十一月還補」とあるから、永仁元年に執事となった行藤は正安四（乾元元）年八月まで在職して没し、同年十一月行暁（行貞）が再度執事に補せられたことがわかる。

17と18の交替については、弘安八年の典拠6を参照。鎌記の問注所欄には永仁元年時連補任のあと、全く交替の記事がないけれども、武記には、元亨元年貞連（時連の息）新補とある。今、これに従っておく。なお、上掲鎌記の時連の履歴に「同（永仁）六十二廿八任信濃守、同日叙爵……正中三三月出家、法名道大」とある。

19　鎌記、嘉元三年条の宗宣の履歴に「同（永仁元）七月為小侍奉行」とあるによる。

20　徳治二年五月の常陸大掾平経幹申状（金文七ノ五二五一

号)に「去正応年中、為島田民部大夫行兼今者出家奉行、中立于越訴」云々とあるによる。正応年中とあるのみで年次確定しがたいので、便宜永仁元年に置く。

永仁二年(一二九四)

〔引付頭〕

1 一番　北条時村 前武蔵守　十月補
2 二番　北条道鑑(公時 尾張守)　十月補
3 三番　北条道西(時基 遠江守)　十月補
4 四番　北条恵日(顕時 越後守)　十月補
5 五番　宇都宮蓮瑜(景綱 下野守)　十月補

〔政所執事〕

6 二階堂行藤 前出羽守　在

〔問注所執事〕

7 太田時連 勘解由判官　在

〔奉行人〕

8 矢野倫景 豊後権守　十二月在
9 明石行宗 民部大夫　十二月在
10 越前左近大夫 四番引付　在

【典拠】　1～5　鎌記、永仁二年条に「十月又置引付、頭人、一時村　二道鑑　三道西　四恵日　五蓮瑜」とあって、前年十月新設された執奏が廃止となり、引付が五番制として復活、但し頭人には執奏七人の中から長老の時村・道鑑・恵日・蓮瑜四人が挙げられ(師時二十歳、宗宣三十六歳、宗秀三十歳)、もう一人はやはり長老で前年六月まで頭人を勤めた道西が再度起用されたのである(師時・宗宣の年齢は鎌記により、宗秀の年令は常楽記により、各没年より逆算)。なお新編追加に収める「所領配分事」と題する傍例(参考資料九一条)及び吉田家本追加に収める別の傍例(相模国生沢郷東方相論事、参考資料九三条)の奥書に、ともに「永仁二年四番引付 頭人越後入道 奉行越前左近大夫」とあって、四番頭北条恵日(顕時)の在職活動の一端がここに示されている。

6　永仁元年の典拠16を参照。

7　永仁元年の典拠18を参照。

8・9　「一、直被聞食、被棄置輩訴訟事」と題する追加の事書の下に、「永仁二十二二評、奉行 豊後権守倫景 明石民部大夫行宗」とある(追加法六五〇条)による。この二人は評定奉行であろうか。矢野倫景は弘安九年、十年、正応元年の各条に既出、明石行宗は正応三年条に既出の人物である。

10　1～5の典拠に引用した傍例の奥書を参照。

永仁三年（一二九五）

〔評定衆〕
1北条時村 前武蔵守　在
2北条道鑑（公時 尾張守）　在
3北条師時 右馬権頭　在
4北条道西（時基 遠江守）　在
5北条恵日（顕時 越後守）　在
6北条政長 駿河守　在
7北条宗宣 上野介　在
8宇都宮蓮瑜（景綱 下野守）　在
9佐々木時清 前隠岐守　在
10摂津道厳（親致 摂津守）　在
11佐々木宗綱 前能登守　在
12二階堂行誓（盛綱 伊勢守）　在
13矢野倫景 豊後権守　在
14太田時連 勘解由判官　在
15長井宗秀 前宮内権大輔　在
16二階堂行藤 前出羽守　在
17北条時兼 前尾張守　三月補？
18北条兼時 越後守　五月補
19総州

〔引付頭〕
20一番　北条時村 前武蔵守　在
21二番　北条道鑑（公時 尾張守）　十二月廿八日死
22三番　北条道西（時基 遠江守）　在
23四番　北条恵日（顕時 越後守）　在
24五番　宇都宮蓮瑜（景綱 下野守）　在

〔引付衆〕
25民部少輔　在
26二階堂盛忠 前摂津守　在
27常陸介　在
28北条時範 備前守　在
29二階堂行貞 左衛門尉 信濃守　在
30北条時家 兵庫頭　五月補
31因幡守　六月以降在
32越□二郎入道　六月以降在
33刑部　七月以降在
34北条凞時 左近大夫将監　七月補
35兵部　七月以降在

〔寄合衆〕

36 北条時村 前武蔵守 六月在
37 北条道鑑（公時 尾張守） 六月在
38 長井宗秀 前宮内権大輔 六月在
39 二階堂行藤 前出羽守 六月在
40 矢野倫景 豊後権守 六月在

〔越訴頭〕

41 北条宗宣 上野介 在

〔政所執事〕

42 二階堂行藤 前出羽守 在

〔問注所執事〕

43 太田時連 勘解由判官 在

〔官途奉行〕

44 摂津道厳（親致 摂津守） 補

〔安堵奉行〕

45 摂津道厳 補

〔寺社奉行〕

46 矢野倫景 豊後権守 在

〔奉行人〕

47 島田某 三番引付 在
48 雑賀采女佑 三番引付 在
49 安富某 三番引付 在
50 鎌田某 三番引付 二月迄在
51 工藤某 三番引付 二月迄在
52 河勾某 三番引付 閏二月より
53 皆吉文副 図書助 一番引付 閏二月十二日補
54 飯尾政有 中務丞（引付奉行？） 閏二月十二日補
55 矢野貞倫 八郎 政所より二番引付へ 閏二月十二日転
56 津戸為行 小二郎 二番引付合奉行 閏二月十二日補
57 富来光康 孫十 四番引付 閏二月十二日補
58 肥後頼平 二郎 政所公人より三番引付へ 閏二月十二日転
59 明石盛行 民部二郎 三番引付 閏二月十二日補
60 岡田景実 五郎左衛門尉 四番引付より問注所公人へ 閏二月十二日転
61 越前政親 孫七 五番引付 閏二月十二日補
62 明石彦次郎 侍所 閏二月十二日補
63 豊前左京進 侍所 閏二月十二日補
64 皆吉彦四郎 侍所 閏二月十二日補
65 雑賀孫四郎 侍所 引付奉行人 閏二月十八日補 五月十四日転
66 明石行宗 民部大夫 侍所奉行人 五月二日補
67 島田行兼 民部大夫 侍所奉行人 五月二日補
68 安富大蔵丞（長嗣？） 執筆 五月二日補
69 椙原主計允 執筆 五月二日補
70 太田三郎 執筆 五月二日補

71山名孫四郎 引付奉行人　五月十四日補
72豊後家光 六郎左衛門尉 問注所合奉行　八月五日補
73島田行重 孫六 四番引付　五月在
74藤原某 政所奉行人　七月在
75藤原 右近将監 政所奉行人　七月在
76斎藤某 二番引付奉行人　八月在
77三善中務丞　五月七日在
78菅原某　五月七日在
79藤原某　十月一日在
80散位某 政所　六月十八日在
81平某 政所　六月十八日在
82二階堂貞藤 政所　十一月十七日在
83左衛門尉某 政所　十二月廿五日在
84散位某 政所　十二月廿五日在
85沙弥某 政所　十二月廿五日在

【典拠】　永仁三年の幕府職員に関する典拠の大部分は永仁三年記である。これは永仁三年当時、問注所執事で評定衆でもあった太田時連の日記であって、今日伝わるのは文明十四年清元定の書写奥書のある吉田家本だけのようである。この本は吉田家から出て東京教育大学の架蔵に帰し、昭和二十八年、川副博氏が『史潮』(五〇号)誌上に初めてこれを翻刻し、併せて内容の考証を行い(「永仁三年記考証」)、昭和四十二年には続史料大成(第10巻)も亦、この日記を収めた。

この日記は永仁三年正月一日から八月廿五日までの約九ケ月間(この年は閏二月がある)の日録であって、出席者の名を明記した評定・引付及び寄合の記事を多く含んでいる。まず評定には、年の始めの評定始の外に、評定・臨時評定・式評定・引付評定の四種があったらしく、出席者の名を記したケースに限っていえば、上記の約九ケ月の間に評定二二回、臨時評定二回、式評定一五回、引付評定三六回、合計七五回を数える。評定には執権・連署と評定衆が出席しており、評定衆の人数は多くて十三人(三月七日、八月二十五日)、少ない時には五人(閏二月二十七日、四月十三日)ということもあるが、大体毎回十人前後であって、建前としては全員出席、実際には若干の欠席があるということであった。評定衆の名は、この日記の記主自身について時連という実名で記す外はすべて宮大、能州、越入の如く官途・受領・通称の略記号で示されている。尤も、正月五日その他二、三の記事には、この略称に一々実名・法名を注記しているし、このような注記のない人々も、前掲川副氏の「考証」及びその他の史料によって、大部分の実名が判明する。こうして明らかになった実名・法名でこの日記にあらわれる評定衆を挙げると、1～19のようになる。恐らくこれが永仁三年の評定衆の全メンバーであろう。この中、15(長井宗秀)と16(二階堂行藤)は前年二月幕府の使節として上洛し、この年の五月十四日に宗秀が、同十七日に行藤が鎌倉に帰着、宗秀は十六日から、行藤は二十日から評定に出席している(川副氏「考証」参照)。恐らくこの二人は、京都より帰還後はじめて評定衆に補せられたのではなく、前年来評定衆であって、帰還とともに任に復したものであろう。18(北条兼時)は五月三日の評定から名の見える人物であるが、これは四月二十三日鎮西探題の任を終えて鎌倉に帰還してのち、評定衆に新任されたのである(しかし、分脈によれば、この年九月八日三十二歳で死去した)。17は三月二日の評定から出席する「尾州」であって鎌記の裏書七月十日条に見える「尾張前司時兼」に当る。この人も恐らくこの時(三月)の新任であろう(時兼は分脈に「永仁四六十四卒、卅一才」とある)。19(総州)は正月十二日の評定に一回出てくるだけであって、実名・経歴ともによく分らない。結局1～16の十六人が前年来の評定衆であり、17・18の二人がこの年の三月と五月にそれぞれ新任された評定衆ということになる。

ところで評定記事の中、引付評定の記事にだけ、評定衆のあとに引付衆の名が、評定衆と同様の略称で記されている。引付評定の場合、引付衆もこれに列席する定めであったからであろう。今その名を整理して示すと25～35の十一名となる。この中25～27の三人は正月の記事からあらわれるが、他は年の途中から出てくる。まず閏二月十二日の引付評定の記事に、例の如く連署(この日執権は欠席)、評定衆十一人、引付衆三人(右に挙げた25～27)の名を記した後に行を改めて、「常葉備州　丹後廷尉四番　摂州被遷三番」と記し、また行を改めて皆吉図書助以下十二人の奉行の新任・転任を記している。奉行人については後述に譲って、常葉備州以下の三名について考えると、摂州(26)は正月以来引付衆の中にその名があるから、この日某番から三番に配属換えになったことがここに名の出てくる理由であろう。また常葉備州は川副氏「考証」にいう如く北条(常葉)時範に当り、この人はすでに弘安十年引付衆となっている(同年の項8)から、ここに名が出るのは引付評定に出席を許されたという意味であろう。丹後廷尉も恐らく同様であろう。この人に「四番」と注したのは或いは摂州が三番に転じた闕を補った意味ではなかろうか。なお丹後廷尉(29)が二階堂丹後次郎左衛門尉行貞に当り、この年六月信濃守に任ぜられて、以後この日記には信州と表記されていることは川副氏「考証」の如くである。また摂州は正応五年四月幕府の使節として摂津道厳等とともに上洛している「摂津前司盛忠」(実躬卿記、此年四月十四日条)に比定される。分脈によれば盛忠は正応三年に没した政所執事二階堂行忠の子、行忠のあとを受けた執事二階堂行貞(29)には叔父に当る。以上のように、引付評定の記事に出てくる引付衆は、引付評定に出席を認められた引付衆であって、その外に引付評定出仕の叶わぬ引付衆が当然あったはずである。いいかえれば、この日記の引付評定記事に列挙された引付衆は、当時の引付衆の全員ではなく、引付評定出仕という特別の資格をもつ者だけである。従って、引付評定の記事に五月から現れる30、六月から現れる31・32、七月から現れる33〜35もそれぞれの初見時に引付評定出席を認められた者ということになる。33(刑部)の初見記事に、その名の下に「初参」と注したのは右の意味を特に明示したものと解せられる。尤も、30(時家)は永仁元年以来の鎮西派遣からこの年四月晦日帰還して(この日記同日条)、五月廿三日から引付評定に出仕しているから、この人は引付衆新任と同時に引付評定出仕を認められたわけであり、34(凞時)については、七月十二日の引付評定から左親衛の名が見え、他方、鎌記の応長元年条、凞時の履歴に「永仁元七廿任左近将監、同日叙爵、同三年為引付衆」とあるから、かの左親衛は凞時に当り、この人の場合も、引付衆新任と同時に引付評定出仕を認められたもののようである。31・32・33・35の引付衆新補の年次は分らないから、この日記初見の年次以降在職と解しておく。

次に引付について見ると、正月十九日から三月三日まで九回引付が開かれて、その都度出席者の名が列記されている。この場合の引付は、日記の記主太田時連が所属する三番引付だけであって、他の引付のことは全く見えない。初見の正月十九日の分では、遠入・戸部・時連・島田・雑賀(雑𥝱とも)・安富・鎌田・工藤の八名が見え、筆頭の遠入は三番引付頭の遠江入道北条道西(22)、戸部は引付衆の民部少輔(25)、時連は評定衆、島田以下は奉行人であろう。従ってこの場合三番引付は、頭人・評定衆一、引付衆一、奉行人五という構成である。二月九日から評定衆能州(11)が加わり、閏二月十九日には引付衆摂州(26)が加わる代りに、能州が抜けている。奉行も閏二月十九日から鎌田・工藤が抜けて肥二(肥後二郎)と河匂が加わっている。奉行七人の中、肥後二郎は後述に譲って、他を整理すると47〜52となる。

次に寄合を見ると、この日記には寄合開催の記事が四回出てくるが、出席者の名を列記しているのは六月廿九日の一回だけである。この時の出席者は太守(執権貞時)・奥州(連署宣時)・武州(時村36)・尾入(道鑑37)・司農(宗秀38、司農は宮内省官員の唐名)・羽州(行藤39)・豊州(倫景40)の七名で、執権・連署を除く五人、何れも既出評定衆のメンバーだが、これが寄合衆である。但し、欠席者も考えられるから、この五人が寄合衆の総数とは断定できない。

終りに奉行人については、既述の如く引付出仕の歴名によって知られる三番引付所属の奉行人(47〜52・58)の外に、閏二月十二日、同十八日、五月二日、同十四日、八月五日の各条に奉行人の新任、転任の記事がある。これを整理すると53〜72のようになる。この中、66(明石行宗)は正応三年、永仁二年に、67(島田行兼)は正応三年、永仁元年に、それぞれ奉行人としての活動歴をもつ(各年の条参照)。また58(肥後二郎)が閏二月以降、三番引付に加わって、引付の会議に列席していることは既述。

以上、永仁三年記に見える幕府職員について述べた。次にはその他の典拠を挙げよう。引付頭については、この年の引付番文は残っていないけれども、永仁二年と同四年の各番頭を比較対照することによって、この年の引付頭を知ることができる。即ち永仁二年では一時村、二道鑑、三道西、四恵日、五蓮瑜であり、永仁四年では一時村、二道西、三恵日、四宗宣、五蓮瑜であるから(鎌記各年条参照)、この間に道鑑が抜けて道西が二番に転じ、道西の跡に恵日が移り、恵日の跡に宗宣が新補されたことが分る。そして正安四年七月七日関東下知状(長隆寺文書)に「於四番引付越後入道方、為島田孫六行重奉行、永仁三年五月……被下知」云々とあって、この年五月北条恵日の四番頭人在職が知られ、川副氏「考証」の如く道鑑が永仁三年十二月廿八日死去している(関東開闢皇代幷年代記事付収関東執権六波羅鎮西探題等系図)から、右の引付頭異動人事は道鑑の死去にともなうもの、従ってこの年の頭人結番は前年と同じであったと推定される。20〜24がそれである。なお、永仁三年記によれば、道鑑は八月まで評定に出仕しており、また道西の主宰によって、三番と推定される引付が月平均三回程開かれている。

41　延慶二年六月の申状案(武雄神社文書三)に「為倫景奉行、永仁三年……御沙汰参差次第、申入越訴頭人陸奥守殿于時上野介殿御方」云々とあるを参照。宗宣の在職は恐らく永仁元年新補以来の継続であり、永仁五年にも在職徴証がある。

42　永仁元年の典拠16を参照。なお、永仁三年七月廿九日「大工宗仲与島津下野三郎左衛門尉忠長代景光相論御所造営用途事」を裁許した下知状(島津家文書之一、二〇〇号)は前出羽守藤原朝臣、散位藤原朝臣、右近将監藤原の三名の連署となっている。これは、相論の対象といい、行藤を筆頭者とする連署の様式といい、紛れもない政所裁許状であって(本書八一ページ参照)、政所執事行藤の職務活動の一端と見ることができる。他の二名が執事配下の奉行人であることもいうまでもない。また、永仁三年十月一日前出羽守藤原朝臣、散位藤原朝臣連署の田畠注文(仏日庵文書、但し前欠)も同じく政所執事、奉行の在職徴証と見てよかろう。

43　永仁元年の典拠18を参照。

44　鎌記、弘安八年条、道厳の履歴に「永仁三為官途奉行」とあるによる。

45　鎌記、弘安八年条、道厳の履歴には、「同(永仁)四為安堵奉行」とあるけれども、永仁三年六月十三日、同年七月廿三日何れも譲与安堵の関東下知状(留守文書)の裏に、それぞれ「摂禅」「摂入」と記されて、摂津道厳が安堵奉行の職を行っているから、鎌記の記事は誤りと認められる。今、補任年次を一年くり上げて今年補任とする。なお、道厳の安堵奉行の在職徴証は正安元年、同三年にも見える(各年の項参照)から、それまで継続在職したのであろう。

46　前ページ41引用の延慶二年六月申状案による。

47〜72　前記永仁三年記の記事引用部分(二四三・二四四ページ)に既述。

73　前ページ上段引用の正安四年七月七日関東下知状による。

74・75　上引永仁三年七月廿九日関東政所裁許状による。

76　吉田家本追加に収める自由出家の傍例(参考資料九八条)に「永仁三年八月　二番引付奉行人斎藤」とあるを参照。

77・78　永仁二年四月日若狭国太良庄雑掌地頭代連署和与状(百合ヒ)の裏に、永仁三年五月七日この和与状に対して関東裁許状(百合せ)が下された際の中務丞三善・菅原連署の裏封がある。三善は54飯尾政有に当るか。

79　42所引永仁三年十月一日注文による。

80・81　永仁二年六月十八日「鎌倉住人末弘申負物事」につき論人召進を命じた散位、平連署奉書(金文七ノ五二三四号、但し後欠)による。

82　永仁二年十一月十七日(鎌倉郡内)南深沢内知行分所当対捍の訴えにつき、論人宛ての貞藤問状奉書(三浦和田中条文書)による。内容より見て政所所管訴訟である。貞藤は政所執事行藤の息に当たる。

83・84・85　永仁二年十二月廿五日南深沢津村方地頭代の訴えにかかる当郷内知行分所当事につき論人宛の左衛門尉・散位・沙弥連署奉書(三浦和田中条文書)による。論人の名は前掲貞藤奉書と同じであり、左衛門尉は貞藤かと推測されるが、連署三名とも花押部分水損して比定できない。何れにしてもこの奉書の扱うところも貞藤奉書と関連の訴訟であって、政所所管と見てよかろう。

永仁四年(一二九六)

〔引付頭〕

1　一番　北条時村　前武蔵守　　正月十二日補

2　二番　北条道西(時基　遠江守)　　正月十二日補

3三番　北条恵日（顕時 越後守）　正月十二日補
4四番　北条宗宣 上野介　正月十二日補
5五番　宇都宮蓮瑜（景綱 下野守）　正月十二日補
〔寄合衆〕
6北条宗宣 上野介　十月補
〔政所執事〕
7二階堂行藤 前出羽守　在
〔問注所執事〕
8太田時連 勘解由判官　在
〔京下奉行〕
9北条宗宣 上野介　十月補
〔安堵奉行〕
10摂津道厳（親致 摂津守）　補
〔寺社奉行〕
11太田時連 勘解由判官　補
〔奉行人〕
12四条五郎左衛門（入道？）　四月在
13藤原某　十月廿四日在
14菅原兵庫允　十月廿四日在
15四条左衛門入道（泰知）　十二月在

【典拠】　1〜5　鎌記、永仁四年条に「正月十二日引付頭、一時村　（二脱）道西　三恵日　四宗宣　五蓮瑜」とあるによる。前年十二月廿八日引付二番の頭人北条道鑑（公時）死去の欠を補うべく、正月十二日番文が改正されて、三番の北条道西（時基）を二番に、四番の北条恵日（顕時）を三番に移し、北条宗宣を四番頭人に新補したことは、前年の部で説明した通りである。宗宣の新補については、鎌記、嘉元三年条の宗宣の履歴にも「同（永仁）四正月為引付頭四番」とある。なお、五番の蓮瑜は、鎌記に「道忓」に作っているが、この名に相当する人物を見出し難い一方、宇都宮蓮瑜は永仁元年執奏に挙げられ、同二年十月引付五番の頭人となり、同三年にも評定衆として健在であり、同五年の引付番文にも五番頭人としてその名が録されているから（以上、各年の条参照）、二年から三年・四年・五年と引続き五番頭人に在職したと見るのが自然であって、この四年番文の「道忓」は「蓮瑜」の誤記と見てよいであろう（瑜と忓の草体の類似が考慮される）。

6・9　右に引いた鎌記、宗宣の履歴の続きに「同（永仁四年）十月為寄合衆、同為京下奉行」とあるによる。宗宣は翌永仁五年七月六波羅探題（南方）に補せられて上洛するから、彼の引付頭、寄合衆・京下奉行の在職はその時までであろう。

7　永仁元年の典拠16を参照。

8　永仁元年の典拠18を参照。

10　鎌記、弘安八年条、道厳の履歴に「同(永仁)四為安堵奉行」とあるによる。

11　鎌記、永仁元年条、時連の履歴に「同(永仁)四年為寺社奉行」とあるによる。なお、延慶二年六月日肥前国武雄社大宮司藤原国門申状案(武雄神社文書)に「右当社者、本朝擁護之霊場、異国降伏之尊神也、因玆、九州宗社究先規尋効験、精撰註進之時、去弘安八年幷永仁二年両度、当社最前註進之処、於後日之註進余社者、奉寄御領之上、剰被置料所、雖被遂修造、至最前註進当社者、不及御沙汰之間、言上子細之日、為倫景奉行、永仁三年如被仰出者、如此之訴訟被許容者、不可有尽期之間、不及沙汰云々、仍御沙汰参差之次第申入越訴頭人陸奥守殿〔于時上野介殿〕御方之刻、所申有其謂、宜任諸社傍例、令帯本所挙状之由、依被仰出、経奏聞、永仁四年被成綸旨於関東之間、被与奪時連之処、前御沙汰無相違之由被仰出歟」とあるによれば、報賽を求める武雄社の訴えに対して、永仁三年幕府は矢野倫景を奉行として却下の判定を下し、武雄社はこれを不服として恐らく直ちに越訴を申し立てたのに対して、越訴頭北条宗宣は訴え謂れあり、本所の挙状を添えて再訴せよと判定したので、武雄社はその指示に従って王朝に奏聞し、綸旨を得てこれを添付する手続を整え、幕府はこれを受けて事案を越訴方から時連に移送し、時連の奉行の下で前判決支持つまり訴訟棄却の判決が出たというのである。右の経過に照らせば、永仁三年最初の判定を下した矢野倫景も、永仁四年の再訴を越訴方から引きついだ太田時連もともに寺社奉行であろう。即ちこの史料は寺社奉行太田時連の職務活動の一端を語るものと見られる。

12　元亨二年八月廿一日銘の海北兵部房明円陳状案(金文七ノ五三二一号、上総国久吉保内惣官作田・畠・屋敷等につき頼賢と争う)に「此条於惣官作田畠屋敷武矢野畠等者、性西〔于時惟持〕以自筆、永仁三年□月廿五日給与于明円之条、避状明鏡也、仍知行無相違之間、□(或?)弁領□(家)年貢〔永仁三、年分〕、或□所大番〔永仁四年正月分〕一月畢、□□□□同四年四月□□□明円□(就?)訴□(申?)為四条五郎左衛□□(奉?)行、同□□□□(被?)成下御教書以来〔奉行人展伝(転)〕被経御沙汰、為□□□□入道奉行、性西与明円欲遂問答之刻、□(性)西文保二年死去」云々とあり、これを後段に「頼賢所進性西後日永仁三年十二月十日沽券状、相論最中同四年七月十六日御下文等、不可有御許容」とあるのと対照すると、前段の「同四年四月」は永仁四年四月の意と解せられる。即ち四条五郎左衛門(入道?)は永仁四年四月の明円訴訟を担当した奉行であった訳である。ところで、この明円陳状案に引かれた頼賢の訴状では、頼賢は訴訟対象たる田畠が買得安堵の地である旨を述べて、「任放券状之旨……不残段歩充給」えと訴えている。この点だけを見ると、頼賢の訴えは(従ってこれに対する明円の応訴も)所謂雑務沙汰で問注所に繋属したと解せられる。しかし、右の引用部分で知られるように、永仁四年の明円の訴えは、頼賢の訴えとは別個に(また頼賢の訴えに先立って)、伯父性西を相手取って起こされており、その内容も、性西が一旦明円に避り与えた田畠を押領したというものであって、所務沙汰に属すると考えられるから、明円の訴えを担当した四条某は当然引付奉行人と推定される。

13・14　正応二年二月十六日沙弥(小早川定心)譲状(小早川家文書之一、五四号)の裏に、「謀書之由、覚性代長綱申候間、両奉行人所加封判也／永仁四年十月廿四日／藤原(花押)／兵庫允菅原(花押)」とある。所領譲与相論の際の奉行裏封である。

15　元亨元年十二月十六日関東裁許状(宮内庁書陵部所蔵古文書、能登国高畠庄内小柴村地頭得田章実と同国大町保地頭代重隆との、小柴村・大町保の堺相論)に、「右為四条左衛門尉泰知法師 法名 奉行、永仁四年十二月被奇(棄)置訴訟畢」とあるによる。この人物と12の四条某とは、通称が似ているから、同一人の可能性が強い。

永仁五年(一二九七)

〔引付頭〕

1	一番	北条時村 前武蔵守	七月補?
2	二番	北条師時 右馬権頭	七月補?
3	三番	北条道西(時基 遠江守)	七月補?
4	四番	北条恵日(顕時 越後守)	七月補?
5	五番	宇都宮蓮瑜(景綱 下野守)	七月補

〔越訴頭〕

6	北条宗宣	二月在

〔政所執事〕

7	二階堂行藤 前出羽守	在

〔問注所執事〕

8	太田時連 勘解由判官	在

〔奉行人〕

9	矢野倫景 加賀守	在
10	越前政親 孫七郎	五番引付在
11	大鷹恵燈 弥四郎 合奉行	五番引付在

【典拠】　1〜5　鎌記、永仁五年条に「一時村　二師時　三道西　四恵日　五蓮瑜」とある改定番文による。鎌記には改定時期の記載はないけれども、前年正月、引付四番の頭人となった北条宗宣が今年七月六波羅探題に転出して、頭人に欠が生じ

ているから、鎌記の改定番文は恐らくその際に行われた人事異動の結果であろう。これを前年の番文と対照して明らかなように、一番の時村、五番の蓮瑜は動かず、北条師時が新たに二番頭人となり、それまでの二番道西、三番恵日がそれぞれ三番、四番に移った。師時は当時の得宗で執権に在職した貞時の女婿に当たり、さきに永仁元年六月引付改正に際して、十九歳の若さで三番頭人に挙げられ、同年十月引付が廃され執奏が新設されると、執奏の一人にもなったが、翌永仁二年十月執奏廃止、五番引付制再設の際には頭人に復帰できなかった(永仁元年・二年条参照)。その師時がここに約三年ぶりに引付頭人に返り咲いた訳である。また5については、次の在職徴証もある。紀伊続風土記(三輯附録巻四、薬勝寺村薬王寺蔵)所収正安三年正月十一日薬勝寺沙汰次第注文に「此沙汰事、自正応二年二月至于永仁五年三月、於六波羅殿致沙汰……同四月関東御注進畢、(中略、領家・下司代・公文関東下向等の事)同五月五日下着矢野加賀守倫景之許、仍同七日被賦五番御手畢、其手頭人宇都宮下野入道蓮瑜、奉行人越前孫七郎政親、合奉行大鷹弥四郎入道恵燈等也、同七月十三日於関東可有御沙汰否被披露畢」とあって、六波羅から関東に移送された紀伊国薬勝寺の訴訟が、宇都宮蓮瑜を頭人とする五番引付に繫属していることがわかる。

6　永仁五年二月十一日(出雲)国造宛、前上野介(宗宣)奉書(北島文書)に「出雲国杵築大社神主職事、正応五年七月九日御成敗依無相違、実政越訴於今者不及申沙汰、可被存其旨」とある。越訴棄却の決定の通達であって、奉者は越訴頭と認められる。なお永仁元年、三年の条を参照。

7　永仁元年の典拠16を参照。

8　永仁元年の典拠18を参照。

9・10・11　前引5の典拠、薬勝寺沙汰次第注文を参照。尤も、10・11については五番引付所属の本奉行、合奉行であることが注文の記載で分るけれども、9の矢野倫景の職掌は明らかでない。永仁四年条の典拠11で述べたように、矢野倫景は永仁三年当時寺社奉行の職に在ったらしいから、或いはこの場合も同じ職掌を以て、六波羅から移送された薬勝寺の訴訟を受理したのかもしれない。また、10越前政親は永仁三年閏二月五番引付の奉行人に補せられている(永仁三年61参照)から、爾来引続いて在職したものであろう。

永仁六年(一二九八)

〔評定衆〕

1北条久時　越後守　一番引付　　四月九日補

〔引付頭〕

2 一番　北条時村 前武蔵守　四月九日補
3 二番　北条師時 右馬権頭　四月九日補
4 三番　北条道西(時基 遠江守)　四月九日補
5 四番　北条宗泰 民部少輔?　四月九日補
6 五番　長井宗秀 前宮内権大輔　正月十三日補

〔越訴頭〕
7 摂津道厳(親致 摂津守)　二月廿八日補
8 二階堂行藤 前出羽守　二月廿八日補

〔政所執事〕
9 二階堂行藤 前出羽守　在

〔問注所執事〕
10 太田時連 信濃守　在

〔小侍所〕
11 北条煕時 左近将監　十二月九日補

〔奉行人〕
12 越前政親 孫七郎　五番引付在
13 五大院六郎左衛門尉　在

【典拠】 1　鎌記、永仁元年条の久時の履歴に「永仁元三為六波羅守護……同五六下向、同六四九為評定衆」とあるによる。なお、六波羅守護次第に見える久時の履歴には「同(永仁)五□(六?)十八下向関東 為引付一番上首」とある。これは、久時が関東に帰還して後、評定衆に新補され、一番引付に配属、しかも同引付の評定衆・引付衆の最上席(つまり頭人の次)に位置付けられたという意味であろう。なお、久時の評定衆新補の時期は、六波羅守護次第の記述では、関東下向直後と解されないでもないが、鎌記の明文に依るべきであろう。

2〜6　鎌記、永仁六年条に「四月九日引付頭、一時村　二師時　三道西　四宗泰　五宗秀 正月十三日為頭人、蓮瑜替」とあるによる。この中6について、永仁五年の典拠5に引用した紀伊国薬勝寺沙汰次第注文の続きに、永仁五年十一・十二月に領家・下司代等が上洛して、公文(雑掌)がひとり鎌倉に残ったことを述べたあとに、「次宇都宮下野入道他界之後、此御手之頭仁成長井宮内権大輔 宗秀 畢」云々とあって、長井宗秀と宇都宮蓮瑜の交替は、蓮瑜の死去によることが分る(門葉記六十八に、永仁五年十一月廿六日「下野入道(蓮瑜)所労」の祈りのことが見えている)。次に四月九日の引付番文改定では、四番頭人北条恵日(顕時)が退き、北条宗泰がこれに替っている。

7・8　鎌記、永仁六年条に「二月越訴頭、道厳・行藤」とあり、同記、弘安八年条の摂津道厳の履歴、永仁元年条の二階堂行藤の履歴に何れも「同(永仁)六二廿八為越訴奉行」とあるによる。ところで、元亨二年平河道照申状(平河文書)に「去永仁年中属于栖（洒）掃禅門道雄并二階堂羽州禅門道我方、道照等致越訴畢、其後惣越訴事、皆以被与奪御内之時、為諏方左衛門入道真性于時在俗奉行執沙汰処、依為理運越訴、被出御引付当二番御手行連奉行之間、相侍御裁評（許）之処」云々と見える永仁年中の越訴頭洒掃禅門道雄・二階堂羽州とはそれぞれ、永仁元年五月廿日越訴頭となった長井宗秀（永仁元年条の14参照。なお宗秀は、正安二年頃掃部頭となり、ついで出家して道雄と号した）、永仁六年二月廿八日越訴頭となった二階堂行藤をさすこと疑いない。とすれば、平河道照の訴訟は、永仁元年五月以降のある時点で越訴頭長井宗秀の手に属し、やがて越訴頭二階堂行藤の手に引継がれたと解されるから、長井宗秀の越訴頭在任は、永仁元年五月から同六年二月までとなる。次に、二階堂行藤の手に属した平河道照の越訴が、「惣越訴事、皆以被与奪御内」というのは、鎌記、正安二年条に「十月九日止越訴、相州（執権貞時）家人二人奉行之」とある越訴方廃止のことをさすに違いないから、二階堂行藤の越訴頭在職は（そして恐らく同時新補の摂津道厳も）、永仁六年二月から正安二年十月までと見てよいであろう。

9　永仁元年の典拠16を参照。

10　永仁元年の典拠18を参照。

11　鎌記、応長元年条の熙時の履歴に「同（永仁）六十二九為小侍」とあるによる。

12　5に引いた薬勝寺沙汰次第注文の上引部分の続きに「而為越前孫七郎奉行、同（永仁）六年十月九日同十九日両度、於御引付両方訴人雑掌実信輪（論）人金持右衛門尉広近代乗憲同（問）答之後」云々とあるによる。

13　徳治二年八月日、紀伊国阿氏河庄地頭陳状案（高野山文書之六、又続宝簡集一三九四号）に「阿氏河庄地頭職、称寺領一円庄官掠入御使之間、捧代々御下文等、令言上子細之時、就被経注進、為五大院六郎左衛門尉奉行、如永仁六年八月七日関東御下知者、湯浅金迦羅丸申紀伊国阿氏川庄事、……早止追放之儀、可安堵本職云々」とあるによる。

正安元年（一二九九）

〔引付頭〕

1	一番	北条時村 前武蔵守	四月一日補
2	二番	北条師時 右馬権頭	四月一日補
3	三番	北条宗泰 民部少輔？	四月一日補
4	四番	長井宗秀 前宮内権大輔	四月一日補
5	五番	二階堂行藤 前出羽守	四月一日補

〔奏事〕

6　摂津道厳（親致 摂津守）　正月六日補

〔越訴頭〕

7摂津道厳　在？
8二階堂行藤 前出羽守　在？
〔政所執事〕
9二階堂行藤 前出羽守　在
〔問注所執事〕
10太田時連 信濃守　在
〔安堵奉行〕
11摂津道厳（親致 摂津守）　五月十二日在
〔京下奉行〕
12太田時連 信濃守　補
〔奉行人〕
13二階堂行藤 前出羽守　十月在
14越中兵部□□ 清書奉行　十月在
15越前政親 孫七郎 五番引付　在
16五大堂政有 但馬三郎 五番引付　在
17肥後蔵人 清書奉行　在
18斎藤基連 九郎兵衛尉　在
19山名盛康 下野権守　在
20藤原某 政所　在
21惟宗某 政所　在
22藤原左衛門尉某 侍所？　在
23金刺左衛門尉 侍所？　在
24藤原中務丞某 侍所？　在

【典拠】 1〜5 鎌記、正安元年条に「四月一日引付頭、一時村　二師時　三宗泰　四宗秀　五行藤」とあり、同記、永仁元年条の行藤の履歴にも「正安元四一為五番引付頭」とあるによる。前年の条と対照すれば、三番頭人北条道西が退き、四番北条宗泰、五番長井宗秀が繰り上がってそれぞれ三番・四番となり、空席となった五番頭人に二階堂行藤が新補されたことが分る。なお、永仁五年条、同六年条の典拠に引いた紀伊国薬勝寺沙汰次第注文（永仁六年条引用部分の続き）に、「就之申立子細、重同（永仁）七年正月廿七日被逢御評定、可被成御下知之旨治定畢、被書定御下知符案之後、奉行人越前孫七郎妻死去之間、依禁忌、彼訴陳具書幷御下知符案等、被渡但馬三郎政有之許畢、但馬三郎奉行於御引付被取捨御下地（知）符案、被下清書之仁肥後蔵人許之後、正安元年四月十七日書挙之、同十八日両守殿（執権相模守貞時、連署陸奥守宣時）御判於被成天、翌日十九日於御引付、頭人長井宮内権大輔被封彼御下知之継目裏、則雑掌実信下賜之畢、而後彼御下知仁依有参差之子細、被書改御下知、同五月廿七日下給畢」云々とあって、五番頭人として永仁五年以来、薬勝寺の訴訟を指揮してきた長井宗秀が四月一日四番頭人に転じた後も、最後までこの訴訟を指揮したことが知られる。

6　鎌記、弘安八年条の摂津道厳の履歴に「正安元正六加奏事人数」とあるによる。

7・8　永仁六年条の典拠7・8を参照

9　永仁元年条の典拠16を参照の外、正安元年六月七日前出羽守藤原朝臣・散位藤原朝臣・惟宗の三名連署の下知状案（賜盧文庫文書二十五、香取文書三）によって、行藤の在職活動を知ることができる。この下知状案は本文の大部分が欠けて、内容を知ることはできないけれど、前出羽守藤原朝臣以下三名連署の下知状である点に於て、これを二階堂行藤を執事とする幕府政所の発給と断ずることができる（永仁三年の典拠42、正安二年の典拠9及び本書八一ページ以下を参照）。

10　永仁元年の典拠18を参照。

11　正安元年五月十二日譲与安堵の関東下知状（色部文書）の裏に「摂入」とあるによる。なお、永仁三年45を参照。

12　鎌記、永仁元年条の太田時連の履歴に「正安元為京下執筆」とあるによる（武家名目抄、職名部十二下、京下奉行の項参照）。

13　正安元年十月日、鎌倉将軍家祈禱寺注文案（金文七ノ五二四四号）の裏書に「奉行出羽前司行藤　在裏判」とあるによる。但し、当時恒常的に祈禱奉行が置かれていて、行藤がその職に在ったのか、政所職員（当時の執事）として、この祈禱寺注文のことに当ったのか、明らかでない。

14　鎌倉将軍家祈禱寺文書案（金文七ノ五二四三号）の端裏書に「関東御祈禱寺々御下知案 正安元十五 清書越中兵部□□」とあるによる。

15・16・17　1〜5に引用した紀伊国薬勝寺沙汰次第注文を参照。なお、16の但馬三郎政有は本姓中原氏、6摂津道厳の子で、この年十二月廿七日権少外記に任ぜられ、延慶元年まで在任した（外記補任）。本稿にはこの後、嘉元三、徳治二、文保二、元亨元、二の各年に見え、文保二、元亨元年の史料によれば五大堂を称した。

18・19　正安二年三月三日関東下知状（市河文書、市河盛房申信濃国中野西条内田地等事の裁許）に「正応三年并去年九月雖被成御教書、猶以無音、爰幸重（論人）当参之間、同十一月以奉行人斎藤九郎兵衛尉基連・山名下野権守盛康使者、重下御教書之処」云々とあるによる。

20・21　典拠9所引正安元年六月七日政所下知状案を参照。

22・23・24　正安元年六月七日小早川仏心と小早川一正丸代頼弁との鎌倉番役相論を裁許した下知状（小早川家文書九七号）の差出書「中務丞藤原（花押）／左衛門尉金刺（花押）／左衛門尉藤原（花押）」による。この裁許状が幕府の侍所の発給と推定されることについては、本書七九ページ以下参照。連署の人名は確知できないが、次位の金刺は恐らく得宗被官の諏訪氏であろう。

正安二年（一三〇〇）

〔評定衆〕

1北条宗方	右近大夫将監	十二月廿八日補

〔引付頭〕

2一番　北条時村	前武蔵守	在？
3二番　北条師時	右馬権頭	在？
4三番　北条宗泰	民部少輔？	在？
5四番　長井宗秀	掃部頭	在？
6五番　太田時連	信濃守	補？

〔越訴頭〕

7摂津道厳（親致	摂津守）	十月九日罷？
8二階堂行藤	前出羽守	十月九日罷？

〔政所執事〕

9二階堂行藤	前出羽守	在

〔問注所執事〕

10太田時連	信濃守	在

〔奉行人〕

11中原政連		十月在
12宗実		十月在
13平左衛門尉某		九月在
14橘弾正忠某		九月在
15藤原某	政所	十二月在
16藤原右近将監某	政所	十二月在

【典拠】　1　鎌記、永仁五年条の宗方の履歴に「同(正安)二十一廿五下向関東、同年十二廿八為評定衆」とあるように、六波羅探題を退任、鎌倉に帰還して、翌月評定衆に加えられたものである。

2〜6　鎌記その他に引付番文の記載がなく、わずかに鎌記、永仁元年条の太田時連の履歴に「同(正安)二為引付番書頭付」とあるのみである。この記事もこのままでは文意不明で、恐らく「書」は「五」の誤り(書の草体と五の類似による)、「番書頭」は「五番頭」の転倒であって(末尾の「付」については未考)、この年時連が引付五番頭に補せられたの意であろう。次に正安元年の引付頭と正安三年の引付頭を対照すると、両方に名を列しているのは宗泰と宗秀の二人で、正安元年の時村・師時・行藤の三人は正安三年には消えている。正安三年の条で詳記するように、時村・師時の二人は正安三年八月それぞれ連署・執権に補せられ、その際に引付番文の改定が行われているから、この二人はその時まで引付頭に在任したと見るのが自然である。結局、正安元年の引付頭五人の中、一番時村、二番師時、三番宗泰、四番宗秀の四人は、正安二年を通じて頭人の職にも、引付の所属にも変動はなく、ただ五番頭の行藤が正安二年時連と交替したと見られるのである。

7摂津道厳・8二階堂行藤の二人は、永仁六年の典拠7・8で述べたように、正安二年十月九日「止越訴、相州家人二人奉行之」(鎌記)という越訴廃止の措置によって、越訴頭を罷免されたものと思われる。

9　永仁元年の典拠16を参照の外、正安二年十二月廿日陸奥介景綱代と那須高頼代との陸奥国八幡庄召米以下公事の相論を裁許した下知状(結城文書)に「右近将監藤原(花押)／散位藤原朝臣(花押)／前出羽守藤原朝臣(花押)」の連署があって、これが二階堂行藤を執事とする政所の職務活動の一端であることが注目される(なお、永仁三年の典拠42、正安元年の典拠9を参照)。

10　永仁元年の典拠18を参照。

11・12　正安三年五月十六日関東下知状(相承院文書、鶴岡八幡宮寺供僧等申、相模国長尾郷内供田所当米未進事の裁許)に「去年十月以奉行政連・宗実使者、重下御教書畢」云々とあるによる。政連は恐らく所謂平政連諫草(徳治三年?八月)の筆者(実は中原氏)と同人であろう(なお、延慶三年17を参照)。

13・14　正安二年八月十三日久下光綱和与状(熊谷家文書二七号)の裏書に「為向後証文、奉行人所封裏也／弾正忠橘(花押)／左衛門尉平(花押)」とあるによる。この和与は熊谷直光と久下光綱との武蔵国西熊谷郷の堺相論にかかるものであって、これにもとづいて下された同年九月四日の関東下知状、即ち和与裁許状が別に存する(同上文書二九号)から、右の奉行人裏書は、当該訴訟を担当した引付奉行人の所謂裏封であることが分る。

15・16　上掲9の典拠史料を参照。

正安三年(一三〇一)

〔評定衆〕

1北条宗方　右近将監・左近将監・駿河守　在

2北条熙時　左近大夫将監　八月廿二日補

〔引付頭〕

3一番　北条久時　越後守　八月廿二日補

4二番　北条宗泰　民部少輔?　八月廿二日補

5三番　北条時家 美作守　八月廿二日補

6四番　北条宗方 右近大夫将監・左近大夫将監・駿河守　正月十日補 八月廿五日罷？

7四番　北条煕時 左近大夫将監　八月廿二日補

8五番　長井宗秀 掃部頭　八月廿二日補

〔引付衆〕

9北条貞房 刑部少輔　八月廿三日補

〔越訴頭〕

10長井宗秀 掃部頭　八月補

11北条宗方 駿河守　八月廿五日補？

〔政所執事〕

12二階堂行藤 前出羽守、八月出家道暁、道我　在

〔問注所執事〕

13太田時連 信濃守　在

〔安堵奉行〕

14摂津道厳(親致 摂津守)　十一月十一日在

〔奉行人〕

15安東重綱 左衛門尉　三月三日在

16岡田左衛門入道　十月十八日在

【典拠】 1　後掲6に引く六波羅守護次第の宗方の履歴に「於評定者出仕之」とあるによる。

2　鎌記、応長元年条の煕時の履歴に「同(正安)三八卅(廿)二為評定衆」とあるによる。

3〜8　鎌記、正安三年条に「八月引付頭、一久時　二宗泰　三時家　四宗方　五宗秀／八月廿二日引付頭、一久時　二宗泰　三時家　四煕時　五宗秀」とあって、この年八月に二度引付番文の改正が行われ、その間に四番頭人の変更があったことになっている。実はこの年の八月廿二日執権貞時が出家引退して、同日時村が合判つまり連署の、また翌廿三日師時が後見つまり執権の地位に就いている(将軍執権次第。鎌記では師時の執権就任が廿二日、時村の連署就任が廿三日)。すでに見てきた如く、時村と師時は、正安二年については在任の確証を欠くものの、それまでは前者が弘安十年以来、後者が永仁六年以来ともに引付頭を勤めてきたのであって、恐らく二人の引付頭は正安二年にも動かず、三年八月に至って師時は執権に、時村は連署に昇任したものであろう。そして師時・時村の跡に起用された引付頭が久時と時家であって(但し、一番時村の跡に久時が居えられ、二番師時の跡には三番宗泰が移って、時家が三番に居えられた)、その人事も亦八月廿二日(もしくは廿三日)であったにちがいない。鎌記、永仁元年条の久時の履歴に「正安三八廿三為一番引付頭」とあるは、その一半の裏付である。前掲鎌記の引付番文改正記事の前半(八月とだけ書いた部分)こそその

八月廿二日(もしくは廿三日)の改正番文なのである。ところで、この番文の四番に位置する宗方は、鎌記(永仁五年条)同人の履歴に「同(正安)三正十為引付頭四番」とあって、すでにこの年の正月四番頭人となっているから、この人に関しては、八月廿三日の改正で何らの異動はなかった。ところが、六波羅守護次第に見える宗方の履歴には「永仁二二五従五下、同日任右近将監、同(正安)三四十二転左、同八廿任駿河守、同九月辞一番引付頭人、為越訴奉行頭人 引付出仕無之、依被申請蒙御免了、於評定者出仕之」とある。鎌記の履歴によって転左、任駿河守を正安三年と訂正すると、同九月云々も当然正安三年のこととなる(但し、「一番」も前掲鎌記によって「四番」の誤りと訂正される)。これに鎌記、応長元年条の熙時の履歴に「同(正安三年八月)廿五為引付頭」とあるのを対照すると、正安三年八月廿二日執権貞時の引退にともなう執権・連署・引付頭等の大人事異動のあと、八月廿五日もしくは九月に、宗方は自身の強い希望によって四番引付頭を辞して越訴頭となり、熙時がこれに代って四番引付頭となったことが分る。前掲鎌記の引付番文改正記事の後半部がその結果であって、これを八月廿二日としたのは誤りとすべきであろう。ともかく宗方は正安三年正月引付四番頭となったものの、八月廿二日の大異動の後いくばくもなく自らこの地位を去ったのである。数年後、彼自身の破滅を導くこととなる時村との確執が兆していたのであろうか。

9　鎌記、延慶元年条の貞房の履歴に「正安三八廿三為引付衆」とあるによる。

10　3〜8の典拠に引いた鎌記、正安三年条、引付番文の八月廿二日の記事に続けて「越訴頭宗秀」とあるによる。前に考えたように、八月廿二日にかけた引付番文の改正は八月廿五日(もしくは九月)とするのが正しいから、続きの越訴頭補任もこれと同時と見るのが穏当であろう。今、八月にかけておく。

11　鎌記、永仁五年条の宗方の履歴に「同(正安三年八月)廿五為越訴頭」とあり、3〜8の典拠に引いた六波羅守護次第の宗方の履歴に「同(正安三年)九月辞一(四)番引付頭人、為越訴奉行頭人」とあるによる。そして中条文書(鈴木精英氏編)、正安三年八月廿日関東下知状案の端書に「越訴御下知 被封続目畢、頭人宗賢駿河」とあるのは、裁許状の継目裏に花押を署する(継目裏を封ずる)という、越訴頭駿河守宗方の職務活動の一端を語るものであろう(宗賢は宗方の音通。また八月廿日が宗方の越訴頭補任前である点、一見奇異に感ぜられるけれども、下知状の日付は判決が行われた評定の日付であって、その後に下知状の清書や頭人の裏封が行われるから、必ずしも矛盾はない)。

12　永仁元年の典拠16を参照。なお行藤出家のことは、鎌記、永仁元年条の同人の履歴に「同(正安)三八出家、道暁、改道我」とあるによる。
13　永仁元年の典拠18を参照。
14　正安三年十一月十一日譲与安堵の関東下知状(三浦和田文書)の裏に「摂禅」とあるによる。
15　鹿島社大禰宜則氏の訴えにかかる常陸国大窪郷内田在家のことを裁許した正安三年三月三日関東下知状(鹿島神宮文書)に、論人大夫僧正坊忠源が、論所は「為新平三郎左衛門尉盛貞跡拝領之由」申立てたについて、「没収時、盛貞相伝由緒及御沙汰否、被尋問安東左衛門尉重綱之処、如重綱請文者、為盛貞跡被没収否、為奉行不申沙汰之間、不存知云々者」とある。これによれば幕府が、盛貞跡没収の際、「盛貞相伝由緒」を調査したかどうかを、安東重綱に尋ねた処、重綱は、この件は奉行として取扱わなかったと答えたというのである。これによって、安東重綱がこの裁許状の日付に近い時点で、所領没収担当の奉行であったことが推定される。この下知状には、幕府の重綱への照会に先立って、論人忠源より去年十一月八日の請文が提出されたとの記事もあるから、重綱の奉行在職は前年に溯るかもしれないが、今は正安三年に懸けておく。又、所領没収業務担当の部局名・職名等については未考(侍所管下か)。なお、安東重綱は恐らく得宗被官として知られる安東の一族であって、正安四年十月廿四日北条師時(得宗貞時の従弟で女婿、時の執権)袖判の奉書(蒲神社文書)の日下に「左衛門尉重綱奉」と署して奉者の役を勤めている人物と同人ではあるまいか。
16　元亨四年十一月廿三日閑伊員連と同光頼との閑伊光員遺領相論を裁許した関東下知状案(田鎖文書)に「仍光頼、正安三年十月十八日岡田左衛門入道奉行之時、被封下本解状案備進之間」云々とあるによる。

乾元元年(一三〇二)

〔引付頭〕

1	一番	北条宗宣 陸奥守	二月十八日補
2	二番	北条久時 越後守	二月十八日補
3	三番	北条宗泰 民部少輔?	二月十八日補
4	四番	北条熙時 左近大夫将監	二月十八日補 九月十一日転
5	四番	北条宗方 駿河守	九月十一日補
6	五番	長井道雄(宗秀 掃部頭)	二月十八日補 九月十一日転
7	五番	北条時家 美作守	九月十一日補
8	六番	北条熙時 左近大夫将監	九月十一日補
9	七番	長井道雄(宗秀 掃部頭)	九月十一日補
10	八番	摂津道厳(親致 摂津守)	九月十一日補

〔政所執事〕

11二階堂道我（行藤 出羽守）　八月廿二日死
12二階堂行暁（行貞 山城守）　十一月補
〔問注所執事〕
13太田時連 信濃守　在
〔官途奉行〕
14北条宗宣 陸奥守　八月補
〔奉行人〕
15安富長嗣 大蔵丞 二番引付　在
16秋元太郎左衛門尉 二番引付合奉行　在
17関本司 清書奉行　在
18三島弥二郎 侍所?　在

【典拠】 1〜10 鎌記、乾元元年条に「二月十八日引付頭、一宗宣　二久時　三宗泰　四熙時　五道雄／九月十一日引付頭、一宗宣　二久時　三宗泰　四宗方　五時家　六熙時　七道雄　八道厳」とあり、嘉元三年条の宗宣の履歴にも「乾元々二十八為一番引付頭」、弘安八年条の道厳の履歴にも「乾元々九十一為八番引付頭」とあるによる。即ちこの年二月十八日と九月十一日の二度、引付番文の改正が行われた訳で、先ず二月の改正では宗宣が新たに入って一番頭人となり、前年来の頭人中、時家が退き、久時・宗泰はそれぞれ一番から二番へ、二番から三番へと動いた。新任の宗宣は六波羅探題の任を終えて正月廿八日鎌倉に帰着した（将軍執権次第）ばかりの人で、二月の番文改正は、この人物を引付頭に列する為めに行われたものにちがいない。次に九月の改正では、従来の引付五番制を八番制に拡大して、それまでの五人に前年八月退任した宗方、今年二月退任した時家を復活させた外、新たに道厳を起用したのである。なお、備後国大田庄桑原方領家地頭所務相論に関する覚書（高野山文書之八、又続宝簡集一九七二号）の中に「於関東御引付二番手、被経御沙汰 正安三年六月廿一日両方出和与状、同四年六月廿三日被成和与御下知／頭人越後守久時／奉行安富大蔵丞長嗣／合奉行秋元太郎左衛門尉／御下知清書関本司」とあり、右覚書にいう正安三年六月廿一日和与状（同上文書之一、宝簡集一一四号、但し地頭方）の裏には「大蔵丞源（花押）／左衛門尉平（花押）」即ち覚書に見える安富・秋元両奉行の証判（所謂裏封）があり、正安四年六月廿三日関東下知状（宝簡集九四号）が覚書にいう和与御下知である。ここに二番引付の頭人久時（2）、両奉行安富（15）・秋元（16）及び清書奉行（17）の在職徴証を見ることができる（和与状の日付は正安三年であるけれども、奉行人の裏封は下知発令後に為される理である故、両奉行の在職を乾元元年に置いた）。なお関東下知状の継目裏一ケ所に押署された花押は、訴訟の経緯から見て二番引付の頭人北条久時のものにちがいない。この花押は久時が六波羅探題に在職した永仁元―五年当時のものと異なるけれども、嘉元元年のものと酷似する(嘉元元年典拠2を参照)から、花押を変えた後の型と見られる。また安富長嗣は、永仁三年の奉行人68安富大蔵丞と同人であろう。

11と12の交代、即ち二階堂道我死去の跡に、同行暁が再任したことは、永仁元年の典拠15・16に記した通りである。なお、鎌記、乾元元年、政所欄の行暁還補の記事に続けて「嘉暦四二々死六十一」とあり、同記、元徳元(嘉暦四年八月廿九日改元)年、政所欄に「行恵 美作入道 俗名貞衡 五月十九日補之 四正七卒四十一」とあるから、乾元元年再任した二階堂行暁は元徳元年二月死去するまで二十六年余在職し、その跡に二階堂行恵が補せられたことが分る。

13 永仁元年の典拠18を参照。

14 鎌記、嘉元三年条の宗宣の履歴に「同(乾元々)八月為官途奉行」とあるによる。

15・16・17については既述。

18 正安四年六月十三日税所宗成和与状(税所文書)に「一鎌倉番役事／右番役、誠信(税所忠成)跡廿ケ日也、而宗成懸于誠信物遺跡、随分限可勤仕之由、為三島弥二郎奉行訴申……究訴陳畢、雖然以和与之儀」云々とあるによる。侍所が鎌倉番役のことを司どり、鎌倉番役相論も侍所の管轄に属したと推定される(正安元年の典拠22～24及び本書一〇〇ページ以下参照)のに照らせば、三島弥二郎は侍所の奉行人であろう。

嘉元元年(一三〇三)

〔引付頭〕

1 一番　北条宗宣 陸奥守　四月十一日補
2 二番　北条久時 越後守　四月十一日補
3 三番　北条宗泰　四月十一日補
4 四番　北条宗方 駿河守　四月十一日補
5 五番　北条時家 前美作守　四月十一日補
6 六番　北条熙時 右馬権頭　四月十一日補
7 七番　北条時高 尾張守　四月十一日補
8 八番　長井道雄(宗秀 掃部頭)　四月十一日補

〔越訴頭〕

9 北条宗宣 陸奥守　八月廿七日補

〔政所執事〕

10 二階堂行暁(行貞 山城守)　在

〔問注所執事〕

11 太田時連 信濃守　在

【典拠】 1～8 鎌記、嘉元元年条に「四月十一日引付頭、

一宗宣　二久時　三宗泰　四宗方　五時家　六煕時　七時高道雄(八脱)」とあるによる。前年九月の改正番文と対比すると、一番から六番までは変らず、八番の道厳が脱け、時高が入って七番頭となり、旧七番の道雄が八番に移ったことが分る。鎌記、弘安八年条の道厳の履歴に「嘉元々四十四卒五十七」とあるのを参照すれば、この番文改正が、死に先立って退いた道厳の欠を補うものであったことが分る。なお、乾元二年閏四月廿三日関東下知状写(東寺百合古文書五十八、東寺領伊与国弓削島雑掌と地頭代との所務相論の裁許)の奥書に「裏書継目云、二番頭人越後守殿(久時)継目(裏)重判」とあって、その下に花押影があり、同文書正文(百合ヒ二八号)には紙継目一ヶ所に上記花押影と同形の、すなわち久時の花押が押署されていて、久時の在職活動の一端を知ることができる。また7時高の受領は、金沢蠹余残篇坤に収める「最勝苑寺殿(貞時)供養御所出御御供奉人事」(乾元元年正月から十一月の間と推定される)と題する歴名の中に「尾張守時高」とあるによる。

9　鎌記、嘉元三年条の宗宣の履歴に「嘉元々八廿七復為越訴奉行」とあるによる。宗宣は永仁元年五月越訴頭となり、同三年越訴頭在職の徴証があり(各年の条参照)、永仁五年七月六波羅探題となって上洛、乾元元年正月探題を退き東下している。彼が永仁元年から同五年探題就任まで越訴頭を勤めたことはほぼ確実と見てよい。右に嘉元元年再任というのは、この前歴を踏まえての謂である。

10　乾元元年の典拠12を参照。

11　永仁元年の典拠18を参照。

付記　乾元元年の典拠2に挙げた北条久時の花押は昭和十六年八月、高野山霊宝館保管の文書原本に就いて、また嘉元元年の典拠2に挙げた北条久時の花押は昭和五十八年十月、京都府立総合資料館架蔵の文書原本に就いて、それぞれ確認採取したものである。ここに記して、採訪を許された関係当局各位に感謝の意を表する。

嘉元二年(一三〇四)

〔引付頭〕

1	一番	北条宗宣 陸奥守	九月廿五日補	
2	二番	北条久時 武蔵守	九月廿五日補	
3	三番	北条宗泰	九月廿五日補	
4	四番	北条宗方 駿河守	九月廿五日補	十二月七日罷
5	四番	北条煕時 右馬権頭	十二月七日補	
6	五番	北条煕時 右馬権頭	九月廿五日補	十二月七日罷
7	五番	北条時高 尾張守	十二月七日補	
8	六番	北条時高 尾張守	九月廿五日補	十二月七日罷

9七番　長井道雄（宗秀 掃部頭）　九月廿五日補
十二月七日罷

〔引付衆〕

10北条維貞 右馬助　七月十日補

〔寄合衆〕

11北条久時 越後守
武蔵守　三月六日補

〔政所執事〕

12二階堂行暁（行貞 山城守）　在

〔問注所執事〕

13太田時連 信濃守　在

〔官途奉行〕

14北条久時 越後守
武蔵守　三月六日補

〔侍所頭人〕

15北条宗方 駿河守　十二月七日補

【典拠】　1～9　鎌記、嘉元二年条に「九月廿五日引付頭、一宗宣　二久時　三宗泰　四宗方　五熙時　六時高　七道雄／十二月七日引付頭、一宗宣　二久時　三宗泰　四熙時　五時高」とあるによる。即ちこの年九月と十二月の二回引付番文の改正があった訳だが、九月の分を前年四月の番文と対比すると、旧五番頭人時家が脱けて、そのあと旧六―八番の頭人が繰り上がって五―七番頭人となり、旧八番の補充はなかった。これで九月改正の意味が、旧五番頭人時家の退任（或いは死去か）後の補充と八番引付の廃止にあったことが分る。ついで十二月の改正では、四番頭人宗方と七番頭人道雄を罷めて、五番の熙時、六番の時高を繰り上げて、それぞれ四番・五番の頭人とし、六番引付と七番引付の二局を廃止した。乾元元年九月、五番制から八番制に拡大された引付は、二年後の嘉元二年九月には七番制に、そして十二月にはもとの五番制に縮小された訳である。なお、嘉元二年五月一日関東下知状（熊谷家文書三〇号、熊谷直光と木田見景長の武蔵国木田見牛丸内郷内国方年貢の相論の裁許）の紙継目に北条宗宣の裏花押があって、一番引付の頭人宗宣の在職活動を知ることができる（裁許状の継目裏花押の手続については、正安元年の典拠4、嘉元元年の典拠2を参照）。

10　鎌記、嘉暦元年条の維貞の履歴に「嘉元二七十為引付衆」とあるによる。

11・14　鎌記、永仁元年の久時の履歴に「嘉元二六々任武蔵守、同三月六為寄合衆、為官途奉行」とあるによる。

12　乾元元年の典拠12を参照。

13　永仁元年の典拠18を参照。

15　鎌記、永仁五年条の宗方の履歴に「嘉元二十二七為侍所」とあるによる。

嘉元三年（一三〇五）

〔引付頭〕
1 一番　北条宗宣 陸奥守　七月廿二日転（連署）
2 一番　北条久時 武蔵守　八月一日補
3 二番　北条久時 武蔵守　八月一日転
4 二番　北条宗泰 土佐守　八月一日補　八月罷
5 二番　北条熙時 右馬権頭　八月廿二日補
6 三番　北条宗泰 土佐守　八月一日転
7 三番　北条熙時 右馬権頭　八月一日補　八月廿二日転
8 三番　北条基時 左馬助　八月廿二日補
9 四番　北条熙時 右馬権頭　八月一日転
10 四番　北条時高 尾張守　八月一日補
11 五番　北条時高 尾張守　八月一日転
12 五番　長井道雄（宗秀 掃部頭）　八月一日補
〔越訴頭〕
13 北条宗方 駿河守　五月四日誅死
〔政所執事〕
14 二階堂行暁（行貞 山城守）　在
〔問注所執事〕
15 太田時連 信濃守　在
〔侍所頭人〕
16 北条宗方 駿河守　五月四日誅死
〔小侍所〕
17 北条維貞 右馬権助　五月六日補
〔京下奉行〕
18 北条熙時 右馬権頭　補
〔寺社奉行〕
19 摂津親鑒 隼人正　十二月在
〔奉行人〕
20 市実成 左衛門尉 引付奉行　三月在
21 二階堂貞藤 出羽守　六月在
22 二階堂道存（時藤 備中守）　六月在

【典拠】　この年は、四月六日・十日に地震があり、ついで同月廿三日連署の北条時村と侍所頭人の北条宗方の確執から、時村が討手によって誅せられ、その直後、誅伐は誤りとなって討手の先登者十二人が逆に斬首されるという奇怪な事件があり、続いて五月四日宗方が北条宗宣・宇都宮貞綱を大将とする討手によって誅せられる事件があって、幕府に大きな動揺の起こった年である（鎌記裏書、保暦間記等。また後出典拠21・22所引の高野山文書を参照)。
1〜12　鎌記、嘉元三年条に「八月一日引付頭、一久時　二宗泰　三煕時　四時高　五道雄／八月廿二日引付頭、一久時　二煕時　三基時　四時高　五道雄」とあるによる。即ちこの年八月一日と同月廿二日の両度引付番文の改正があったことが知られるが、八月一日の改正は、乾元元年以来一番引付の頭人であった北条宗宣が、時村誅死のあとを襲って七月廿二日連署の重職に昇った(鎌記、嘉元三年条の宗宣の履歴)闕を補うためであって、二番北条久時から五番北条時高までの頭人が順次くり上がって各一—四番の頭人となり、前年十二月の改正で引付頭を罷められた長井道雄が再び起用されて五番頭人となったのである。しかるに新二番頭人北条宗泰が同じ月の中に突然頭人から姿を消す。前本系図、正本系図によれば、宗泰は北条氏、大仏流の宣時の子で、宗宣の弟、貞房の兄に当たる。宗宣(正和元年五十四歳で没)、貞房(延慶二年三十八歳で没)の年齢から考えると、当時宗泰は四十歳前後であったはずで、頽齢による退隠、死亡とは考え難く、また兄宗宣は引付頭、弟貞房は数年後に六波羅探題となる人物、ことに宗泰の子貞直は後年元弘の乱で幕府軍一方の将として上洛し、最後は鎌倉防衛のために討死した人物(当時、遠江・佐渡の守護職をもつ)とあれば、宗泰退任の原因が、時村・宗方の事件に関与しての失脚にあるとは思われない。恐らくは病死であろうか。この人の官途は前本系図に民部少輔、正本系図に土佐守とある。今、後者に拠って注した。八月廿二日の番文改正は、この宗泰罷職の闕を補うためであって、三番煕時を二番に移し、新たに北条基時を三番頭人に起用したわけである。基時は正安三年六月から二年余り六波羅探題に在任、嘉元元年十月鎌倉に帰った人であって、嘉元三年閏十二月十二日関東下知状(朽木文書、佐々木道頼後家尼子息義綱代と甲斐為行代との陸奥国一迫板崎郷・刈敷郷堺相論の裁許)の継目裏にこの人の花押が見える(六波羅在任当時と同形)ことによって、引付頭としての活動が証せられる。
13　諏方大明神画詞に「嘉元ノ比……其比執権時村朝臣ト越訴ノ管領宗方確論ノ事アリテ」云々とあって、嘉元三年時村・宗方の抗争が暴発した当時、宗方は「越訴ノ管領」であったとしている。宗方の越訴頭については正安三年八月新補の後、明証を欠くけれども、右の画詞によると、正安三年以後継続在任して嘉元三年に至ったもののようである。当時、越訴頭は定員二人であったらしく、嘉元元年八月新補の北条宗宣も継続在任したとすると、嘉元三年当時の越訴頭は宗方・宗宣の二人ということになる。
14　乾元元年の典拠12を参照。
15　永仁元年の典拠18を参照。

16　上記及び嘉元二年の典拠15を参照。

17　鎌記、嘉暦元年条、維貞の履歴に「嘉元二……同三五六為小侍奉行」とあるによる。

18　鎌記、応長元年条、熙時の履歴に「嘉元三為京下奉行」とあるによる。

19　嘉元三年十二月十五日長老証道上人宛の散位(差出書傍書に「表書日　散位親鑒」とあり)奉書案(高野山文書第五巻、金剛三昧院文書六六号)に「高野山金剛三昧院内大仏殿領美作国大原保事、道寂・良重雖致越訴、弘安二年御下知、同五年御教書依難被改替、不及執申也、可被存其旨、」とあって、金剛三昧院内大仏殿領に対する道寂・良重の越訴棄却の通達を摂津親鑒が行っている。摂津の職務は越訴奉行としてのものとも考えられるが、文中の「不及執申」に注目すれば、彼は訴状を直接に訴人側から受理する立場にあり(宛名の人物は訴状に挙状を添えた者と推定)、寺社奉行と推定される。摂津(中原)親鑒は、弘安八年から正安二年まで問注所執事や越訴頭を勤めた親致(道厳)の子。徳治三年二月七日関東下知状(東京国立博物館所蔵文書)に「上野国高山御厨北方内大塚□□預所前隼人正親鑒」とあるによって、前官を注した。

20　嘉元三年三月日、中尊寺衆徒重訴状(中尊寺経蔵文書二)の中に「将又彼(伊沢八幡宮)神官等与当寺衆徒者、依当社十一月八講布施物以下事、為本三番御引付市左衛門尉実成奉行、多年番于訴陳畢、為歒方之条勿論也」云々とあって、市左衛門尉実成が伊沢八幡宮法会布施物の訴訟を担当して多年を経たとある。但しこの奉行は「為本三番御引付……奉行」とあるから、嘉元三年の現在では三番引付から他方へ転属していることが知られるだけで、正確な所属は分らない。

21・22　(嘉元三年)六月十日付、禅海書状(高野山文書之六、又続宝簡集一四二五号)に「仍奉行人出羽守欤、備中入道歟、両人之由令申候之間」云々とあるによる。この書状は高野山領紀伊国阿氏川庄の訴訟について、鎌倉に下向した高野山の雑掌(?)禅海から寺の年預に宛てたもので、書状の性質上、年付を欠いているが、冒頭に「阿氏川庄間事欲申之折節、世間物忩、内縁禁忌、随騒動、無力令延引候、近日如形御沙汰始行、已欲申之処、」云々とあり、文中に「駿州(宗方)夭亡之間、又被出候奉行、如元可令帰参之由、令披露候、両所(執権・連署)一方未治定候、就此事、巷説多候上ハ《(ママ)》、静謐由候、雖然、入道殿(貞時)当時無御出仕候、陸奥殿(宗宣)同無出仕候、さてハ御評定ハ如形於山中(山内)候へとも、有名無実候」云々とか、「関東如法病死無申限候、霖雨之間、山くつれ候て、所々に多被打殺候、合戦手負連々死候」などとあって、駿州宗方の誅殺、その前に殺された連署時村の後任未定の二点から、この書状が嘉元三年のものであることは疑いなく、宗方の事件から一ヶ月を過ぎた現在、「御沙汰」(引付沙汰?)、「御評定」ともに再開されたとはいえ「有名無実」とか、自然や人為の災厄による大量の死者とか、幕府内外の動揺を生まなましく伝えている。文中に見える出羽守・備中入道と阿氏川庄の訴訟との関連は明らかでないけれど、この両人が幕府の奉行人として在任したことは確実である。両人の人名には、歴代皇紀に「延慶元年後八月廿九日東使二階堂出羽前司貞藤入洛」とあり、元弘三年十二月の陳状(南部文書)に「……就申子細、備中入道々存、壱岐入道妙恵 于時在俗 奉行、十八ヶ度被経其沙汰……去延慶三年五月……預御配分」云々とあり、鎌記、正和元年条裏書に「今年 正和元 ……十月廿八日備中入道々存遁世」とあるによって、二階堂貞藤、同道存を宛てる。道存は分脈 藤原氏乙麿系 に行藤の子、貞藤の兄「時藤 使左衛門尉備中守 正安三八入出、道存」とあるのに当たる。

徳治元年(一三〇六)

〔評定衆〕

1北条維貞 右馬権助　八月四日補

〔引付頭〕

2一番　北条久時 武蔵守　在

3二番　北条熙時 右馬権頭　在

4三番　北条基時 左馬助 讃岐守　在

5四番　北条時高 尾張守　在

6五番　北条維貞? 右馬権助　十二月六日補?

7六番　北条顕実? 兵部大輔　十二月六日補?

8七番　長井道雄?(宗秀 掃部頭)　十二月六日補?

〔引付衆〕

9北条時敦 左近将監　八月十日補

〔政所執事〕

10二階堂行暁(行貞 山城守)　在

〔問注所執事〕

11太田時連 信濃守　在

〔奉行人〕

12雑賀弥四郎入道 四番引付　八月七日在

13頓宮入道 越訴奉行?　八月七日在

【典拠】 1　鎌記、嘉暦元年条の維貞の履歴に「徳治元八四為評定衆」とあるによる。

2～8　鎌記その他にこの年の引付番文は見えないが、前年八月廿二日の番文と翌徳治二年正月廿八日改正の番文(鎌記)を比較対照すると、この年の引付頭人をある程度推定することができる。いま前後両年の引付頭人を表示すると、左のようになる。

引付	嘉元三(八月廿二日)	徳治二(正月廿八日)
一番	北条久時	北条熙時
二番	北条熙時	北条国時
三番	北条基時	北条基時
四番	北条時高	北条時高
五番	長井道雄	北条維貞
六番	――	北条顕実
七番	――	長井道雄

これを見ると、三番・四番の頭人には変化がないから、徳治元年も同じであったと見てよいだろう。一番・二番の変化は、徳治二年の項で述べるように、徳治二年正月北条久時の病気退任によるものであって、久時のあとに二番の熙時を移し、熙時のあとに国時を置いたわけである。ただ、国時がこの時新たに頭人に起用されたのか、前年つまり徳治元年、五―七番の何れかの頭人に挙げられ、同二年正月二番に移されたのか、どちらの可能性もあるけれども、久時が赤橋流の嫡統であり、国時はその傍系に属すること、そして久時が三十六歳という壮年で病気退任し(徳治二年の項、久時履歴)、時に久時の嫡子守時がわずか十三歳であった(時政以来による)ことを併せ考えると、国時は久時の代りとして頭人に挙げられたと見るのが自然ではあるまいか。次に五番の頭人、引付五番制が七番制に切換えられた時点、その場合の六・七番の頭人等について考えると、前に一部引用した鎌記、維貞の履歴に「徳治元八四為評定衆/同二十二六為引付頭」とあるが、この維貞引付頭新補の年次は、同じ鎌記、徳治二年条の「正月廿八日引付頭、一熙時……五維貞……」とあるのと牴触する。徳治元年正月改正の番文に、その後(つまり十二月六日以降)の交代分を含めるべく修正を加えたと見るのは些か困難であるから、維貞履歴の「同二」の「二」を衍字と見て、維貞の引付頭新補の年次を徳治元年十二月六日と見る。そうすると、維貞の配置は、引付五番制ならば五番頭人と見る外はなく、それ迄の五番頭人長井道雄はここで罷められて、その後(徳治二年正月迄の)僅々一ヶ月余の間に又々復活するということになり、甚だ不自然であって、むしろ徳治元年十二月六日を五番制から七番制への切換えの時点と見て、ここで維貞を含む二人の新人が起用されたと考えるのが妥当ではないか。維貞の外の一人は徳治二年正月番文に見える国時・顕実の何れかだが、国時は翌年正月久時に代って新補されたとする前記の推定に従えば、ここは当然顕実となる。次に五―七番頭人の配置については、これ迄の例に照らして、外様の長井道雄が七番に移されたことはほぼ動かないとして五・六番の配置を

推定する手がかりはない。今、徳治二年の番文に引きよせて、五番に維貞、六番に顕実を配しておく。なお、嘉元四年九月七日関東下知状(高野山文書之一、宝簡集一五〇号、高野山大塔院領備後国大田庄雑掌頼覚と同庄大田方山中郷地頭富部信連との所務条々相論の裁許)の紙継目に、長井道雄の裏花押(花押かゝみ四参照)があって、同人の引付頭人(恐らく五番)としての活動が証せられる。また、これらの頭人の中、基時の受領は、時政以来の基時の履歴に「同(嘉元)四二廿一讃岐守」とあるを、また顕実の官途は、武記、延慶二年条に「兵部大輔顕実」とあるを参照。

9　鎌記、延慶三年条の北条時敦の履歴に「乾元二四任左近将監、徳治元八十為引付衆」とあるによる。

10　乾元元年の典拠12を参照。

11　永仁元年の典拠18を参照。

12・13　吉田家本追加に収める嘉元四年八月七日の評定記録(参考資料七八条)に「(葦名忍性の)舎弟三郎左衛門尉、彼忍性……不可為御家人領之由、訴申之処、為四番御引付雑賀弥四郎入道奉行、被沙汰之、……悪口咎依難遁、三郎左衛門尉被召籠之、三郎左衛門尉子息企越訴、為即(頓?)宮入道奉行、御沙汰最中也」とあるによる。

徳治二年(一三〇七)

〔評定衆〕

1北条貞房　越前守　十二月十三日補

〔引付頭〕

2一番　北条熙時　右馬権頭 武蔵守　正月廿八日補

3二番　北条国時　正月廿八日補

4三番　北条基時　讃岐守　正月廿八日補

5四番　北条時高　尾張守　正月廿八日補

6五番　北条維貞　右馬権助　正月廿八日補

7六番　北条顕実　兵部大輔　正月廿八日補

8七番　長井道雄(宗秀　掃部頭)　正月廿八日補

〔政所執事〕

9二階堂行暁(行貞　山城守)　在

〔問注所執事〕

10太田時連　信濃守　在

〔奉行人〕

11左衛門尉某　四月七日在

12平某　四月七日在

13但馬政有　外記大夫 越訴奉行　五月在

14小野左衛門尉　六月十三日在
15源左衛門尉　六月十三日在
16明石行宗　六月十八日在

【典拠】　1　鎌記、延慶元年条の貞房の履歴に「徳治元七十九任越前守、同二十二十三為評定衆」とあるによる。なお、この履歴の続きに「延慶元二七叙従五上、同十二月為六波羅上洛」とあるから、貞房の評定衆在職はわずか一ケ年で終ったことになる。

2〜8　前年の項で触れたように、鎌記、徳治二年条に「正月廿八日引付頭、一熙時　二国時　三基時　四時高　五維貞　六顕実　道雄」とあるによる。記載の順序から見て、道雄が七番頭人であることは疑いない。名の上に「七」字がないのは単なる脱落にすぎまい。門葉記六八に、この年正月十六日「武蔵守久時祈」の記事が見え、鎌記、永仁元年条、久時の履歴に「(徳治)二二九辞守(武蔵守)、同三月廿六出家因憲、同十一月廿八卒三十六」とあるのによって考えると、嘉元三年以来一番頭人を勤めた久時にこの年早々病気退任のことがあって、その欠員補充のための異動が、正月廿八日の引付番文改正であったろう。これによって二番の熙時が一番に移り、二番には国時が配せられた。前年の項で述べたように、国時は恐らく久時の代りとして起用されたものであろう。三・四番の頭人は動かず、五(維貞)、六(顕実)、七(道雄)各番の頭人も、恐らく前年十二月六日配置のまま、異動はなかったであろう。なお、熙時の受領は、鎌記、応長元年条の同人の履歴に「徳治元六十二叙正五下、同二二九任武蔵守」とあるによる。

9　乾元元年の典拠12を参照。

10　永仁元年の典拠18を参照。なお、徳治二年六月十八日付、長崎左衛門尉宛、時連・行宗連署の奉書案(金文七ノ五二五二号)に「極楽寺行者随縁法住等申、和賀江住人六郎太郎……等、運取関米、致種々狼藉由事、訴状副長老円真上人状并御下知書如此、早可令尋成敗給之由、被仰下候也、以此旨可被申沙汰」とある。奉者の上首は問注所執事太田時連、連署の人物は永仁三年の奉行人(66)に見える明石行宗で、問注所の奉行であろう。恐らく問注所に提起された鎌倉市中での関米運取等狼藉の訴えを、問注所から得宗家の法廷に移送する意を得宗方に伝えたものであろう。問注所執事及び奉行の職務活動の一証である。

11・12　乾元弐年四月廿六日平子重有和与状(三浦家文書四号、周防国仁保庄多々良庄地頭平子重有と舎兄如円との亡父遺領相論の和与)の裏に見える徳治二年四月七日、平・左衛門尉連署の奉行人裏封による。両人とも氏名は分からないが、参考までに挙げておく(大日本古文書の編者注によると、平の花押は「闕損シテ詳カナラズ」という)。

13　永仁元年の項、典拠20に一部引用した徳治二年五月の常陸大掾平経幹申状に「去正応年中、為島田民部大夫行兼今者出家奉行、中立于越訴、為但馬外記大夫政有当奉行、相論最中也」云々とあるによる。この人は正安元年の奉行人(16)五大堂政有と同人であろう。嘉元三年の典拠20に引いた同年三月の中尊寺衆徒重訴状には「但馬権少外記政有」と見えている。

14・15　徳治二年六月十三日陸奥国好島西庄東目村地頭岩城隆衡和与状(飯野文書、岩城隆衡と預所式部頼泰との所務以下相論の和与)の裏に見える左衛門尉源・左衛門尉小野連署の奉行人裏封による。裏封の日付は分らないから、和与状の日付にかけて掲げる。

16　典拠10を参照。

延慶元年(一三〇八)

〔引付頭〕

1一番　北条煕時 武蔵守　在

2二番　北条国時　在

3三番　北条基時 讃岐守　在

4四番　北条時高 尾張守　在

5五番　北条維貞 右馬権助　在

6六番　北条顕実 兵部大輔　在

7七番　長井道雄(宗秀 掃部頭)　在

〔政所執事〕

8二階堂行暁(行貞 山城守)　在

〔問注所執事〕

9太田時連 信濃守　在

【典拠】　延慶元年も確たる引付番文のない年である。よって、徳治元年の例にならって、前後両年の引付番文を比較対照して、この年の頭人の配置について推定を試みる。その作業に先立って一言したいのは、この年の八月作成と伝えられる所謂平政連諫草の中に「引付採題委七頭人」とあって、これによってこの年(厳密にいえば八月の時点で)の引付は七番制と知られるのである。徳治二年の引付頭と延慶二年のそれを対照して表示すると、次ページのようになる。

これを見ると、徳治二年の長井道雄が消えて、延慶二年に北条貞顕が入った外、人名に変更はない。次年の項で史料を挙げて述べるように、延慶二年三月の番文改正は、まさしく長井道雄を罷免して、北条貞顕を新補し、それに伴なって三―七番の頭人配置に変更を加えたものであった。そうとすれば、その中

引付	徳治二(正月廿八日)	延慶二(三月十五日)
一番	北条熙時	北条熙時
二番	北条国時	北条国時
三番	北条基時	北条貞顕
四番	北条時高	北条基時
五番	北条維貞	北条斉時(時高)
六番	北条顕実	北条維貞
七番	長井道雄	北条顕実

間の延慶元年には、引付頭人に関する限り、前年の番文がそのまま踏襲されて、何らの番文改正もなかったことは明らかである。よって1(一番)~7(七番)に、前年と同じ人名が並ぶこととなる。この中、六番頭人北条顕実については、延慶元年十一月廿三日関東下知状(醍醐寺文書之一、二号、円宗寺領越中国石黒庄内太海院林両郷地頭と雑掌との所務条々相論の裁許)の継目裏に顕実の花押(花押かゝみ四参照)があって、この人物の在職活動が証せられる。

8　乾元元年の典拠12を参照。

9　永仁元年の典拠18を参照。なお、この年には太田時連の在職徴証としてもう一つ、延慶元年十二月廿五日の関東下知状(円覚寺文書)の継目裏に、時連が花押を署記している事実がある(鎌倉市史、史料編二の巻末花押集49参照。時連の確実な花押影は、本書七八ページ所引文書の三善朝臣のもの)。この下知状は、祖父の代に売却した所領を永仁五年の徳政立法によって取戻そうとして、訴えた沽却地相論の裁決であって、その継目裏に太田時連が花押を署記したということは、裁許状の形式は、所務沙汰と同じ両執権連署の下知状であっても、本来この訴訟が問注所に繋属、審理されたことを語っていよう。但し、この訴訟の主たる訴件は徳政立法適用の可否であるが、訴訟の背景には、もともと四十余年前訴人の祖父甲が訴訟物(下総国毛成村)を乙に二十ケ年の質券に入れ、その翌々年丙に永代沽却したため、丙は質券の年紀中替地を知行し、年紀明け後ようやく訴訟物の知行を開始し、さらにその数年後これを丁(訴訟の論人、円覚寺)に寄進したので、永仁徳政の発布時、丙と丁の知行年数を合わせても二十年に満たないという事情があり、この点が訴人の沽却地取戻の主張の根拠であった。この訴訟が問注所の審理に委ねられた理由が、徳政立法適用の問題だけであったのか、はた又右のような複雑な債権問題の考慮にあったのか、今にわかに断定できない。

延慶二年(一三〇九)

〔評定衆〕

1北条貞顕 越後守　三月十五日補

〔引付頭〕

2一番　北条熙時 武蔵守　三月十五日補 八月罷

3一番　北条国時 駿河守　八月補

4二番　北条国時 駿河守　三月十五日補 八月転

5二番　北条貞顕 越後守　八月補

6三番　北条貞顕 越後守　三月十五日補 八月転

7三番　北条基時 讃岐守　八月補

8四番　北条基時 讃岐守　三月十五日補 八月転

9四番　北条斉時 尾張守　八月補

10五番　北条斉時 尾張守　三月十五日補 八月転

11五番　北条維貞 右馬権助　八月補

12六番　北条維貞 右馬権助　三月十五日補 八月転

13六番　北条顕実 兵部大輔　八月補

14七番　北条顕実 兵部大輔　三月十五日補 八月転

〔寄合衆〕

15北条熙時 武蔵守　四月九日補

16北条貞顕 越後守　四月九日補

17長井道雄(宗秀 掃部頭)　四月九日在

18安達時顕 秋田城介　四月九日在

〔政所執事〕

19二階堂行暁(行貞 山城守)　在

〔問注所執事〕

20太田時連 前信濃守　在

〔奉行人〕

21太田時連 前信濃守 寄合奉行・鎮西奉行　四月在 六月在

22長崎円喜(高綱) 寄合合奉行　四月在

23尾藤左衛門尉 寄合合奉行　四月在

24矢野倫綱 加賀権守 鎮西奉行　六月在 十二月在

【典拠】　1　次掲三月十五日付、北条貞顕書状に拠る。

2～14　この年、三月十五日と八月の二回、引付番文の改正が行われた。まず三月十五日について、鎌記、延慶二年条に「三月十五日引付頭、一熙時　二国時　三貞顕　四基時　五斉時　六維貞　七顕実」とあり、まさしくこの番文改正当日に当たる三月十五日付、北条貞顕書状(金文一ノ二六一号)に「昨日夕方為城介(安達時顕)御使、評定出仕、幷三番引付管領事、被仰下候之間、面目無極候、又座次事無相違候、悦入候」云々とあり、袖の追而書に「洒掃頭人御免候也」とあって、北条貞顕の評定衆・三番引付頭新補及び洒掃すなわち掃部頭入道長井道雄の引付頭罷免のことが確認される。すなわち三月十五日の番文改正は北条貞顕を三番引付頭に任用するのに伴なうものであって、前年来の一番(熙時)、二番(国時)は動かず、貞顕が新たに三番に配せられたので、旧三番(基時)から旧六番(顕実)が順次四番—七番に移り、旧七番の長井道雄が罷免となったわけである。なお五番の斉時は前年まで時高の名で出てきた人物の改名である(分脈 桓武平氏に「時高《駿河守改斉時》」とある)。ついで八月の番文改正については、右に引いた鎌記の続きに「八月止熙時頭」とあり、武記この年条に「同年七引付成六方、一番頭駿河守国時《陸奥》　二ゝ越後守貞顕　三ゝ讃岐守基時　四ゝ尾張守斉時《イ時高》　五ゝ右馬権助惟《イ経》(維)貞　六ゝ兵部《朴少イ》大輔顕実」とあって、鎌記によれば八月(武記の「同年七」は七月の意と解するのが自然であろうが、今、鎌記による)、一番頭人熙時を罷め、二番(国時)—七番(顕実)を順次一番—六番に移し、七番引付を廃したことが分かる。

15〜18　鎌記、応長元年条の熙時の履歴に「延慶二四九為寄合衆」とあり、この年四月十日(推定)の北条貞顕書状(金文一ノ三二四号)に「昨日長崎左衛門為御使、御寄合参勤事被仰下候之間、則令出仕候了、面目之至無申計候、武州(熙時)同被仰下候之際、出仕候了、徳政以下条々御沙汰候き」云々とあり、袖の追而書に「太守禅門(北条貞時)、奥州(北条宗宣)、武州、貞顕、洒掃(長井道雄)、別駕(安達時顕)、信州《奉行》(太田時連)、長入道《合奉行》(長崎円喜)、尾金《同前》(尾藤左衛門尉)等令出仕候了、相州(北条師時)御不参候也」とあるによる。すなわちこの年四月九日北条熙時・同貞顕の二人を新たに寄合衆に加えて寄合が開かれ、得宗の貞時、連署の宗宣以下、熙時・貞顕・道雄・時顕四人の寄合衆、寄合奉行の太田時連(或いは寄合衆でもあったか)、同合奉行の長崎円喜・尾藤(二人とも得宗家人)が出席、執権師時は欠席したというのである。なお、この貞顕書状は後欠で日付を欠いているが、田井秀氏の「金沢文庫古文書三二四、金沢貞顕書状の時代について」(『金沢文庫研究』一一八号)に従って、延慶二年四月十日のものとする。

19　乾元元年の典拠12を参照。

20　永仁元年の典拠18を参照。

21　上引今年四月十日(推定)北条貞顕書状及び延慶二年六月日、肥前国武雄社大宮司藤原国門申状案(武雄神社文書二)の事書に「欲早鎮西奉行人 信濃前司時連 矢野加賀守倫綱 不執申上者、被経御奏事、任綸旨・院宣・関東□下知・御教書、達理訴」云々とあり、同本文に「経奏聞、永仁四年被成綸旨於関東之間、被与奪時連之処、前御沙汰無相違之由被仰出歟、而就鎮西奉行篇、重雖欲□于時連・倫綱、先度令申沙汰之上者、不可及披露之旨、問答之条、悲歎無極、如此者、神訴自何道欤可令達上聞哉」云々とあるによる。

22・23　上引今年四月十日(推定)北条貞顕書状による。

24　右引今年六月日の藤原国門申状案、及び延慶二年十二月廿一日付、東福寺長老宛の倫綱奉書案（九条家文書六ノ一八二一号、端裏書に「関東奉行矢野加賀権守倫綱奉書」とあり）による。倫綱奉書案に「周防国上得地庄事、依被下院宣、被成施行許也、於理非者、冝在　聖断之由所候也」とあるによれば、倫綱は周防国上得地庄に関する東福寺の訴え（相手は東大寺か）の窓口になっているようである。

延慶三年（一三一〇）

〔評定衆〕
1安芸守（北条時俊？）　七月在
2長井道雄（宗秀 掃部頭）　七月在
〔引付頭〕
3一番　北条熙時 武蔵守　二月十八日補
4二番　北条国時 駿河守　二月十八日補
5三番　北条基時 讃岐守　二月十八日補
6四番　北条斉時 尾張守　二月十八日補
7五番　北条維貞 右馬権助　二月十八日補
8六番　北条顕実 兵部大輔　二月十八日補
〔引付衆〕
9長井時千 宮内権大輔 一番引付　七月在
10二階堂行世（？） 因幡民部大夫入道 一番引付　七月在
11伊勢前司 一番引付　七月在
〔政所執事〕
12二階堂行暁（行貞 山城守）　在
〔問注所執事〕
13太田時連 前信濃守　在
〔安堵奉行〕
14沙弥某　十二月十三日在
〔奉行人〕
15二階堂道存（時藤 備中守）　五月在
16五大堂政有 壱岐守　五月在
17中原政連 筑前権守 一番引付　七月在
18斎藤重行 十郎左衛門尉 一番引付　七月在
19下郷中務丞 一番引付　七月在
20雑賀宗有 孫二郎 一番引付　七月在
21南条頼直 四郎左衛門尉 一番引付　七月在
22越中左近蔵人 一番引付　七月在

【典拠】　1・2　延慶三年七月当時の一番引付番文（斑目文書）による。説明の便宜上、評定衆を含む全員を挙げる。「一番引付／武蔵守（熙時）無出仕　安芸守 同前　掃部頭入道（長井道雄）同前／宮内権大輔 雖有出仕則退出　因幡民部大夫入道　伊勢前司／筑前権守　斎藤十郎左衛門尉　下郷中務丞 出仕無之／当奉行 雑賀孫二郎 宗有　南条四郎左衛門尉 頼直　越中左近蔵人／延慶三年七月廿一日於引付遂問答、同廿八日事書被取捨畢／同八月二日御評定ニ合、両国司以下評定衆大略皆参 云々」（この史料については『九州史学』一六号に桑波田興氏の紹介がある）。これは延慶三年七月当時の一番引付の構成員であって、トップの武蔵守（熙時）が頭人であることは、後に掲げる鎌記所載の引付番文によっても確かめられる。安芸守以下はこの引付に所属する評定衆・引付衆・奉行人の全員であって、恐らくこの順序で、臈次に従って記載されていると見てよいであろう。しかしそれ以上に、安芸守以下何名が評定衆で、その次の何名が引付衆で、そして終りの何名が奉行人であるかは、正確に判定するだけの材料がない。既述永仁三年の三番引付の例を見ると、頭人の外に、初め評定衆一、引付衆一、奉行人五、その年の内に評定衆一名加わって、一名減り、引付衆一名加わる変動があって、結局評定衆一、引付衆二、奉行人五、合計八名の構成となった。右に示した延慶三年一番引付の構成員は頭人の外に一二名であるから、評定衆・引付衆・奉行人の各員数は永仁三年の場合より多少は多いかもしれない。次に個々の人名に即して検討すると、掃部頭入道（長井道雄）はこれ迄数度引付頭に挙げられた人物であるから、一番引付の構成員としては、評定衆以外には考えられない。そうすると、その上に位置する安芸守も当然評定衆であって、恐らく北条一門の人物であろう。北条氏の系図を見ると、安芸守の意外に少ない中にあって、時盛の子時直の系統が代々安芸守となっている（前本系図によると「時直 遠江守——清時 安芸守——時俊 安芸守——貞俊 安芸守 上野介」とある）。この系統の時俊あたりであろうか。長井道雄の次の宮内権大輔は恐らく嘉元元年十一月一日除目聞書に「宮内権大輔大江時千」（押小路本嘉元元年雑記）とある人物（分脈 大江氏 によれば長井道雄の次子）であるが、これが評定衆・引付衆の何れかは分からない。今、評定衆を二名と見て、長井時千以下を引付衆とする。次に長井時千以下何人が引付衆かも判然としないが、伊勢前司の受領名を奉行人と見るのは不自然であるから、一応ここまでの三人を引付衆とする。この中の因幡民部大夫入道は、嘉元三年の典拠に引いた同年（推定）六月十日付、禅海書状に「将軍御所ニ御慎事出来之間、二階堂ノ因幡民部入道屋形御所ニ成候間、又奉行指合」云々とある二階堂氏の一人と考えられ、同氏の系図（分脈 藤原氏 乙麿系）に「行清 因幡 建治三四二卒——行世民部大夫」とあるから行世あたりに比定されようか。次に筑前権守は、徳治三年の作成と伝えられる、所謂平政連諫草の末尾に「八月　日　筑前権守政連上」とある人物に当たる。この人は分脈 紀氏 に「（池田）

奉氏――親連 出雲介実中原政連子」とあるによれば、本姓中原で、後出（正慶二年）出雲介親連の実父である（分脈の記載は峯岸純夫氏の教示による）。すでに正安二年の奉行人にその名が見え、延慶三年には引付衆に昇っている可能性もあるが、今は奉行人と見て、この人以下の六人を奉行人とする。次の斎藤十郎左衛門尉は、翌々年の正和元年末に鎮西に派遣される三奉行の一人で、実名の典拠はその年の項に示す。以下を整理すると、一番引付の構成は、頭人・評定衆二・引付衆三・奉行人六、合計一二人となる。

3〜8　鎌記、延慶三年条に「二月十八日引付頭、一熙時　二国時　三基時　四斉時　五維貞　六顕実」とあるによる。前年と比較すると、二番の貞顕が消えて、貞顕の代りに一番の国時が移り、一番には前年八月に一番頭を罷められた熙時が復活したことが分かる。貞顕は前年三月三番頭に新補し、八月二番頭に転じたのに、僅か半年足らずで引付頭を去り、その四ケ月後（六月二十五日）には六波羅探題（再任）として上洛することとなる。貞顕の引付頭罷職の理由については、後日の検討にまちたい。なお、一番頭熙時の在職徴証として、今年七月の一番引付番文があることは、さきに記した通りである。

9〜11　一番引付番文の検討の中で述べた通りである。

12　乾元元年の典拠12を参照。

13　永仁元年の典拠18を参照。

14　村社行仏の後家尼の訴えにかかる駿河国興津郷内公文名につき、訴人当知行の実否、支申す仁有無の注申を使者に命じた延慶三年十二月十三日沙弥奉書写（諸家文書纂八、興津文書）による。指令の内容より見て、この訴訟は安堵の申請と考えられる。

15・16　嘉元三年条の典拠21に引いた元弘三年十二月日の陳状を参照。五大堂政有の人名比定は、元亨元年十二月訴状案（相馬文書一）の奥に「奉行壱岐前司政有 五大堂」とあるによる。なお、この人物は正安元年条（16）、徳治二年条（13）に既出。

17〜22　一番引付番文の検討の中で述べた通りである。

応長元年（一三一一）

〔評定衆〕

1北条守時 左近将監　六月五日補

〔引付頭〕

2一番　北条国時 駿河守　十月廿五日補

3二番　北条基時 讃岐守　十月廿五日補

4三番　北条斉時 尾張守　十月廿五日補

5四番　北条維貞 右馬権助　十月廿五日補

6五番　北条顕実 兵部大輔　　十月廿五日補

〔政所執事〕

7二階堂行暁（行貞 山城守）　　在

〔問注所執事〕

8太田時連 前信濃守　　在

〔小侍所〕

9北条高時 左馬権頭（但、六月以降）　　正月十七日補

【典拠】1　鎌記、嘉暦元年条の守時の履歴に「徳治二十一任左近将監、同日叙爵、将監如元、応長元六五為評定衆、不経引付」とあるによる。

2～6　鎌記、応長元年条に「十月廿五日引付頭、一国時　二基時　三斉時　四維貞　五顕実」とあるによる。この年九月廿二日、執権北条師時が三十七歳で病死（時政以来、鎌記正安三年条師時の履歴）したのに伴って、同年十月十三日連署宗宣が執権に、熙時が連署に補せられた（将軍執権次第、時政以来。但し鎌記の宗宣・熙時の履歴はこの異動を「応長元十三」すなわち応長元年十月三日とする）。これによって見ると、前年二月十八日改正の引付番文が今年十月十三日一番頭熙時の連署昇任を受けて改正された結果が、十月廿五日の新番文であって、一番頭熙時の跡に二番頭国時を移し、以下三―六番頭を順次二―五番頭に移して、六番引付を廃したと解せられる。なお、新番文発表の十月廿五日の翌日、得宗貞時（崇演）が死去したことを考えると、この番文改正は執権・連署の人事と合せて、貞時最後の指示によるものであったかもしれない。

7　乾元元年の典拠12を参照。

8　永仁元年の典拠18を参照。

9　鎌記、正和五年条の高時の履歴に「応長元正十七為小侍奉行九、同年六廿三任左馬権頭、同日叙爵」とあり、時政以来、高時の履歴に「応長元正補将軍小侍所、廿日癸巳小侍出仕始、同年六廿三任左馬権頭、同日叙爵」とあるによる。

正和元年（一三一二）

〔引付頭〕

1一番　北条国時？ 駿河守　　在

2二番？　北条斉時 尾張守　　六月以後

3三番？　北条維貞 右馬権助　　六月以後

4四番？　北条顕実 兵部大輔　　六月以後

5五番　安達時顕？ 秋田城介　　六月以後

〔越訴頭〕

6摂津親鑒 刑部権大輔　　八月在

〔政所執事〕
7二階堂行暁（行貞 山城守）　在
〔問注所執事〕
8太田時連 前信濃守　在
〔奉行人〕
9中原政連 前筑前権守　三月在
10兵庫允某　三月在
11ふけんの弾正忠　八月在
12安富長嗣 大蔵大夫　十二月以前鎮西派遣
13斎藤重行 十郎左衛門尉　十二月以前鎮西派遣
14明石盛行 長門介　十二月以前鎮西派遣

【典拠】　この年の引付頭については、鎌記その他に確実な史料がないので、前後両年の引付番文を比較対照して、多少の推測を加えることとしたい。

引付	応長元（十月廿五日）	正和二（七月廿六日）
一番	北条国時	北条守時
二番	北条基時	北条斉時
三番	北条斉時	北条顕実
四番	北条維貞	北条貞宣
五番	北条顕実	安達時顕

上記の表によると、応長元年次の三番斉時、五番顕実の二人は正和二年次にそれぞれ二番・三番として健在であるから、その中間の正和元年次にも、頭人として在職したと見て誤りあるまい（何番の配属かは今問わないとして）。次に応長元年次四番の維貞は正和二年五月頭人として在職の明証があるから（正和二年の項の典拠1〜5を参照）、これ亦正和元年にも頭人として在職したことほぼ確実である。次に、正和二年次の一番頭守時は、同年七月廿六日の番文改正時に新補されているが（正和二年の項の典拠1を参照）、守時は久時の子で、赤橋流の嫡統として、前年引付を経ることなく評定衆に加えられる（時に十七歳）という異例の任用に与かった人物である。他方徳治元年もしくは二年に、久時と入れかわるようにして頭人となって応長元年次まで継続在職した国時も亦赤橋流の一人である。これによって、正和二年次の守時の任用には、久時の代役を勤めた国時との交替という意味があったかと推測され、正和元年次は当然国時の一番頭在職が考えられる。問題は、応長元年次の二番頭基時が何時頭人の列から消えたかである。実は、応長元年九月執権師時、そして十月得宗貞時（崇演）が次々と世を去ったのに続いて、師時に代って執権となった宗宣も亦翌正和元年六月五十四歳で病没、ここに前年引付頭から連署に昇ったばかりの熙時が執権となり、これより彼は病没するまでの三年間、連署

を置かず、他に制肘する者のない執権独任の体制を維持した。そして正和四年七月十二日熙時出家(数日後死去)の前日、熙時に代って執権となったのが、応長元年まで六年余りも頭人を勤めてきて、正和元・二年の間に遽かに頭人を去った基時である。彼此勘考して、熙時・基時の間の確執を想定し、正和元年六月以降の執権熙時独任の下で、基時は頭人の座を逐われたと考えてみてはどうであろうか。この想定に従って、基時が二番頭から去った場合、恐らく従前の多くの例が示す如く、三—五番の頭人(斉時・維貞・顕実)が一番ずつ繰り上がって二—四番頭となったであろう。それでは、空席となった五番頭に任用されたのは誰か。それは正和二年次の四番頭貞宣、五番頭時顕の何れかにちがいあるまいが、維貞が大仏流の嫡統であり、貞宣はその傍系であることを考えると、貞宣は正和二年維貞の代りに頭人に挙げられた人物と見てよいのではないか。然りとすれば、正和元年五番頭の空席をうめたのは当然安達時顕ということになる。以上の想定をまじえた推測の結果を整理すると、1〜5のようになる。

6　正和元年八月十八日平忠綱譲状(第二回西武古書大即売展目録所載)に「一、やこうの又二郎よりくにのゆいりやう等のゆつりしやう、まこわかにゆつる也、つのきやうふの大輔殿のてにて、おっそを申うへハ、あいついて申給へし」とあるによる(実名は公衡公記、正和四年三月十六日条に「刑部大輔親鑒」とあるを、権官のことは金文一ノ三二九号、三五二号などの北条貞顕書状に「刑部権大輔」とあるを参照)。

7　乾元元年の典拠12を参照。

8　永仁元年の典拠18を参照。

9・10　徳治三年四月廿五日平子重頼和与状(三浦家文書七号)の裏に見える前筑前権守・兵庫允連署の奉行人裏封による。裏封の日付は、この和与を裁許した応長二年三月二日関東下知状(同上文書八号)による。9中原政連については延慶三年の典拠17を参照。

11　上引(6)平忠綱譲状の他の部分に「一、かまくらあまなハの……屋地さんふん二／右御けちをあいそえて、ゐいたいゆつりわたすところ也、したいてつきのせうもんハ、忠綱しさいを申所に、忠助ふんしちのよし申あいた、ふけんのたんしやうのちうの奉行として……そせうをいたすうへハ」云々とあるによる。

12〜14の三名は、正和元年鎮西神領興行法施行のために、幕府が鎮西に派遣した奉行であって(『社会経済史学』二八ノ三号、川添昭二氏「鎮西探題と神領興行法」参照)、後述する彼らの前歴より推して、それまで鎌倉に於て引付奉行の職に在った人々であろう。三人の鎮西派遣については、文保元年八月廿五日鎮西下知状(黒水文書)に「就中為神領興行、被差下関東奉行人盛行・長副(嗣)・重幸等、有其沙汰之時」云々とあり、その時期は、正和二年二月廿日鎮西下知状案(宇佐宮成文書)に「右田地(豊前国黒土庄田地参段)者……神領興行、可被糺付之由……依訴申、可明申之旨、去年十一月十六日・十二月四日両度被仰之処、不及散状之間、同十四日以奉行人(盛行・重行・長嗣)使者雖加催促、于今無音」云々とあるによって、正和元年末頃と知られる。また三人の苗字と官途は、元亨二年十二月十六日鎮西下知状写(益永文書)に「於彼田地(豊前国下毛郡四郎丸名)壱町弐段者、就神領興行、為安富大蔵大夫長飼(嗣)奉行、正和二年三月十二日被付道吽訖、至惣名者、為明石長門介盛行之沙汰、同年七月廿七日実世所預裁許也」云々とあり、元応元年鎮西下知状(宇佐宮成文書、後欠なれど、本文中に「今年後七月十三日」とあるによって、年次を推定)に「所詮如範資申者……寄事於神領興行、愛輔与円空致内通沙汰、掠給御下知之条、其科不軽、且興行奉行人斉藤《(ママ)》十郎左衛門尉重行不可依彼裁許之旨、達申弾正左衛門尉光章訖」云々とあるによって、明らかにすることができる。上引文保元年文書に「重幸」とあるのは、「重行」と同訓による誤記であろう(「重行」と記す文書、上引の外にも数点あり)。なお、安富長嗣は永仁三年の項(68)に執筆、乾元元年の項(15)に二番引付奉行として、明石盛行は永仁三年の項(59)に三番引付奉行として、斎藤重行は延慶三年の項(18)に一番引付奉行として、それぞれ見えている。

正和二年(一三一三)

〔引付頭〕
1 一番　北条守時 左近将監　七月廿六日補
2 二番　北条斉時 尾張守　七月廿六日補
3 三番　北条顕実 兵部大輔　七月廿六日補
4 四番　北条貞宣 丹波守　七月廿六日補
5 五番　安達時顕 秋田城介　七月廿六日補
〔政所執事〕
6 二階堂行暁(行貞 山城守)　在
〔問注所執事〕
7 太田時連 前信濃守　在
〔奉行人〕
8 藤原某　十一月在
9 小野兵庫允　十一月在

【典拠】 1~5 鎌記、正和二年条に「七月廿六日引付頭、一守時　二斉時　三顕実　四貞宣　五時顕」とあるによる。鎌記、嘉暦元年条の守時の履歴には「正和元十二卅叙従五上、同四七廿六為引付一番頭」とあって、守時の一番頭新補を正和四年のこととするけれども、この年付は誤りであろう。守時の頭人新補が、それまで一番頭を勤めてきた国時との交替を意味するであろうことは、前年の項で述べた通りである。また徳治元年以来頭人に列し、応長元年には四番、そして正和元年には恐らく三番の頭人であった維貞が、正和二年五月二日の関東下知状(天野顕茂と同景広との亡父遺領相論の裁許)の継目裏に花押を加えている(花押かゝみ四参照)から、維貞がこの年五月まで頭人の職に在ったことは疑いなく、恐らく七月廿六日の番文改正で、国時とともに頭人の座を去ったと考えられる。そして維貞の代りには、同じ大仏流の傍系貞宣が起用されたであろうこと、前年の項で述べた通りである。その際、三番維貞のあとに四番顕実が移り、四番のあとに新人貞宣が配せられたと推定する。貞宣の受領は、公衡公記、正和四年三月十六日条に「丹波守貞宣」とあるによる。以上によって見れば、この年七月廿六日の番文改正は、国時と維貞を罷めて、新たに守時と貞宣を替補するのがその趣旨であったということになる。

6　乾元元年の典拠12を参照。

7　永仁元年の典拠18を参照。

8・9　正和二年十一月十四日石河光広和与状写(秋田藩採集文書 四、赤坂忠兵衛光康家蔵文書、光広と道円と亡父遺領相論の和与)の裏に「為向後証文、所加判形也／散位藤原朝臣□／兵庫允小野(花押)」とあるのによる。担当奉行が和与状に裏封を加えるのは、和与裁許の下知が為された日とすべきであるが、これを明らかにできないので、今、和与状の日付を以て、両奉行在職の時日とする。

正和三年(一三一四)

〔引付頭〕

1　一番　北条守時　右近将監　在

2　二番　？

3　三番　北条顕実　兵部大輔　在

4　四番　北条貞宣　丹波守　在

5　五番　安達時顕　秋田城介　在

〔政所執事〕

6　二階堂行暁(行貞　山城守)　在

7　長井道衛(左近大夫将監)　補

〔問注所執事〕

8　太田時連　前信濃守　在

引付	正和二(七月廿六日)	正和三	正和四	正和五	文保元(十二月廿七日)
一番	北条守時				北条貞規
二番	北条斉時				北条守時
三番	北条顕実				北条顕実
四番	北条貞宣				北条貞宣
五番	安達時顕				安達時顕

【典拠】 正和三・四・五の三ケ年は、鎌記その他に引付番文もしくはそれに代わる史料がない。そこで、正和元年の例にならって、右三ケ年の前後すなわち正和二年と文保元年の引付番文を比較対照して、その中間三ケ年の引付頭人を可能な限り推定してみたい。正和二・文保元両年の引付番文は右表の通りである(鎌記)。

　この対照表によると、正和二年の三番頭人北条顕実、四番頭人北条貞宣、五番頭人安達時顕は、文保元年においてもやはりそれぞれ三番、四番、五番の頭人である。これまで見てきた多くの年次の例に徴して、この三人は正和二年七月から文保元年十二月まで同じ引付部局の頭人の地位を維持したと見てよいのではあるまいか。問題は一番と二番の頭人であって、正和二年次の一番頭人北条守時が文保元年次には二番頭人となり、正和二年次の二番頭人北条斉時は消えて、文保元年次の一番頭人には北条貞規が現れている。北条斉時の頭人退任の時期、北条貞規の頭人新補の時期は何れもこれを明らかにする史料がない。史料的に空白の正和三―五年間の或る時期に北条斉時と北条貞規が頭人を交代したと見ることも可能であるが、一つこの推定を妨げる史料がある。それは正和四年七月八日江戸弥太郎に宛てて、「江戸次郎太郎重通申武蔵国千束郷田在家事」につき、「早可被参上」と令した遠江守の奉書である(根岸文書二)。この遠江守は受領名と花押から見て、文保元年以降鎮西探題の明証のある北条随時に当たる(花押かゝみ四参照)。そしてこの種の所務沙汰の問状、召文は、鎌倉末期になると引付頭人奉書として発給される制規となったらしく、この召文はそうした事例の早い例と見ることができる。もしこの推定にして当たれりとすれば、正和四年七月の時点における北条随時の引付頭人在職が証せられるわけである。そしてもし史料空白の三年間も引付五番制が維持されたとすれば、二番頭人北条斉時と交代したのは北条貞規ではなく、北条随時だったのではあるまいか。北条随時は、分脈には時頼の甥定宗の子、前本系図には時宗の甥貞(定)宗の子とあり、その鎮西探題赴任については、満願寺年代記に「文保巳元年随時、鎮西為押領下向」とあり、在職徴証の初見は文保元年三月廿日(肝属氏系図文書写)、そして同年二月十五日にはまだ就任していないようである(島津家文書)から、彼の赴任時期は文保元年二月三月の交と見られる(以上、赴任時期の推定は、『歴史教育』十一巻七号所載、川添昭二氏「鎮西評定衆・同引付衆について」に依る)。これによって、北条随時は正和四年七月在職の引付二番頭人を同五年末か文保元年初頭に離任して、鎮西に赴いたと見ることができる。

以上をひとまず整理すれば、正和二年(七月廿六日改正)引付番文以後、一番頭人北条守時はその地位を正和五年末もしくは文保元年初頭まで維持し、二番頭人北条斉時は遅くも正和四年七月までの間に北条随時と交代し、随時は正和五年末もしくは文保元年初頭鎮西探題赴任の為めに二番頭人を離れた。また三番頭人北条顕実、四番頭人北条貞宣、五番頭人安達時顕は引続きその地位を維持して文保元年(十二月廿七日)の引付番文改正に及んだ、ということになる。

次に文保元年の引付番文に登場する北条貞規について見ると、この人物は、応長元年(文保元年の五年前)執権在職のまま病没した師時の子で(前本系図、正本系図。しかし分脈には師時の子に時茂があり、貞規の名は見えない)、師時は得宗貞時(師時と同じ年病没)の女婿に当たることを考えると、或いは貞時の外孫かもしれない。この人物の史料上の初見は、正和四年三月八日鎌倉大火の罹災者を記した公衡公記の記事(三月十六日条)に「相模左近大夫貞視(規)」とあるもので、武記、元応元年条に「六、十四貞規卒 相―左近大夫号西殿」、また正本系図に「貞規 早世廿二」とあるのを信ずれば、史料初見の正和四年には僅か十八歳、また引付番文に登場する文保元年には二十歳ということになる。十八歳ですでに叙爵して左近将監というだけで、この人物の門地の高さと、この人物に寄せられた幕府の期待の大きさを想察できよう。

さきに想定した正和五年までの引付番文と、文保元年十二月廿七日改正のそれとを比較対照して直ちに気付かれる顕著な事実は、正和二年以来北条守時が維持してきた一番頭人の座を、文保元年末の番文では二十歳の弱輩貞規が占め、守時は二番頭人に降っていることである。正和四・五年二番頭人であった北条随時離任後の補充如何という点に一つの疑問はあるけれども、三・四・五番頭人に何らの異動もなかったことを考慮すれば、文保元年末の番文改正は、貞規を一番頭に居える為め(従って従前の一番頭守時を二番に移す)であったと見てよいのではあるまいか。そこで残る疑問は、貞規は先ず、正和五年末もしく

引付	正和二(七月廿六日)	正和三	正和四	正和五	文保元(十二月廿七日)
一番	北条守時	北条守時	北条守時	北条守時	北条貞規
二番	北条斉時	？	北条随時七月	北条随時	北条守時
三番	北条顕実	北条顕実	北条顕実	北条顕実	北条顕実
四番	北条貞宣	北条貞宣	北条貞宣	北条貞宣	北条貞宣
五番	安達時顕	安達時顕	安達時顕	安達時顕	安達時顕

は文保元年初頭、二番頭北条随時離任のあとに補充され、約一年後の文保元年末に至って一番頭守時と交代したのか、それとも全く頭人未経験のまま文保元年末の改正で一番頭に挙げられたのか、という点であるが、文保元年末の番文改正に別箇の理由が考えられないとすれば、人事の方式としては後者を想定する方がより自然ではあるまいか(その場合は、随時離任後の二番頭の座は、一年近く空白ということになろう。正和年間の番文に現れない全くの別人の短期在任という可能性は殆ど考えられない)。

以上の推定に従って、今一度正和二年から文保元年に至る五年間の引付番文を表示すると右表のようになる。

右表の正和三年の部を抜き出すと、本項冒頭の1〜5のようになる。

6 乾元元年の典拠12を参照。

7 武記、正和三年政所の欄に「長井備前左近大夫将監入道道衙被相副行暁」とあるによる。このような副長官的な地位に特別の職名が与えられたかどうか明らかでない。今、姑く執事の次位に掲げておく。元徳二年三月日吉社并叡山行幸記に、延慶三年十月にかけて「長井左近大夫入道道漸・秋田城介時顕上洛して」云々とあり、常楽記、元亨三年条に「同日(六月十三日)長井将監入道他界 五十三 道衙」と、見えるなど、長井道衙と類似の人名が史料に散見する。「道衙」が法名として熟しない文字であることも考慮しつつ、姑く掲げて後考を俟つ。

8 永仁元年の典拠18を参照。

正和四年(一三一五)

〔引付頭〕

1 一番　北条守時 左近将監 讃岐守　在

2 二番　北条随時 遠江守　七月八日在

3三番　北条顕実 兵部大輔　在
4四番　北条貞宣 丹波守　在
5五番　安達時顕 秋田城介　在

〔引付衆〕

6北条範貞 左近将監　七月廿六日補

〔政所執事〕

7二階堂行暁(行貞 山城守)　在

〔問注所執事〕

8太田時連 前信濃守　在
9摂津親鑒 刑部権大輔　補

〔奉行人〕

10矢野倫綱 加賀権守　八月廿二日在
11摂津親鑒 刑部権大輔　八月廿二日在
12矢野兵庫允 四番引付奉行　十一月廿三日在

【典拠】　1～5　前年の項の引付頭に関する考証を参照。なお、これら頭人の官途について説明すると、1北条守時については鎌記、嘉暦元年条の守時履歴に「正和五　任讃岐守」とあれど、時政以来に「正和元……同四十二十五任讃岐守、同日叙正五下」とあるを採る。2北条随時については、前年の項所引史料及び鎮西赴任後文保二年十月までの同人奉の鎮西御教書に「遠江守」と署判するによる。3北条顕実については確証がないまま、元応二年伊予守署判の証(後述)あるまで、姑く延慶二年の官途を記しておく。4北条貞宣については、正和二年の項に引いた公衡公記に「丹波守貞宣」とあるによる。5安達時顕については幾つかの証あれど、ここには同上公衡公記の記事に「城介時顕」とあるを挙げておく。

6　鎌記、元亨元年条の範貞履歴に「嘉元二十二任左近将監、同日叙爵、正和四七廿六為引付衆」とあるによる。

7　乾元元年の典拠12を参照。

8　永仁元年の典拠18を参照。

9　武記、正和四年問注所の欄に「摂津刑部大輔親鑒被相副時連」とあるによる。正和三年の項7と同じく、職名の有無未詳のまま掲げておく。

10・11　西園寺伝来秘記の裏書に「正和四年八月廿二日……奉行人矢野加賀・摂津刑部権大輔等被差定之」とあるによる。矢野加賀は、延慶二年の項24所引史料に見える「関東奉行矢野加賀権守倫綱」に当たり、摂津刑部権大輔は上記9所引史料にいう摂津親鑒である。

12　元徳四年正月日の肥前国鎮守河上社雑掌家邦重陳状写(河上宮古文書写)に「当庄領家兼地頭故遠江前司殿御代官……被訴申之間、……総州(北条政顕)御代御注進関東之処、為四番御引付矢野

兵庫允奉行被経御沙汰、正和四年十一月廿三日家邦（論人代官）預御下知訖」とあるによる。

正和五年（一三一六）

〔引付頭〕
1 一番　北条守時 讃岐守　在
2 二番　北条随時 遠江守　在
3 三番　北条顕実 兵部大輔　在
4 四番　北条貞宣 丹波守　在
5 五番　安達時顕 秋田城介　在
〔寄合衆〕
6 北条貞顕 武蔵守　七月在
7 安達時顕 秋田城介　七月在
〔政所執事〕
8 二階堂行暁（行貞 山城守）　在
〔問注所執事〕
9 太田時連 前信濃守　在
〔官途奉行〕
10 清原教元 大外記　十二月在
〔奉行人〕
11 ゐのしたの次郎　六月在
12 長崎円喜（高綱） 寄合合奉行？　七月在
13 美作権守貞宗　八月在
14 冨部信連　十二月在
15 朝清　十二月在
16 安富長嗣 大蔵大夫　在
17 南条頼直 左衛門尉　在

【典拠】 1〜5 正和三年の項の引付頭に関する考証を参照。
6・7 金文一ノ一三五号、金沢貞顕書状（後欠）に「抑典厩御署判事、今日御寄合出仕之時、別駕・長禅門両人申云、御判事任先例来十日可有御判候、七月者最勝園寺殿御例候」云々とあるによる。この文書は後欠であるが、文中に典厩（高時）の判始を最勝園寺殿（貞時）の例にならって七月と定め、来る十日に行うとしていること、この引用の後に相州（基時）の執権職辞任決定が見えていることの二点で、正和五年七月（初旬）とする文書編者の推定は恐らく不動であろう。寄合にこの書状の主貞顕と別駕（安達時顕）・長禅門（長崎円喜）らの出席が知られ、貞顕（当時連署）・時顕が寄合衆、円喜は延慶二年の場合と同じく寄合の合奉行であろう（延慶二年の項22参照）。
8 乾元元年の典拠12を参照。

9　永仁元年の典拠18を参照。

10　金文一ノ一二一号、金沢貞顕書状(後欠)に「四品事、今日奉行大外記令申沙汰、成下御教書候之間、面目無極候」とあるによる。時政以来の貞顕の条に「同(正和)五六廿三政所着座……同年十二十四叙従四下」とあるによれば、貞顕の四品昇叙は正和五年十二月十四日であって、右の書状はこの時の喜びを述べたものである。ところで、ここに見える奉行大外記とは、元亨四年三月十三日伊作氏重書目録(島津家文書之一、五一九号)に「一つう　くわんとふきやうたいけきのりもとの状の正もん九月廿日」と見え、金沢貞顕の方丈(称名寺)宛て三月廿九日書状(金文一ノ一七二号)に「兼又、貞将官途事、昨日御免候ける、今日奉行大外史教元御教書持来候」と見える大外記清原教元のことに相違ない。この人物は清原系図によれば、寛元年中鎌倉に下って将軍の侍講となり、やがて引付衆を勤めた大外記教隆の孫に当たり、幕府の評定衆となり、外記補任には、正和五年七月廿二日任大外記、文保元年三月九日関東下向、同二年十二月廿三日大外記を辞す、同廿八日任土佐守とあり、系図によれば元亨二年六月廿二日出家、また外記補任、嘉暦四年条によって、同年二月以前に死去したことが分る(上引正和五年十二月の貞顕書状によれば、当時教元は鎌倉に在って官途のことを管掌しているから、外記補任にいう関東下向の年次には誤りがある)。そして、上引伊作氏重書目録には、上引の一通の後に「一つう　くわんとふきやうとさのかミの状の正もん」とあるのも、同じ教元の土佐守転任後の状にちがいあるまいから、教元の官途奉行としての在職活動は正和五年十二月以前から文保二年十二月以降に及ぶということができる。

11　元応二年の中村八郎法師後家尼音阿譲状(播磨、中村文書)に「訴申ニつゐて、ゐのしたの次郎ふきやうとして、正和五年六月廿七日御下知ニあつかりて」云々とあるによる。右にいう正和五年六月廿七日御下知とは、同上尼音阿の訴えにかかる武蔵・播磨所在の屋敷・田・在家・御園田等のことを裁許した同日付関東下知状(同上文書)に当たる故、右譲状に見える奉行は関東所属の人物と知られる。

12　6・7の説明参照。

13　元応二年十一月日播磨国清水寺々僧申状案(清水寺文書)に「爰草創歳旧花構頽落之間、去正和五年之春之比、勅子細経奏聞之処、近日召功宣下重畳畢、可伺関東時宜之由、御奉行坊城前中納言家于時師卿 先□代時被仰下之間、於関東為美作権守貞宗奉行、同八月廿五日評定披露之処」云々とあるによる。

14・15　正和五年四月十三日田数検注目録(真壁文書一)の裏書に、「為後証、奉行人所封続目也／正和五年十二月七日信連(花押)／朝清(花押)」とあるによる。信連の名字は、嘉元四年九月七日関東下知状（高野山文書之一、宝簡集一五〇号）に（備後国大田庄）「大田方山中郷地頭富部兵庫允信連」とあるによる。信連は文保二年以降近江権守として現れる。

16・17　正応五年十月廿四日尼めうこ譲状（朽木古文書甲九号）の裏書（現在では、譲状とは別紙になっているけれども、これは表裏を剝がしたものであろう）に、「類書□手跡者不日□／正和五年□散位長嗣（花押）／左衛門尉頼直（花押）」とあるによる。長嗣は永仁三年、乾元元年のころ安富大蔵丞、正和元年には安富大蔵大夫とよばれた人物（各年の項参照）、頼直は延慶三年の項に既出の人物である。

文保元年（一三一七）

〔引付頭〕
1一番　北条貞規　左近大夫将監　十二月廿七日補
2二番　北条守時　讃岐守　十二月廿七日補
3三番　北条顕実　兵部大輔　十二月廿七日補
4四番　北条貞宣　丹波守　十二月廿七日補
5五番　安達時顕　秋田城介　十二月廿七日補
〔政所執事〕
6二階堂行暁（行貞　山城守）　在
〔問注所執事〕
7太田時連　前信濃守　在
〔官途奉行〕
8清原教元　大外記　在
〔奉行人〕
9（皆吉？）文賢　四月在

【典拠】　1〜5　鎌記、文保元年の条に「十二月廿七日引付頭、一貞規　二守時　三顕実　四貞宣　五時顕」とあるによる。正和三年の項で推定したように、この番文改正は恐らく新人北条貞規の任用によるものであり、正和二年以来一番頭人の座を占めていた北条守時は、これによってその座を貞規に譲って、二番頭人に降りたものであろう。なお、この改正前の所見として、この年の六月安達時顕の頭人在職を示す史料がある。文保元年六月七日、天野景茂女子尼と兄景広・弟顕茂との遠江国・武蔵国内所領相論を裁決した関東下知状（前田家所蔵天野文書）の紙継目裏に、安達時顕が花押を署している事実は、時顕の引付頭人としての職務活動と見るべく、同時に、時顕の正和二年以来継続在職の推定（正和三年の項参照）を支える一証ともなるものである。また、一番頭人貞規の官途は、正和三年の項に引いた公衡公記による。

6　乾元元年の典拠12を参照。

7　永仁元年の典拠18を参照。

8　正和五年の典拠10を参照。

9　文保二年四月廿八日関東下知状（武沢文書、佐野増綱の訴えにかかる、下野国佐野庄内田在家沽却相論の裁決）に、「可被糺明之由、増綱依申之、重被差文賢奉行之間、為問実否、去年四月十八日以来度々雖下奉書、無音之間」云々とあるによる。この人物、分脈（紀氏）に「文親――文賢 号比日良大膳亮、関東奉公 有子孫、帰本姓為惟宗」とあるに当たるか。「比日良」は、国史大系の校注によれば手向山本系図に「皆吉」に作るという。即ち文賢は奉行人皆吉氏の人であろうか。

文保二年（一三一八）

〔評定衆〕

1北条貞将　六月廿五日補？

〔引付頭〕

2一番　北条貞規 右馬権頭　十二月補

3二番　北条守時 讃岐守　十二月補

4三番　北条顕実 兵部大輔　十二月補

5四番　北条貞宣 丹波守　十二月補

6五番　北条貞将 越後守　十二月補

7六番　安達時顕 秋田城介　十二月補

〔政所執事〕

8二階堂行暁（行貞 山城守）　在

〔問注所執事〕

9太田時連 前信濃守　在

〔官途奉行〕

10清原教元 大外記 土佐守　在

11北条貞将　六月廿五日補？

〔奉行人〕

12参河蔵人邦宗　二月在

13清能定 武部六郎　二月在

14五大堂政有 前壱岐守　十一月在

15平左衛門尉　十一月在

16冨部信連 近江権守 五番引付　十二月在

【典拠】　1　年次未詳六月廿六日、方丈宛て金沢貞顕書状（金文一ノ一八三号）に「兼又貞将評定参事、官途奉行事、昨夕被下御教書候、評定事、兼日不承候き」とあるによる。神奈川県史、資料編に従って、いま貞将引付頭補任の年に置く。

2〜7　鎌記、文保二年の条に「十二月引付頭、一貞規　二

守時　三顕実　四貞宣　五貞将　六時顕」とあるによる。この番文改正は、引付五番制を六番制に改め、従前の頭人五人の外に新たに北条貞将を任用して、これを五番に居え、従前の五番頭人安達時顕を六番に移したものである。五番制を六番制に変更した理由が、何らか訴訟制上の実質的な点にあったのか、或いは貞将の任用という人事上の要請にあったのか、その辺の事情は今明らかでない。新人貞将は、当時連署の重職に在った金沢貞顕の嫡子である。

また2北条貞規の官途は、(正中元年か二年)十一月十一日金沢貞顕書状(金文一ノ四四六号)に「右馬権頭貞規後室」とあって、貞規の極官が右馬権頭であったことが分る。任右馬権頭(恐らく左近将監より昇任)の時日は明らかでない。今仮りに文保二年条にこの官途を注記しておく。

8　乾元元年の典拠12を参照。

9　永仁元年の典拠18を参照。

10　正和五年の典拠10を参照。

11　1の典拠参照。

12・13　元応元年七月十二日関東下知状(別符文書、別符幸時の訴えにかかる、別符光綱後家「不加武蔵国東光寺修理由」の相論に対する裁決)に、「去年二月十八日以両奉行人参河蔵人邦宗清式部六郎能定使者、所書下也」とあるによる。

14・15　文保弐年二月十七日備後国神崎庄下地以下所務条々に関する雑掌行盛・地頭代助景連署和与状案(高野山文書五、金剛三昧院文書一〇九号)に、「裏書曰為後証加暑(署)判焉／文保二年十一月七日／前壱岐守中原在判／左衛門尉平在判」とあるによる。この和与状案と同日付でこの和与を裁許した関東下知状案(同上文書一一〇号)もあって、右の和与状裏書が関東引付の、当該相論担当奉行による裏封であることが分る。両奉行の内、「前壱岐守中原」は、後述元亨元年の項に「奉行壱岐前司政有五大堂」と見える人物である。

16　年次未詳、塩涌新右近入道注文(金文七ノ五三〇〇号)による。この注文には今年次の外に、元応元年、正中元年の分も載っているので、便宜一括してここに掲げる。なお冨部近江権守は、建武政府雑訴決断所結番の第一次(元弘三年六—九月)一番に「近江権守信□(連?)」とあり(比志島文書四)、同第二次(建武元年八月)一番に「冨部大舎人頭信連」とある(建武元年雑訴決断所結番交名)のと同人であろう。

東六(郎脱カ)盛義被召所領度々事

初度

一東六郎盛義所領五分一(注記省略)文保二十二七五番引付

奉行人冨部近江権守

二度

一東六郎盛義所領三分一（注記省略）元応元 十二 十六
　引付□行人同前
　三度
一東六郎盛義所領三分一（注記省略）正中元 十二
　引付奉行人同前

元応元年（一三一九）

〔引付頭〕
1 一番　北条守時 武蔵守　閏七月十三日補
2 二番　北条顕実 伊予守　閏七月十三日補
3 三番　北条貞宣 丹波守　閏七月十三日補
4 四番　北条貞将 右馬権頭　閏七月十三日補
5 五番　安達時顕 秋田城介　閏七月十三日補
〔政所執事〕
6 二階堂行暁（行貞 山城守）　在
〔問注所執事〕
7 太田時連 前信濃守　在
〔安堵奉行〕
8 二階堂某　十一月六日在
〔奉行人〕
9 藤原某 政所奉行　三月十一日在
10 藤原某 政所奉行　三月十一日在
11 二階堂貞衡？ 前美作守 政所奉行　三月十一日在
12 三善掃部允 問注所奉行　五月廿三日在
13 平兵庫允 問注所奉行　五月廿三日在
14 矢野倫綱 前加賀守　七月十二日在
15 五大堂政有 前壱岐守　七月十二日在
16 冨部信連 近江権守　十二月在

【典拠】　1～5　鎌記、元応元年の条に「壬七月十三日引付頭、一守時　二顕実　三貞宣　四貞将　五時顕」とあるによる。この番文改正は、文保元年十二月以来の一番頭人北条貞規が、この年の六月十四日に二十二歳の若さで死去した（正和三年の項参照）ことによると考えられる。即ち一番頭人の死闕によって、二番守時から六番時顕までの五人をそのまま一番ずつ繰り上げて一番—五番頭人とし、六番を闕とした。これによって引付六番制は再び五番制に復したのである。以上五人の頭人の中、2北条顕実と4北条貞将の在職を証する次の史料がある。北条（金沢）貞顕の母で入殿とよばれた女性が元応元年十月六日死没した際に（補注）、孫子典厩の草した三十五日廻向表白（金文八ノ六一三七号）の中に「家賛（督）武州大守者為竹園大王之御後見……次男奥州《嫡孫》・右典厩今者各掌引付一頭之管領」とある。家督が時の連署、前武蔵守貞顕をさすこと明らかであるから、次男は貞顕の弟、嫡孫は貞顕の嫡子という訳だが、当時貞顕の近親に奥州とよばれる人はいない。恐らく「奥」は「興」の誤記であって、貞顕の弟(実年齢は貞顕の上)伊予守顕実がこれに当たる。貞顕の嫡子は貞将であって、この史料によって同人の官途を右馬権頭と知る。以上によって、顕実・貞将の引付頭在職の証を加えることができる。なお、一番頭人守時の官途は、鎌記、嘉暦元年条同人の履歴に「元応元　任武蔵守」とあり、時政以来の同人履歴に「文保三(元応元)二十八遷武蔵守」とあるによって、武蔵守と注した。

6　乾元元年の典拠12を参照。

7　永仁元年の典拠18を参照。なお、元応元年五月廿三日佐野安房弥太郎増綱の訴えにかかる沽却地相論を裁決した下知状(武沢文書)に、「掃部允三善(花押)／兵庫允平／前信濃守三善朝臣(花押)」の三名が連署している。この相論が、沙汰未練書の雑務沙汰にいう沽却田畠の争いであること、連署上位者の姓と前官が7と符号することによって、この下知状はさきに論じた如く問注所の発給であり、上位の署判は執事太田時連に当たると推断される(本書七八ページ参照)。他の連署二名も勿論問注所の奉行と見てよい。

8　元応元年十一月六日佐竹彦四郎宛、佐竹経義より孫に譲与した所領安堵につき「早備進本証文、云相伝之真偽、云支申仁之有無」注申すべき旨を令した沙弥(花押)奉書写(白石家古書)による。この奉書は幕府の譲与安堵手続の一環をなすものであって、安堵奉行の発給と考えてよいであろう。沙弥の花押(写)が当時としては特異な形様で、元応二年八月日陸奥国玉造郡内召米結解状(金文七ノ五三〇五号)の外題に、「下　政所／可勘定／(花押)」と見えるものと同形であることによって、元応二年当時政所の上級職員でもあったことが知られ、嘉暦・元徳・正慶頃の文書に見える二階堂行諲の花押とも類似して、二階堂氏の一人と推測される。この人の花押は、元亨二年七月七日越後の三浦和田一族の遺領相続争いを裁決した関東下知状(三浦和田文書)の紙継目裏にも見えているが、この相論手続は外題安堵法によって進められていて、安堵方の管轄、従って継目裏花押は安堵奉行のものと思われる(花押は、花押かゞみ四の一〇五ページに採録)。もう一つこの花押は、元亨元年十月廿四日市河盛房置文(市河文書二)の紙継目裏にも押署されていて、これも譲与安堵の申請を受けた安堵奉行が加えたものであろうと察せられる。三浦和田氏と市河氏のケースは、佐竹氏の安堵申請を担当した沙弥を安堵奉行に擬する有力な支えということができる。

9・10・11　文保三年三月十一日色部四郎大郎宛て「越後国小泉本庄預所道守申所当銭事、重訴状如此、先度被仰下之処無音云々、不日可被召進論人」と令した「藤原（花押）／散位（花押）／前美作守（花押）」三名連署の奉書（色部文書）による。この奉書は論人の召進を使者に命じたもので、書式・内容から見て幕府の発給としか考えられないけれど、署判は明らかに執権・連署の奉ずる御教書とも、引付頭人の奉書とも異なる。連署三人の第二位「散位（花押）」は、上引元応二年陸奥国玉造郡内召米結解状に「散位藤原朝臣（花押）」と勘記を加えている政所職員と花押が一致して同人と断ぜられる上、当時、小泉本庄の領家が代々将軍家と関係が深く、当時も関東に出仕していた可能性の強い一条家（二位侍従宗清）であったことを考えると、この領家職は所謂関東御領であり、問題の訴訟は幕府政所の管轄として政所が裁許状を発給したものと判断される。上位署判の前美作守を確定できる史料はないけれども、これより十年後の元徳元年政所執事となる「（二階堂）行恵 美作入道 俗名貞衡」（鎌記、元徳元年条、分脈によれば行暁の子）に当るかと思われる。他の例に徴すれば、政所発給の裁許状には執事の署判があるべきかと思われるのに、執事ならぬ貞衡が押署しているのは、彼が執事（父行暁）代行の地位にあっての故か、何らかの職務分掌の制に依るものなのか明らかでない。他の二名については分らない。

12・13　7の記述を参照。

14・15　元応元年七月十二日白河有忠の訴えにかかる「信濃国竹淵郷地頭等不寄□□（合諏）方上宮御射山頭役由」の相論を裁決した関東下知状（守矢文書）に、「爰竹淵郷為白河郷寄子否、被尋問奉行人伊賀前司倫綱并壱岐前司政有之処、如請文者」云々とあるによる。矢野倫綱は延慶二年、正和四年の項に既出、五大堂政有については、文保二年の項14の記述を参照。両奉行が諮問を受けて請文を出した時日は分らないので、一応下知状の日付にかけて在職とする。

16　文保二年の項16の典拠史料を参照。

補注　この表白には故人（「入殿」）の没年は記されていないけれども、元徳三年十二月五日付、同じ人物の十三回忌仏事を修した北条貞顕（崇顕）願文（金文、神祇秘伝八幡裏文書）に、没年を元応鶉首（未）之暦、十月六日と明記している。

元応二年（一三二〇）

〔評定衆〕

1北条範貞　左近大夫将監　十二月補

〔引付頭〕

2一番　北条守時　武蔵守　在

3 二番　北条顕実 伊予守　在
4 三番　北条貞宣 丹波守　五月十五日死
5 三番　北条時春 左近将監　補
6 四番　北条貞将 右馬権頭　五月以前罷
7 四番　北条時春　補　五月転
8 四番　北条貞直 左近大夫将監　五月補
9 五番　安達時顕 秋田城介　在
〔政所執事〕
10 二階堂行暁（行貞 山城守）　在
〔問注所執事〕
11 太田時連 前信濃守　在
〔奉行人〕
12 兵庫允某　六月在
13 二階堂某　八月在
14 藤原某　八月在
15 藤原某　十二月在
16 清能定 式部六郎　十二月在
17 塩飽聖遠 新右近入道 御恩方奉行　在

【典拠】　1　鎌記、元亨元年条、範貞の履歴に「同(正和)五十一廿三叙従五上、元応二十二月加評定衆」とあるによる。なお範貞は翌元亨元年十一月六波羅探題として上洛する(鎌記)から、評定衆在職期間は一年足らずということになる。

2〜9　元応二、元亨元の二ケ年には、又しても鎌記その他に引付番文もしくはそれに代る史料がない。よって、さきの例にならって、その前後すなわち元応元年と元亨二年の引付番文を比較対照し、その他若干の史料を参考にして、この両年の引付番文の復原を試みたい。元応元・元亨二両年の引付番文は左の通りである(鎌記)。

引付	元応元(閏七月十三日)	元応二	元亨元	元亨二(七月十二日)
一番	北条守時			北条守時
二番	北条顕実			北条顕実
三番	北条貞宣			北条時春
四番	北条貞将			北条貞直
五番	安達時顕			安達時顕

この対照表を見ると、元応元年の一番頭人北条守時、二番頭人北条顕実、五番頭人安達時顕は、元亨二年においてもそれぞれ一番・二番・五番の頭人である。これによって、一応この三人は元応元年閏七月から元亨二年七月まで、同じ引付部局の頭人の地位を維持したことが推定できる上、後述のように、北条顕実については元応二年に、北条守時について元亨元年に、それぞれ引付頭人在職の徴証があるから(元応二年の項3、元亨

元年の項1を参照)、この両人の継続在職はより一層確実性を増すといえよう。問題は、元応元・元亨二両度の引付番文で頭人の変わっている三番・四番の両局における頭人人事の推移である。

まず元応元年の三番頭人北条貞宣と元亨二年の四番頭人北条貞直とは、北条一門の中では同じ大仏家の人で、貞直は大仏家の嫡統宗泰の嫡子であり、貞宣は宗泰の弟に当たるから、この二人は叔父・甥の間柄である。当時幕府が十分配慮したと考えられる人事のバランスから見て、叔父・甥の二人を同時に引付頭人に居えることは考えにくく、一は他の闕を補う関係すなわち貞宣と交代に貞直が任用されたと見るのが自然ではあるまいか。とすると、常楽記、元応二年条に「五月十五日陸奥丹波守(貞宣他界」とあるによって、貞宣の死没はこの年と知られる(貞宣の父宣時が陸奥守を先途として出家し、当時なお存命で陸奥入道とよばれた事実を参照)から、貞宣と貞直の交代もこの年と見てよいであろう。そこで残るところは元応元年の四番頭人貞将から元亨二年の三番頭人時春への推移である。この点を考えるのに、時春については鎌記の引付番文以外にその職歴を窺うに足る史料が皆無なので、今これを措き、およそ元応二年前後と思われる貞将の父貞顕の左記書状の検討から、貞将の職歴を考えてみたい。(補注)

御腹気無為之由、昨日承候之間、喜悦無極候、兼又、貞将官途事、今日奉行人令披露候之処、無相違御免候了、面目と恐悦相兼候、御祈念之故候之間、殊悦入候、又、越訴、小侍所両条奉行事、自去春雖辞申候、無御免候之間、去十七日重(後欠)

(金文一ノ二二八号)

なお、文意から推してこの文書の後に接続するかと思われるものも掲げておく。

□御沙汰旨、直長禅門被申候、先一事御免候、悦思給候、尚々御労御減之条悦入候、恐惶謹言、

七月廿日　　貞顕

方丈進之候

(金文一ノ二六六号)

右書状に、貞将官途の喜びが告げられ、「御祈念之故」と謝せられていて、宛名は称名寺方丈と思われるが、続いて貞将が越訴、小侍所を兼任して、去春以来辞意を表明している点に注目すると、当時北条一門で若年の小侍所補任の例はあるけれど(師時十歳)、越訴頭は上訴機関の長という性質上、引付頭未経験者が補せられた例はない(摂津等外様の官僚は別として)から、この書状は一応、貞将が引付頭に新補された文保二年十二月以後、断簡接続の推定が正しいとすれば、元応元年以後と認められ、さらに臆測すれば、ここに貞将の越訴、小侍所兼任をいうだけで、引付頭に全く触れるところがないのは、当時貞将はす

でに引付頭から離れていたからではないか。とすれば同人の引付頭在職は元応元年十月まで確認できる(前年の項4参照)から、この書状は元応二年以後となる。他方、貞将は元応元年十月の史料で右典厩とよばれ(同上4参照)、自ら「右馬権頭貞将(花押)」と署判した文書(金文一ノ五〇六号)があり、降って元亨三年十月の史料で「前越州史使《(刺史)》」とよばれ(元亨三年の項3参照)、正中元年十一月六波羅探題に選任された時の履歴に前越後守とある(鎌記、同年条)から、貞顕書状にいう官途の喜びは任越後守のことにちがいない。以上を整理して考えると、貞顕書状の年次(それは同時に貞将任越後守の年次でもある)は、元応二—元亨三の四年間に限定されるが、元亨二・三の両年では越後守の在任期間が短きに過ぎるし、元応二年では越訴・小侍所辞退の理由が余りに弱くなるという意味で、何れも蓋然性が低く、最も可能性の高いのは元亨元年ということになる。だが、このような推理に従ったとしても、元亨元年七月当時、貞将がすでに引付頭を離れて、越訴・小侍所を兼任していた(そして兼任両職の何れか一つの辞任が承認された)というだけであって、引付頭の解任も越訴・小侍所の新補も、彼の引付頭在職の下限である元応元年十月以降といいうるにすぎないけれども、今はこれらの時期を仮りに元応二年にかけておく。

貞将と交代した時春という人物については、後引(嘉暦元年の項)南朝編年記略に「遠江左近将監平時春入道道順三番故駿河守義政二男塩田」とあるを信ずれば、北条一門塩田家の人とはいえ、左近将監のまま出家したとあるから、さして有力視されなかったと察せられる。前本系図に、名越時幸修理亮の子に「時春母駿河守有時女太郎」とある。遠江守経歴者は塩田家には見られず、却って名越家に多いことを考えると、時春はあるいは右系図のいう如く名越家の人かもしれない。

終りに、貞将と時春の交代、貞宣と貞直の交代にともなう配置換えについて一言すれば、(仮りに)元応二年四番頭貞将辞任の跡に時春が座し、同年五月三番頭貞宣死去の際、四番頭時春が三番に移り、新補の貞直が四番頭に配せられたとするのが、比較的無難な推測ではなかろうか。

以上述べたところによって、今一度元応元年から元亨二年に至る引付番文を表示すると、次ページの表のようになる。

なお、3北条顕実について、元応二年三月廿八日香取社神主の訴えにかかる神祭物の事につき、召符に応ぜざる論人の催促を使節に命じた伊予守(顕実)奉書(香取文書、花押かゝみ四参照)があって、同人の引付頭としての活動を示している。

10　乾元元年の典拠12を参照。

11　永仁元年の典拠18を参照。

12　元亨二年八月海北兵部房明円陳状案(金文七ノ五三二一

引付	元応元（閏七月十二日）	元応二	元亨元	元亨二（十二月十七日）
一番	北条守時	北条守時	北条守時	北条守時
二番	北条顕実	北条顕実	北条顕実	北条顕実
三番	北条貞宣	北条貞宣（五月死） 北条時春？	北条時春？	北条時春
四番	北条貞将	北条貞将（五月以前） 北条時春？ 北条貞直？	北条貞直？	北条貞直
五番	安達時顕	安達時顕	安達時顕	安達時顕

号、上総国久吉保内田畠に関する頼賢の濫訴に対する）の中に、「仰彼女子源氏可遂其節之旨、元応□年六月為□□兵庫允奉行、被立御使之条」云々とあるによる。元応元年か二年か分らないので、しばらく二年にかけておく。

13　元応元年の項8の典拠に引用した元応弐年八月日結解状に「下　政所／可勘定／（花押）」という外題を加えた人物であって、この人が政所職員で二階堂氏の一人であろうことは、既述の通りである。

14　13所引結解状の奥に「覆勘訖／散位藤原朝臣（花押）」と勘記を加えた人物であって、13の外題にいう「可勘定」という指令を受けて結解状を勘査した人物ということで、当然政所職員の一人であり、文保三年越後国小泉本庄所当銭に関する政所奉書に「散位（花押）」と押署しているのと同じ人物である（元応元年の項9〜11参照）。

15・16　丹後国河上本庄領家雑掌と地頭代官「所務以下相論」和与状（石井進氏『長福寺文書の研究』一四三ページ、東京大学文学部所蔵長福寺文書、後欠、年次未詳）の裏にある元応二年十二月廿三日付、散位藤原朝臣・清原の裏封による。清原の部分に「清式部六郎能定」と書いた付箋があり、花押の形様も、後出、正中二年の文書に見える清能定のそれと一致する。

17　年次未詳長崎思元代の訴状（相馬文書）に、相馬師胤所領三分一罪科により収公され、「□十二月十七日思元所拝領也、仍同月廿五日仰□司宗広・岩城次郎（今者出家）守御下文可打渡之由、自□右近入道聖遠奉行被成御教書之間、師胤□（マヽ）爰重胤任雅意、去年（元亨元）十月以数多人勢押入」云々とある。ここで長崎思元に対する所領（相馬より没収の地）新恩について、これの打渡を命じた奉行右近入道聖遠とは、元亨二年の御恩方奉行塩飽新右近入道と同人であり、職務も同じ御恩方にちがいない。ただ、打渡命令の御教書の日付が分らないので、右に引用の文意を考えて、姑く元亨元年の前年におく。なお、塩飽聖遠の名は明極和尚行状にも見え、太平記(巻十)には、幕府滅亡の際、聖遠子息もろとも自害して果てた話が見えている。

補注　本稿元応二年の分を、中央大学文学部紀要、史学科三二号(昭和六十二年三月発行)に初めて発表した時、北条貞将の職歴の考証において、ここに引用した七月廿日付、北条貞顕書状にいう「貞将官途事」を、貞将の任右馬権頭をさすとしたのは失考であった。いま本書に収録するに当り、『金沢文庫資料図録—書状編I—』(平成四年三月刊)の資料解説(一四八ページ)を参照し、また新たに史料を補って、旧稿を改めた。

元亨元年(一三二一)

〔引付頭〕

1一番　北条守時 武蔵守　在

2二番　北条顕実 伊予守　在

3三番　北条時春? 左近将監　在

4四番　北条貞直? 左馬助　在

5五番　安達時顕 秋田城介　在

〔越訴頭〕

6北条貞将? 越後守　七月在

〔政所執事〕

7二階堂行暁(行貞 山城守)　在

〔問注所執事〕

8太田貞連 左近大夫将監　補

〔小侍所〕

9北条貞将?　七月在

〔奉行人〕

10行胤　正月七日在

11実顕 豊前介　正月七日在

12明石行連 民部大夫 二番引付　五月在

13飯尾兵庫允　九月十八日在

14五大堂政有 前壱岐守 一番引付　十二月十七日在

【典拠】　1〜5については、元応二年の項の典拠2〜9を参照。なお、1については左記の傍証がある。元亨元年十二月陸奥国行方郡内田在家について長崎思元の押領停止を訴えた相馬重胤訴状(相馬文書一)の奥に「元亨元十二十七賦上之 一番 被賦、奉行人壱岐前司政有 五大堂、頭人赤橋武蔵守殿 守時」とあって、北条(赤橋)守時の引付一番頭在職が裏づけられる。また4北条貞直の官途は、元亨三年十二月十六日「左馬助平朝臣(花押)」書下(西蓮寺文書)による(拙著『増訂鎌倉幕府守護制度の研究』一二九ページ参照)。

6　元応二年2〜9参照。

7　乾元元年の典拠12を参照。

8　武記、元亨元年問注所の欄に「貞連 道大息 信乃左近大夫」とあるによる。鎌記にはこのような記載はなく、永仁元年問注所執事に補せられた太田時連が幕府の滅亡まで在職したかのように見えるが、時連はここで貞連と交代し、以後、貞連が幕府の滅亡までその地位を保ったようである。道大は時連の法名であるから、この交代は父子相承である。

9　元応二年2〜9参照。

10・11　元応二年十一月廿二日越後国加地庄古河条内中村地頭と預所の年貢検注相論に関する預所の和与状(中条文書、山形大学所蔵)に加えられた元応三年正月七日付、行胤・実顕連署の裏封による。なお、実顕の官途は鶴岡社務記録、正和四年六月廿七日条に「若宮事始……執筆奉行……豊前介実顕」とあるによる。

12　元亨二年肥後国御家人平河道照申状(平河文書)の事書に、「為明石民部大夫行連奉行、被奇(棄)置理致越訴」云々とあり、同本文に「依為理運越訴、被出御引付 当二番 御手 行連奉行之間、相待御裁評(許)之処、去年 元亨 元 五月如行連返答者、彼越訴不及理非沙汰……云々」とあるによる。

13　下野国佐野庄内田在家の買得相論に関する元亨元年九月十八日佐野義綱、同増綱連署和与状案(小曾戸文書)中に、「(徳野)定重依訴申、為飯尾兵庫允奉行番訴陳、及二問二答、雖被申付問答御書下、以和与儀」云々とあるによる。訴訟内容から見ると、この奉行は問注所の奉行かもしれない。

14　1〜5所引相馬文書を参照。五大堂政有は文保二年、元応元年等の項に既出。

元亨二年(一三二二)

〔引付頭〕

1　一番　北条守時 武蔵守　七月十二日補
2　二番　北条顕実 伊予守　七月十二日補
3　三番　北条時春 左近将監　七月十二日補
4　四番　北条貞直 左馬助　七月十二日補
5　五番　安達時顕 秋田城介　七月十二日補

〔政所執事〕

6　二階堂行暁(行貞 山城守)　在

〔問注所執事〕

7太田貞連 左近大夫将監　在

〔安堵奉行〕

8二階堂某　七月七日在

〔奉行人〕

9斎藤基有 左近大夫将監　二月廿七日在

10塩飽聖遠 新右近入道 御恩方　三月十日在 七月四日在

11五大堂政有 前壱岐守　四月在

12安威性昭 (左衛門尉) 安堵奉行　七月七日在

13藤原某 右近将監　八月七日在

14橘某 左近将監　八月七日在

15下郷中務入道　八月廿一日在

【典拠】　1〜5　鎌記、元亨二年の条に「七月十二日引付頭、一守時　二顕実　三時春　四貞直　五時顕」とあるによる。なお、元応二年の項2〜9の考証参照。とくに1北条守時の在職徴証として、元亨二年閏五月四日相馬重胤の訴えにつき論人に参対を命じた武蔵守の召文奉書(相馬文書)がある。

6　乾元元年の典拠12を参照。

7　元亨元年の典拠7を参照。

8　元応元年の項8で説明した。

9　元亨二年二月廿七日永福寺薬師堂供僧厳演と相模国飯田郷地頭尼妙心との供米相論を裁決した関東下知状(東京大学文学部所蔵相模文書)の中に、「惣領藤五郎家頼支配参差之間、属斎藤左近大夫基有、言上子細、向後可依彼左右……之旨陳之者」云々とあるによる。

10　元応元年十二月、東盛義が所領下総国上代郷の三分一を没収され、やがてそれが称名寺に寄進された(金文七ノ五三〇〇号)際に、施行手続に当たった千葉介貞胤の「称名寺雑掌申下総国東庄上代郷□□(六カ)郎盛義知行分三分壱事、任被仰之旨」という書出しの幕府宛て注進状案(金文七ノ五三〇一号、但し後欠)の端裏に「上代郷具書 自御使方捧塩飽禅門注進状幷具書等案文」とあり、また裏書に「□度御教書御恩□(方カ)／奉行塩飽新右近入道／□(千葉カ)介貞胤代 □郎左衛門□常賢 淡路次郎右衛門貞行」とあるによる。この注進状案は後欠のため日付を欠いているが、関連文書の一つ、東盛義所領注文案(金文七ノ五三二五・五三二六号)の中に「元亨二年三月十日御使定(貞)胤注進定」とあるによって、貞胤注進の日付を知ることができる。以上によって、元亨二年三月当時、御恩方奉行塩飽新右近入道の存在が証せられる。また元亨二年七月四日沙弥某の小高孫五郎宛、問状奉書(相馬文書)に「長崎三郎左衛門入道思元申陸奥国行方郡北田村事、訴状如此、早企参上可被明申」とある。当該長崎思元の訴状(同上文書、但し日付欠)によれば、この論所はもともと相馬師胤罪科没収の地で、長崎が拝領したところ、小高孫五郎重胤が刈田押領狼藉を行ったという。右訴状の、元応二年の項17に引用した部分によれば、この没収地を新恩として長崎が拝領した際、打渡命令を発したのは御恩方奉行塩飽聖遠である。以上の経緯に照らして、小高宛問状奉書の奉者たる沙弥は、御恩方奉行塩飽聖遠である可能性が強い。

11　元亨二年四月日連蔵院以下伯州・摂州・濃州等の同坊領安堵を訴えた権少僧都隆舜申状案(醍醐寺文書之二、三七二号)に、「欲早被与奪本奉行壱岐前司、被経御沙汰」云々とあるによる。五大堂政有は正安元年以来屢〻現れる奉行である。

12　元亨三年十月日越後国奥山庄内所々濫妨停止を訴えた和田章連申状(三浦和田文書)の事書に「欲早被賦寄五番引付安威左衛門入道性昭奉行」云々とあり、本文に「右所々者、章連就兼連譲、賜御外題、領知之処、伯母平氏致押領□□間、為性昭奉行、元亨二年七月七日所預御下知也」とある。この本文にいう元亨二年七月七日の御下知とは、元応元年の項8の典拠に於て、傍証として引用した同日付の関東下知状をさすこと明らかであるから、それが安堵方の裁許であり、それの継目裏花押は安堵奉行の押署であろうとの推測に従えば、当該訴訟を担当した安威性昭も安堵方の所属の奉行であったはずである。翌年十月の申状に「欲早被賦寄五番引付安威左衛門入道性昭奉行」とあるのは、元亨二年七月—三年十月の間に、安威性昭が安堵方から五番引付に配置換えになっていることを示す。

13・14　尼妙観所領(下総国東庄上代郷内田在家)買券(金文七ノ五三一九号)の裏に、「為後証、各所加判形也／元亨二年八月七日／右近将監藤原(花押)／左近将監橘(花押)」とあるによる。

15　上総国久吉保内田畠屋敷に関する頼賢の訴訟に対して出された元亨二年八月廿一日海北兵部房明円陳状案(金文七ノ五三二一号)に、「右如頼賢訴状者……明円称□□畠等、令同心于惟持、相互番訴陳、為下郷中務入道奉行、擬遂問答之条、罪科□《不》軽」云々とあるによる。下郷中務入道は、延慶三年の項19の下郷中務丞と同人であろう。

元亨三年(一三二三)

〔引付頭〕

1	一番	北条守時	武蔵守	在
2	二番	北条顕実	伊予守	在
3	三番	北条貞将	前越後守	在
4	四番	北条時春	左近将監	在
5	五番	北条貞直	左馬助	在

〔政所執事〕

6 二階堂行暁(行貞 山城守)　在

〔問注所執事〕

7 太田貞連 左近大夫将監　在

〔奉行人〕

8 対馬中務丞 政所奉行　十月廿一日在

9 長崎師光 孫左衛門尉 小侍所奉行　十月廿一日在

10 穂積唯心 左近□(入道?) 三番引付　十月廿七日在

11 安威性昭 (左衛門尉) 五番引付　十月在

12 安富左近将監 問注所奉行?　当年在

【典拠】 1～5の引付頭について。元亨三・正中元・二の三ケ年は、鎌記その他に引付番文もしくはそれに代る史料がない。よって、さきの例にならって、その前後すなわち元亨二年と嘉暦元年の引付番文を比較対照し、その他若干の史料を参考にして、この三ケ年の引付番文を復原してみたい。元亨二、嘉暦元両年の引付番文は左の通りである(鎌記)。

引付	元亨二(七月十二日)	元亨三	正中元	正中二	嘉暦元(五月十三日)
一番	北条守時				北条茂時
二番	北条顕実				北条顕実
三番	北条時春				北条道順(時春)
四番	北条貞直				北条貞直
五番	安達時顕				安達延明(時顕)

左表の中、一番北条守時については、後述のように正中元年四月一番頭人在職の証があり、正中二年六月には担当番は不明ながらやはり頭人在職の証があり、嘉暦元年四月二十四日執権となっているから、元亨三・正中元・二年を通じて、さらに嘉暦元年四月執権就任まで一番頭人に在職したと見てよいであろう。次に二番の北条顕実については、後述のように元亨三年十月頭人在職の証がある。正中元・二年については何らの傍証もないけれども、嘉暦元年依然として二番頭人の地位を保持している事実に徴して、元亨三年以降も引続き同じ職に在ったと推定したい。

次に三番北条時春については、後述のように元亨三年十月北条貞将の三番頭人在職の証がある故、北条時春は元亨二年七月から同三年十月までの間に、三番頭人の地位を北条貞将に譲ったにちがいない。そしてその際、三番時春、四番貞直は各一番くり下って四番、五番の頭人に移り、五番の安達時顕は頭人を罷められたと推測される。ところが翌正中元年八月貞将が六波羅探題に挙げられ上洛することとなると(鎌記。花園天皇宸記によれば実際の京着は十一月十六日)、前年貞将と交代して三番から四番に移った北条時春はこの機に三番頭人に復し、北条貞直・安達時顕またそれぞれ四番・五番の頭人に復し、以後三人とも嘉暦元年まで頭人の地位を保持したと推測される。この間の部分的傍証として、正中二年十月安達時顕の頭人(担当番数は不明ながら)在職の証がある(後述)。

以上の推定、推測に従って元亨三・正中元・同二の三ケ年の空白を埋めて表示すると、左のようになる。

そこで二番北条顕実、三番北条貞将在職の徴証を挙げれば、まず元亨三年十月廿七日関東裁許状の端書に「三番御引付頭人越後守殿修理権大夫殿御子息／奉行人穂積左近□(入道カ)唯心」とある(楓軒文書纂所収香取文書)。ここに見える越後守は修理権大夫、即ち時の執権金沢貞顕の子貞将である。次に元応元年の項で引用した金沢貞顕の母入殿廻向表白の端書に「元亨三―十―六―重用之」とあり、本文中「奥(與)州〈次男〉・右典厩〈嫡孫〉今者各掌引付一頭之管領」とある「右典厩」の左傍に「前越州史使(刺史)」とあるのは、元応元年の表白を元亨三年十月再度使用する際に「右典厩」を「前越州史使(刺史)」と改めたという意であって、この改訂は、元応元年時の右馬権頭貞将が元亨三年には前越後守と改称せられたことを示す。即ちこの史料は、元亨三年十月当時、貞顕の兄與州顕実(奥州が與州の誤りなること元応元年の項に既述)及び貞顕の嫡子前越後守貞将が相並んで引付頭人に在職したことを語るものである。

6　乾元元年の典拠12を参照。

7　元亨元年の典拠7を参照。

引付	元亨二(七月十二日)	元亨三	正中元	正中二	嘉暦元
一番	北条守時	北条守時	北条守時	北条守時	北条守時(四月迄) 北条茂時(五月)
二番	北条顕実	北条顕実	北条顕実	北条顕実	北条顕実
三番	北条時春	北条貞将	北条貞将(八月迄) 北条時春(八月)	北条時春	北条道順(時春)
四番	北条貞直	北条時春	北条時春(八月迄) 北条貞直(八月)	北条貞直	北条貞直
五番	安達時顕	北条貞直	北条貞直(八月迄) 安達時顕(八月)	安達時顕	安達延明(時顕)

8・9　元亨三年十月北条貞時十三年忌供養記（円覚寺文書）の廿一日条に「法堂上棟也……大工被物……束帯一具、自政所借用之 仰対馬中務丞 被下了、……禄役人（合田遠貞外四名注文略ス）以上直垂・立烏帽子・着沓、長崎孫左衛門尉師光 于時小侍所 催促之」とあるによる。

10　上掲元亨三年十月廿七日関東裁許状の端書による。

11　元亨二年の12の典拠を参照。

12　元亨三年上野国村上住人尼常阿代訴状案（金文七ノ五三二九号、但し、裏書は鎌倉遺文三十七ノ一〇六ページによる）の裏書に「奉行人安富右近将監」とあるによる。この訴状案には日付がないけれども、文中に「件郷（下総国下河辺庄築地郷）者、文保元年十二月七日倉栖掃部助兼雄自去午歳（文保二）至今年亥年（元亨三）、令沽却六ケ年於弐佰貫文之刻」云々とあるによって、元亨三年のものと知られる。また、この訴訟が年紀売地押領の訴えであること、この訴えに対して数年後（嘉暦元年四月以後）に出された匠作禅門（金沢貞顕）代円信陳状案（同上金文）に「然後、号清式部四郎左衛門尉職定後家、先年捧彼妙阿所得状等、望申問住（注）所差符之間」云々とあることの二点より、この訴訟は問注所に繋属した事件であり、従って裏書の奉行人は問注所の所属と推定される。なお、右の訴状案に日付がないこと（陳状案は下欠の為め、日付の有無不明）は、問注所管轄訴訟における訴陳状の様式にかなうものである。

正中元年（一三二四）

〔評定衆〕

1北条維貞 陸奥守　十月卅日補

〔引付頭〕

2一番　北条守時 武蔵守　在
3二番　北条顕実 伊予守　在
4三番　北条貞将 前越後守　八月罷？
5三番　北条時春？ 左近将監　八月補？
6四番　北条時春？　八月転？
7四番　北条貞直？ 左馬助　八月補？
8五番　北条貞直？　八月転？
9五番　安達時顕？ 秋田城介　八月補？

〔越訴頭〕

10北条維貞 陸奥守　補

〔政所執事〕

11二階堂行暁（行貞 山城守）　在

〔問注所執事〕

12太田貞連 左近大夫将監　在

〔奉行人〕
13斎藤基有　右近大夫将監 一番引付　四月十九日在
14島田行顕？　民部二郎 一番引付合奉行　四月十九日在
15左衛門尉某　十月二日在
16小野某　十月二日在
17対馬？行重　十一月廿三日在
18冨部信連　近江権守 五番引付　十二月在

【典拠】　1　鎌記、嘉暦元年条の維貞の履歴に「元亨四下向、同十月卅日復加評定」とあるによる。即ち維貞はこの年八月六波羅探題の任を北条貞将に譲って鎌倉に帰り、十月末日再度評定衆に加わったのである。

2〜9　元亨三年1〜5の記述を参照。なお、特に2の確証として、元亨四年四月十九日備前国鹿忍庄下司藤井惟景子息惟政和与状(安仁神社文書)の左の端書を加えることができる。

六波羅御注進之和与状本案也
関東奉行人　斎藤右近大夫基有 散位藤原朝臣　合奉行島田民部二郎行□ 源 (顕カ)
一番御手　頭人武蔵守守時 赤橋殿中也

10　1に掲げた維貞履歴の続きに「同年為越訴奉行(維貞の経歴に徴し、越訴頭の意と解せられる)」とあるによる。同履歴に、続いて「正中三四廿四為連署」とあるによれば、維貞の越訴頭在任は連署に就任するまで続いたのではあるまいか。

11　乾元元年の典拠12を参照。

12　元亨元年の典拠7を参照。

13・14　上掲2の典拠、元亨四年四月十九日和与状の端書による。傍書の「散位藤原朝臣」「源」は、和与状裏封の署し方を示す。

15・16　(元亨四年)五月十五日有道頼直田地売券案に「為後証、各所封裏也／同年十月二日　左衛門尉 判／小野 判」とある(武蔵報国寺文書)による。

17　正安三年の項16の典拠史料の続きに「以彼状、為行重奉行、召調二問状訴陳、召決両方畢、相互申詞雖多枝葉、所詮」云々とあるによる。雑訴決断所結番交名(第二次)の七番に「対馬民部大夫 行重」と見える人と同人か。

18　文保二年の項16の典拠史料を参照。

正中二年(一三二五)

〔引付頭〕
1一番　北条守時　武蔵守　在
2二番　北条顕実　伊予守　在
3三番　北条時春　左近将監　在

4四番　北条貞直 左馬助　在
5五番　安達時顕 秋田城介　在
〔政所執事〕
6二階堂行暁（行貞 山城守）　在
〔問注所執事〕
7太田貞連 左近大夫将監　在
〔御所奉行〕
8摂津道準（親鑒 刑部権大輔）　五月廿五日在
9後藤前信濃守　五月廿五日在
〔奉行人〕
10島田行顕 民部二郎 一番引付　四月十五日在
11宗村 一番引付　六月六日在
12前加賀守某 政所　六月六日在
13左衛門尉某 政所　六月六日在
14前長門介某 政所　六月六日在
15散位某 政所　六月六日在
16実顕 豊前介 五番引付　十月廿七日在
17清能定 式部六郎 五番引付　十月廿七日在

【典拠】　1〜5　元亨三年1〜5の記述を参照。なお、特に1の在職活動として、正中二年六月十二日関東裁許状（山内通藤子息通宗後家と通藤後家の通藤遺領相論）の紙継目裏毎に北条守時が花押を押署している事実（山内首藤家文書四九三号）、また5の在職活動として、正中二年十月七日関東裁許状（島津庄薩摩方伊作庄同日置郷雑掌憲俊と地頭島津宗久代との所務相論）、同年十月廿七日関東裁許状（島津庄薩摩方日置新御領雑掌承信と島津宗久代との所務相論）の何れの紙継目にも安達時顕が裏花押を押署している事実（島津家文書之一、五五二・五五三号）が挙げられる。

6　乾元元年の典拠12を参照。

7　元亨元年の典拠7を参照。

8・9　鶴岡社務記録、正中二年五月廿五日条に「御所奉行摂津刑部大輔入道々準・後藤信乃前司」とあるによる。

10・11　1所引、今年六月十二日関東裁許状に「為有其沙汰、去年四月十四日於引付之座、召出彼代官」云々、ついで「去四月十五日、以奉行人島田民部二郎行顕幷宗村等使者、催促之処」云々とあって、島田行顕・宗村両人が引付奉行として在職し、また上記の如くこの訴訟は一番頭人北条守時の担当であるから、両奉行は当然一番引付の所属と知られる。

12〜15　正中二年六月六日前加賀守・左衛門尉・前長門介・散位の四名連署で山河判官入道（暁尊）外三名の催使に宛て、常陸国大枝郷給主能親と地頭野本貞光等との相論にかかる鹿島社不開殿仁慈門造営役につき、「地頭給主共可造進之旨」を催促せしめた奉書（鹿島大禰宜家文書）がある。その内容から見て、相論は政所の所管、連署の四名は政所の職員と推測される。

16・17　5の在職徴証として掲げた正中二年十月七日、同年同月廿七日両通の関東裁許状は訴論双方の和与を承認したものであるが、十月七日裁許状に対応する元亨四年八月廿一日の和与状（島津家文書之一、五五〇号）、十月廿七日裁許状に対応する元亨四年十二月二日の和与状（同上、五五一号）には共に正中二年十月廿七日実顕・能定連署同文の奉行人裏封がある。これによって実顕・能定の二人が五番引付所属の奉行人と知られる。実顕は元亨元年、清能定は文保二・元応二年の各項に既出。

嘉暦元年（一三二六）

〔評定衆〕

1北条守時 武蔵守	三月十六日在 四月罷
2北条維貞 陸奥守	三月十六日在 四月罷
3中務権少輔	三月十六日在
4北条顕実 駿河守	三月十六日在
5摂津道準（親鑒 刑部権大輔）	三月十六日在
6北条高家 前尾張守	三月十六日在
7二階堂行暁（行貞 山城守）	三月十六日在
8北条藤時 武蔵左近大夫将監	三月十六日在
9前讃岐権守某	三月十六日在
10後藤信濃入道	三月十六日在

〔引付頭〕

11一番　北条守時 武蔵守	四月罷
12一番　北条茂時 左近大夫将監	五月十三日補
13二番　北条顕実 駿河入道	五月十三日補
14三番　北条道順（時春 左近将監）	五月十三日補
15四番　北条貞直 駿河守	五月十三日補
16五番　安達延明（時顕 秋田城介）	五月十三日補

〔政所執事〕

17二階堂行暁（行貞 山城守）	在

〔問注所執事〕

18太田貞連 左近大夫将監	在

〔安堵奉行〕

19沙弥某	十一月廿八日在

〔奉行人〕

20長崎高資 新左衛門尉 評定奉行	三月十六日在
21太田貞連 左近大夫将監 評定目録・硯役	三月十六日在
22布施兵庫允 評定孔子役	三月十六日在

23安東貞忠 左衛門尉 評定参否役　三月十六日在
24大和盛政 右近将監 一番引付　八月廿日在
十月十二日在
25清原教氏 権少外記　十月十二日在

【典拠】 1～10 金沢貞顕が今年三月十六日執権に任ぜられ(将軍執権次第)、同日評定始が行われたことを、貞顕より恐らく子息である六波羅探題貞将に報じた左の書状がある(金文一ノ三七四号)。

愚老執権事、去十六日朝、以長崎新兵衛尉被仰下候之際、面目無極候、当日被始行評定候了、出仕人〳〵予・陸奥守・中務権少輔・刑部権大輔入道・山城入道・長崎新左衛門尉 以上東座、武蔵守・駿河守・尾張前司 遅参・武蔵左近大夫将監・前讃岐権守・後藤信濃入道 以上西座、評定目六幷硯役信濃左近大夫、孔子布施兵庫允、参否安東左衛門尉候き

東西両座に列した人々の中、東首座の予(執権貞顕)と東末座の長崎を除く十人が評定衆であろう。長崎は御内人であるから正式の評定衆ではなく、評定奉行と見るべきであろう。評定衆の実名比定については、1・2・7は既出の通り、4北条顕実は後述の如く(13参照)今年五月なお在俗であり、翌嘉暦二年三月廿六日死没時「甘縄駿河入道殿他界五十五、俗名顕実朝臣」(常楽記)とあるから、遅くも嘉暦元年には駿河守の受領を帯していたと推定する。5摂津道準は既出の人物(正和四年の項参照)。6については、元応二年三月十一日関東御教書案(肝属氏系図文書写)に「尾張前司高家……祖父尾張入道道鑒」とあるによって、北条(名越)公時(道鑒)の孫高家を尾張前司に宛てる。8については、正中二年三月日最勝光院所領目録案(百合ゆ)に「信濃国／塩田庄 地頭関東武蔵左近将監請所」とある。この人物は恐らく北条氏塩田家の家嫡にちがいない。当時、塩田国時には藤時・俊時の二子あり(正本系図。但し分脈には俊時のみ、又前本系図には藤時のみ)、藤時には「左近大夫将監」、俊時には「中務太輔」と注し、俊時は後記の如く元徳元年中務権大輔として評定衆に加えられている。よって、ここには藤時を宛てる。なお、今年四月廿四日1守時は執権に、2維貞は連署に挙げられたから、両人の評定衆在任は四月までである。

11～16 鎌記、嘉暦元年条に「五月十三日引付頭、一茂時 二顕実 三道順 四貞直 五延明」とあるによる。この番文改正は、元応元年以来一番頭人であった北条守時が、今年四月廿四日執権に昇った跡に、茂時を補した際のものである(茂時の官途は時政以来による)。三道順は時春の法名(元応二年項参照)、五延明は時顕、ともに三月十三日高時の出家にならって出家したものであろう。

17　乾元元年の典拠12を参照。
18　元亨元年の典拠7を参照。
19　嘉暦元年十一月廿八日岡本四郎三郎宛てに、岡本「祐親後家尼空照申、譲補子息蓮性孫子季秀等所領……安堵事」につき、「所申無相違否」の注申を命じた沙弥某奉書（秋田藩採集文書、岡本）による。右の注申命令は当時幕府の譲与安堵手続の一環であるから、奉者の沙弥は安堵奉行に相違ない。その実名は明らかでないが、しばらく記して後考をまつ。
20〜23　前引評定始の史料を参照。この中、23の実名比定は（嘉暦元年？）正月十七日金沢貞顕書状（金文一ノ三六九号）に「自太守御使安東左衛門尉貞忠」とあるによる。
24・25　嘉暦元年八月廿日鶴岡八幡宮相撲奉行猿渡盛重子息盛信和与状（神奈川県立博物館所蔵金子文書）に「為一番引付大和右近将監盛政奉行訴申間、雖番訴陳三問三答……相互以和与之儀、止沙汰之間」云々とあり、この和与状の裏に嘉暦元年十月十二日右近将監・権少外記連署の奉行人裏封がある。連署の右近将監は明らかに大和盛政に当たり、権少外記は、今年二月十九日権少外記に任じ翌年三月任を去っている清原教氏に擬せられる（外記補任）。教氏は、清原系図によれば、幕府の引付衆となり（評定伝）文永二年に死去した教隆の曾孫、文和二年七十歳で死去した教秀（正和五年10の清原教元の従兄弟）の子である。

嘉暦二年（一三二七）

〔引付頭〕
1　一番　北条茂時　右馬権頭　四月十七日補
2　二番　北条顕実　駿河入道　三月廿六日死
3　二番　北条道順（時春　左近将監）　四月十七日補
4　三番　北条道順　四月十七日転
5　三番　北条貞直　駿河守　四月十七日補
6　四番　北条貞直　四月十七日転
7　四番　安達延明（時顕　秋田城介）　四月十七日補
8　五番　安達延明　四月十七日転
9　五番　摂津道準（親鑒　刑部権大輔）　四月十七日補
〔政所執事〕
10　二階堂行暁（行貞　山城守）　在
〔問注所執事〕
11　太田貞連　左近大夫将監　在
〔奉行人〕
12　矢野善久　伊賀入道　五月九日在
13　沙弥某　十月十五日在

【典拠】 1〜9の引付番文の改正は、徳治二年以来の引付頭(元応元年以来二番頭)北条顕実が三月廿六日死去した(嘉暦元年4の典拠参照)ことによるもので、鎌記、嘉暦二年条に「四月十七日引付頭、一茂時　二道順　三貞直　四延明　五道準」とあって、二番頭の顕実の闕にともなって、三—五番が一番ずつ繰り上がり、新たに摂津道準が五番頭に起用されたわけである。新頭人五人の中、5北条貞直には、今年十月八日中野次郎後家に対して諏方上宮五月会頭役用途の究済を令した駿河守奉書(市河文書二)があって、彼の在職活動が証せられる。また、1茂時の官途は、時政以来の同人履歴に「嘉暦元九四任右馬権頭」とあるによる。

10　乾元元年の典拠12を参照。

11　元亨元年の典拠7を参照。

12　弘安十年の項11所引中尊寺衆徒申状案の中に「於関東便宜料所可有御寄進之由、令言上之処、為矢野伊賀入道奉行、嘉暦二年五月廿九日被経御評定之時」云々とあるによる。矢野の法名は、「元徳二年」正月廿三日金沢貞顕書状に「伊賀入道善久」とあるによる(金文一ノ四一五・四一七号)。

13　嘉暦二年十月廿五日「陸奥国岩城郡余部雑掌頼秀申年貢事」につき、論人に結解・究済を催促せしめた使節宛の沙弥奉書案による。沙弥の何人かは明らかでないが、訴訟の内容は関東御領の年貢の難済らしく、沙弥は政所の職員かと思われる。記して後考をまつ。

嘉暦三年(一三二八)

〔引付頭〕

1 一番　北条茂時 右馬権頭　在

2 二番　北条道順(時春 左近将監)　在

3 三番　北条貞直 駿河守　在

4 四番　安達延明(時顕 秋田城介)　在

5 五番　摂津道準(親鑒 刑部権大輔)　在

〔政所執事〕

6 二階堂行暁(行貞 山城守)　在

〔問注所執事〕

7 太田貞連 左近大夫将監　在

〔安堵奉行〕

8 二階堂行譚(時綱 三河守)　九月廿四日在

〔奉行人〕

9 安威資脩 新左衛門尉　六月廿日在

10 斎藤基連 九郎兵衛尉　六月廿日在

11 縫殿允某　七月廿一日在

12　散位某　　　七月廿一日在

【典拠】 1～5について。嘉暦三、元徳元の両年は、鎌記その他に引付番文の史料がない。よって、さきの例にならい、その前後すなわち嘉暦二年と元徳二年の引付番文を対照してみると、次のようになる。

引付	嘉暦二(四月十七日)	嘉暦三	元徳元	元徳二(正月廿四日)
一番	北条茂時			北条茂時
二番	北条道順			北条道順
三番	北条貞直			北条貞直
四番	安達延明			摂津道準
五番	摂津道準			二階堂道蘊

右表の如く、一番茂時、二番道順、三番貞直は嘉暦二、元徳二の両年全く同じである。これによって、この三人に地位の変化はなかったと見られる。四番、五番の変化は、四番延明の引退、五番道準の四番への転補、道蘊の五番新補を示している。恐らく元徳元年の暮か同二年正月延明が引退し、その補闕の人事を行った結果が元徳二年正月廿四日発表の新番文と見てよいであろう。これによって、嘉暦二年の一―五番頭人は嘉暦三年、元徳元年とも地位の変化はなかったと推定される。なお、嘉暦三年七月廿三日関東裁許状(熊谷直経と継母尼真継代との所領相論)の継目裏に安達延明が花押を署しており(熊谷家文書四六号)、同年八月八日陸奥国好島庄預所伊賀盛光の訴えに関して、沙弥(花押により延明)が使節に指令を発している(飯野文書)のは、何れも四番頭延明の嘉暦三年中の在職活動を語るものであろう。

8　嘉暦三年九月廿四日池駿河七郎大夫(遵行両使の一人)宛の沙弥奉書がある(三浦和田文書)。その内容は、埴生清胤女子平氏の大海老名忠顕等の訴えにかかる越後国奥山庄内村々のことにつき、両使相共に「莅彼所……守平氏所給御下知状」、忠顕等に沙汰付くべきを令したものであって、遺領安堵の相論と推定され、文書の発給者たる沙弥は安堵奉行に擬せられる。そしてこの人物は、その花押が玉燭宝典裏文書(七之十二)に収める九月廿四日付、行諲書状の花押と同形であることによって、二階堂行諲(時綱、なお正慶二年の項参照)と決せられる(なお、この人の花押は、広島大学文学部紀要四九巻特輯号一所収、内藤家文書6号、暦応四年六月五日沙弥奉書にも見える。同紀要巻末の花押図版参照)。

9・10　嘉暦三年八月十二日関東裁許状(相承院文書)に「可返進訴状之由、去六月廿日以奉行人安威新左衛門尉資脩并斎藤九郎兵衛尉使者、雖成書下」云々とあるによる。

11・12　嘉暦三年七月廿一日陸奥国好島庄預所伊賀盛光の訴

えにかかる年貢のことにつき、小山出羽前司入道(使節)宛に催促を令した散位・縫殿允連署奉書(飯野文書)による。

元徳元年(一三二九)

〔評定衆〕

1北条俊時 中務権大輔　十一月十一日在

2北条家時 右馬権助　十一月十一日在

3北条貞冬 右馬助　十二月四日補

〔引付頭〕

4一番　北条茂時 右馬権頭　在

5二番　北条道順(時春 左近将監)　在

6三番　北条貞直 駿河守　在

7四番　安達延明(時顕 秋田城介)　在

8五番　摂津道準(親鑒 刑部権大輔)　在

〔引付衆〕

9冨部信連 近江権守　三月十三日在 七月廿八日在

10北条貞冬 右馬助　春補 十二月転

11備前入道　十二月十二日補

12備前権守　十二月十二日補

〔政所執事〕

13二階堂行暁(行貞 山城守)　二月二日死

14二階堂行恵(貞衡 美作守)　五月十九日補

〔問注所執事〕

15太田貞連 左近大夫将監　在

〔官途奉行〕

16北条貞冬 右馬助　十二月四日補

17摂津高親 宮内大輔　十二月在

〔安堵奉行〕

18摂津高親 宮内大輔　九月十九日在

19二階堂行恵(貞衡 美作守)　在

〔寺社奉行〕

20矢野善久 伊賀入道　十二月五日在

〔奉行人〕

21散位某　三月廿三日在

22縫殿允某　三月廿三日在

23塩飽聖遠 新右近入道　六月廿八日在

24清能定 式部六郎　七月廿八日在

25雑賀(?)顕尚 兵庫允　十二月廿七日在

26菅原資貞　十二月廿七日在

27二階堂道義(兼藤 山城守)　十二月廿九日在

28長崎三郎左衛門尉　十二月廿九日在

29安威資脩 新左衛門尉 高札執筆　　十二月廿九日在

【典拠】 1・2　(元徳元年)十一月廿一日金沢貞顕書状(金文一ノ四四三号)に「去十一日中務大輔俊時・右馬権助家時両人被召加評定衆候之程に、入来候き、……家時十八歳候乎」云々とあるによる。俊時は嘉暦元年8で記したように国時の子である。家時は嘉暦二年九月連署在職中に死去した大仏維貞の子である(前本系図、分脈)。

3　(元徳元年十二月)五日貞冬の父に当たる貞顕書状(金文一ノ三九二号)に「貞冬評定衆幷官途奉行事、昨日四日被成下御教書候、案文令写進候、此春加引付衆候、年内両度昇進、面日之至自愛無極候」とあり、同じく貞顕の(同月)十三日書状(金文一ノ三九三号)の追而書に「貞冬昨日十二日評定に令初参候了」とあるによる。

4～8　嘉暦三年1～5の典拠を参照。

9　(嘉暦四年)三月十三日備後国太田庄雑掌了信書状(高野山文書之一、宝簡集一二九号)に「抑信連濫訴事……随又信連対雑掌申云、此沙汰為理訴之上、引付衆中皆為傍輩之上者」云々とあり、ついで「於信連者、如令自称候、頭人奉行以下衆中幷評定衆皆以信連引汲之条勿論候、問注所執事信濃前司入道(太田時連、前執事)一向我有と令秘計候、伊賀入道(矢野善久)以下信連一門数輩公人にて候」云々とあるによる。なお、同じく嘉暦四年七月廿八日信連・能定連署奉書案(金文七ノ五三七五号、信濃国太田庄雑掌観賀申検注事につき論人に対する問状)も信連の活動を証する史料である。

10　3の典拠所引、十二月五日貞顕書状参照。

11・12　文中に正中二年十一月廿二日生れの高時の嫡子五歳で八幡宮参詣の予定云々とあるので、元徳元年十一月と推定される貞顕書状(金文一ノ四三三号)に「前度申候備前入道・備前権守引付参事、明春可被召出之処、去十二日御沙汰候て、内々被仰候云々、兼日被仰事比興候歟」云々とあるに拠る。これは、いわば人事の内示であって、正式には翌年の補任となるらしいが、姑く今年に掲げておく。

13　鎌記、乾元元年条の二階堂行暁の履歴に「嘉暦四二々死、六十一」とあり、常楽記にも同趣の記載がある(なお、仏観禅師語録に延文六年行暁三十三回忌拈香あり)による。

14　鎌記、元徳元年条の政所欄に「行恵 美作入道、俗名貞衡、五月十九日補之」とあるによる。なお、九月八日貞顕書状(金文一ノ四三九号)に「政所事、道蘊父子所存以外候歟、於我口称賢人之由候なから、政所職被仰他人時者腹立、言語道断事候乎、諸人口遊候歟」とあるのは、行恵新補に対する二階堂道蘊の不満を語るもの。

15　元亨元年の典拠8を参照。

16　3の典拠に掲げた貞顕書状(十二月五日)及び17の典拠に引く貞顕書状(極月廿九日)を参照。

17　(元徳元年)十二月廿二日貞顕書状(金文一ノ四一四号)に「常陸前司・伊勢前司・佐々木隠岐前司等一級所望事、為宮内大輔奉行其沙汰候」とあり、(同年)極月廿九日貞顕書状(金文一ノ四五一号)に、「法花寺造営召功内宮内大輔退座事、貞冬令申沙汰候」とあるによる。この人物は次の18に引く文書に宮内大輔高親と見え、分脈(中原)によれば「親鑒――高親宮内大甫引付衆」とある。

18　元徳元年九月十九日と推定される貞顕書状(金文一ノ四〇二)に「経師谷土州(北条重村)今暁寅剋早世候了……当腹三郎立嫡子候、妾腹小童次男・式部大夫三男・蔵人四男、兼日為宮内大輔高親奉行、被成外題候了」とあって、高親が所領譲与安堵の手続に当たっている。

19　武記、元徳元年条、政所欄の二階堂行恵の履歴に「安堵方頭」とある。鎌記(14所引)にこの記載がないことに、信頼性の疑いはのこるけれど、姑く掲記しておく。

20　3の典拠に挙げた貞顕十三日書状に「勢州大日寺御願寺間事、為矢野伊賀入道奉行令申候之処、去五日合評定、無相違被成下御教書候」とあるによる。矢野は嘉暦二年(12)に既出。

21・22　嘉暦四年三月廿三日白河上野入道(使節)宛、散位・縫殿允連署奉書(飯野文書)。この奉書は嘉暦三年の項11・12に引いた奉書と同趣であり、両奉行とも同人である。

23　「嘉暦四」六月廿八日貞顕書状(金文一ノ三九四号)に「軽海郷事……押領輩事……御注進文箱者、盛久付城禅門(延明)候了、本奉行人塩飽新右近入道許へまかり候ぬと覚候」とあるによる。塩飽は元応二年17に既出。

24　9の典拠に引いた信連・能定連署奉書案による。正中二年既出の人物である。

25・26　元徳元年十月十六日備後国大田庄雑掌良信・地頭代亮秀和与状(高野山文書之一、宝簡集一四四号)の奉行裏封に、「元徳元年十二月廿七日兵庫允顕尚(花押)／菅原資貞(花押)」とあるによる。

27〜29　17の典拠所引極月廿九日貞顕書状(前引文の直前)に「□方へわたされ候て、忩可有御沙汰候、定無子細候歟、当奉行者山城入道々義・長崎三郎左衛門尉、高札執筆安威新左衛門尉資脩候云々」とあるに拠る。道義の俗名は、分脈に「(二階堂)貞藤道蘊――兼藤山城守・正中三二々出道儀卅九」とあるによる。

元徳二年(一三三〇)

〔引付頭〕

1 一番　北条茂時 右馬権頭　正月廿四日補 七月七日罷
2 一番　北条貞将 武蔵守　七月廿四日補
3 二番　北条道順（時春 左近将監）　正月廿四日補 十二月以前罷
4 二番　北条貞直 陸奥守　十二月二日補
5 三番　北条貞直　正月廿四日補 十二月二日転
6 三番　北条範貞 駿河守　十二月二日補
7 四番　摂津道準（親鑒 刑部権大輔）　正月廿四日補
8 五番　二階堂道蘊（貞藤 出羽守）　正月廿四日補

〔政所執事〕
9 二階堂行恵（貞衡 美作守）　在

〔問注所執事〕
10 太田貞連 左近大夫将監　在

〔官途奉行〕
11 摂津高親 宮内大輔

〔安堵奉行〕
12 摂津高親

〔寺社京下奉行〕
13 矢野加賀権守　三月十九日補
14 太田勘解由判官　三月十九日補

〔奉行人〕
15 富来左衛門入道 右筆　三月十二日死
16 五大堂？某 右筆　三月十九日補
17 大和盛秀 佐渡太郎左衛門尉 合奉行　三月十九日補
18 雑賀中務丞 侍所　三月十九日補
19 斎藤基連 九郎兵衛尉　五月二日在 十月二日在
20 清能定　八月四日在
21 皆吉？文承　八月四日在
22 散位某　八月廿九日在
23 橘某　八月廿九日在
24 平某　八月廿九日在

【典拠】　1〜8について。鎌記によると、この年引付番文は左の如く三度改正されている

正月廿四日　一茂時　二道順　三貞直　四道準　五道蘊
七月廿四日　一貞将　二道順　三貞直　四道準　五道蘊
十二月二日　一貞将　二貞直　三範貞　四道準　五道蘊

第一次（正月）の改正が、安達延明引退の跡に二階堂道蘊を補した結果であろうことは、嘉暦三年の項（1〜5）で述べた。第二次（七月）の改正は、一番頭茂時が七月七日連署に挙げられた（時政以来）ことによるもので、茂時と交代した貞将は前出（文保二年6）のごとく金沢貞顕の嫡子で、最近まで六波羅探題の任に在った（最終所見は閏六月十二日）人である。そして第三次

(十二月)の改正は、二番頭道順の引退(死没?)によるもので、道順の跡には三番の貞直が移り、三番頭には八―十月の間に六波羅探題を北条時益と代って鎌倉に帰った範貞が起用されたわけである。範貞は時範の子であるから、道順を塩田義政の二男とする所伝(元応二年の項参照)を信ずれば、範貞は道順の従兄弟の子となり、同じ極楽寺(重時)流の一門に属する。範貞の起用にはこの辺も考慮されたかもしれない。なお、一番頭茂時の在職活動の証と見るべきものに、元徳二年閏六月廿四日金沢称名寺雑掌の訴えにつき、千葉介(使節)に対して遵行を命じた右馬権頭奉書案(金文七ノ五三八七号)がある。

9　元徳元年の典拠14を参照。

10　元亨元年の典拠8を参照。

11　「(元徳二)二月十九日金沢貞顕書状(金文一ノ四一九号)(補注)に「□注文一通給候了、さしちかひて前に関東にて官途所望事承候了、無勿躰候、此注文を……官途執筆宮内大輔高親か方へわたすへく候」とあり、(元徳二年?)五月十九日貞顕書状(金沢文庫研究二八三号、福島金治氏紹介の岡田忠久氏所蔵金沢称名寺文書4号)に「官途執筆高親服□(薬)事候之際、又道準令申沙汰候」とあるによる。高親は前年来の在任である(因みに道準は高親の父)。

12　和田茂長の遺領相続問題で、訴論ともに安堵外題を得ていると主張する相論に対して、「於理非者追可糺明、至下地者」先ず訴人茂実に沙汰付くべき旨を使節に命じた元徳二年三月廿六日宮内大輔奉書案(三浦和田文書)による。宮内大輔は11の官途奉行と同人で、安堵奉行としても前年来の在任である。

13〜18　(元徳二年)三月廿四日貞顕書状(金文一ノ四二四号)に、「去十九日矢野伊賀入道二男加賀権守・信濃入道(太田道大)孫子勘解由判官寺社京下奉行に被成候、富来左衛門入道去十二日他界之間、壱岐入道二男転右筆、大和右近大夫(盛政)嫡子佐渡大郎(ママ)左衛門合奉行に加候つる、雑賀中務丞侍所へ同日参候之由承候、隼人亮(佑)と申候し物か子息にて候」とあるによる。右の中、壱岐入道は既出(文保二・元亨元・二)壱岐前司五大堂政有であろうか。また大和盛政(嘉暦元年24)の嫡子は、分脈(平氏、貞衡流)に「行政 佐渡守―盛政 為貞平子」、「貞平――盛政 従五下 右近将監――盛秀 太郎左衛門尉」とあるによれば、盛秀に当たり、実祖父の受領を冠して佐渡太郎左衛門尉と称したもののようである。

19　元徳二年五月二日東盛義代所領打渡状案(金文七ノ五四四三号)の裏に「在判 奉行人斎藤九郎兵衛尉」とあり、鶴岡八幡宮寺諸職次第(頓学坊猷全)に「元徳二年……十月二日……社役免除御下知賜之、奉行者斎藤九郎兵衛尉基連也」とあるによる。

20・21　元徳二年十月廿七日関東裁許状(桂文書)に、「八月

四日以奉行人能定 文承使者、付遣重奉書訖」とあるによる。
22～24　元徳二年八月廿九日「豊島弥太郎時光申沽却地出雲国大野庄東方縁木村田屋敷事」につき「為尋問実否、早可被参上」き旨を論人に令した三名連署奉書（小野文書）による。奉行の名は明らかでないが、沽却地相論であることと、三名連署という形式から見て、これは問注所の奉書かと考えられる（元応元年の項7を参照）。

補注　金文の編者は、貞顕の後欠状と前欠状を、接続する一通と見なして、四一九号としたが、御所（高時）の相州亭入御の事が前欠状、後欠状の何れにも出ている一事を見ても、両状が一通の部分でありえないことは明らかである。但し、本文所見記事は前欠状すなわち書状の後半部に在り、二月十九日という日付の奥に「元徳二二廿九芝三郎便到」とあるので、年次の認定に問題はない。

元徳三年（元弘元年、一三三一）

〔評定衆〕

1 北条貞将 武蔵守　六月十二日在
2 北条貞冬 右馬助　六月十二日在

〔引付頭〕

3 一番　北条貞将 武蔵守　正月廿三日補
4 二番　北条貞直 陸奥守　正月廿三日補
5 三番　北条範貞 駿河守　正月廿三日補
6 四番　北条俊時 中務大輔　正月廿三日補
7 五番　安達高景 秋田城介　正月廿三日補

〔政所執事〕

8 二階堂行恵（貞衡 美作守）　在

〔問注所執事〕

9 太田貞連 左近大夫将監　在

〔安堵奉行〕

10 摂津高親 宮内大輔

〔奉行人〕

11 沙弥某　四月七日在
12 藤原某　六月廿三日在
13 太田親信 権少外記　六月廿三日在
14 斎藤基連 九郎兵衛尉 一番引付　八月在
15 藤原某　十二月十九日在
16 沙弥某　十二月廿七日在
17 中務丞某　十二月廿七日在

【典拠】　1・2　元徳三年六月十二日金沢貞顕の弟顕弁四十九日仏事表白（金文八ノ六一四二号）の中に「武州（貞将）典厩（貞冬）者聖霊之伯叔 匠作（貞顕）之賢息、各々烈政務之評判、面々施裁判之美

名」とあるのは、貞将・貞冬兄弟ともに評定衆に列していることを語り、同年十二月五日貞顕の亡母十三回忌仏事表白(金沢文庫所蔵神祇秘伝八幡裏文書)に「弟子(貞顕)禀一流之正統、仕二代之潘王……嗣嫡(貞将)者、為引付一方之管領、勘決衆庶之理非、次子(貞冬)者、加評定群議之器要、無泥讜言之嘉猷」とあるのは、貞将が引付頭、貞冬が評定衆に坐することを示すものに外ならぬ。

3〜7　鎌記、元弘元年条に「正月廿三日引付頭　一貞将　二貞直　三範貞　四俊時　五高景」とあるによる。これで、前年十二月二日の番文改正から二ケ月足らずで又々改正が行なわれたわけである。道準・道蘊が番文から外されて、代りに俊時・高景が入ったのは、前年来、京都の情勢が騒然としてきて、幕府の故老と目される道準・道蘊が京都との折衝その他に多忙となったからではあるまいか。一番頭貞将在職のことは前引十二月五日の表白に「嗣嫡(貞将)者為引付一方之管領」とあるによって確認される。俊時は元徳元年評定衆の前歴があり、今年十二月十九日海老名忠顕と和田章連代との所領相論について、論所一部の遵行その他を使節に命じた中務大輔(俊時)奉書(三浦和田文書)があり、また高景は前年正月引付頭を退いた延明(時顕)の嫡子(官途は鎌記裏書、元徳三年九月二日条に「関東両使秋田城介高景」とあるによる)で、同人にも、今年四月廿九日村井知性女子の訴えにつき、論人に問状を発した秋田城介(高景)奉書(永光寺文書)、同十二月廿七日関東下知状(東寺文書射、遠江国原田庄雑掌と細谷郷地頭との所務相論の裁許)の高景継目裏花押(右、城介奉書と同形)があって、それぞれ在職活動の証跡をのこしている。

8　元徳元年の典拠14を参照。

9　元亨元年の典拠8を参照。

10　元徳三年十二月十四日松浦覚心の子息に譲与した所領安堵の訴えにつき、使節に調査注進を命じた宮内大輔(俊時)奉書(中村文書)による。

11　元徳二年十月三日備後国大田庄雑掌一分地頭連署和与状(高野山文書之一、宝簡集一四五号)の裏に見える元徳三年四月七日沙弥・某(判読不能)連署の奉行裏封による。

12・13　元徳三年六月五日海老名忠顕和与状(三浦和田文書)の裏にある同年六月廿三日散位藤原朝臣・権少外記三善連署の奉行裏封による。権少外記は、外記補任に嘉暦三年三月十六日権少外記に任じ、正慶元年十一月まで在任とある「善親信……道大子云々」、即ち前問注所執事三善時連(太田道大)の子太田親信に当たる。

14　延元二年十一月日真壁道法後家尼妙心目安状案(真壁町史料所収、真壁長岡古宇田文書一八号)に「舎兄又太郎幹政元

徳二年閏六月廿二日死去之刻、妙心当知行之間、不能処分之処、幹政後家……構謀書、於先代一番引付為斎藤九郎兵衛尉基連奉行、被仰御使結城七郎左衛門尉朝高・小栗六郎二郎入道円重等……両使令施行之間」云々とあり、文中にいう結城朝高の施行に符合する元徳三年八月廿八日左衛門尉朝高施行状写(文中に「小栗六郎次郎入道相共、本照(幹政後家)可沙汰付之由、御教書如此候」とあり)がある(同上文書七号)ので、斎藤基連在職活動の時期を元徳三年八月に置く。

15　6の典拠に挙げた元徳三年十二月十九日中務大輔奉書の紙継目裏に署せられた花押は、元応二年14の典拠に掲げた散位藤原朝臣の花押と同形である。

16・17　元徳三年十二月十五日遠江国原田庄細谷郷地頭原忠益和与状(百合こ)の裏に見える同年十二月廿七日沙弥・中務丞連署の奉行裏封による。

正慶元年(元弘二年、一三三二)

〔引付頭〕

1北条貞直　陸奥守　六月十四日在
2北条俊時　中務大輔　八月十八日在
3安達高景　秋田城介　十一月廿四日在
4二階堂道蘊?(貞藤　出羽守)　在?

〔政所執事〕

5二階堂行恵(貞衡　美作守)　正月七日死
6二階堂道蘊(貞藤　出羽守)　正月廿四日補

〔問注所執事〕

7太田貞連　左近大夫将監　在

〔奉行人〕

8斎藤基連　九郎兵衛尉　一番引付　三月在　八—十二月死
9安威資脩　左衛門尉　四月二日在
10大和盛秀　太郎左衛門尉　四月二日在
11矢野性契　兵庫大夫入道　引付右筆　六月十四日在
12沙弥某　九月在
13藤原某　政所奉行　九月在
14島田甲斐二郎　八月以後在
15高実　八月以後在

【典拠】　1〜4　今年の引付番文は分らない。応長以降二十余年変らない五番制に増減があった徴候もなく、前年の引付頭人五人の中、三番範貞を除く四人には、今年在職の徴証があるから、彼らは前年の地位を保ったと見てよいかと思われるが、ここには担当番数を記さず、唯前年番文の順序に従って、四人の頭人の在職徴証を挙げることとする。
1　堀河前大納言(基俊)家遺領条々の相論を裁許した貞和四年十二月七日足利直義下知状(史料編纂所所蔵文書)に、論人(大田顕行代禅念)の主張として、「源氏(訴人、基俊女)所得譲状為謀書之間、奉行人矢野兵庫大夫入道性契封裏畢」とあり、これに対する訴人側の反論の中に「就中如性契裏書者、正慶元年六月十四日云々、彼比性契者、貞直管領引付右筆也」と見え、訴人側の主張が直義の法廷に認められているから、正慶元年六月当時、大仏貞直の引付頭、その輩下右筆矢野性契の在職はまず確実といえる。
2　正慶元年八月十八日訴人陸奥国好島庄預所伊賀盛光に論所を打渡すべき旨を使節に命じた中務大輔(俊時)奉書(飯野文書)による。
3　正慶元年十一月廿四日武蔵国大江戸御厨野田四郎丸の訴えにつき、論人の召喚と請文の執進を使節に命じた秋田城介(高景)奉書案(類聚神祇本源裏文書)による。
4　武記、今年条の政所欄に新執事道蘊の名があり、その肩注に「引付頭人」とある(なお6参照)。他に傍証もなく、信頼性に若干の不安はあるが、姑く掲書しておく。
5　鎌記、元徳元年条、二階堂行恵政所執事新補の記事(同年14参照)の続きに「同(元徳)四正七卒　四十二」とあるによる(常楽記も同じ)。
6　鎌記、正慶元年条、政所欄に、「出羽入道俗名貞藤元徳四正廿四補之　道蘊」とあり、武記、同年条、政所欄に「引付頭人、出羽前司入道　道蘊　俗名貞藤、二廿三政所評定始」とあるによる。そしてこの人の在職徴証かと思われるものが二つある。一は元徳四年三月十三日地頭宛の沙弥奉書(金文七ノ五四〇七号)で、陸奥国玉造郡二ケ郷召米事につき、元亨元―元徳二年分は御家人・土民の疲労に依り免除、元徳三・四年分は来月十日以前に究済せよ、今後は期限を過ぎたら、催促なしに地頭職を改替する、という厳重な法令である。もう一つは正慶元年九月日陸奥国玉造郡越後大夫法印顕瑜知行分の地頭代結解状(金文七ノ五四一一号)の外題に「□(下)　政所／可勘定／花押」とあり、金文の編者が注する如く、この花押は右三月十三日奉書の沙弥の花押と同形である。召米に関する重大な法令の発給といい、召米結解状の勘定を政所に指令するといい、この人物を政所の執事に擬して大過なきかと考えられる。花押の形状も嘉暦三年条8に挙げた二階堂行諲のそれと酷似(しかし、より類型的)して、二階堂氏と見て誤りないようである。よって、この人を二階堂道蘊に擬し、この人の発した前記二つの指令を政所執事の在職徴証とする。
7　元亨元年の典拠7を参照。
8　元徳三年14に引いた延元二年目安状案の、前引部分の続きに「任本主置文、妙心可知行之由支申之、元徳四年三月属賦、申寄斎藤九郎兵衛尉基連……可被行本照於謀書之咎之由、言上之刻、基連他界之後、被渡島田甲斐二郎之処、依先代滅亡延引畢」とあり、元徳四年三月妙心の言上に当たる文書(同上文書一一号、文中に「去年三《元徳》」とあり)にも「欲早被賦一番御引付斎藤九郎兵衛尉基連」云々とあるによって、斎藤基連の今年在職が知られる。それでは基連の死去によって、担当奉行が島田に替った時期は何時であろうか。右とは別件の建武二年四月海上理一女子尼蓮一申状(金文七ノ五四五三号)に「及光信非分知行之間、為斎藤九郎兵衛尉基連奉行、可被返渡之由、被経沙汰最中、基連死去之間、為安威左衛門尉奉行、有其沙汰之刻、依世上動乱、未落居也」とあって、もう一つ基連死去によって奉行が交替した例が知られる。ところで、もう一つ別の訴訟に対する正慶元年十二月廿三日関東裁許状(市河文書)に、「今年七月八日仰常岩弥六宗家之処、如執進円阿同八月廿六日請文者……為斎藤九郎兵衛尉奉行、可被勘定員数由依申之、有其沙汰之処、……爰基連奉行展転之後、被差改高実奉行□(之カ)間、所触仰也」とあって、ここにも基連から別人に奉行が交替した事例が見られ、この交替も亦基連の死去に依るものではあるまいか。とすれば、基連の死は正慶元年八月廿六日から十二月廿三日の間となり、初めの基連から島田へ、次の基連から安威へ、終りの基連から高実へという奉行交替の三例はすべてこの期間のこととなろう。

9・10　嘉暦二年八月廿一日権少僧都成珍譲状写(楓軒文書纂、吉田薬王院)の裏に加えられた元徳四年四月二日資脩・盛秀連署の裏封による。資脩は元徳元年に、盛秀は同二年に既出。

11　前掲1の典拠を参照。

12・13　前掲6の典拠に掲げた正慶元年九月日結解状の事書の下余白に「勘申/沙弥(花押)」の朱記あり、また日付の奥に「覆勘訖/散位藤原朝臣(花押)」とある。これらの勘記は、政所に宛てた「可勘定」という外題に応じて加えられた措置であるから、署記の人物はいうまでもなく政所の職員である(金文の編者が、外題の沙弥と勘記の沙弥の花押を同じと注するは誤り)。

14　前掲8所引延元二年目安状案参照。

15　前掲8所引正慶元年関東裁許状参照。

正慶二年(元弘三年、一三三三)

〔引付頭〕

1　二階堂行諲(時綱 三河守)　在

〔政所執事〕

2二階堂道薀（貞藤 出羽守） 罷
3二階堂行諲 在
〔問注所執事〕
4太田貞連 左近大夫将監 在
〔御所奉行〕
5二階堂行諲 在
〔安堵奉行〕
6沙弥某 三月廿八日在
〔奉行人〕
7紀親連 出雲介 正月廿八日在

【典拠】 1 武記、正慶二年の政所欄に「参河入道行諲俗名時綱 引付頭、御所奉行」とあり、他に傍証なく、引付頭補任の時日も明らかでないが、姑く掲書しておく。

2 鎌記の前年正月道薀の執事新補の記事には、罷職の記がなく、また道薀が一年そこそこで行諲と交替したとするのも不自然な感を免れないけれども、しばらく武記の行諲新補の記事（前掲1）を信じて、道薀の罷職を推定する。

3 1の武記による。

4 元亨元年の典拠8を参照。

5 1の武記による。

6 正慶二年三月廿八日曾我光称の訴えにかかる、祖母及び亡母の遺領武蔵国高麗郡内田地屋敷等安堵につき、所定の実検を行い、注申すべき旨を使節に令した沙弥奉書（斎藤文書）による。沙弥の花押は正中二年の典拠12の前加賀守と同形である（花押かゝみ四、二九五九号参照）。

7 正慶二年正月廿八日、三浦和田三郎宛の「出仕事被聞召訖、於本領者所返給也」という関東御教書案（中条文書）の端書に「本領還補御下文 執筆者出雲介」とあるによる。この人物は、元亨二年三月十日東盛義所領注文案（金文七ノ五三一五・五三一六号）に「出雲介親連沽却分」とあるのに当たり、延慶三年の典拠1・2に引いた分脈によれば、中原政連の子で紀奉氏の養子となっている。太平記巻十、新田義貞謀叛事の条りに「近国ノ庄園ニ臨時ノ夫役ヲ被懸ケル、中ニモ新田庄世良田ニハ有徳ノ者多シトテ、出雲介親連・黒沼彦四郎入道ヲ使ニテ」六万貫の下知をしたとあるのも同人であろう。

年次未詳

〔奉行人〕
1成武貞兼 六郎
2土肥妙禅 三郎左衛門入道

【典拠】　1　薩摩国分道然の上宣以下六波羅御教書正文等の抑留を鎮西探題に訴えた嘉暦三年七月日八幡新田宮雑掌の庭中状案(新田八幡宮文書)に「道然猶以抑留之間、為一番御手山城三郎入道崇盛御奉行就訴申……其後被渡成武六郎貞兼方、及使節御教書畢、而貞兼関東参上之間、道然就申渡彼沙汰於契道方」云々とあって、鎮西引付奉行成武貞兼が鎌倉に(恐らく奉行として)転出したことが知られる。

2　日付不記の曾我光高目安状案(新渡戸文書)に「彼牧士田(津軽平賀郡内大平賀郷)者、至光信(光高曾祖父)代令知行之処、先御代依土肥三郎左衛門入道妙禅非勘被没倒之間、奉行人非勘之段申立覆勘、欲蒙御成敗之刻、御合戦興盛、先代御滅亡之間、不及是非沙汰」云々とあるによる。目安状の年次は建武新政下であろうか。

あとがき

本書は最初、太平洋戦争下の昭和十八年四月、畝傍史学叢書の一冊として畝傍書房より出版された。奥付によれば発行部数一五〇〇部とあり、A5判で目次から結言まで三五三ページとなっている。そして敗戦の翌年昭和二十一年一月、当時の版権所有者である目黒書店から、重版が出された。白表紙、仮綴となった外は、判型・ページ数とも元版と同じである。但し、後述のように、元版発行時に著者は召集されて軍務に服しており、重版が出た時にも未だ復員せず、どちらの場合も発刊に立会うことはできなかった。

顧みると、本書が始めて世に出た戦時下はもとより、戦後も長い間、本書の主題をなす訴訟制度史の如きは、学界関心の圏外遠きところにあった。しかるにおよそ十余年前ころから、中世史ついで古代史(平安期)の分野で、法と裁判への関心が次第に高まり、わが拙き旧著も、時として引用、批判の栄に浴するようになった。そんなとき、さきに著者往年の蕪稿を編削して一書(『日本中世史論集』)を成すよう計らって下さった岩波書店の松嶋秀三氏(のち定年で岩波書店を退かれた)より、本書の復刊を勧められた。学窓を出ていくばくもないころに発表した未熟な小著を、半世紀を経て再び衆目にさらすことの愚を知らぬではないけれども、戦中に上梓された元版の不備をつくろい錯誤をただすよき機会を与えられたことに感謝して、松嶋氏の慫慂に従い、復刊のことを岩波書店に委ねたのである。

本書復刊の事情は以上に尽きる。他はすべて読者に縁なきことながら、一つには先師追憶のよすがに、また一つにはわが青春の想い出に、本書の執筆、刊行にかかわる事どもの二、三を記しておきたい。

本書の元版には、巻頭に、畝傍史学叢書に与えられた本叢書の編輯顧問、辻善之助先生の序があり、ついで著者の自序がある。次にこの二つを再録する(旧字体を新字体に改めた)。

序

輓近国史学の発達殊に顕著なるものあり、高才逸足踵を接して出で、名論卓説後を逐うて現る。然るに此等の新説は、之を発表するの便に乏しく、空しく筐底に秘せられ、偶〻其機を得ることあるも、紙面の制限に由りて、其全貌を窺ふこと難きを遺憾とせり。玆に畝傍書房は、此等の論考を公にして、以て学界の進歩に資せんと欲し、新進学士の近業十数篇を選んで、之を畝傍史学叢書と名づけて発刊せんとす。其種目には、皇室御経済あり、寺院経済あり、仏教あり、切支丹あり、教育あり、法制あり、芸術あり、交通あり、水利あり。皆是れ斯界の尖端を往くもの、而かも真摯にして質実なる考察に富み、国史学研究の基礎を築くべきものとす。予や乏を以て、其の選集の議に与り、校閲の事に当る。乃ち一言を陳じて、以て之を江湖に推薦すと云爾。

昭和十六年十一月

辻　善之助

自　序

本書は私の意図する鎌倉幕府政治組織研究の一部を成すものである。私は去る昭和十四年、東京帝国大学国史学科の業を終へんとして「鎌倉幕府訴訟制度の分化」の稿を草した。此度辻先生より、畝傍史学叢書の一篇として旧稿上梓の恩命を蒙る。即ち新たに、旧稿に於いて論及せざりし検断沙汰機関(侍所)の項を加へ、幕府成立の事情、鎮西奉行の起源に関して聊か見解を改め、その他多くの点に小補訂を施し、略々現在の成考として、これを世に問ふ事とした。

本書が直接間接、幾多先人の研究に負ふ所多きは言ふを俟たぬが、特に恩師東大法学部教授石井良助先生の高著「(中世武家)不動産訴訟法の研究」(昭和十三年十二月刊)、同先生の雄篇「鎌倉幕府の裁判管轄」(法学協会雑誌第五十七巻第九・十号連載)及び恩師相田二郎先生の名篇「異国警固番役の研究」(歴史地理第五十八巻第一・三・五号連載)に負ふ所極めて大なるものがある。否、両先生の御研究なくしては、到底本書は生まれ得なかったであらう。にも拘らず、否それ故にこそ、私は幾多の点に於いて、恩師・先人の高見と異なる所を敢て反駁の形式を以て率直に披瀝した。蓋しそれが学徒のとるべき当然の途であると信じたからである。唯々文の意にかなはずして、恩師・先人の労作に対して非礼を敢てした点が、或ひはあるかもしれない。若し然らば不遜の罪、幾重にも御寛恕を得たい。

惟ふに私が斯の道に志してより早や六年有余の歳月を閲みした。この長期間の成果が未熟、粗笨斯くの如きものである事は、私の衷心慚愧に堪へざる所であるが、若しも本書が幸ひにして羊頭狗肉の譏りを免れ得て、国史研究書の末班に加へられるならば、望外の光栄であると共に、それは当然大方の厳酷なる批判の矢面に立たねばならない。然り而してそれこそ本書の冀求やまざる所であり、博雅先覚の高教によつて、研究の大成を期せんとする次第である。

こゝに本書を世に問ふに当つて、海嶽の芳恩を辱うする恩師辻先生、平泉先生、中村先生、板沢先生、坂本先生、相田先生、石井先生、松本周二先生に感謝の誠を捧げる。殊に辻先生には当初より懇篤なる御指導を仰ぎしのみならず、今般上梓に際しては、御繁劇中特に研究全般に亘つて御校閲を賜はつた。坂本先生、松本先生には終始渝らぬ御指導と御鞭撻とを辱うし、相田先生、石井先生には、屢々貴重なる史料を教示、貸与せられ、不断の御叱正を賜はつた。諸先生の高情に対しては、唯々感泣の外はない。猶直接間接に種々の御指導、御教示を仰いだ諸先生・先輩・同学諸賢に対しては、この機会に深謝の意を表したい。

昭和十六・七両年度に亘つて、私は辻先生の御配慮により、帝国学士院の推薦を経て、末延財団より、研究の援助を与へられた。こゝに同財団に対し、及び同財団理事各位の高配に対して、厚き感謝の意を表する。同時に又貴重なる史料の閲覧、利用を許可せられた東京帝国大学史料編纂所、同大学附属図書館、宮内省図書寮、内閣記録課、東洋文庫、高野山金剛峯寺、同山霊賓館に対し、深甚の謝意を表する。

今や祖国の振古未曾有の盛業大東亜戦争は、新段階に入らんとしつゝある。その時に当つて、私はこの日本国に生を享け、この聖代に会うた者の無上の栄光を担うて、勇躍入隊する事となつた。この栄光の日を明日に迎へて、ささやかながらも、私にとつては感慨に満ちたこの研究の序文を認め得ることは、まことに一身の至福、喩ふべきものあるを知らない。猶本書の出版に就いては森末義彰氏の斡旋に俟つ所最も大であり、校正その他の諸事務は、挙げてこれを松本先生、小島鉦作氏に御願した。各位の御懇情に対しては感謝の辞を知らないのである。

昭和十七年九月十九日

醜の御楯と出立つべき日を明日に迎へて

佐藤進一しるす

自序についての想い出を一つ書いておく。太平洋戦争が始まって十カ月近くたった昭和十七年九月、わたくしに運命の召集令状がきた。それより三年前、大学を出た年に受けた徴兵検査で、わたくしは第二乙種、予備役編入となった。だが昭和十六年七月のいわゆる関特演の大動員で友人・知人が続々と召集され、ついで同年十二月戦争に突入という事態を迎えると、戦争に行くことは、われわれ世代の若ものにとって避けがたいものとなった。だから召集がきたとき、わたくしは一瞬ギクリとはしたけれども、至極当然のこととして受入れることができた。この戦争に行かなければ、友人・知人に、そしてみんなに申しわけないと思っていたからである。だがその思いのちょうど裏側に、ただ一人のひとのためだけに死にたくはない、という思いがあり、これだけは、どうしてもいい遺しておきたいと思っていた。召集がきて、東京の下宿を引き払って帰郷する列車の中で書いた自序の最末に、わたくしはこの思いを「醜《しこ》の御楯《みたて》と出立つべき日」と表現した。あすにも入隊する身のわたくしとしては、自分の思いをストレートに表現することができず、これは、考えた末の表現であった。発行後、この序文が国内の読者にどのように受けとられたか、わたくしには分らない。郷里の部隊に入った翌年の四月この本は出たわけだが、その直前わたくしは(旧)満州の部隊に移り、発行の日付から半年近くたってようやく、野営中のわたくしに本が届いた。中隊長が本を見たいといって、序文を読んでくれたが、彼は何もいわなかった。その少し前、わたくしが幹部候補生の志願を取り下げた時、その理由を執拗なまでに問いただした隊長だったが、序文を読んで、なぜ「べき」なのか、なぜ「出立たん日」ではないのかという、心ひそかにわたくしが恐れた問いはなかった。

本書の内容については、すべて読者の批判に委ねるほかはないけれども、当否の問題を離れて一つだけ記しておきたいことがある。序文に記したように、本書の骨骼は大部分東大、国史学科の卒業論文にもとづいているが、第一章第一節で鎌倉幕府の成立を寿永二年十月と主張した部分と、第三章第三節(侍所)とは、本書のための新稿であった。ただ、前者すなわち幕府成立の部分は、当時のわたくしには問題が余りに大きくて、そのまま提出する勇気がなく、恩師坂本太郎先生に一閲をお願いした。先生は原稿を返して下さるとき、ただ一言、論理的に誤りはない、といわれた。大学で上代史の講義を聴いて以来、論証の鮮かさにおいて、当代この先生を超える学者はいないと信じていたわたくしには、先生のこのひと言で充分だった。忘れがたい思い出である。

終りに一つ、これも戦争にまつわる思い出である。わたくしは(旧)満州に移ったのち、部隊の南方への移動に二度もとり残され、最後は、九州の久留米から移駐していた野砲部隊に配属された。そしてここで、中隊の人事掛曹長(のち准尉)末安壽男氏に呼び出されて、中隊事務の手つだいをすることになった。それは、野間宏の「真空地帯」に出てくる曾田に似た役で、三年半の軍務の中で最もわたくしの性に合った仕事だった。だが、ホッとする間もなく昭和十九年の年末ギリギリに、この部隊にも南方へ移動の命令が下り、わたくしもやっと出動兵員の中に加えてもらうことができた。そのとき、兵隊生活の中で学問との縁をつなぐただ一本の糸のような思いで携えてきた自著を、末安氏の厚情にすがって、同氏夫人の引揚荷物の中に加えて持ち帰って頂いた。夫人は帰国されてのち、この本をわたくしの父母の許へ送り届けて下さった。あの厳しい状況下に、末安氏御夫妻の示された厚情に対し、改めて深謝の意を表するものである。

附録の一編は例言に記した如く、もと中央大学文学部紀要に連載した小稿に加筆して成ったもの。見出すに随って書き抜いた職員史料のノートを整理したに過ぎず、しかも弘安六年以前を欠く至って不完全な疎稿ながら、本論を補う脚註程度の役には立とうかと考えて附収したのである。

終りに、元版発行の際、戦中怱忙の中にあって著者に代って本文の校正、書肆との交渉に当られた小島鉦作、故松本周二の両氏、また史料の閲覧利用に多大の便宜を与えられた東京大学史料編纂所、金沢文庫ほか史料所蔵者各位、旧稿の再録を快諾された中央大学文学部紀要委員会、そして本書の復刊を勧説された松嶋秀三氏、出版に格別のお骨折をいただいた岩波書店の片岡修氏に、深甚の謝意を表したい。

追記。あとがき校正中、恩師石井良助先生の訃報に接した。ここに多年の学恩を拝謝し、謹んで哀悼の意を表する。

一九九三年一月

佐藤進一

や　行

わ　行

ま 行

■岩波オンデマンドブックス■

鎌倉幕府訴訟制度の研究

1993年2月24日　第1刷発行
2007年5月7日　第3刷発行
2019年1月10日　オンデマンド版発行

著　者　佐藤進一《さとうしんいち》

発行者　岡本　厚

発行所　株式会社　岩波書店
〒101-8002　東京都千代田区一ツ橋2-5-5
電話案内　03-5210-4000
http://www.iwanami.co.jp/

印刷／製本・法令印刷

ISBN 978-4-00-730838-3　　Printed in Japan

事項索引

あ 行

か 行

さ 行

た 行

な　行

は　行

ま　行

や　行

ら　行

わ　行

人名索引

あ 行

か 行

さ　行

た　行

な　行

は　行